지혜로운 인간의 세 가지 조건

지혜로운 인간의 세 가지 조건

원명수 지음

머리말

인간에게 가장 궁극적인 문제는 무엇일까요? 우리 모두가 공통으로 원하는 것은 행복일지 모릅니다. 아리스토텔레스나 톨스토이 같은 사람도 인간의 궁극적인 목표는 행복이라 말했고, 종교들이 말하는 '구원'도 결국은 행복한 상태라고 볼 수 있기 때문입니다. 그리고 누구도 우리가 행복을 목표로 사는 것이 아니고 불행해지기 위해 산다고 말할 사람은 없을 것입니다. 또 우리 주위에 불행 속에서 고통스러워하는 사람들은 헤아리기 어려울 정도로 많습니다. 그들은 모두 행복하게 되기를 원하리라 생각합니다.

혹자는 행복보다는 자유의 문제가 더 중요하다고 말할지 모릅니다. 정신적 자유가 없이 행복이 이루어질 수 없기 때문입니다. 혹자는 평등의 문제가 더 중요하다고 말할 수 있을 것입니다. 직업의 귀천이 없고, 권력이나 돈을 가진 자나 못 가진 자나 평등하게 살 수 있는 사회가 만들어지지 않고는 누구도 행복할 수 없기 때문입니다. 그러나 젊은이들은 그런 추상적이고 관념적인 문제보다는 출세를 하거나 돈을 벌거나 기업의 C.E.O.가 되는 방법을 아는 것이 더 시급한 문제라고 말할 수도 있습니다. 요사이 젊은이들은 과거 어느 때보다 돈을 버는 문제에 많은 관심을 갖고 사는 것 같습니다.

또 어떤 사람은 사랑이 가장 중요한 문제라고 말할 수도 있을 것입니다. 우리가 행복해지기 위해 사랑이 충만한 가정, 사랑이 충만한 사회가 이루어져야 하기 때문입니다. 또는 철학이나 학문을 하는 사람은 진리의 문제가 가장 중요하다고 말할 수도 있습니다. 철학을 전공하거나 학문을 하는 사람은 진리가 무엇인지 해명하는 것이 궁극적인 목적이기 때문입니다. 혹자는 정의의 문제가 가장 중요하다고 말할지 모릅니다. 그들은 현대사회에서 정의가 올바르게 실현되지 않아 고통을 받는 약자들이 많으며, 어려움을 겪고 있는 사람들이 많다고 생각하기 때문일 것입니다.

그러나 필자는 이런 모든 문제의 핵심에는 지혜의 문제가 놓여 있다고 생각합니다. 우리가 개인적으로 삶 속에서 실패하여 고생하는 것도, 가정이 행복의 요람이 아니라 불행한 지옥이 되는 것도, 사회가 여러 가지 갈등 속에서 고통을 겪는 것도, 국가의 여러 계층들과 조직들이 서로 소통이 되지 않아 오해와 불신을 사는 것도, 지구에 있는 여러 나라들이 전쟁을 하고 테러 때문에 싸우는 것도 지도자와 구성원들의 지혜가 부족하기 때문이라고 생각합니다. 지혜는 모든 문제를 해결하는 열쇠이고 가장 본질적인 문제라고 생각합니다. 그래서 솔로몬 왕도 하나님이 원하는 소원을 말하라고 했을 때, '지혜'를 달라고 말했다고 생각합니다.

벌써 필자의 나이가 만 65세입니다. 65세라는 나이가 전혀 실감이 나지 않습니다. 정년퇴직이라는 하나의 경계선을 긋는 나이가 된 것입니다. 인생이 2모작이라면, 만 65세는 2모작을 시작할 나이라고 생각합니다. 만 33세에 계명대학교 국어국문학과 교수로 부임한 것을 생각하면, 인문학 교수로 재직했던 31년 6개월이라는 기간은 짧은 것이 아니라고 생각합니다. 돌이켜 보면, 지난 30여 년은 내게 공부만 하면서 보낸 시절이기도 했습니다. 강의도 하고, 연구논문도 썼지만 실상은 공부만 하면서 지낸 시절이었습니다. 여러 면에서 부족한 사람이라 부족함을 보충하기 위해 인간이 공부한다는 학문과 예술과 종교에 대해 수박 겉핥기 지식으로나마 공부하려고 노력했습니다.

20대 후반에는 우리나라 최고의 학승이신 탄허 스님으로부터 삼보법회에서 『화엄경』에 대해 배웠고, 그 후에도 간화선불교를 계속 공부하여 어느 정도의 경지에 도달했고, 향교에서 13년 동안 사서삼경과 노자와 장자를 공부하기도 했습니다. 그리고 연극하는 사람들과 30여 년 동안 함께 지내면서 연극평론가로, 계명극예술연구회 지도교수로, 희곡작품에 대해 연구하는 학자로 지내기도 했고, 계명대학교에서는 기독교를 믿는 교수들과 20여 년 동안 목요일 아침 마다 모여 성경 공부도 하고, 신학공부도 했고, 교회에서 10여 년 동안 고등학교 교사도 하고, 대학에서 '기독교와 사회'라는 과목을 강의하기도 했습니다. 기독교에 대한 공부를 하기 위해 교사통신대학을 졸업했고, 신학대학원을 다니기도 했습니다. 그리고 필자는 1980년 10월에 시작된 목요철학세미나에도 30여 년 참석했습니다. 목요철학세미나는 2008년 10월 9일에 500회를 맞이했는데, 필자는 그 자리에서 철학과 교수들로부터 목요철학회에 가장 많이 참석했다고, 명예 박사학위를 받기도 했습니다.

지난 30여 년 동안 필자는 수십 편의 논문과 연극평론을 썼습니다. 저서라는 측면에서는, 내가 전공했던 문학에 대한 일반론으로 『문학입문』과 『문학정론』 등을 썼고, 시詩에 대해서는 『모더나즘시 연구』를 썼고, 희곡에 대한 저서로는 『한국희곡의 희극성 연구』를 출판했습니다. 필자가 전공한 분야에 대해 골고루 논문과 책을 썼습니다. 그리고 학교에서 마련하는 정년퇴임식에 참석하여 조용히 퇴임하려고 하였습니다. 그런데 연극을 하는 제자들이 따로 정년퇴임식을 하자고 고집을 부렸습니다. 돌이켜 보면, 필자가 그들에게 해준 것이 아무것도 없어서 미안하기만 합니다. 그래서 따로 퇴임식을 하는 것을 반대했으나, 그들의 고집을 꺾지 못했습니다. 저의 부덕한 탓이라고 생각합니다.

연극을 하는 제자들이 대학본부에서 마련하는 퇴임식과는 별도로 퇴임식을 갖자고 했을 때, 고맙기도 했지만 답답했습니다. 나로서는 퇴임식을 위한 아무런 준비가 없었기 때문입니다. 대학교 교수들의 퇴임식에 가면, 축하하러 오신 손님들에게 일반적으로 책을 한 권씩 드립니다. 어떤 사람들은 제자들이 쓴 논문들로 책을 만들기도 하고, 혹은 제자들이나 주위 사람들이 써 준 인물평을 엮어서 책을 만들기도 하고, 혹은 본인이 새롭게 책을 쓰거나 과거에 썼던 논문들을 모아 정년퇴임을 기념하는 책을 만들기도 합니다. 그러나 필자는 마음이 약해 남에게 무슨 일이든 부탁하는 말을 하지 못합니다. 그래서 필자는 본인이 직접 책을 만들기로 마음을 먹었습니다. 과거에 썼던 논문을 모으자니 논문들이 마음에 들지 않고, 새롭게 문학에 대한 저서를 쓰자니 시간이 없어서, 평소에 생각해 온 철학적인 문제를 제목으로 책을 쓰기로 마음을 정했습니다.

이런 생각을 한 것은 가깝게 지내는 동료 교수들이 철학적 내지는 종교적 책을 한 권 쓰라는 권유도 있었고, 주위에 있는 친구들과 사람들이 국문과 교수라면서 자기들이 읽을 수 있는 책은 한 권도 안 쓴다고 불만스럽게 말하는 사람들도 있었습니다. 그래서 그 사람들에게 그들이 읽을 수 있는 책을 쓰기로 마음을 먹었습니다. 그러나 무엇보다도 지난 30여 년 동안 제자들이 내게 쏟아 준 사랑에 대한 보답으로 글을 썼습니다. 여러 면에서 부족한 글이지만, 제자들을 사랑하는 마음으로 제자들을 위해, 그들이 읽기 편하게 쓴 글입니다.

필자가 지난 10년 동안 돌아다니면서 강연한 주된 주제는 지혜에 관한 것이었습니다. 그래서 '지혜론'이라는 제목으로 책을 쓸까 하는 생각도 했습니다만, 너무 철학적이고 막연한 제목으로 생각되어, 『지혜 : 지혜로운 인간의 세 가지 조건』이라는 제목으로 책을 쓰기로 했습니다. 필자는 4개월 만에 부족한대로 책을 다 썼습니다. 퇴임식까지 주어진 시간이 5개월밖에 없었기 때문입니다. 한 달 동안에 책을 제작하기로 했습니다. 이 책을 쓰는 데 많은 분들의 저서에 도움을 많이 받았습니다. 백승균 교수, 박아청 교수, 이동희 교수, 한자경 교수, 권석만 교수, 송인섭 교수 등과 외국인 저술가들의 저서에 많은 도움을 받았습니다. 가급적 글을 쓸 때마다 밝히려고 노력했습니다. 머리말을 통해 감사를 드립니다.

우리는 어려서부터 지식보다 지혜가 중요하다는 말을 많이 들었습니다. 그리고 어려서부터 지혜로운 인간이 되라는 말도 자주 들었습니다. 정말로 지혜는 중요합니다. 기독교의 경전도, 불교의 경전도, 이슬람교의 경전도 여러 곳에서 지혜의 중요성을 말하고 있습니다. 앞에서 언급한 자유·평등·행복·갈등·진리·정의 등의 문제를 해결하기 위해서도 지혜가 필요하다고 생각합니다. 그래서 필자는 종종 다른 기관으로부터 강연을 해달라고 요청이 오면 지혜의 문제를 가지고 강연을 했습니다.

그때마다 지혜의 문제가 너무 중요하다는 것과 필자 자신이 너무 지혜롭지 못하다는 사실을 깨닫게 되었습니다. 그리고 지혜롭지 못한 사람은 필자만이 아니었습니다. 세상에 있는 사람들도 지혜롭지 못하기는 마찬가지였습니다. 세상 사람들이 얼마든지 행복하게 살 수 있는 좋은 조건들을 가지고 있으면서도 매일 갈등과 고통과 괴로움과 싸움 속에서 사는 것을 보았을 때, 지혜의 문제에 대한 책을 꼭 써야겠다는 생각을 했습니다. 또 나이가 70세가 넘어서도 자기 자신의 모습을 모르고 한심하게 처신하는 정치적 지도자나 최고의 지성인이라는 사람들을 보았을 때, 지혜에 대해 글을 쓰는 것은 꼭 필요하다는 생각을 했습니다.

그래서 필자는 처음에 『지혜론』이라는 제목으로 책을 쓰려고 했습니다. 주위 사람들에게 물으니 제목이 너무 추상적이고 관념적이라 분명하고 쉽게 머리에 들어오지 않는다고 충고해 주었습니다. 필자는 다른 사람들의 충고를 바탕으로 아주 쉽고 분명하게 머리에 들어오게 제목을 『지혜 : 지혜로운 인간의 세 가지 조건』이라고 제목을 정했습니다. 이 책이 기술하는 세 가지 조건만 갖추면, 누구나 지혜로운 인간이 될 수 있는 기본은 마련된다고 생각했기 때문입니다.

이 책은 여러 면에서 부족한 점이 많습니다. 필자는 세가지 종교와 중국고전과 인도고전 그리고 소크라테스에 대한 공부도 부족하고, 학문적 능력도 부족한 점이 많습니다. 다음에 지혜에 대해 책을 쓸 때는 좀 더 공부를 하고, 제대로 『지혜론』을 쓰고 싶습니다. 이 책의 부족한 점을 이해해 주기 바랍니다. 동시에 이 책을 쓰게 독촉한 연극을 하는 제자들에게 고맙다는 말을 전하고 싶습니다. 퇴임식을 준비하는데, 중심이 되었던 O.B. 계명극예술연구회 회원들과 재학생들 그리고 한국어문학과 재학생들과 대학원생들 그리고 한국어문학과를 졸업한 제자들과 교육대학원에서 국어교육을 전공하는 제자들, 그리고 7년 동안 고대·중세 예술사와 근현대 예술사를 수강한 음악대학원 석사과정과 박사과정의 제자들, 마지막으로 예술대학원 연극뮤지컬학과 제자들에게도 고맙다는 말을 전합니다. 이 책이 그들이 세상을 살아가는 데 조금이라도 도움이 되었으면 좋겠습니다.

이 책이 제자들과 제 주위에 있는 분들이 제게 준 사랑에 대한 조그마한 보답이 되기 바랍니다. 저는 오늘날까지 너무나 많은 사랑의 빚을 졌습니다. 계명대학교 정순모 이사장님과 신일희 총장님 그리고 선배 교수님들과 동료 교수님들 그리고 후배 교수님들에게도 많은 사랑의 빚을 졌습니다. 간혹 길거리에서 만나면 반갑게 너무 기뻐하는 제자들, 나는 그들의 이름도 기억하지 못하는 것을 생각하면 제자들에게도 사랑의 빚을 너무 많이 졌습니다. 정년퇴임을 계기로 그 분들 모두에게 감사의 말씀을 전합니다.

 필자는 이 책에는 평소에 제자들과 충분히 이야기하지 못한 내용들을 담았습니다. 학교를 떠나면서 제자들에게 하고 싶은 말들을 담았습니다. 아들들과 며느리 그리고 손자들과 나누고 싶은 이야기들도 썼습니다. 그리고 이 책이 나오는 과정에서 수고해 주신 (주)글로벌콘텐츠출판그룹 대표 홍정표 님을 위시한 회사의 구성원 여러분께 진심으로 감사의 말씀을 드립니다. 마지막으로 모든 제자들에게 '사랑한다'는 말을 전합니다. 동시에 이 책이 독자들의 행복지수를 조금이라도 높이는 데, 기여했으면 좋겠습니다.

잠언 3장 13~18절

 지혜를 얻은 자와 명철을 얻은 자는 복이 있나니
 이는 지혜를 얻는 것이 은을 얻는 것보다 낫고 그 이익이 정금보다 나음이니라
 지혜는 진주보다 귀하니 너의 사모하는 모든 것으로 이에 비교할 수 없도다
 그 우편 손에는 장수長壽가 있고 그 좌편 손에는 부귀가 있나니
 그 길은 즐거운 길이요 그 첩경은 다 평강이니라
 지혜는 그 얻는 자에게 생명나무라 지혜를 가진 자는 복되도다.

원명수
성서캠퍼스 연구실에서
2010. 12. 1.

목 차

머리말 _ 5

프롤로그   지혜를 찾아 떠나는 여행 _ 15

  1_우리들의 문제 _ 20

  2_지혜를 찾아 떠나는 여행 _ 26
    소크라테스와의 만남 _ 27
    싯닷타(석가모니 : 부처님)와의 만남 _ 32
    임마누엘 예수와의 만남 _ 37
    무함마드와의 만남 _ 44
    공자와의 만남 _ 52

  3_다섯 성인들의 공통점들 _ 58
    자기 자신이 누구인지 아는 사람 _ 59
    분별심이 없는 사람 _ 67
    사랑을 실천하는 사람 _ 71

자기 자신이 누구인지 아는 사람 _ 77

1_철학을 통해 본 자아상 _ 80
2_문학작품을 통해 본 자아상 _ 88
3_심리학을 통해 본 자아상 _ 101
4_인생의 목적이 있는 사람 _ 111
5_'내 탓이오'라고 말하는 사람 _ 173
6_자존감이 있는 사람 _ 177
7_건강관리와 스트레스 _ 180

분별심이 없는 사람 _ 195

1_절대자의 시각 _ 208
2_역설의 원리 _ 213
3_겸손과 하심下心 _ 224
4_순수한 사람 _ 229
5_방하착放下着하라 _ 237
6_중용中庸 _ 243
7_중도中道 _ 247
8_올바른 언어생활 _ 250
9_침묵하는 사람 _ 261
10_'화'를 내지 않는 사람 _ 267
11_분별심과 깨달음 _ 270

목 차

사랑을 실천하는 사람 _ 279

1_도道란 무엇인가 _ 282
2_사랑이란 무엇인가 _ 289
3_바울의 사랑관 _ 303
4_동체대비同體大悲와 무연대비無緣大悲 _ 311
5_우정 _ 314
6_효도 _ 322
7_자기가 속해 있는 조직을 사랑하라 _ 330
8_물질적 사랑 _ 336
9_원수를 사랑하라 _ 341
10_사랑은 모든 문제의 답 _ 347

에필로그 _ 353

1_정신적으로 완전한 자유인 _ 360
2_행복한 사람 _ 362

프롤로그 지혜를 찾아 떠나는 여행

1_우리들의 문제

2_지혜를 찾아 떠나는 여행
소크라테스와의 만남
싯닷타(석가모니 : 부처님)와의 만남
임마누엘 예수와의 만남
무함마드와의 만남
공자와의 만남

3_다섯 성인들의 공통점들
자기 자신이 누구인지 아는 사람
분별심이 없는 사람
사랑을 실천하는 사람

프롤로그

지혜를 찾아 떠나는 여행

지혜란 무엇일까요? 지혜란 존재하는 것인가? 지혜는 실체가 있는 것인가? 지혜는 신의 속성인가 아니면 인간의 속성인가? 지혜의 문제를 다루는 것은 천기누설 죄에 해당하는 것인가? 지혜는 인간이 터득해 가질 수 있는 것인가, 아니면 인간에게는 영원히 없는 것인가? '지혜'에 대한 뜻을 알기 위해 국어사전에 보면 '지혜'는 슬기라 하고, 슬기의 의미를 "사물의 이치를 밝히고 시비是非와 선악善惡을 판별하는 능력"이라고 써져 있습니다. 그리고 수많은 사람들이 지혜에 대한 정의를 내렸습니다. 그러나 필자는 일반 대중이 알 수 있게, 우리의 인생은 만남과 판단과 선택으로 이루어져 있는데, 우리가 사람이나 상황을 만났을 때, 적합한 판단과 선택을 할 수 있는 능력이 지혜라고 생각합니다.

지혜에 대한 지식을 얻는 방법에는 어떤 것이 있을까요? 사람들은 경험에 의해 지혜에 대한 지식을 터득할 수 있다고 말하기도 하고, 독서나 여행에 의해 터득할 수 있다고 말하기도 합니다. J. G. 브렌넌이 쓰고, 곽

강재가 번역한 『철학의 의미』에서 브렌넌은 플라톤의 「테아에테투스」라는 대화편의 제목으로 사용된 이름을 가진 수학자 테아에테투스가 말한 "지식은 옳은 신념이다"라는 말을 소개하면서, 지식을 얻는 방법에는 네 가지가 있다고 말합니다. 첫째가 권위에 의한 방법이고, 둘째가 직관에 의한 방법이고, 셋째가 이성에 의한 방법이고, 넷째가 경험에 의한 방법입니다.

첫째로 권위에 의한 방법은 역사 속에서 위대했던 인물의 말이나 글에 의존하는 것입니다. 소크라테스가 뭐라고 말씀하셨다든지, 아인슈타인이 뭐라고 말했다고 하면서, 위대한 사람의 권위에 의존하여 지식을 얻는 것입니다. 둘째는 직관에 의한 방법입니다. 주로 동양철학적인 인식 방법입니다. 싯닷타가 깨달음을 얻었다는 것은 논리적이고 합리적인 요소도 있지만 결국은 직관적인 인식입니다. 도인들이 도를 깨쳤다는 것도 직관적인 인식입니다. 셋째는 이성적인 방법입니다. 아리스토텔레스는 "인간은 이성적 동물이다"라고 말했습니다. 유럽대륙철학, 즉 이성론에서 주장하는 것입니다. 어떤 대상에 대한 이해는 이성에 의해 이루어진다는 것입니다. 이성주의자들의 주장입니다. 넷째로 경험에 의한 인식입니다. 흄이나 록크 같은 경험주의자들의 주장입니다. 경험에 의해 지식이 얻어진다는 것입니다.

이 네 가지 방법에는 모두 장단점이 있습니다. 필자는 다섯 분의 성현들이 사신 인생과 말씀들을 통해 지혜로운 인간의 모습을 찾으려고 합니다. 다섯 분의 성현들의 권위에 의존하면서도, 권위에 의존하는 방법이 갖는 문제점을 해결하기 위해 이성적이고 합리적인 과정을 거치고 난 후에 직관적으로 결론을 내리고자 합니다. 동양철학적 연구 방법의 핵심은 직관입니다. 임마누엘 예수도 싯닷타의 깨달음도 직관에 의한 것이라고 생각합니다.

그리고 우리가 중요시해야 할 것은 서양철학의 인식론입니다. 어떤 과정을 거쳐 어떤 대상에 대한 지식을 얻게 되느냐 하는 것입니다. 인식의 과정으로는 귀납법과 연역법을 생각할 수도 있습니다. 그러나 지혜에 대해 논하는 데는 귀납법을 사용해야 한다고 생각합니다. 답을 정해 놓고 역으로 타당성을 추론할 수는 없기 때문입니다. 대상을 관찰한 후에 가설을 세우고, 검증하는 방법을 택해야 할 것입니다.

콰인은 『인식론 : 믿음의 거미줄』에서 지식을 얻는 과정으로 관찰·확인·가설·설명의 과정을 이야기하고 있습니다. 모든 관찰은 어떤 편견 또는 관점에서 시작됩니다. 그런 의미에서 대상을 관찰하는 것은 가능한 한 객관적인 입장에서 관찰해야 할 것입니다. 어떤 종교나 사상에서 관찰한다면, 보편타당성과 객관성을 갖춘 지혜에 대한 적합한 답을 얻을 수 없을 것입니다.

우리가 지혜에 대해 알아보려고 할 때는 이유가 있는 것입니다. 우리는 우리가 가지고 있는 문제들을 지혜롭게 해결하고, 성공적인 삶을 살려는 것입니다. 그런 의미에서 필자는 먼저 우리가 가지고 있는 문제들을 알아보고자 합니다. 그리고 필자가 내린 지혜에 대한 이야기들이 옳은 것인지 검증하기 위해서는, 우리가 가지고 있는 개인적 문제나 가정적 그리고 사회적 문제와 인류의 문제가 무엇인지 알아보고, 필자가 연구의 결과로 얻은 지혜로운 인간의 세 가지 조건으로 해결할 수 있는지를 알아 보고자 합니다.

1_우리들의 문제

　　　　　　　　인류의 역사 속에서 우리는 여러 가지 문제를 가지고 있었습니다. 고대인들이나 중세인들이 가졌던 문제들이 현대인이 가지고 있는 문제들과 같을 수 없습니다. 미래에 인류가 가지게 될 문제들이 또한 다를 것입니다. 필자는 대학교수로서 대학에 있는 대학생들을 상대로 앙케이드 조사를 하고, 신문이나 T.V. 등을 통한 매스미디어에 나타난 현대인들의 모습을 통해 우리들이 갖고 있는 문제를 이야기하고자 합니다. 어느 특정 지역이나 계층보다는 가급적 보편적인 문제에 대해 언급하고자 합니다.

개인의 문제

　첫째로, 개인의 문제는 인류의 수만큼 많다고 말할 수도 있습니다. 개인이 가지고 있는 시간적 배경과 공간적 배경이 다르기 때문입니다. 그러나 같은 공간과 같은 시대에 사는 사람들을 비슷한 문제를 가지고 있다고 생각합니다. 어른들과 젊은이 들이 조금 다를 수 있습니다. 그러나 한 인간으로서 갖는 본질적인 문제는 유사하다고 생각합니다. 젊은 이들을 상대로 앙케이드를 이용해 조사한 것과 필자가 신문이나 T.V. 같은 메스미디어를 통해 일반인들이 가지고 있는 문제가 많다는 것을 알 수 있습니다.

우리는 개인적으로 여러 가지 고민을 가지고 있습니다. 모두 다 기술하자면 끝이 없을 것입니다. 그러나 이러한 것들의 공통점을 요약한다면, "내가 누구인지 모른다."는 것과 "인생의 목적이 없다."는 것이었습니다. 가치관의 혼란도 내가 누구인지 모르고, 인생의 목표가 제대로 서 있지 않기 때문에 생긴다고 생각합니다. 자기 자신이 누구인지 알고, 인생의 목적이 제대로 서 있으면, 가치관이 흔들리지 않을 것입니다. 다른 사람이 다른 가치관에 대해 어떤 말을 해도 자신의 가치관이 흔들리지 않을 것입니다.

둘째로, 젊은 대학생을 상대로 앙케이드를 통해 여러분의 가정이 갖고 있는 가장 큰 문제가 무엇이냐고 물었을 때, 가장 많이 나온 답은 화목하지 못한 가정과 가족 간에 대화가 없다는 대답이 가장 많았습니다. 우리나라 가정의 문제점을 일목요연하게 보여 주는 것이라고 생각합니다. O.E.C.D. 국가 중에서 이혼율이 가장 높은 나라라는 점을 생각하면 수긍이 갑니다.

한국 가정에서 가장 큰 문제는 화목하지 못한 것입니다. 가정의 화목은 부부애에서 출발한다고 생각합니다. 부부관계가 좋아야 한다. 자식의 입장에서 보면, 아버지와 어머니의 관계가 좋아야 합니다. 자식의 입장에서 아버지와 어머니의 사이가 나쁘면 불안합니다. 가정이 깨질 수 있다고 생각하면, 자식들로서는 불안할 수밖에 없습다.

부부는 모두가 상대방과 자녀를 위해서 자기의 주장을 내세웁니다. 남편도 아내와 자녀를 사랑해서 하는 말이고, 아내도 남편과 아이들을 위해서 하는 말입니다. 둘 중에 한 사람은 가족을 위해서 어떤 주장을 하고, 둘 중에 다른 사람은 가족의 불행을 위해서 어떤 주장을 하는 것이 아닙니다. 두 사람이 모두 가족을 위해서 어떤 주장을 하는 것입니다. 둘 중에 한 사람의 의견은 옳고, 다른 사람의 의견은 틀린 것이 아닙니다. 두 사람의 주장이 모두 옳은 것입니다. 남편이 50% 옳고, 부인이 50% 옳아서 두 의견이 합해져서 100% 옳은 것이 아닙니다. 남편도 100% 옳고, 아내도 100% 옳아서 둘이 합해서 100% 옳은 것이 되는 것입니다. 부부는 혼합되는 것이 아니고 화학적으로 화합되는 것이기 때문에 100% + 100% = 100%가 되는 것입니다.

가정의 화목은 부부의 화목에서 출발합니다. 정신과 의사들은 부부의 화목은 육체적 그리고 정신적 소통에서 이루어진다고 합니다. 가족 간의 화목은 대화를 통한 소통에 의해서 이루어질 수 있습니다. 우리는 가족 간에 대화를 하는 기술이 너무 부족합니다. 필자도 가족 간에 대화를 하는 능력이 부족하다는 것을 인정합니다. 오죽하면 "대화란 대놓고 화를 내는 것이다."라고 말하겠습니까? 입장을 바꿔 생각하며, 서로 원활하게 대화를 하면, 부부 간에는 남편과 아내가 모두 옳고, 부모와 자식 간에는 부모와 자식이 모두 옳다는 것을 알 수 있으리라 생각합니다.

그 외의 문제로 '경제문제, 교육문제, 남편과 아내의 외도, 이혼, 아버지의 폭력, 기러기 아빠, 자식들이 부모에게 너무 의존적이다, 고부 사이의 갈등, 집안의 공간이 좁다, 가족의 건강' 등이 문제로 제기 되었습니다. 필자가 생각하기에는 이혼의 문제가 가장 심각한 것 같습니다. 우리나라가 O.E.C.D. 국가 중에 이혼율이 1위나 2위가 되는 모양입니다. 도저히 이해가 안 되는 일입니다. 100여 년 전에 존재했던 조선사회를 생각하면 실감이 안 납니다. 그러나 많은 젊은이들이 이혼을 하고, 황혼 이혼까지 존재한다고 합니다. 이혼을 하는 사람들은 더 나은 행복을 위해서 하겠지만, 죄 없는 자식들을 생각해서 가능하다면 참는 것이 좋을 것 같습니다. 자식들은 부모가 쏟는 사랑을 먹고 자랍니다. 때때로 어머니의 사랑도 필요하고, 때때로 아버지의 사랑도 필요합니다. 아버지와 어머니의 사랑이 동시에 필요한 때도 있습니다. 사랑을 많이 받고 자란 아이와 사랑을 받지 못하고 자란 아이는 얼굴의 색깔부터 다릅니다. 그리고 부모의 사랑을 제대로 받지 못하고 자라는 아이들이 얼마나 험난한 인생을 사는가를 주위에서 많이 봅니다. 우리의 가정을 위해, 우리나라의 장래를 위해 이혼을 자제하여 이혼율을 줄이면 좋을 것 같습니다.

셋째로, 한국사회에서 가장 큰 문제는 갈등입니다. 소위 선진국이라고 일컬어지는 모든 국가와 사회가 갈등을 가지고 있습니다. 그러나 우리나라는 남한과 북한이 갈라져 있는 분단국가이고, 경제적으로 고속 성장을 한 국가이기 때문에 더욱 문제가 많습니다.

우선 가진 자와 못 가진 자의 갈등을 들 수 있습니다. 경제적으로 돈이 많은 사람들과 가난한 사람들 사이의 갈등을 생각할 수 있고, 권력이나 지식이나 명예와 같은 것을 가진 자와 못 가진 자들 사이의 갈등도 생각 할 수 있습니다. 고령화 사회가 됨으로써, 세대 간의 갈등이 생겨났고, 아직도 지역 갈등이 있으며, 남북통일이 이루어지지 않음으로 남한과 북한 사이에 갈등이 있으며, 한국남자들이 외국여자와 결혼하고 외국근로자들이 많이 들어와 다문화사회가 되어서 국내에 있는 민족들 사이에 갈등이 생기고 있습니다. 국제결혼으로 인해 자녀들의 교육문제 등 여러 가지 사회문제들이 생기고 있습니다.

갈등은 인간사회가 가지고 있는 핵심 문제입니다. 갈등은 좋은 방향으로 이끌어 가면 사회 발전에 유익할 수도 있습니다. 갈등이 경쟁의 양상을 띠게 되면 유익한 갈등이 될 수도 있습니다. 그러나 사회적 갈등이 새로운 문제를 야기할 때는 사회를 혼란으로 몰고 가기도 합니다. 이러한 문제를 해결하기 위해서는 요사이 한국사회에서 중요한 화두가 되고 있는 '소통'이 잘 되어야 합니다. 소통이 잘 되기 위해서는 이 책이 지혜로운 인간의 조건으로 주장하고 있는 자기 자신을 잘 이해하고, 상대방에 대해 분별심을 갖지 말고, 사랑을 몸소 실천하면서 대화를 하여야 합니다. 지혜로운 인간은 타인과 소통을 잘 하는 사람이기 때문입니다.

그 외에 한국사회가 가지고 있는 문제는 환경문제, 복지문제, 저출산 문제, 관료의 부정부패문제 등을 들 수 있을 것입니다. 좁은 나라에서 많은 사람이 살고 있으며, 산업화로 많은 수출과 수입을 하고 있으니 환경문제가 발생하지 않을 수 없다고 생각합니다. 이산화탄소의 배출량도 많고, 쓰레기도 너무 많이 생겨 처리하기가 곤란한 실정입니다. 고령화 사회가 되면서 노인 복지 문제가 심각해지고 있습니다. 고령화 사회가 됨으로써 의료비는 많이 지출되고, 노인을 위한 국민연금의 지급도 많아져 복지비의 과다 지출 문제가 심각해지고 있습니다. 교육비 등 자녀 양육비가 많이 들어 젊은이들이 결혼을 회피하고, 결혼을 해서도 아이를 낳으려 하지 않아 저출산 문제가 또한 심각한 문제가 되고 있습니다.

넷째로, 인류가 가지고 있는 가장 큰 공동의 문제는 전쟁과 테러의 문제라고 생각합니다. 어떤 관점에서 보면 인류의 역사는 전쟁의 역사라고 볼 수 있습니다. 인류의 역사에 나오는 영웅이라고 칭송되는 사람들은 좀 더 넓은 국토를 갖기 위해 전쟁을 했습니다. 영웅이 아니더라도 왕이나 봉건제후 혹은 국가의 통치자들이 영토를 넓히기 위해 전쟁을 했습니다. 단지 국토만 넓히는 것만이 아니고, 국가의 다른 이익이 있어서 전쟁을 했겠지요. 그러나 전쟁이 수많은 사람을 불행하게 만든 것을 생각하면, 전쟁 영웅이나 그런 지도자들이 너무나 어리석었다고 생각합니다.

전쟁과 테러 다음으로 문제가 되는 것은 환경문제입니다. 이산화탄소 발생량이 많아지면서 지구온난화현상이 나타나고 있습니다. 지구온난화현상으로 남극과 북극에 있는 얼음이 녹아 바다의 수위가 높아지고 있습니다. 바다의 수위가 높아지면 여러 섬들이 물에 잠겨, 지구상에서 사라져 없어지는 나라도 생긴다고 합니다. 그리고 지구온난화현상으로 인해 홍수와 가뭄의 재해가 일어나, 홍수로 많은 사람이 죽고 이재민이 생기는가 하면, 가뭄으로 사막이 늘어나 동물들이나 사람들이 살기가 힘들어지고 있습니다.

다음으로 문제가 되는 것은 어린아이들이 먹을 것이 없어 굶어 죽는 기아의 문제입니다. 미국에 가서 보면, 몸이 비만해져 자기 몸을 제대로 가누지도 못하는 사람이 무수히 많습니다. 그런가 하면 세계적으로 기아로 인해 굶어 죽는 어린 아이와 어른들이 무수히 많습니다. 잘 아는 것과 같이 우리와 가까이 있는 북한에서도 많은 어린아이들이 굶어 죽고 있습니다. 부유한 국가들은 이유 없이 그리고 조건 없이 가난한 나라들을 도와야 합니다. 무기 경쟁을 줄이고, 예산을 굶어 죽는 사람들을 돕는 분야의 예산을 늘려야 합니다.

마지막으로 생명과학과 유전공학의 문제가 있습니다. 우리 인류는 자연과학의 발달로 생명을 인위적으로 조작하며, 변화시키고 있습니다. 현재 여러 가지 짐승의 복제품이 만들어졌습니다. 우리는 현재 인간의 뇌를 복재해서 만들지는 못하지만 짐승을 이용해 여러 가지 장기를 복재해서 만들고 있습니다. 인간의 수명을 인위적으로 연장하며, 생명을 인위적으로 조작하고 있습니다. 이런 자연과학의 발달은 순기능과 역기능이 있습니다. 자연과학의 역기능을 제어하기 위해서는 윤리의식이 필요합니다. 특별히 생명윤리가 필요합니다. 이러한 문제가 제대로 해결되지 않으면, 인위적으로 만들어진 어떤 인간이 나타나서 인류의 미래를 위협하거나 어떤 문제를 일으킬지 알 수 없습니다.

2_지혜를 찾아 떠나는 여행

우리의 인생은 여행입니다. 우리 삶의 과정은 내가 누구인지 알아가는 여행의 과정입니다. 우리의 삶은 지혜를 찾아 떠나고 헤매고 방황하는 것이라고 말할 수 있습니다. 많은 사람들의 삶은 방황 그 자체입니다. 온갖 직업과 경험과 학문과 예술과 종교 사이를 헤매고 다니기도 합니다. 이제는 방황을 그치고 지혜를 찾아 떠나려고 합니다.

우리는 경험을 통해 지혜를 얻는다고 말하기도 하고, 독서를 통해 얻는다고 말하기도 하고, 여행을 통해 얻는다고 말하기도 합니다. 그리고 문학작품 같은 예술이나 철학 그리고 종교를 통해 얻는다고 말하기도 합니다. 그럼 지혜를 찾아 어디로 여행을 해야 하는가요? 『화엄경』에 나오는 선재동자는 문수보살을 비롯하여 세상에 있는 여러 가지 직업을 갖고 있는 53선지식을 만나며 깨달음을 찾아 여행을 합니다. 53선지식 가운데는 보현보살도 있고, 향 파는 장자도 있고, 비구와 비구니도 있고, 거사도 있습니다. 바시라 뱃사공도 있고, 주야신도 있습니다. 어떤 사람은 선재동자가 문수사리보살을 두 번 만나기 때문에 52선지식을 만난다고 말하기도 합니다. 그럼 우리는 지혜를 얻기위해 어떤 선지식을 만나야 하나요?

필자는 다섯 분의 성현들을 만나기 위해 여행을 떠나려고 합니다. 사실상 어떤 사상이 100년을 버티기도 힘듭니다. 그런데 불교나 기독교나 이슬람교처럼, 2500년 동안, 2000년 동안, 1400년 동안 존속했다는 것은 대단한 일입니다. 소크라테스나 공자의 사상과 같이 2500년 동안 생명을 갖는다는 것은 쉬운 일이 아닙니다. 아무 종교나 사상이 그렇게 오래 존속할 수 있는 것이 아닙니다. 거기에는 무엇인가가 있는 것입니다. 우리는 그러한 사상이나 종교 앞에서 겸손해질 필요가 있다고 생각합니다. 겸손한 마음으로 그들의 인생이나 글을 살펴보고, 현대적으로 해석할 때, 배우는 것이 있으리라 생각합니다.

소크라테스와의 만남

소크라테스가 태어난 때는 기원전 469년으로 석가모니 부처님이 죽은 지 11년 후, 공자가 죽은 지 10년 후였습니다. 소크라테스는 아테네에서 석공인 아버지 소프로니코스와 산파인 어머니와의 평범한 가정에서 태어났지만, 아테네 시민이었습니다. 그는 석공의 아들로 태어났지만, 석공이 하는 일에는 별 관심이 없었고, 공부하는 데에 가장 큰 관심이 있었습니다. 젊었을 때, 처음으로 온몸을 바쳐서 공부한 것은 자연철학이었습니다. 태양은 어떤 것이며, 지구는 어떤 것이며, 달은 어떤 존재인가? 그리고 태풍이나 지진 같은 천재지변은 어떻게 일어나는 것인가? 젊은 소크라테스에게는 자연에 관한 모든 것이 의문스러운 것이었습니다.

소크라테스가 20대인 젊은 시절에는 아테네에 자연철학이 유행했습니다. 기존의 세계관은 신들이 모든 것을 이끌어간다는 것이었습니다. 거기에 반대하는 생각이나 행동을 하면 신의 분노를 산다고 생각했습니다. 그런 사고방식을 뒤엎은 새로운 사고방식이 출현했습니다. 자연철학이었습니다. 그 선구적 역할을 한 사람은 탈레스Thales(B.C. 640?~546)였습니다. 그는 천체가 일정한 패턴으로 움직인다는 것을 알았고, 기원전 585년에 일식을 예측했고, 만물의 근원은 물이라고 말했습니다. 그 뒤를 이은 사람은 생명체의 진화를 주장했던, 아낙시만드로스, 수數로 삼라만상을 설명할 수 있다고 생각한 피타고라스, 만물의 근원을 물, 불, 공기, 흙인데, 이 네 가지 요소가 사랑에 의해 어떤 식으로 서로 융합하면 어떤 물체가 되고, 증오에 의해 흩어지면 죽음이 된다고 주장했던 엠페도클레스가 있었습니다.

우리에게 "너 자신을 알라"라는 말을 한 철학자로 잘 알려진 소크라테스는 "네 자신을 알라"라는 물음이 우리에게 뜻하는 것과 같이 기존의 자연철학을 넘어서 관념철학의 시대를 연 철학자였습니다. 물론 "너 자신을 알라"라는 말은 소크라테스가 처음으로 한 말이 아니고, 아폴론을 모시고 있고 신탁을 받기도 하는 델포이 신전에 적혀 있는 글이라는 것은 누구나 아는 사실입니다. 소크라테스가 "너 자신을 알라"라는 말을 강조함으로써 자기 자신과 인간에 대해 관념적이며 형이상학적으로 물었다는 데 의의가 있다고 생각합니다.

"너 자신을 알라"라는 말은 "네 분수를 알아라", "자신이 죽을 곳을 알아라"라는 뜻이라고 합니다. 킬론이라는 현인이 처음으로 말했다는 주장도 있고, 탈레스가 처음으로 말했다는 설도 있습니다. 그러나 소크라테스는 "너 자신을 알라"라는 말을 그릇된 편견과 무지를 자각하라는 명령으로 받아들였습니다. 그는 일상적인 자기와는 다른 '진실한 자기'에 눈을 뜬 사람이었습니다. 소크라테스 이전의 철학자들이 자연에 대해 관심을 가진 것에 비하여 소크라테스는 인간에 대해 관념적으로 관심을 갖기 시작한 것입니다. 어떤 의미에서 "너 자신을 알라"라는 말은 우리에게 가장 본질적인 문제이며, 우리가 지혜로운 인간이 되는 출발점이라고 생각합니다.

서양의 현대철학자 야스퍼스가 기록한 것에 의하면, 서양철학사에 새로운 시대를 연 소크라테스는 경제적으로 검소했지만 모든 아테네 시민에게 지급하는 국가 보조금과 물려받은 약간의 유산 덕분으로 비교적 독립적으로 살 수 있었다고 합니다. 펠로폰네소스 전쟁이 일어났을 때, 그는 중장비 보병으로 델리온 전투와 암피폴리스 전투에 참가함으로써 병역의 의무를 수행했습니다. 그 당시에는 군인이 입는 옷이나 장비를 개인적으로 부담해야 했다고 합니다. 소크라테스는 경제적으로 여유가 있어서 중무장하는 부대에 소속되어 전쟁에 나갔다고 합니다. 소크라테스는 정치적으로는 기원전 406년에 의회 의장으로 봉직했고, 곧 이어서 아르기누스 전투에서 아테네 군을 지휘했던 장군들의 탄핵을 요구하는 군중의 반대편에 서서 정의를 구현시키려고 노력하기도 했습니다. 그러나 그는 군대나 국가의 요직을 진심으로 탐내지는 않았습니다.

흥미롭게도 우리는 소크라테스의 용모에 대하여 잘 알고 있습니다. 그는 툭 불거진 눈을 가진 못생긴 남자였습니다. 뭉툭한 코, 두툼한 입술, 땅딸막한 골격, 불룩한 배는 잘 알려진 모습입니다. 보통 사람이라면 자신의 못 생긴 외모 때문에 한 번쯤은 속이라도 상했으련만, 소크라테스는 전혀 그런 일이 없었다고 합니다. 그러기는커녕 오히려 자신의 못 생긴 외모를 아름다움으로 승화시키는 기막힌 말을 했다고 합니다. 소크라테스는 젊고 미남인 크리토불로스와 자신의 용모에 대해 이야기하면서, 눈은 다른 사람보다 툭 불거져 있어 정면뿐 아니라 양 옆도 볼 수 있어 좋고, 코는 다른 사람의 콧구멍은 아래로만 향해 있으나, 그의 코는 넓적하고 위로 향해 있어 위든 아래든 어느 방향에서 오는 냄새든 잘 맡게 생겼으니 좋다고 말했다고 합니다. 그리고 그는 추위와 힘든 일을 견디어 낼 수 있는 강인한 체질의 소유자였습니다.

우리는 주로 장년으로서의 소크라테스를 잘 알고 있습니다. 그의 젊은 시절에 대해서는 자세히 그리고 정확하게 모르고 있습니다. 그는 페르시아 전쟁 이후에 눈부시게 번영했던 아테네에서 성장했습니다. 그리고 그가 일반에게 처음으로 알려진 것은 비극적인 펠로폰네소스 전쟁이 발발했던(기원전 431년), 나이 마흔에 이르러서였습니다. 그에 대한 최초의 기록은 그를 마음껏 조롱한 아리스토파네스의 「구름」이라는 희곡입니다. 그는 기원전 405년 아테네의 몰락과 패망을 경험했고, 그의 나이 일흔에 불경죄로 기소되어 사형 언도를 받고, 기원전 399년 독당근에서 뽑은 시약을 마시고 죽었습니다. 소크라테스가 죽을 때, 장남 람프로클레스는 열여덟 살이었고, 둘째 소프로니코스는 네 살, 막내 메넥스네스는 젖먹이였습니다. 소크라테스가 죽을 때, 클리톤에게 "오! 클리톤, 내가 아스클레피오스에게 닭 한 마리 공양하는 걸 잊었네. 기억해두었다가 자네가 내 대신 그 일을 좀 해주게. 부탁하네."라고 한 말은 유명합니다. 그리고 친구와 제자들이 도망가자고 했을 때, 그가 "악법도 법이니 지켜야 한다."라고 말했다는 주장의 사실 여부에 대해서는 사람마다 주장이 달라 어느 주장이 옳은지 정확히 알 수 없습니다.

그럼 소크라테스는 "너 자신을 알라"라는 질문에 대해 무엇이라고 답변하고 있는가요? 그는 "나는 내가 무지하다는 것 이외에는 아무것도 모른다"라고 말하고 있습니다. 이 대답이 소크라테스가 도달한 자신과 인간에 대한 이해입니다. 실제로 우리는 우리 자신에 대해 제대로 아는 것이 없다고 생각합니다. 우리는 제대로 보거나 듣지도 못하고, 제대로 아는 것도 없습니다.

필자도 2009년도에 계명대학교 철학과에서 주관하는 목요철학세미나 500회 기념대회에서 명예박사학위를 받으면서 "나는 제대로 볼 줄 아는 것도 없고, 제대로 들을 줄 아는 것도 없고, 제대로 알고 있는 것도 없다."고 답사를 한 기억이 납니다.

우리는 우리가 대하는 대상이 무엇인가를 제대로 볼 수 있는 눈이 있는가요? 세상에 일어나는 일들을 제대로 보고 있는가요? 아직까지도 우리의 역사 속에 있었던 일들이 제대로 해명되지 않아 논란되고 있습니다. 예를 들면 5.18민주화운동의 실체가 오늘날에는 많이 밝혀졌지만, 당시에는 국민들이 실체를 보지 못했습니다. 그 외에도 많은 역사적 사건들이 아직도 실체가 제대로 밝혀지지 않고 있습니다.

그리고 우리는 다른 사람들의 말을 제대로 들을 수 있는 귀가 있는가요? 우리는 부부간에, 부모와 자식 간에, 친구 간에, 직장 동료 간에 제대로 대화하고 있는가요? 우리는 자주 상대방의 말을 잘못 들어 오해하고 다투고 싸웁니다. 우리는 시어머니와 며느리 간에도 오해가 많아, 서로 대화를 나누고 오해를 푼 다음에 서로 부둥켜안고 우는 장면을 봅니다. 정치판에서도 정치인들끼리의 말이 오해를 일으켜 정쟁을 낳는 경우가 얼마나 많습니까? 우리는 다른 사람들의 말을 제대로 들을 수 있는 능력도 없는 것입니다. 오죽하면 예수께서 "거룩한 것을 개에게 주지 말며 너희 진주를 돼지 앞에 던지지 말라. 저희가 그것을 발로 밟고 돌이켜 너희를 찢어 상할까 염려하라"(마태 7장 6절)라고 말씀하셨겠습니까?

그리고 우리는 제대로 알고 있는 것도 없습니다. 소크라테스의 말처럼 우리 자신만을 모르는 것이 아니고 세상의 대부분을 제대로 모릅니다. 우리는 태양에 대해서도, 지구에 대해서도, 산과 바다에 대해서도 심지어 나무 한 그루, 풀 한 포기에 대해서도 제대로 모릅니다. 우리는 다른 사람에 대해서도 모르고, 역사적 사건에 대해서도 제대로 모르며, 요사이 신문이나 T.V에 나오는 사건의 진상에 대해서도 제대로 모릅니다. 그리고 조주 스님의 '무無' 화두의 입장에서 봐도 인간들이 제대로 아는 것은 없습니다. 오죽 했으면 어떤 철학자는 자신이 생각하는 존재라는 것만이 사실이라고 말하고, 어떤 철학자는 자기가 존재하고 있다는 것만이 사실이라고 말했겠습니까?

소크라테스의 자기 인식은 관념철학의 출발점이라고 생각합니다. 그리고 "너 자신을 알라", 즉 인간에 대한 이해는 모든 학문의 출발점이며 종착점이라고 생각합니다. 소크라테스는 다른 사람들에게 인간에 대해 알게 하기 위해 대화법과 변증법을 이용했습니다. 그리고 소크라테스는 사람들에게 "선善이란 무엇인가?", "정의란 무엇인가?", "용기란 무엇인가?" 등의 질문을 했습니다. 이러한 질문들은 인간에 대한 이해를 높이는 관념론적인 문제라고 생각합니다. 그리고 소크라테스는 이러한 문제들에 대한 질문과 대답이 참된 지혜를 얻게 하는 길이라고 생각했습니다.

싯닷타(석가모니 : 부처님)와의 만남

석가모니 부처님(2010년도 대한불교조계종에서 출간한 『부처님의 생애』에는 '싯닷타'로 표기되어 있습니다. 싯닷타의 생애에 대한 내용도 같은 책에 많이 의존했음을 밝힙니다.)은 마야 부인의 옆구리로 태어나서 오른손은 하늘을 가리키고, 왼손은 땅을 가리키며, 사방으로 일곱 걸음을 걸으면서 사자처럼 당당하게 천상천하 유아독존天上天下 唯我獨尊이라고 말했다고 합니다. 바라문들이 아기를 살펴보고는, 전륜성왕이 될 아기라고 말했다고 합니다. 왕자의 이름은 싯닷타(Siddhattha, 실달다, 悉達多)라고 하였습니다.

그런데 사까족의 웃음과 노래는 오래 가지 못했습니다. 왕자가 태어난 지 칠일 만에 어머니 마야는 인간 세상에서의 짧은 생을 마치고 도리천으로 올라가셨습니다. 장로들의 청에 따라 왕자의 이모인 마하빠자빠띠(Mahapajapati, 대애도, 大愛道)가 왕자를 키우게 되었습니다. 신들이 외쳤습니다. "기뻐하십시오. 더 할 수 없는 지혜와 복덕을 갖추신 분이 룸비니 동산에서 사까족 숫도다나왕(정반왕)의 아들로 태어나셨습니다."

태자가 일곱 살이 되던 해, 숫도다나왕은 공부에 필요한 모든 시설을 갖춘 학당을 세우고 오백 명의 사까족 자제들을 선발하였습니다. 대신들은 사까족 자제들을 가르치기 위한 스승으로 명망과 학덕을 갖춘 바라문으로서 웨다(베다)와 우빠니샤드에 정통한 박사 위슈와미뜨라를 추천하였습니다. 또한 서북쪽 멀리 간다라의 딱까실라에서 언어학자이자 문법학자인 삽바밋따를 초청해 웨다와 아울러 여섯 개의 보조 학문을 가르치도록 했습니다.

싯닷타는 정통 바라문들의 학문에 만족하지 않고 니간다를 비롯한 외도의 사상도 배우고, 64종의 문자를 익혔으며, 수학·신화·서사시·경제학·정치학·수사학·논리학을 배우고, 동물과 식물에 대해 연구하였으며, 음악과 기예까지 익혔습니다. 또한 끄산띠데와로부터 승마·창술·궁술·격투기·수영 등 29종의 군사학을 연마하였습니다. 태자가 스승의 학식을 뛰어넘는 데는 오랜 시간이 필요치 않았습니다. 태자 싯닷타는 지혜롭고 용감하며 자애로운 품성과 재능이 넘치는 전륜성왕의 길을 걸었습니다.

태자 나이 열아홉, 건강한 사까(석가)족 남자라면 누구나 결혼을 생각하는 나이였습니다. 숫도다나왕은 사까족 장로회의를 소집하고, 태자의 결혼 문제를 논의 하였습니다. 대신들이 앞 다투어 자신의 딸을 추천하였습니다. 숫도다나왕은 결정권을 태자에게 맡겼습니다. 태자는 "젊고 건강하며 아름다우면서도 교만하지 않고 시부모를 자기 부모처럼 섬기며, 주위 사람들을 자신의 몸처럼 돌보고 부지런한 여인이라면 승낙하겠습니다."라고 자신의 의사를 밝혔습니다. 태자는 500명이 넘는 지원자들 가운데서 꼴리야의 왕 숩빠붓다의 외동딸 야소다라를 택했습니다. 그러나 꼴리야의 왕 숩빠붓다가 태자의 학문과 무술을 알기를 원하여, 태자는 오백 명의 건장한 사까족 청년들과 무예와 학문을 경쟁한 후에 숩빠붓다의 사위로 결정되었습니다. 두 종족의 축복 속에 결혼이 성사되었습니다.

숫도다나왕은 태자와 태자비를 위해, 람마, 수람마, 수바라는 세 개의 궁전을 지어 우기와 여름철과 겨울철에 각기 머물게 했습니다. 결혼 생활은 행복했습니다. 부왕의 배려는 세심하였습니다. 새봄을 맞아 봄놀이를 나섰을 때였습니다. 마차가 길을 달리다가 갑자기 멈췄습니다. 수레가 넘어질 뻔 하였습니다. 태자가 혀를 차는 마부에게 어쩐 일이냐고 물었습니다. 마부는 "노인네가 갑자기 튀어나오는 바람에 말들이 놀랬나 봅니다. 저 느려터진 걸음 좀 봐. 어휴 볼품없는 꼬락서니 하고는"이라고 대답했습니다. 태자는 처음으로 노인의 비참한 모습을 보았습니다. 그리고 태자는 늙는 것에 대해 생각에 잠겼습니다.

다시 나들이를 나갔을 때는 남쪽 성문 길가에 거적을 둘러쓴 귀신 몰골을 한 병자를 보았습니다. 엉켜 붙은 머리칼에 벌건 종기가 온 몸에 불거지고, 종기에서 더러운 피고름이 흘러내리고 있었습니다. 태자는 "나 역시 저렇게 병드는 것을 피할 수 없으리라. 나 또한 누구하나 다가오지 않는 중병에 걸릴 수 있으리라. 그런 내가 어찌 저 사람의 신음소리를 흘려버리고, 기녀들의 노랫소리를 따라 흥얼거릴 수 있단 말인가." 라고 생각했습니다.

얼마 후 서문을 나서던 무렵 한 무리의 장례 행렬을 만났습니다. 머리를 풀어 헤친 그들은 망자의 옷자락을 붙들고 하늘이 무너져라 울부짖고 있었습니다. 아무리 소리쳐도 사랑하는 그 사람을 이제는 다시 볼 수 없기 때문이었습니다. 부귀와 권세를 누리며 평온한 삶을 살던 사람들도 죽음 앞에서는 아무것도 할 수 없고, 그 누구도 그들을 도울 수 없었습니다. 세상은 온통 고통으로 아우성이었습니다.

궁전으로 돌아온 태자는 아버지에게 미루고 또 미루었던 말을 꺼냈습니다. "아버지, 저는 수행자의 길을 걷고 싶습니다." 아버지는 화가 나서 "차라리 내가 출가하겠다. 아비를 버리는 불효에 그것도 모자라 가문의 대를 끊겠단 말이냐."라고 소리를 질렀습니다. 아버지는 무슨 소원이라도 말하면, 들어주겠다고 말했습니다. 그래서 태자는 다음과 같은 네 가지 소원을 말했습니다.

첫째는 영원히 젊음을 누리며 늙지 않게 해주십시오. 그러면 출가하지 않겠습니다. 둘째로 영원히 병들지 않고 건강하게 해주십시오. 그러면 출가하지 않겠습니다. 셋째로 죽지 않고 영원히 살게 해주십시오. 그러면 출가하지 않겠습니다. 넷째로 사랑하는 사람들과 영원히 이별하지 않게 해주십시오. 그러면 출가하지 않겠습니다. 이런 고통을 두 번 다시 겪지 않게 해주실 수 있다면 출가하지 않겠습니다.

어처구니없는 소리를 들은 숫도다나왕은 태자의 경호를 늘리고, 태자가 지나가는 길목 마다 향수와 꽃을 뿌리고, 길가에 노인이나 병자나 죽은 사람이 보이지 않게 하였습니다. 태자가 노니는 동산은 갖가지 보석으로 치장하고 나뭇가지 마다 방울을 매달아 하늘나라 낙원처럼 꾸미도록 하였습니다.

태자가 스물아홉 살이 되던 해에 태자의 아들이 태어났습니다. 숫도다나왕을 비롯한 많은 사람들이 기뻐하고, 축하했습니다. 그러나 싯닷타 태자는 굳은 표정으로 하늘을 보면서

"라훌라가 태어났구나. 속박을 낳았구나."

라고 말했습니다. 태자는 가만히 생각에 잠겼습니다.

"그렇다. 이제 새로운 속박이 생겼다. 하지만 이 속박은 나만을 구속하는 것은 아니다. 오랜 시간 손자를 기다려온 부왕과 아내 야소다라에게 자그마한 아기는 결코 놓을 수 없는 튼튼한 쇠밧줄이 되리라."

싯닷타는 29세 때에 아내와 아들의 얼굴을 보면서 "늙고 병들어 죽어야만 하는 이 고통과 근심을 해결하지 못한다면 고향으로 돌아오지 않으리라. 최상의 진리를 얻기 전엔 결코 나를 키워 주신 마하빠자빠띠와 아내 야소다라를 찾지 않으리라."고 결심하고 출가했습니다. 태자는 찬나와 말을 타고 궁전에서 멀리 떨어진 곳으로 왔을 때, 태자는 몸에 지녔던 장신구들을 하나하나 풀었습니다. 그리고 태자는 찬나에게 이것은

왕비에게 드리고, 이것은 태자비에게 드리라고 말했습니다. 기원전 595년 2월 8일의 일이었습니다.

태자는 올바른 고행을 통해 최고의 깨달음에 도달할 수 있다는 믿음을 갖고 고행자들이 머무는 숲 우루웰라의 세나니에서 발길을 멈췄습니다. 숲 속 고행자들의 수행법은 다양했습니다. 태자는 몸과 마음의 선하지 못한 업을 태워버리기 위해 고독하고 처절한 고행을 시작하였습니다. 고행에 압도당한 몸은 안절부절못하고 편안하지 못하였습니다. 그러나 통증을 이겨내며 부지런히 노력하고, 집중력을 기울여 의식을 잃지 않으려고 애썼습니다. 점점 야위어가던 몸은 결국 피로와 굶주림을 이기지 못해 쓰러지고 말았습니다. 그러나 태자는 멈추지 않았습니다. 죽음의 문턱을 넘나드는 고통이었습니다. 그러나 태자는 해탈은 커녕 성스럽고 거룩한 진리의 실마리조차 얻지 못했습니다. 깨달음을 위한 다른 길이 있음에 틀림없습니다. 육신을 학대하는 수행은 기대와 달리 극심한 고통만 남겼습니다. 고행은 깨달음의 방편이 될 수 없었습니다.

고행이 깨달음의 방편이 아니라는 사실을 안 태자는 함께 고행한 다섯 수행자의 비난을 무릅쓰고 수자따의 우유죽을 먹고 기운을 차렸습니다. 그리고 사문 고따마 즉 태자는 보리수 아래에서 선정에 들었습니다. 태자는 보리수나무 밑에서 선정을 계속했습니다. 태자는 선정을 통해 다른 중생들의 무수한 과거 생애를 아는 숙명통宿命通을 얻었습니다. 다음으로 중생들의 죽고 태어나는 모습을 낱낱이 아는 천안통天眼通을 얻었습니다. 다음으로 태자는 모든 더러움이 말끔히 사라진 누진통漏盡通을 얻었습니다. 그리고 태자는

"나는 가장 높고 바른 깨달음을 성취하였다."

고 외쳤습니다. 이 땅에 오신 지 35년, 진리를 찾아 집을 나선 지 6년째인 기원전 589년 12월 8일의 일이었습니다.

결국 부처님은 세상을 향해 사자처럼 늠름하게 선언했습니다.

내 이제 감로의 문을 여나니
귀 있는 자는 들어라!
낡은 믿음을 버리고

부처는 깨달은 후에 와라나시로 가서 옛날에 함께 공부하던 다섯 수행자에게 전도했습니다. 그리고 부처님은 깨달음을 얻은 후에 마가다국의 빔비사라왕의 "완전히 깨달음을 성취하시거든 저를 깨우치기 위해 가장 먼저 이 도시로 돌아와 주십시오"라는 약속을 지키기 위해 라자가하로 돌아왔습니다. 빔비사라왕은 부처님 일행이 묵을 수 있는 곳으로 죽림을 생각하고, 죽림정사를 지어 보시했습니다. 부처님이 성도하신 후 첫해, 빔비사라왕의 나이 31세 때 일입니다.

부처님은 인도에 있는 여러 나라를 돌면서 80세가 될 때까지 법문을 하셨습니다. 중국의 천태지자天台智者 대사가 교판하신 바에 의하면, 부처님께서는 『화엄경』을 최초의 3주일 동안 말씀하시고, 『아함경』을 12년, 『방등경』을 8년, 『반야경』을 21년, 『법화경』을 8년 동안 설하시고, 마지막으로 『열반경』을 설하시고 80세에 열반하셨습니다.

임마누엘 예수와의 만남

풀톤 아우어슬러Fulton Oursler가 쓰고 지명관이 번역한 『사랑의 증인 = 예수』와 4복음서의 내용을 합하여 예수의 생애를 다음과 같이 기술하고자 합니다.

임마누엘 예수는 아브라함과 이삭과 야곱과 유다와 다윗의 후손으로 태어났습니다. 아브라함에서 다윗까지가 열네 대요, 바벨론으로 이거한 후부터 임마누엘 예수까지 열네 대입니다.

누가복음에 의하면 이때가 엘리사벳이 세례 요한을 잉태한 지 6개월이 되는 때입니다. 다시 말해서 세례 요한은 예수님보다 나이가 6개월 더 많았습니다. 마리아가 잉태한 것을 알고 이때에 마리아가 빨리 산중으로 가서 유대 한 동네에 이르러 마리아의 일가친척이며 세례 요한의 아버지 사가랴의 집에 들어가 세례 요한의 어머니인 엘리사벳에게 문안하니, 엘리사벳이 마리아의 문안함을 들으며 아이가 복중에서 뛰노는지라 엘리사벳이 성령의 충만함을 입어 큰 소리로 불러 가로되

"여자 중에서 네가 복이 있으며 네 태중의 아이도 복이 있도다."
라고 외쳤습니다.

마리아가 요셉과 정혼하고 동거하기 전에 성령으로 잉태하였습니다. 하나님의 사자가 요셉의 꿈에 나타나

"다윗의 자손 요셉아 네 아내 마리아를 데려오기를 무서워 말라. 저에게 잉태된 자는 성령으로 된 것이라. 아들을 낳으리니 이름을 예수라 하라. 이는 그가 자기 백성을 저희 죄에서 구원할 자니라."
라고 말하였습니다. 이 모든 일이 된 것은 주께서 선지자들이

"보라 처녀가 잉태하여 아들을 낳을 것이요. 그 이름은 임마누엘이라 하리라"
라고 말씀하신 것을 이루려 한 것입니다. 요셉이 하나님의 사자가 분부한 대로 마리아를 데려왔습니다. 요셉과 마리아가 아들을 낳기까지 동침하지 아니하였는데, 아들을 낳으니 이름을 임마누엘 예수라 하였습니다.

예수께서 유대나라 베들레헴에서 태어나셨습니다. 누가복음에 의하면 가이사 아구스도가 영을 내려 모든 사람에게 호적을 하라 하였습니다. 모든 사람들이 호적하러 각각 고향으로 돌아가매, 요셉도 다윗의 집 족속인 고로 갈릴리 나사렛 동네에서 베들레헴이라 하는 다윗의 동네로 정혼한 마리아와 요아킴과 안나와 함께 호적하러 올라가니, 마리아가 이미 잉태되어 있었습니다. 거기 있을 때에 해산날이 차서 맏아들을 낳아 강보로 싸서 구유에 뉘었으니 이는 그곳에 묵을 여관이 없었기

때문입니다.

이때에 목자들이 밖에서 밤에 자기 양떼를 지키더니, 주의 사자가 곁에 서고 주의 영광이 저희를 두루 비취매 크게 무서워하는지라. 천사가 이르되 무서워 말라.

"보라 내가 온 백성에게 미칠 큰 기쁨의 좋은 소식을 너희에게 전하노라" 라고 말했습니다. 오늘날 다윗의 동네에 너희를 위하여 구주가 나셨으니 곧 그리스도 주시니라. 너희가 가서 강보에 싸여 구유에 누인 아기를 볼 것이니, 이것이 너희에게 표적이라 하더니, 홀연히 많은 천군이 그 천사와 함께 있어 하나님을 찬송하여 가로되

"지극히 높은 곳에서는 하나님께 영광이요 땅에서는 기뻐하심을 입은 사람들 중에 평화로다."
라고 말하였습니다.

천사들이 떠나 하늘로 올라가니 목자가 서로 말하되 이제 베들레헴까지 가서 주께서 우리에게 알리신 바 이 이루어진 일을 빨리 보자 하고, 빨리 가서 마리아와 요셉과 구유에 누인 아기를 찾아서 보고 천사가 자기들에게 이 아기에 대하여 말한 것을 고하니, 듣는 자가 다 목자의 말하는 것을 기이히 여기되, 마리아는 이 모든 말을 마음에 지키어 생각하니라. 목자가 자기들에게 이르던 바와 같이 듣고 본 모든 것을 인하여 하나님께 영광 돌리고 찬송하며 돌아갔다(누가복음 2장).

이때에 동방의 박사들이 예루살렘에 이르러 이스라엘 사람들에게 태어나신 유대인의 왕이 어디에 계시냐고 물었습니다. 그들이

"동방에서 유대왕의 별을 보고 그에게 경배하러 왔다."
고 말했습니다. 헤롯왕과 온 이스라엘 사람들이 그 이야기를 듣고 소동하였습니다. 헤롯왕이 모든 대제사장과 백성의 서기관들을 모아 그리스도가 어디서 나겠느냐고 물으니, 그들이 유대 땅 베들레헴이라고 말했습니다. 왜냐하면 선지자들이

"또 유대 땅 베들레헴아 너는 유대 고을 중에 가장 작지 아니하도다. 네게서 한 다스리는 자가 나와서 내 백성 이스라엘의 목자가 되리라."
라고 말했기 때문입니다. 이에 헤롯이 가만히 박사들을 불러 별이 나타난 때를 자세히 묻고, 베들레헴으로 보내며 동방박사들에게

"가서 아기에 대해 자세히 알아보고 찾거든 내게 고하여 나도 가서 그에게 경배하게 하라."
라고 말하였습니다.

동방박사들이 왕의 말을 듣고 갈 때, 동방에서 보던 그 별이 문득 앞서 인도하여 가다가 아기 있는 곳 위에 머물러 섰는지라, 저희가 별을 보고 아주 크게 기뻐하고 기뻐했습니다. 동방박사들이 집에 들어가 아기와 그 모친 마리아가 함께 있는 것을 보고 엎드려 아기에게 경배하고 보배가 담긴 함을 열어 황금과 유향과 몰약을 예물로 드렸습니다. 동방박사들의 꿈에 '헤롯에게로 돌아가지 말라'라는 지시함을 받고, 그들은 다른 길로 고국에 돌아갔습니다.

동방박사들이 떠난 후에 하나님의 사자가 요셉의 꿈에 나타나
"헤롯이 아기를 찾아 죽이려 하니 일어나 아기와 그의 모친을 데리고 애굽으로 피하여, 내가 이르기까지 거기 있으라."
라고 말씀하셨습니다. 그러나 요셉의 집에는 돈이 없었습니다. 요셉은 걱정했습니다. 그때 동방박사들이 주고 간 보물이 생각났습니다. 특별히 황금은 애굽에 피신해 지내는 데 요긴하게 쓰였습니다. 요셉이 일어나 밤에 아기와 그의 모친을 데리고 애굽으로 가서, 헤롯이 죽기까지 거기에 있었습니다.

헤롯은 동방박사들이 자기에게 오지 않고 그들의 나라로 돌아간 것을 알자, 아이를 찾아내려고 했습니다. 헤롯은
"지옥으로 떨어진다 해도 나는 이 신비스러운 아이를 찾아내고 말 테다."
고 생각했습니다. 그러나 그의 부하들은 어린 예수를 찾지 못했습니다. 헤

롯은 동방박사들에게 속은 줄을 알고 대단히 화가 나서 사람을 보내어

"베들레헴과 그 모든 지경 안에 있는 남자 아이를 그때를 표준으로 두 살부터 그 아래인 아이를 다 죽이라."

고 명령하였습니다. 슬퍼하며 통곡하는 소리가 베들레헴에 넘쳐났습니다.

헤롯이 죽은 후에 하나님의 사자가 꿈에 나타나

"일어나 아기와 그 모친을 이스라엘 땅으로 가라. 아기의 목숨을 찾던 자들이 죽었느니라."

라고 말씀하시자, 요셉이 일어나 아기와 그 모친을 데리고 이스라엘 땅으로 들어왔습니다. 그러나 아켈레오가 그 부친 헤롯왕을 이어 유대의 임금으로 된 것을 보고, 베들레헴으로 가기를 무서워하여 꿈에 지시하심을 받아 갈릴리 지방으로 떠나가 나사렛이란 동네에 와서 살았습니다.

예수의 부모가 해마다 유월절을 당하면 예루살렘으로 가더니, 예수께서 열두 살 될 때에, 예수의 가족들이 저희가 이 절기의 전례를 좇아 올라갔다가, 그 날의 일들을 마치고 돌아갈 때에 아이 예수는 예루살렘에 머물렀습니다. 그 부모는 이 사실을 알지 못하고, 동행중에 있는 줄로 생각하고 하룻길을 간 후 친족과 아는 자 중에서 찾되, 만나지 못하매 찾으면서 예루살렘에 돌아갔더니, 사흘 후에 성전에서 만난 즉 그가 선생들 중에 앉아 그들과 듣기도 하고 묻기도 하시니 듣는 자가 다 그 지혜와 대답을 기이히 여기었습니다. 그 부모가 보고 놀라며 그 모친은 가로되

"아이야 어찌하여 우리에게 이렇게 하였느냐 보라 네 아버지와 내가 근심하여 너를 찾았노라."

라고 말하였습니다. 예수께서 가라사대

"어찌하여 나를 찾으셨습니까? 내가 내 아버지 집에 있어야 될 줄을 알지 못하셨습니까?"

하시니 양친이 그 하신 말씀을 깨닫지 못하였습니다. 예수께서 함께 내

려가서 나사렛에 이르러 순종하여 받드시었습니다. 그 모친은 이 모든 말을 마음에 두었습니다. 예수는 그 지혜와 그 키가 자라가며 하나님과 사람에게 더 사랑스러워졌습니다.

　예수가 서른 살이 되기까지 18년 동안 그와 마리아는 나사렛에 살았습니다. 자세히 알려지지 않은 이 오랜 동안에 요셉이 죽었으며, 마리아의 아버지 요아킴과 어머니 안나도 모두 세상을 떠났습니다. 예수는 목수 일을 계속하여 어머니와 자신을 위한 생활비를 벌었습니다. 그는 젊은이였지만, 떠들썩하게 서로 어울리는 이 사회에 있어서 고독한 인물이었습니다. 그는 민중들이 지도자들에 의해 착취당하고, 혈육에 의해 배반당하고, 높은 자리에 앉아 있는 인간들이 나쁜 규칙과 규율을 만들어 민중을 탄압하는 것을 보았습니다. 이제 20대 후반의 성인이 된 예수는 세상에 넘친 고난을 생각하고 세상에 기쁨을 주려는 생각을 하기에 이르렀습니다.

　이때에 예수께서 목수의 연장을 놓고 마리아에게 부드럽게 작별인사를 하였습니다. 예수님은 혼자 걸어서 갈릴리로부터 광야로 나아갔습니다. 자기 눈으로 요한이 하는 일을 보기 위해서였습니다. 예수님이 갈릴리로부터 요단강에 이르러 요한에게 세례를 받으려고 하셨는데, 요한이 말려 가로되

　"내가 당신에게 세례를 받아야 할 터인데 당신이 내게로 오시나이까?" 하고 말하였습니다. 그러자 예수께서 대답하여 말하기를

　"이제 허락하라. 우리가 이와 같이 하여 모든 의를 이루는 것이 합당하니라."

하신데 이에 요한이 허락하는지라, 예수께서 세례를 받으시고 곧 물에서 올라오실 때 하늘이 열리고, 하나님의 성령이 비둘기 같이 내려 자기 위에 임하심을 보시더니, 하늘로서 소리가 있어 말씀하시되

　"이는 내 사랑하는 아들이요 내 기뻐하는 자라 하시니라."

예수께서 세례를 받으시고, 광야에 가셔서 40일 동안 동굴에서 금식하면서 명상을 하였습니다. 그가 작은 동굴로 들어간 이유는 인간들이 당하는 괴로움과 유혹을 몸소 체험해서 알기 위해서였습니다. 예수님은 금식과 고독이라는 혹심한 훈련을 자신에게 강제로 가했습니다. 한국 사람이나 중국 사람들은 명상을 하기 위하여 산으로 가나, 중동의 사람들은 사막이나 광야로 갑니다.

예수님에게 추종자가 생겼습니다. 처음 추종자는 안드레와 요한이었습니다. 안드레와 요한은 처음에 세례 요한을 따라다녔습니다. 세례 요한은 두 사람에게 "보시오. 저기에 하나님의 참다운 어린 양이 있소."라고 말하면서 예수님을 소개했습니다. 두 사람은 예수님과 오랜 동안 이야기를 나눈 후에 예수님이 그들이 기다리던 메시아라는 사실을 알았습니다. 그들은 예수님과 함께 지내게 되었습니다. 안드레는 그의 형 시몬에게 하나님의 사자를 만나게 되었다고 말했습니다. 그리고 안드레는 그의 형 시몬을 데리고 예수님께로 갔습니다. 예수님은 미래의 시몬이 갖게 될 모습을 보고, "요나의 아들 시몬아, 너는 베드로라고 불리워지리라"라고 말씀하셨습니다. '베드로'라고 불리어질 시몬과 그의 동생 안드레, 그리고 그의 친구 요한은 다같이 예수님이 말을 이어주기를 기다렸습니다. 그러나 예수님은 화제를 바꾸어서 함께 다니자고 제안했습니다. 예수님은 여행을 하는 동안, 그들의 사명을 설명해 주려고 하였습니다. 예수님은 그들과 함께 길을 떠났고, 여행을 하는 동안 첫 번째로 끼어든 사람은 빌립이라는 도보 여행자였습니다. 그리고 빌립은 여행을 하면서 그의 친구인 나다나엘을 합류시켰습니다. 예수님에게 여섯 명의 추종자가 생긴 것입니다.

예수님은 제자들을 가르치고 훈련하면서 공생애를 준비했습니다. 예수님은 처음 얼마 동안, 다루기 힘든 논리적인 안드레와 사색적이지만 회의가 많은 나다나엘, 열성 있고 마음 좋은 빌립, 그리고 언제나 충성스럽지만 폭발적으로 성미가 급한 베드로 등과 사귀는데, 시간을 보내면서 제자들을 가르쳤습니다. 그들은 예수님이 멀지 않아 가르쳐 줄 놀라운 사상의 깊이를 이해하기 시작해야 했습니다. 예수님은 앞으로 3년간 있을 일도 준비해야 했지만, 그들이 언젠가 혼자의 힘으로 수행해 가야 할 일들을 그들에게 가르쳐야 했습니다.

예수님은 공생애를 준비하셨습니다. 그리고 3년 동안 공생애를 보내면서 제자들을 가르치고, 세상 사람들에게 전도했습니다. 우리는 예수님이 정확히 얼마동안 가르치고 전도하셨는지 모릅니다. 성경에 유월절에 대한 이야기가 세 번 나오기 때문에 약 3년으로 추측하는 것입니다. 예수님은 3년 동안의 공생애를 마치시고, 십자가에 매달려 돌아가셨습니다. 기독교인들은 예수님은 인류의 죄를 속제하기 위해, 제물로 돌아가셨다고 말합니다. 예수님은 십자가에서 죽으신 후 사흘 만에 부활하셨습니다. 그 후 예수님께서는 이 세상에 40일 동안 계시면서 제자들에게 이 세상 끝까지 전도할 것을 말씀하셨습니다. 구체적으로 "오직 성령이 너희에게 임하시면 너희가 권능을 받고 예루살렘과 온 유대와 사마리아와 땅 끝까지 이르러 내 증인이 되리라"고 말씀하셨습니다. 그리고 강림하신 지 40일이 된 때에 예수님은 재림할 것을 약속하시고 다시 하늘로 올라가셨습니다.

무함마드와의 만남

(무함마드의 생애에 대한 기술은 서정길 씨가 편저한 『마호멧 전기』를 많이 참조했습니다.)

이슬람 이전의 아라비아를 무명無明시대라고 말합니다. 무함마드가 출생할 당시 아라비아인은 대개가 유목민이었으며, 사막의 가혹한 기후 관계로 한 곳에 정착해서 영주하질 못하고, 낙타와 양떼를 몰면서 초원

<u>지대를 찾아다니며 살았습니다.</u> 사막의 유목민에게 있어서 낙타야말로 가장 유용한 동물이며, 수송수단으로 볼 때 없어선 안 될 귀중한 것이었습니다. 그리고 아라비아의 중심도시는 메카였으며, 아라비아에는 우주 창조자인 신을 믿는 것이 아니라 자연 숭배와 허다한 신령을 믿는 우상숭배의 시대였습니다.

메카는 시리아와 예멘 중간 지점에 위치하고 있어서 고대에는 이곳이 가장 중요한 상거래商去來의 중심지였습니다. 대상隊商들이 겨울엔 예멘을 내왕하고 여름엔 시리아를 내왕하면서 메카를 부유하게 만들었습니다. 메카를 중심으로 해마다 큰 시장이 벌어졌습니다. 이렇게 해서 메카가 부의 축적지가 되자, 귀족 상인 계급이 생기게 되었습니다. 메카의 토후의 추장으로 공인을 받게 된 부족들은 아라비아 전역에 걸쳐 대단한 명성과 영향력을 떨치게 되었던 것이며, 특히 예언자 이브라힘(아브라함)의 아들 이스마일의 후예들인 쿠레이쉬 족이 그러하였습니다.

메카는 무함마드가 탄생하기 수천 년 전부터 아랍인의 정신적 그리고 상업적 중심지였으며, 이곳을 종교적 그리고 경제적 중심지였습니다. 그리고 메카에서 장이 서면서부터 문화적 행사와 웅변대회며 백일장이 성행하였습니다. 이것이 아라비아의 자랑인 언어의 발달을 이룩하였던 것입니다. 이리하여 북부 아랍인의 아랍어 방언 특히 쿠레이쉬 족의 방언이 다른 모든 방언을 제압하고 군림하게 되었습니다. 그리고 이브라힘과 이스마일이 있을 때는 일신론의 신앙이 있었으나 세월이 흘러감에 따라 일신론의 신앙은 쇠퇴하고, 우상 숭배의 사교적 신앙과 혼합해 버렸던 것입니다. 메카의 카아바 성전에는 거대한 우상들이 세워져 예배의 대상이 되었습니다. 이슬람 이전의 아라비아를 무명시대無明時代라고 합니다. 그것은 그 시대는 무지무명無知無明이었을 뿐 아니라 아랍인들은 신앙적 암흑시대로서 우주 창조자인 신을 믿는 것이 아니라 자연숭배와 허다한 신령이 있다고 믿는 우상 숭배의 사교도邪敎徒들이었기 때문입니다.

　무함마드는 메카에서 서기 571(?)년 4월 22일에 출생하였습니다. 무함마드는 유복자입니다. 태어나기 전에 아버지가 죽었습니다. 무함마드의 할아버지는 크레이쉬 족의 족장 중에 한 사람이었습니다. 무함마드의 할아버지 압둘 뭇딸립은 손자의 이름을 무함마드(칭송 받는 자)라고 지었습니다. 무함마드의 탄생에는 신비스러운 것이 없습니다.

　무함마드는 태어난 지 1주일 후에 유모에게 보내집니다. 당시 아라비아의 귀족들 사이에는 유아를 유목민 유모에게 맡겨서 키우는 풍습이 있었습니다. 그것은 비좁은 메카를 벗어나서 어린아이를 광대한 사막에서 키우기 위해서였습니다. 사막 유목민 유모에게서 자라나는 아이는 8세나 9세가 되면 부모에게 돌아오게 됩니다. 그러나 무함마드는 아버지가 없어 푸짐한 보수를 기대하지 못해, 유모는 무함마드를 6세에 어머니에게 돌려보냅니다.

　모자母子가 다시 합친 후, 모친 아미나는 아들에게 얼굴 한 번 보지 못한 아버지의 무덤을 보여주기 위해 친정 고향이자 남편의 무덤이 있는 메디나로 아들과 함께 갔습니다. 무함마드가 6세 때의 일입니다. 어머니는 머나먼 나들이에서 병을 얻어 메디나에서 죽습니다. 무함마드는 6세 때에 완전히 고아가 되어 할아버지에게로 갔습니다. 고아로 자란 무함마드는 고아에 대한 애정과 형제애를 강조합니다.

　조부 압둘 뭇딸립은 양친이 없는 어린 손자를 아비와 어미의 역할을 하면서 사랑으로 키웠습니다. 그러나 조부의 보살핌도 오래 가지 못하여 2년 후, 무함마드가 8세가 되었을 때, 조부도 돌아가셨습니다. 그리하여 숙부 아부 딸립과 숙모 두 분이 친자식으로 키웠습니다. 무함마드는 조용하고, 온순하고, 품행이 단정한 소년이었습니다. 잡신을 싫어해 그들에게 예배하거나 제물을 올리지 않았습니다. 가난한 숙부를 도와야 했던 무함마드는 가난하여 글 읽기 셈 등을 배우지 못해 무학無學이었습니다. 그에게는 사막이 학교였고, 밤하늘의 별이 스승이었습니다.

무함마드는 12세가 되었을 때, 마음씨 착한 숙부를 따라 대상들과 함께 시리아로 긴 여행을 했습니다. 당시 아랍 부족 간에는 도박, 주벽, 난혼, 우상숭배가 휩쓸었습니다. 여자는 물물교환의 대상이었고, 매매의 대상이었습니다. 한 남자가 여러 여자를 거느렸고, 계모를 아내로 삼기도 했습니다. 부자는 노예를 많이 가졌고, 생사여탈권을 가지고 있었습니다. 딸이 태어나면 죽이거나 생매장하기도 했습니다. 그리고 우물 때문에 유혈보복이 끊일 줄 몰랐습니다.

그러나 고아로 어렵게 자란 무함마드의 마음에는 병자病者를 돌보아 주고, 이웃에 마음을 쓰고, 젊은이에겐 친절하고, 노인에겐 존경을 베풀며, 고아, 과부, 생활 능력이 없는 사람들, 약자弱者, 괴로운 사람들의 구조에 대한 성향性向이 자라나고 있었습니다. 그러나 오만한 메카인들은 약자나 무력자無力者를 동정하는 법 없이 잡스런 일에 정력과 힘을 낭비하기만 했습니다. 이러한 때에 무함마드는 주위 사람들로부터 AL-AMIN(성실한 사람)으로 인정받았습니다. 무함마드는 중개자 역할도 했습니다. 그리고 행동적으로 모범을 보이는 성실한 사람이었습니다.

젊은 무함마드는 약자弱者를 지켜 주고 피압박자의 권리를 위하여 투쟁했습니다. 그의 품행은 정직하고 성실하여 메카인들을 감동시켰습니다. 그러자 메카인들은 무함마드에게 자기들의 재산 관리를 의뢰하고, 모든 쟁의를 상의하여 무함마드를 비공식 신탁인으로 추대하게 되었습니다. 그리하여 사람들은 그를 AL-AMIN(성실한 사람)으로 부르게 되었습니다. 무함마드는 고아였지만 성실성으로 성공의 기반을 마련한 것입니다. 무함마드는 메카에서 신용이 있는 인간이 된 것입니다.

무함마드의 숙부 아부 딸립은 대가족이다가 사업은 부진하고 가세가 기울어 무함마드를 독립시킬 생각을 했습니다. 그때 메카에는 하디자라는 부자 과부가 있었는데, 대리인을 놓아서 인접 국가와 교역을 하고 있었습니다. 숙부 아브 딸립은 무함마드를 하디자에게 추천하여 대리인으로 채용되었습니다. 무함마드는 근면하고 성실하여 알 아민(믿을 수 있는 사람)이라는 이름으로 불릴 만큼 신용이 있는 사람으로 알려져, 주인의 대상을 인솔하고 시리아, 바스라, 예멘 방향을 여행하였습니다. 무함마드는 알아민(믿을 수 있는 사람, 성실한 사람)으로 하디자의 대리인이 되어 근접국가와 무역을 했습니다. 그리고 그는 이익이 남으면 그대로 갖다 주었습니다. 하디자는 그의 성실성에 감동하여, 무함마드의 숙부 아브 딸립에게 중매를 청해서 무함마드와 결혼하게 됩니다. 하디자는 40세, 무함마드는 25세에 결혼했습니다. 하디자가 무함마드에게 노예 자이드를 선물로 주자 자유의 몸이 되게 했습니다. 그러자 자이드는 무함마드를 평생 동안 따라 다녔습니다. 무함마드는 이슬람교를 창도하기 이전에 벌써 사람을 차별하지 않는 사람이었습니다. 미국의 아브라함 링컨이 노예 해방을 선언하기 약 1200여 년 전의 일입니다. 무함마드는 천성적으로 분별심이 없는 인간이었습니다. 이것이 이슬람교가 다른 종교에 비해 평등과 형제애를 더 중요시 여기고, 알라 앞에서 모두가 평등함을 보이기 위해, 이슬람교가 성직자까지 두지 않는 이유라고 생각합니다.

    무함마드는 메카 사람들의 존경의 대상이 되었습니다. 경제적으로도 부유했을 뿐만 아니라 덕망과 총명으로 인하여 칭찬이 자자했습니다. 이 행복한 결혼생활은 15년 동안 계속되었습니다. 그러나 사랑하는 아내와 거부巨富의 가장家長으로 행복하게 살면서도 마음속엔 어두운 그림자가 떠나지 않고 있었으니, 여린 마음을 가진 무함마드를 괴롭히는 일들이 너무 많았습니다. 아랍 사람들에게 여자는 재산 목록의 일부분에 지나지 않았고, 아내는 남편의 노름 밑천이기도 하였고, 가난한 집에 딸이 태어나면 팔아 버리든가 부채의 댓가로 주어 버리는 습관이 있었습니다. 지배계급에 있는 사람들은 카아바 성전의 우상숭배로 참배료, 신탁료 혹은 헌납의 제물들을 공공연히 약탈하고 있었습니다. 이러한 아랍사회의 모습이 그의 마음을 괴롭혔던 것입니다.

　40세가 가까워 오자 성실하고 고상한 성품의 무함마드는 생업을 멀리하는 경향이 짙어졌습니다. 그는 히라 동굴에 파묻혀서 여러 날을, 어떤 때는 수 주일씩 혼자 보내면서 이교도들의 행사와 물질생활의 혼란을 멀리하고 명상에 잠기어 우주의 신비 뒤에 놓여 있는 비밀에 대하여 명상으로 여러 날을 보냈습니다.

　히라 동굴에서 명상의 나날을 보내던 어느 날, 무함마드의 나이 40세(서기 610년)가 되던 때였습니다. 어느 날 히라의 동굴에서 돌아 온 무함마드는 하디자에게 천사를 만났다고 말했습니다. 그리고 천사가 한 말을 하디자에게 전했습니다. "나는 천사 지브릴(가브리엘)이다. 신이 보내셨다." 그리고는 날더러 읽으라고 명령하였소. "나는 무학자입니다."라고 말했더니, "나를 그의 가슴에 끌어당기더니 꽉 붙듭디다."라고 말했습니다. 무함마드는 40세에 신의 계시를 받은 것입니다. 『꾸란』에는 다음과 같이 기록되어 있습니다.

　"읽으라 조물주인 주의 이름으로……. 한 덩어리의 응혈에서 인간을 창조하시도다. 읽으라, 너희의 주는 더없이 감사한 분이시다. 주께서 펜으로 가르쳐 주시고, 인간에게 미지의 것을 가르쳐 주셨음을"(『꾸란』 96 : 1~5)

　하디자가 첫 추종자이고, 다음으로 무함마드의 친구 아부 바크르, 사촌 알리, 석방한 노예 자이드가 충성을 서약했습니다. 그들은 조상의 종교를 포기하고, 잡신과 미련 없이 결별을 고했습니다. 3년 동안 40명의 추종자가 생겼습니다. 그들을 '최초의 중요한 사람들'이라고 말합니다.

　그러자 어느 날 계시가 내려졌습니다. "명령을 받은 것은 무엇이든지 선언하라. 진리와 허위를 구별하도록 하라. 욕하고 거절하는 자들에 마음을 쓰지 말라. 믿는 자들에게 인자하게 대하여 모든 사람에게 선언하라. 진실로, 나 무함마드는 보복을 마련하는 자들을 경고해 주고자 이 세상에 보내어졌느니라." 그리하여 무함마드는 메카에 있는 사파 언덕에 올라가 메카 사람들에게 외쳤습니다. 꽤 많은 군중이 모여들자, 그는 자기의 정직과 옳은 신앙을 맹세했습니다. 그리고 그들의 가짜 신을 버리고 '참다운 유일신' 외에는 숭배하지 말 것과 난혼과 음탕을 금할 것과 깨끗하고 덕 있는 생활을 할 것과 모든 미신과 잡신의 의식을 버릴 것을 간청했습니다.

무함마드는 신은 오직 하나(유일신 사상)이고 지존지대하며 모든 인간의 운명을 좌우하는 유일한 판사이자 조정자라는 것입니다. 모든 인류는 평등(인류 평등사상)하고 또한 모든 인류는 형제라고 말했습니다. 이슬람에서 말하는 교훈은 술과 여자와 고리대금과 도박이 상습인 아랍인들에게는 동의할 수 없는 것이었습니다. 특히 '신의 유일성'과 '인류 평등사상'은 당시 메카 귀족들이 오래 전부터 간직하고 있던 사상과는 부합되지 않는 것이었습니다. 그들의 우상이 무용지물이 되는 것이라든지, 노예를 재산으로 간주해서 치부하고 있는 것을 지적하여 비난하는 만민 평등사상은 용납할 수 없는 것이었습니다.

추종자에 대한 탄압이 강해지자, 무함마드는 추종자들에게 아비시니아로 이주할 것을 명했습니다. 남자 11명, 여자 4명이었습니다. 크레이쉬족은 군대를 보내 아비시니아 왕에게 인도를 요구했습니다. 그러자 추종자들이 아비시니아 왕에게 무함마드는 우리에게 정직, 친절, 애정, 정의를 가르쳐주었으며, ① 이유 없는 살상을 하지 말라, ② 도적질하지 말라, ③ 남을 때리지 말라, ④ 모욕하지 말라 등을 가르쳤다. ⑤ 허위, ⑥ 속임수, ⑦ 사기, ⑧ 이중 거래는 죄라고 가르쳤다. ⑨ 결백한 여인을 중상모략하지 말라, ⑩ 고아의 재산을 약탈하지 말라고 가르쳤다고 말하자, 아비시니아 왕이 입국을 허락했습니다. 아비시니아 왕이 입국을 허락하자 백 세대가 넘는 사람들이 그곳으로 갔습니다.

포교 10년이 되는 해를 '슬픔의 해'라고 말합니다. 그 해에 숙부와 아내가 세상을 떠났기 때문입니다. 13년 후, 무함마드는 신으로부터 야스립(후에 메디나)으로 떠나라는 계시를 받습니다. 모든 추종자들은 집, 가산, 사업, 과수원, 낙타 등을 팔고 45일간에 걸쳐 야스립으로 이주합니다.

무함마드가 야스립(메디나)에 도착한 때를 히즈라(회교력)의 기원입니다. 622년 9월입니다. 8년간에 걸쳐 메카는 반무슬림 음모의 온상이었습니다. 8년 후, 마후타 원정에서 승리하고 메카에 갑니다.

메카에 입성했을 때, 신은 신의 모든 종을 도우시어 신의 적을 누르고 승리를 안겨 주셨습니다. 패전의 대가는 노예가 아니면 죽음이었습니다. 그러나 무함마드는 그렇게 하지 않았습니다. 그는 왕의 자리가 아니라 누더기를 입고 바닥에 앉았습니다. 집도 초라하게 꾸몄습니다. 집에 난방이 제대로 안 되었습니다. 왕이었지만 서민과 다른 점이 하나도 없었습니다.

무함마드는 10년 후 고별의 메카 순례를 마친 후, 서기 632년 2월 23일에 다음과 같이 최후의 설교를 합니다.

① 무슬림의 명예는 신성하다.
② 평등한 권리
③ 가문의 차별 폐지 - 오직 선행만이 중요하다.
④ 구원舊怨에 의한 유혈 보복 금지
⑤ 고리 대금 금지
⑥ 휴전에 관한 법률 회교력 중 4개의 성월(聖月)에는 휴전하라.
⑦ 여권 보장
⑧ 노예의 권리 보장
⑨ 무슬림의 형제애
⑩ 이슬람의 선포로 사탄은 물러났다.
⑪ 침해하지 말라

⑫ 남의 탓으로 돌리는 자
⑬ 무슬림끼리 싸울 때 휴전을 조정하라
⑭ 『꾸란』과 『하디스』를 남겼다.
⑮ 모든 사람은 전도의 의무가 있다.

히즈라 11년에 무함마드의 사명은 이미 완수되었으며, 그의 신앙은 완성을 보아 성공적이었습니다. 무함마드는 메카 순례를 마치고 메디나로 귀환한 후 3개월 만에 병이 걸려 조금씩 더해 가고 있었습니다. 어느 날 조금 차도가 있자, 밖에 나와서 추종자들에게 연설을 했습니다.
"신을 두려워하라. 나는 그대들을 위해 기도한다. 신이 그대들을 옳은 길로 인도한다. 그대들을 신에게 위탁한다. 나는 너희들에게 영원한 죄와 영원한 축복이 무엇인가를 경고해 주었다. 오 인간이여, 거만과 자만自慢을 없애라. 천국과 내세의 축복은 겸손하고 의로운 자의 것이니라. 자만自慢이 살 곳은 지옥이니라."
임종이 가까워 오자 그는 아내 아이샤에게 "집에 있는 것은 다 구호를 필요로 하는 사람들에게 주시오"라고 말했다. 집에 있는 것이라곤 5드라츠마 밖에 없었는데, 이것을 모두 주었습니다. 히즈라 11년 '라비 울 아우왈' 달 12일, 무함마드는 "신과 함께 있고 싶다."는 말을 남기고 운명하였습니다.

공자와의 만남

공자가 추구했던 이상적인 인간상은 군자였습니다. 자기 자신이 추구한 인간상이기도 하지만 제자들도 군자가 되기를 바랐습니다. 공자가 스승으로서 제자들의 교육에 임할 때, 목표로 삼은 것은 군자의 양성이었습니다. 군자란 원래는 한 나라의 정치에 참여하는 능력과 자격을 겸비한 귀족계층의 사람을 두고 하는 말이었으나, 공자는 그러한 지위나 신분에 어울리는 인격과 교양을 지닌 사람으로 뜻을 확대하여 이러한 인재 육성을 자기 교육의 목표로 삼았습니다. 이상적인 인간상으로 군자를 생각했던 공자의 생을 이동희 교수가 『논어論語』에서 정리한 것을 바탕으로 간단히 살펴보면 다음과 같습니다.

공자는 기원전 551년 노魯나라 창평향昌平鄕 추읍陬邑에서 태어났습니다. 추읍은 지금의 산동성 남쪽 22Km 지점에 있는 추현鄒縣입니다. 공자의 이름은 구丘이고, 자는 중니仲尼인데, 부모가 이구산尼丘山에 올라가 기도를 올려 아들을 얻었으므로 이름을 그렇게 지었다고 합니다. 공자의 아버지는 숙량흘叔梁紇(이름이 흘, 자가 숙량)인데, 노나라의 시씨施氏 집안에 장가들어 딸 아홉을 낳고, 첩을 얻어 아들 하나를 얻었는데, 온전치 못하여 걱정하던 중 나이 60에 젊은 여자 안징재顔徵在를 얻어(정식 결혼이 아니고) 공자를 낳았습니다. 공자가 3살 때 숙량흘은 죽었습니다. 공자의 조상은 은殷 나라의 후예인 송宋나라의 왕실의 한 사람인 불보하弗父何 인데, 이로부터 공자까지는 10대입니다. 공자의 5대조 자목금보子木金父부터 6대조 공보가孔父嘉의 '공보孔父'에서 '공孔'자를 따서 정식으로 '공'이라는 성을 쓰고, 노나라로 피난 와서 살게 되었습니다.

공자의 아버지 숙량흘은 당시 벼슬할 수 있는 신분 중 가장 낮은 계급인 '사士'로서 조그만 단위의 부대 병력을 거느리는 낮은 계급의 장교였습니다. 그는 건장한 체격의 소유자였다고 합니다. 공자 역시 아버지의 이러한 풍격을 타고나 용모에 있어서 당시 사람들에게 비범하게 보였던 것 같습니다. 그러나 공자는 어릴 때 보통 아이들과는 달리 제사 흉내를 잘 내었다고 한 기록으로 보아 취미는 아버지와 달랐던 모양입니다.

공자는 평생을 회고하면서 "나이 15세에 학문에 뜻을 두었다."고 하였습니다. 또 공자는 『논어』 첫머리에서

"배우고 때로 그것을 익히면 즐겁지 않은가?"

라고 말하면서 배움을 말하고 있으며, 그 밖에도 제자들에게 배움의 중요성을 강조하고 있습니다. 공자가 스승을 모시고 공부하였다는 기록이 없는 것으로 보아서 사 계급으로서 애써 배우지 않으면 안 되는 가난한 처지였을 것이며, 또한 '유儒'라는 신분의 집안 출신으로서 어려서부터 예禮의 실행을 보고 들었으므로 그것이 학문 내용의 중요한 부분이 되었을 것입니다.

공자는 아버지가 안 계신 상황에서, 또 사계급으로서 먹고 살기 위해서 자기 신분에 맞는 일자리를 찾아 벼슬을 하였습니다. 그리하여 19세 때 위리委吏(회계)라는 벼슬을 하였고, 송나라 계관씨 집안에 장가들어 다음해 아들 리鯉를 낳았습니다. 21세 때는 승전리乘田吏가 되어 가축의 관리를 맡았습니다. 24세 때 어머니가 돌아가셨습니다. 20세 이후 40세에 이르기까지 위의 벼슬 말고는 별다른 벼슬을 하지 않았습니다. 그러나 이 사이 그의 학문은 날로 발전하여 차차 명망이 높아졌습니다.

"삼십에 자립하였다"

고 한 것은 학문적으로 사회적으로 이러한 발전된 공자의 모습을 말하여 주는 것입니다.

공자는 35세 되던 해에 노나라에 대한 희망을 버리고 제나라를 찾아갔습니다. 제나라 역시 진환陳桓이라는 자가 군주를 위협하고 있었습니다. 제 경공이 정치에 대해 물었을 때 공자는

"인군은 인군답고, 신하는 신하답고, 아버지는 아버지답고, 아들은 아들다워야 합니다."

라는 당시 시대를 풍자한 말을 남겼습니다. 공자는 그곳에서 벼슬하지 못했으나 태사(음악장)에게 순 임금의 음악을 배우기도 하고, 많은 견문을 넓히고 1년여 만에 돌아왔습니다(37세).

제나라에 피신하였던 임금 소공은 돌아오지 못하고 죽고, 정공定公이 뒤를 이었습니다. 그러나 노나라의 정치는 여전히 계손씨의 손에서 놀

아났습니다. 공자는 그런 상황에서 벼슬을 할 수가 없어 교육에 전념하였고, 그리하여 각지에서 제자들이 모여들었습니다.

공자는 51세에 계환자의 추천으로 벼슬을 하게 되어 중도中都의 읍재邑宰가 되고, 53세에 다시 사공司空(건설장관)을 거쳐 54세에 사구司寇(법무장관)에 올랐습니다. 이때 제나라가 노나라에 대해 협곡에서 회합할 것을 요청하였는데, 공자는 정공을 도와 강대한 제나라와의 외교에 성공을 거두었습니다.

당시 삼환씨는 세 군데에 성을 쌓고, 그곳을 거점으로 세력을 유지하고 있었는데, 공자는 정공에게 이 세 성을 헐어버릴 것을 건의, 용감한 제자 자로를 계손씨의 가신으로 삼아 성을 헐어버리려 하였습니다. 그러나 정공의 군대는 두 성을 허무는 데 그치고 말았습니다. 이때 공자는 천하에 도가 없음을 개탄하였습니다.

공자에 의해 노나라가 잘 다스려지자 제나라는 계환자와 공자 사이를 이간하기 위하여 미녀 가무대와 명마를 선물로 노나라에 보냈습니다. 그리하여 정공과 계환자가 정사를 돌보지 않자 공자는 노나라를 떠날 결심을 하게 되었습니다(55세). 이후 13년 동안 공자는 여러 나라를 돌아다니게 되었습니다.

위나라에서는 공자가 더 머물기 어려운 일이 생겼고, 또 노나라의 계강자가 폐백을 갖추어 공자를 정중히 초빙하므로 공자는 위나라에 있은 지 5년 만에 그리고 노나라를 떠난 지 13년 만에 고국으로 돌아오게 되었습니다(68세). 당시 노나라는 정공의 뒤를 이어 애공哀公이 즉위하여 있었고, 집정은 계씨네의 계강자가 계환자의 뒤를 이어 맡고 있었습니다. 공자가 노나라에 돌아온 이후 정치적 활동은 크게 한 것이 없지만, 그의 제자들의 활동은 더욱 활발하였습니다.

공자는 황급히 고국으로 돌아왔지만 뜻대로 되지 않았습니다. 그리하여 남은 여생을 교육에 전념하기로 하였습니다. 그러는 한편 공자는 시詩와서書와 음악을 정리하였습니다. 공자는 예술적 정감이 매우 풍부한 사람이었습니다. 제나라에서 순의 음악을 듣고 3개월 동안 고기맛을 잃어버릴 정도였고, 제자들의 기본교양으로 시와 음악을 중요시하여

"시에서 감흥을 일으키고, 예로써 규범을 삼고, 음악으로 완성시킨다."

라고 하기도 하였습니다. 그리고 공자는 『춘추春秋』를 지어 당시 펴지 못한 포부를 역사서로 남겨두려 하였습니다.

공자는

"나를 알아주는 사람이 없구나! 나를 알아주는 것은 하늘일 것이야!"

라고 만년의 비통한 심사를 표현하였습니다. 또

"나를 써 주는 사람이 있으면 3년 정도면 좋은 정치를 볼 수 있을 것이다."

라고 하기도 하였으며, 또

"나는 (아름다운 옥을 팔듯이) 팔리기를 기다리는 사람이다."

라고 하기도 하여 세상이 알아주지 않는 마음을 토로하였습니다. 만년의 공자는 인간적인 불행도 겪었습니다. 69세 되던 해에 아들 리鯉가 50세로 죽었고, 이듬해에 수제자 안연顔淵이 죽었습니다. 공자는

"하늘이 나를 망치는구나!"

하고 통곡하였습니다. 또 72세 되던 해에는 자로가 제나라의 내란에 휩쓸려 비명에 죽기도 하였습니다.

공자는 죽음을 앞두고

"다시는 주공을 꿈에 볼 수 없구나!"

하였습니다. 이는 자기 생의 종언을 예언한 것이기도 합니다. 『예기』「단궁」의 기록에 의하면, 공자는 아침 일찍 일어나 지팡이를 끌면서 문 앞을 거닐며 노래하기를

"태산이 무너지려는도다! 대들보가 부러지는도다! 철인이 시들으려는도다!"

라고 하고는 방에 들어가 칠일 동안 앓아누워 계시다가 돌아가셨다고 합니다. 공자가 서거한 날은 기원전 479년 이른 봄으로 공자 나이 73세였습니다.

3_다섯 성인들의 공통점들

우리는 다섯 분의 성인들이 지혜로운 분인지 아닌지를 알 수 없습니다. 그분들이 지혜로운 인간인지 아닌지를 알기 위해서는 지혜로운 인간의 판단의 기준이나 근거를 만들어서 말해야 합니다. 그러나 우리는 누가 지혜로운 인간인지를 알지 못하고, 지혜로운 인간의 조건들을 알지 못하기 때문에 지혜로운 인간인지 아닌지를 판단할 기준을 만들 수가 없습니다. 우리는 오늘날까지 역사 속에서 지혜로운 인간으로 알려진 사람들의 공통점을 찾아서 지혜로운 인간의 조건을 알아볼 수밖에 없다고 생각합니다.

2500년, 2000년, 1400년을 지탱해 온 사상이나 종교의 창시자라면 지혜로운 인간으로 볼 수 있다고 생각합니다. 한 사상이 100년을 버티기도 어려운데, 1400년 이상을 존속한다는 것은 쉬운 일이 아닙니다. 불교, 공자의 사상, 소크라테스의 사상은 2500년의 역사를 가지고 있고, 기독교는 2000년, 이슬람교는 1400년 이상을 지속되어 왔습니다. 모두 다 대단한 사상이며, 위대한 종교라고 생각합니다.

필자는 앞에서 만난 다섯 성인들의 공통점을 찾아 지혜로운 인간이 가지고 있는 공통점으로 삼고자 합니다. 다섯 분의 첫째 공통점은 '자기 자신이 누구인지 아는 사람'이라는 점입니다.

자기 자신이 누구인지 아는 사람

지혜를 찾아 떠난 여행 중에 만난 다섯 명의 성인들의 첫째 공통점은 제 자신이 누구인지 아는 사람이라는 것입니다. 예수님과 석가모니 부처님과 무함마드님은 분명히 자기 자신이 누구라고 자신 있게 말했지만, 소크라테스와 공자님은 앞의 세 분만큼 분명하게 답을 하고 있지는 않습니다. 먼저 소크라테스가 자기 자신에 대해 어떻게 이야기했는지 알아보기로 합니다.

소크라테스는 "너 자신을 알라"라는 말로 너무나 유명한 사람입니다. 그런 의미에서 관념철학을 시작한 철학자로 알려진 소크라테스의 철학에서 가장 중요한 주제는 인간이 어떤 존재인지 그리고 자기 자신이 누구인지 아는 것이라고 생각합니다. 우리가 세상을 살아가면서 제일 먼저 알아야 할 것은 "자기 자신이 어떤 존재인가?"라는 질문의 답이라고 말할 수 있습니다. 왜냐하면 자기 자신이 누구인지 알아야 다음의 문제들이 해결되기 때문입니다. 내 자신이 누구인지 알아야, 인생의 목표도, 어떻게 살아야 할 것인지도, 직업도 선택할 수 있기 때문입니다.

소크라테스가 말한 "너 자신을 알라"라는 말의 중요성은 아무리 여러 번 강조해도 부족한 말입니다. 소크라테스는 자기가 분명히 알고 있는 것은 자기 자신이 어떤 존재인지 모른다는 사실이라고 말하고 있습니다. 왜 그런 말을 했을까요? 왜냐하면 소크라테스는 실제로 자기 자신이 누구인지 몰랐기 때문입니다. 소크라테스뿐 아니라 우리 모두가 제 자신이 누구인지 모릅니다. 죽을 때까지 모릅니다.

우리는 우리 자신이 누구인지 모르기 때문에 자주 실수를 하고 후회합니다. 갑자기 화를 냈을 때도 후회합니다. 잠깐만 참았으면 괜찮았을 텐데 하면서 후회합니다. 어떤 때는 말을 함부로 해놓고 후회합니다. 그 말을 안 했으면 좋았을 텐데, 괜히 말해서 상황만 곤란하게 만들었다고 후회합니다. 어디 말뿐입니까? 행동을 잘못해 놓고 후회하는 경우도 있습니다. 가지 말아야 할 곳을 가고 후회하는 경우도 있습니다. 그런 잘못을 범하는 가장 근본적인 이유는 자기 자신이 누구인지 모르기 때문이라고 생각합니다. 인간들은 죽을 때까지 그런 실수를 저지르다가 관 속에 들어가는 것입니다.

둘째로 싯닷타는 자기 자신이 누구라고 생각했을까요? 어떤 의미에서 불교에서 도道를 깨친다는 것은 자기 자신이 누구인지 아는 것이라고 생각합니다. 싯닷타는 29세에 출가해서 35세에 깨달았습니다. 고타마 싯닷타가 35세에 깨달은 것은 연기법緣起法이었습니다. 이것이 생김으로 저것이 사라지고, 저것이 사라짐으로 이것이 생기고, 이것이 사라짐으로 저것이 생기고, 저것이 생김으로 이것이 사라진다는 12연기법을 깨달았습니다. 자기 자신은 연기법에 의해 존재함으로 자기의 몸을 이루는 지地·수水·화火·풍風이 인연 따라 만났다가 인연이 다하면 헤어져 없어지는 것임으로 자기 자신은 실체가 없는 공空한 존재라는 것을 깨달은 것입니다. 이것이 『반야심경』에 나오는 "色卽是空 空卽是色"이라는 것입니다. '반야'라는 말은 '지혜'라는 말인데, 『반야심경』에서 말하는 반야, 즉 지혜는 만물의 실체가 '무아無我'인 것을 깨닫는 것입니다. 석가모니 부처님은 자신이 실체가 없는 무아無我라는 것을 깨달았습니다. 그래서 불교에서는 석가모니 부처님을 최고로 지혜로운 분이라고 말하는 것입니다.

그러나 필자는 싯닷타가 깨달은 것은 왜 『우파니샤드』가 "브라만은 아트만이다."라고 말하는지, 즉 『우파니샤드』가 왜 범아일여梵我一如라고 하는지를 깨달았다고 생각합니다. 물론 연기법을 깨달았다는 말이나 공空을 깨달았다는 말이나, 범아일여梵我一如를 깨달았다는 말이나 같은 말입니다. 필자가 말하는 것은 사색의 출발점이 "브라만은 아트만이다."라는 말이나 '범아일여'라는 말이었을 것으로 추측하는 것입니다. 앞에서도 언급한 것과 같이 싯닷타는 어렸을 때, 웨다(베다)와 우파니샤드를 배웠습니다. 싯닷타는 우파니샤드의 핵심 사상이 범아일여라는 것을 알았을 겁니다.『우파니샤드』에 나와 있는 표현을 빌리면 "브라만은 아트만이다."라는 것입니다. 당대의 수행자들은 누구도 이 문제에 대해 시원스럽게 대답하는 사람이 없었습니다.『우파니샤드』에도 "브라만은 아트만이다"라는 말은 있지만 어디에도 그 이유를 시원스럽게 설명하는 구절은 없습니다.『우파니샤드』에 보면, 누가 브라만과 아트만에 대해 질문하면, 구루들은 '네티! 네티!', 즉 '아니다! 아니다!'라는 식으로 답변하고 있습니다. 그리고는 '브라만은 아트만이다'라는 말은 분명히 하고 있습니다. 해석하기 나름이겠지만, "브라만은 아트만이다."라는 말은 '범아일여梵我一如'라는 말과 같은 말이라고 생각합니다. 그럼 왜 필자는 싯닷타가 깨달은 것은 결국 '범아일여'를 깨달은 것이라고 생각하는 것일까요? 왜냐하면 "브라만은 아트만이다."라는 말은 '범아일여'라는 말이고, 두 글귀는 싯닷타가 깨달은 연기론으로 설명이 가능하기 때문입니다. 싯닷타가 깨달은 것은 인간을 비롯한 우주만물은 연기론적으로 인연 따라 존재했다가 인연이 다하면 사라져 없어지는 것이기 때문에 실체가 없다는 것입니다. 만물의 실체가 없다는 것은 싯닷타가 깨달은 "제법무아諸法無我"라는 말이 설명하듯이 두두물물이 모두 실체가 없는 것이고, 우주만물은 실체가 없어서 모두 인연 따라 사람도 되고, 개도 되고, 바위도 되고, 소도 될 수 있기 때문에 만물은 한 몸이라는 것입니다. 두두물물이 한 몸이라는 것은 "브라만은 아트만이다."라는 것이고, '범어일여'라는 말이고, 화엄경의 '一即多 多即一(하나가 모든 것이고, 모든 것이 하나인 것이다)'이라는 말과 통하는 말이라고 생각합니다.

결론적으로 말해서 싯닷타가 깨달은 것은 우리 인간은 실체가 없는 존재라는 것입니다. 우리 모두가 실체가 없는 존재이기 때문에, 우리 모두는 한 몸이며 한 가족이라는 것입니다. 그리고 각자는 더 나은 사람도 없고 못한 사람도 없고 한 사람 한 사람 모두가 귀중하고 아름답고 가치 있는 존재라는 것입니다. 싯닷타를 포함하여 모든 인간은 완전한 존재이고, 절대자이며 부처라는 것입니다. 우주 만물이 완전자이고 진리이고 아름다운 존재라는 것입니다. 그래서 싯닷타가 깨달았을 때 싯닷타가 등지고 앉아 있던 나무는 깨달음의 나무인 보리수이고, 거칠고 딱딱한 진흙 바닥은 금강보좌석이며, 엉덩이 밑에 있는 풀은 좋은 징조를 가져온다는 길상초로 보였던 것입니다. 세상에 보리수가 어디 있으며, 세상에 진흙 바닥에 무슨 금강보좌가 있으며, 엉덩이 밑에 무슨 길상초가 있겠습니까? 자기 자신이 구원된 완전자임을 깨달았을 때, 세상 만물이 아름다운 완전자로 보였던 것입니다.

우리 모두는 자기 나름대로 개성을 가진 완전한 존재이기 때문에 싯닷타는 "天上天下 唯我獨尊(하늘 위와 하늘 아래에 한 사람 한 사람이 모두 존귀한 존재로 홀로 서 있다.)"이라고 말한 것입니다. 이 말은 교만한 말이 아닙니다. 한 사람 한 사람이 모두 존귀한 존재로 자기만의 가치와 아름다움을 가지고 홀로 서 있다는 말입니다. 싯닷타 혼자만이 존귀한 존재라는 말이 아닙니다. 모두가 존귀하고 가치 있는 존재라는 말입니다.

그리고 성철 스님이 열반송에서 중생들에게 중생의 존귀함을 열심히 법문을 했는데도, 자기가 법문을 제대로 못해서 중생들이 자기의 길을 가지 않고 중생으로 하여금 자기가 말한 성철의 길이 올바른 것으로 착각하게 중생들을 잘못 인도한 죄가 무간지옥에 떨어질 정도라는 것입니다. 쉽게 말하면 성철 스님이 신도들에게 여러분이나 나나 똑같이 존귀하고 가치 있는 존재임으로 여러분은 여러분의 길을 가면 된다고 가르쳤는데도 불구하고, 성철 스님이 너무 훌륭해서 불교신도들을 하여금 자기 길로 가지 않고 성철의 길로 잘못 가게 한 죄가 무간지옥에 떨어질 죄라는 것입니다. 성철 스님의 열반송을 인용하면 다음과 같습니다.

일생동안 남녀의 무리를 속여서
하늘에 넘치는 죄업은 수미산을 지나친다.
산채로 무간지옥에 떨어져서 그 한이 만 갈래나 되는데
둥근 한 수레바퀴 붉음을 내뿜으며 푸른 산에 걸렸도다.

셋째로 예수님의 자기 자신에 대한 깨달음은 싯닷타와 같이 논리적이고 합리적인 깨달음이라기보다는 믿음을 통한 초논리적 깨달음이라고 생각합니다. 앞에서 예수님의 일생을 기술하면서 이야기했지만, 예수님은 12살 때 자기 자신이 하나님의 아들이라는 것을 깨달았습니다. 어머니 마리아가 12살인 예수에게 왜 어머니를 따라오지 않고 성전에 있느냐고 물었을 때, 예수님은 "어머니는 왜 내가 아버지의 집에 있을 줄 몰랐습니까?"라고 대답합니다.

예수님은 12세에 자기 자신이 하나님의 아들이라는 것을 확실하게 믿었던 것입니다. 보통 사람들이 할 수 있는 일이 아닙니다. 기독교는 사랑의 종교라고 하지만, 믿음의 종교라고 말할 수도 있습니다. 4복음서에 보면, 예수님이 기적을 행할 때 마다 '믿음'에 대한 말씀을 하십니다. 병자의 병이 고쳐졌을 때는 너의 믿음에 의해 병이 고치어졌다고 말합니다. 베드로가 예수님을 흉내 내어 물 위를 걸으려다가 걷지 못하는 것을 보고는 "믿음이 부족한 자야"라고 말씀하십니다.

예수님은 자신이 하나님의 아들임을 확실하게 믿고 있었습니다. 신앙이 좋은 분은 예수님은 하나님의 아들임을 믿고 있었던 것이 아니고 알고 있었다고 말할지 모릅니다. 예수님은 믿음으로 기적을 행한 것이 아니고 예수님은 자신이 하나님이기 때문에 기적을 행한 것이라고 말할지 모릅니다. 그러나 여기서는 하나님으로 오신 예수님에 말하는 것이 아니고 다른 성인들과 같이 보고, 인자(人子)로 오신 예수님에 대해 이야기하고 있으니, 이해해 주기 바랍니다.

예수님은 나이를 먹어 가면서 자신이 하나님의 아들임을 믿는 믿음은 더욱 견고해졌습니다. 그래서 예수님은 베드로에게 "너는 나를 누구라고 생각하느냐?"라고 물으시고, 베드로가 "주는 그리스도요 살아계신 하나님의 아들이십니다."라고 대답하자, 예수님은 베드로에게 "네가 옳도다."라고 말씀하시고, 베드로가 교회의 반석이 될 것을 말씀하십니다. 베드로와 같은 제자도 예수님이 하나님의 아들인 것을 알게 된 것입니다.

예수님은 4복음서에서 자기 자신의 자기정체성을 이야기하면서, "나는 진리요 길이니 나로 인하지 않고는 아버지 하나님께로 갈 자가 없나니라."라고 말합니다. 여기서 예수는 자기 자신이 길이고 진리라고 말합니다. 그리고 예수님 자신으로 인하지 않고는 아버지 하나님께로 갈 자가 없다고 말합니다. 여기서도 예수님은 '아버지 하나님'이라고 부르는 것으로 봐서, 자신을 하나님의 아들로 생각하고 있음을 알 수 있습니다.

그리고 4복음서를 보면, 제자들이 예수님께 어떻게 하면 하나님을 볼 수 있느냐고 물었을 때, 예수님은 "나를 본 사람이 하나님을 본 자다."라고 말합니다. 이런 말을 통해서 알 수 있는 것은 예수님이 자신을 하나님의 아들로 생각하기보다는 자기 자신을 하나님으로 생각하고 있음을 보게 됩니다. 그리고 부활했다가 다시 하늘로 올라갈 때는 나중에 보혜사 성령을 보내시겠다고 말합니다. 이런 말을 통해서 우리는 예수님이 자신을 삼위일체 하나님으로 생각한 분이라는 것을 알 수 있습니다. 이런 면에서 보면, A.D. 325년에 있었던 니케아 종교회의에서 결정된 '삼위일체'라는 말이 성경에 직접적으로 표현되어 있지는 않지만, 설득력을 갖는다고 생각합니다.

그럼 이슬람교의 무함마드는 자기 자신을 누구라고 생각하고 있었을까요? 무함마드는 40세에 지브릴 천사로부터, 무함마드 자신이 아브라함, 모세, 엘리야, 예수를 잇는 진짜 선지자라는 계시를 받습니다. 물론 알라가 천사를 통해 무함마드에게 계시한 것입니다. 무함마드의 전기에서 이야기한 것처럼, 무함마드는 글자를 모르는 문맹이었습니다. 알라가 계시한 것을 직접 적을 수 없었습니다. 무함마드가 계시를 받은 것을 구술하면, 장인이 받아 적었다고 합니다. 그것이 『꾸란』입니다.

알라는 위대하고 자비하시며, 유일하신 분입니다. 그러나 무함마드는 유일한 선지자는 아닙니다. 무함마드는 진짜 선지자이니, 마지막 선지자라고 말할 수 있습니다. 아브라함으로부터 모세와 엘리야와 예수를 거쳐 내려 온 마지막 선지자라는 것입니다. 무함마드의 자기정체성은 진짜 선지자라는 것입니다. 마지막 선지자가 계시를 받아 구술한 『꾸란』은 『꾸란』보다 먼저 기록된 어떤 경전보다 훌륭하다는 것입니다. 신이 인간에게 마지막으로 내린 말씀이기 때문에 『꾸란』에 실린 알라의 말씀은 가장 훌륭하고 위대하다는 것입니다.

공자는 자기 자신을 예수나 무함마드처럼 분명하게 말하지 않았습니다. 공자는 "아침에 도를 깨치면 저녁에 죽어도 좋다朝聞道 夕死可矣"라고 말했는데, 여기서 "도道를 깨치면"이라는 말은 '자기 자신이 누구인지 알면'이라고 해석할 수 있다고 생각합니다. 유가철학적을 보았을 때, 도道가 우리가 걸어가야 할 길이라면, 자기가 걸어가야 할 길을 안다는 것은 결국 자기 자신이 누구인지 아는 것이기 때문입니다.

앞에서 공자의 생애에 대해 기술할 때 말한 것과 같이, 공자는 교육의 목적을 군자君子의 양성에 두었습니다. 군자는 공자가 이상으로 생각한 인물이기도 했지만, 동시에 자기 자신이 되기를 원했던 인물이기도 했습니다. 그리고 공자는 명분론名分論을 중요시하여, 왕은 왕답게, 신하는 신하답게, 아버지는 아버지답게, 아들은 아들답게 행동할 것을 강조했습니다. 또한 공자는 인의예지신용仁義禮智信勇을 갖춘 인간을 군자로 생각했습니다.

　여기서 우리가 알 수 있는 것 중에 하나는 임마누엘 예수와 싯닷타와 무함마드는 분명히 자기 자신이 누구라는 사실을 깨닫고, 자기가 어떤 존재라는 것을 말하고 있습니다. 그러나 철학자인 소크라테스와 공자는 자기 자신에 대해 자아정체성을 분명하게 말하지 못하고 있습니다.

　"나는 누구인가?"라는 물음은 우리가 죽을 때까지 사색해도, 제대로 답할 수 없는 문제입니다. 누구도 혼자의 힘으로 사색해서 자기가 누구인지 분명하게 말하지 못합니다. 어떤 의미에서 종교는 인간들이 죽을 때까지 논리적으로 그리고 합리적으로 사색해도 제대로 답하지 못하는 문제에 대해 답을 주는 것이라고 생각합니다.

　우리는 죽을 때까지 사색해도, 우리가 죽은 후에 어디로 가는지 알지 못 합니다. 우리는 죽을 때까지 사색해도 우리가 어디에서 이 세상으로 왔는지 모릅니다. 우리는 죽을 때까지 사색해도 인간이 어떤 존재이며, 내가 누구인지 모릅니다. 우리는 죽을 때까지 사색해도, 무엇이 진리이며 무엇이 정의인지 모릅니다. 그러나 종교는 그런 문제들에 대해 답을 해줍니다. 그 답을 받아들일 것인가 받아들이지 않을 것인가 하는 것은 개인의 판단과 선택에 의존할 수밖에 없습니다.

　종교의 창시자인 예수님과 싯닷타님과 무함마드님은 자기 자신이 누구인지 분명하게 말하고 있습니다. 그러나 소크라테스와 공자는 분명하게 말하지 못하고 있습니다. 이것이 종교와 철학의 차이라고 생각합니다. 그런 의미에서 유교는 종교로 보는 것보다는 정치사상 내지는 윤리사상 체계로 보고, 유가儒家라고 부르는 것이 좋다고 생각합니다. 유가는 서양의 종교학자들의 종교에 대한 정의에 따라 내세에 대한 이야기가 없기 때문에 종교가 아닌 것이 아니고, 인간이 알 수 없는 문제에 대해 답을 하지 않고 있기 때문에 종교로 보지 않는 것이 타당하다고 생각합니다.

분별심이 없는 사람

불교가 2500년, 기독교가 2000년, 이슬람교가 1400년을 지속할 수 있었던 원인은 무엇이었을까요? 이 물음은 필자에게 중요한 관심사였습니다. 필자가 내린 결론은 이 세 종교 모두 사람을 대할 때 분별심을 갖지 말라고 가르치고 있다는 사실이었습니다. 그리고 석가모니 부처님과 예수님과 무함마드님은 모두 사람에 대해 분별심을 갖지 않았다는 것입니다. 거의 모든 종교는 인간들에게 사람을 대할 때, 차별심을 갖지 말라고 가르치고 있습니다. 사람을 대할 때, 상대편이 많이 가진 사람이나 없는 사람이나, 여자나 남자나, 얼굴 색깔이 어떤 사람이나 국적이 어떤 사람이나 차별하지 말라는 것입니다.

먼저 불교를 보면, 어떤 의미에서 불교는 기존의 종교가 가지고 있던 카스트제도(네 계급 제도: 종교지도자, 왕과 귀족, 무사와 평민, 노예)를 부정하고 나온 종교라고 볼 수 있습니다. 인도의 카스트제도는 지금까지도 유지되고 있는 제도입니다. 그러나 2500년 전에 불교는 과감하게 카스트제도를 거부했습니다. 그것은 정치적으로 거부한 것이 아니고 싯닷타가 깨닫고 보니까 인간에게는 그런 계급이 없다는 것을 알게 되어 주장한 것입니다.

앞에서도 언급했지만, 싯닷타가 깨달은 것은 연기법이라고 말할 수 있습니다. 연기법으로 보았을 때, 우주의 만물은 인연에 따라 만들어진 존재이기 때문에 더 나은 존재도 못한 존재도 없다는 것입니다. 인연에 우열이 없는 한, 인연에 따라 만들어진 것에 우열이 있을 수는 없는 것입니다. 지·수·화·풍이 인연에 따라 모여서 소도 될 수 있고, 개도 될 수 있고, 바다의 물이 될 수도 있는 것입니다. 그러니까 우주의 삼라만상은 한 몸이며, 한 가족인 것입니다. 누가 더 높은 존재이거나 낮은 존재가 아닌 것입니다. 그러니까 선천적으로 태어나면서 정해진 신분제도와 계급제도는 모두 잘못 된 것이라는 주장입니다. 결국 불교는 힌두교의 기득권자들의 계급제도를 꺾지 못해 인도에서 세력이 약해졌지만, 오늘날에는 인도도 민주화되고, 헌법에도 계급제도가 폐지되어, 불교를 믿는 신도수가 늘어나고 있다고 합니다.

　기독교도 모든 인간의 평등을 주장한다는 면에서는 불교와 마찬가지라고 생각합니다. 기독교도 출발부터 평등사상을 갖고 있었습니다. 4복음서를 보면 예수님은 '착한 사마리아 사람'의 비유를 통해, 당대 이스라엘 사람들이 멸시하던 사마리아 사람이 제사장이나 레위파의 사람들보다 훌륭한 존재가 될 수 있음을 말하고 있습니다. 그리고 예수님은 문둥병 환자나 세리 등 그 당대에 사회에서 천대받는 사람들과 늘 함께 대화했으며, 무시 받던 여자들과 아이들과도 함께 했으며, 부활하셨을 때도 여자들에게 제일 먼저 나타나셨습니다. 예수님은 무식하고 배운 것이 없는 사람들을 제자로 삼았으며, 병을 치료하거나 기적을 행하는 데 사람을 차별하지 않았습니다.

　기독교가 어려움을 극복하고 로마를 정치적으로 정복할 수 있었던 것도 평등사상 때문이라고 생각합니다. 지하굴 같은 속에서 겨우 생계를 유지하면서 버틸 수 있었던 것도 다음 대에는 왕과 귀족과 시민과 노예가 있는 계급사회가 아니라 하나님 앞에서 모두가 평등한 사회가 이루어질 수 있다고 믿었기 때문에 버틸 수 있었다고 생각합니다. 로마제국과의 싸움에서 이기고 기독교가 국교가 될 수 있었던 것도, 정치적 이유가 있었다고 하지만, 평등사상 때문이라고 생각합니다. 당대의 기독교인들은 권력도 지식도 돈도 없었던 사람들이었지만, 다음 세대에 모두가 평등하게 사는 세상이 온다는 생각으로 로마제국과 싸워 이겨 기독교가 국교가 될 수 있었다고 생각합니다. 조선조 말기에도 많은 사람들이 순교할 수 있었던 것도 조선이라는 양반과 상놈의 계급사회에서 자기의 자식세대에는 후천개벽하여 모두가 평등한 사회가 올 것이라는 기대 때문에 순교할 수 있었다고 생각합니다.

이슬람교도 마찬가지입니다. 앞에서 언급한 것과 같이 당대의 아랍사회는 난폭하고 무식한 유목민들이 지배하던 세상이었습니다. 남자들이 여러 명의 아내를 거느리는 것은 일반적인 일이고, 아버지가 데리고 살던 여자를 아버지가 죽으면 아들이 아내로 삼기도 했습니다. 남자들은 자매를 모두 아내로 삼기도 했습니다. 여자는 사고팔기도 했기 때문에, 딸을 낳으면 죽이기도 했습니다.

무함마드는 이러한 시대에 태어나서 여자나 노예들이 인격적으로 대우받는 세상을 만들려고 노력했습니다. 무함마드는 알라를 믿지 않는 여자와 결혼하기보다는 노예와 결혼하는 것이 낫다고 말했습니다. 노예를 결혼의 상대자로도 말하고 있는 것입니다. 무함마드는 25세에 아내로부터 결혼선물로 받은 노예를 해방시켜 주기도 했습니다. 그리고 이슬람교의 『꾸란』은 아버지가 데리고 살던 여자를 아들이 데리고 사는 것을 금하고, 자매를 동시에 아내로 삼는 것도 금하고 있습니다. 그리고 아내로 삼을 수 있는 여자의 수도 네 명으로 제한하고 있습니다. 이슬람교가 평등을 강조하는 예로는 메카를 순례할 때, 동일한 순례복을 입는 것이나, 성직자가 없는 것이나, 종대식 정렬로 예배를 드리는 것을 들 수 있습니다.

소크라테스는 그리스 사람이었기 때문에 노예를 아테네 시민과 똑같이 대하지는 못했습니다. 그리스 시대는 노예를 기계와 같이 생각하여, 생활을 원활히 하기 위한 필수품으로 생각했습니다. 그러나 그리스 시대는 민주주의 제도가 제대로 시행되던 시대였습니다. 그리스의 민주주의 제도는 오늘날 민주주의 제도의 원형이었습니다. 그리스 시대에는 시민들은 누구나 직접 그리고 간접적으로 정치에 참여할 수 있었습니다. 그런 의미에서 소크라테스는 평등의식이 중요한 사상인 시대에 산 사람이었습니다. 그러나 그리스 시대의 민주주의는 맹자의 민본주의와 같이 노예를 제외한 것이기 때문에 오늘날의 민주주의와는 다른 것이며, 예수와 무함마드가 가졌던 평등의식과도 다른 것입니다.

그러나 그는 한 사람의 철학자며 사상가로서 소피스트들이나 젊은이들을 상대하는 데 차별을 둔 것 같지 않습니다. 누구와도 토론을 했으며, 어떤 젊은이들도 제자로 삼았습니다. 그리고 좀 더 나은 세상이 되기를 원했던 그는 어느 계층만이 아닌 모든 계층의 사람들을 상대로 더 나은 세상을 만들려고 노력했습니다.

공자도 2500년 전 춘추전국 시대에 산 사람이기 때문에 인간을 대하는데, 분별심을 갖지 않는 것은 어려운 일이었을 겁니다. 더욱이 유교는 양반과 상인과 노비라는 계급을 중요시했기 때문에 공자가 사람들을 분별없이 대하기는 어려웠으리라 생각합니다. 『예기禮記』에도 신분에 따라 통과의례를 지내는 방법들이 모두 달랐으니, 사람을 분별심 없이 대하기는 어려웠을 겁니다. 그러나 공자는 주유천하를 하면서 정치가들을 만나는 데는 차별을 두지 않았습니다. 너무 정치사상이 달라 공존하기 어려운 제후들은 피했으나, 그를 환영하는 제후들에게는 기꺼이 갔습니다. 그리고 제자를 삼는 데도, 분별하지 않았습니다. 제자를 삼는 데 신분을 기준으로 삼지 않았으며, 부자와 가난한 사람을 차별하지 않았으며, 아버지와 아들을 함께 제자로 삼기도 했습니다. 명분론을 주장했던 공자는 신분의 차이보다 자기의 역할을 잘 할 것을 주장하는 것을 통해 분별심을 갖지 않으려고 노력했습니다.

그리고 유가의 사상을 살펴보면, 그 사상 속에 평등사상이 깃들어 있음을 알 수 있습니다. 유가에서 중요시하는 태극은 사실상 음과 양이 동등한 관계임을 보여주고 있습니다. 태극은 음과 양을 상하上下나 다소多少 그리고 남녀男女와 음양陰陽으로 분별해서는 안 되는 것을 보여주고 있습니다. 태극은 양이 최상에 달한 지점이 음이 시작되는 지점임을 보여주고, 음이 최상일 때는, 양이 시작되는 점임을 보여 주고 있습니다.

유가에서 말하는 유교무류有敎無類라는 말은 가르침에 있어서는 사람을 가리지 않는다는 말이니, 사람에게 가르침을 주는데 신분의 고하를 가리지 않고 기회를 주어야 한다는 것입니다. 학문이나 기술의 뛰어남에 신분이 걸림돌이 되어서는 안 된다는 것입니다. 유가는 외형적으로 차별이 많은 사상 같지만 우주의 근본 원리에 사람을 차별하거나 분별함이 없음을 이야기하고 있습니다. 이러한 원리를 말하는 것으로 성리학의 이일분수理—分殊라는 말이 있습니다. 이치는 하나이지만, 상황에 따라 나누면 여럿이라는 것입니다. 근본적인 도는 하나이지만, 여러 사람과 상황에 따라 거기에 맞게 응용될 수 있으니 모든 존재는 여러 상황에 놓일 수 있으나 근본은 하나라는 것으로 해석하고 싶습니다.

분별심을 갖지 않는 사람에 대해 고찰하면서 종교의 공통점으로 평등의식을 들 수 있음을 알 수 있었습니다. 종교적 지도자와 철학자는 평등의식이라는 면에서 분명히 다르다는 것을 알 수 있었습니다. 종교적 지도자는 2500년 전에도 인간에 대한 평등의식이 있었으나 철학자들은 그렇지 못했습니다. 그런 의미에서 고대에 현대인 못지않게 평등의식을 가졌던 석가모니 부처님, 예수님, 무함마드님은 시대를 넘어서는 대단한 통찰력을 가졌던 분이라는 사실에 감탄하지 않을 수 없습니다.

사랑을 실천하는 사람

다섯 성인들의 네 번째 공통점은 사랑을 실천한 사람이라는 것입니다. 다섯 성인들은 형태는 다르지만 모두 사랑을 실천한 사람입니다. 사랑은 명사가 아니라 동사라는 사실을 보인 사람들입니다. 사랑의 대상은 사람일 수도 있지만, 하는 일일 수도 있고, 어떤 사상이나 동물일 수도 있습니다. 산을 사랑하는 사람도 있고, 바다를 사랑하는 사람도 있고, 강을 사랑하는 사람도 있습니다. 사람은 무언가를 사랑하며 삽니다. 사랑하는 대상이 없으면, 삶에 대한 의욕을 잃고, 우울증에 걸릴 위험이 높습니다. 사랑하는 대상은 우리에게 살아야 할 이유를 제공해 줍니다. 우리의 부모님이나 아들이나 딸 그리고 손자나 손녀는 우리에게 살아야 할 이유를 줍니다. 우리는 사랑하는 대상이 있기 때문에 사는 것인지 모릅니다.

기독교는 사랑의 종교라고 합니다. 기독교의 경전인 성경에는 사랑에 대한 말이 무수히 많습니다. "원수를 사랑하라", "이웃을 사랑하기를 네 몸을 사랑하듯이 하라", "친구를 위하여 목숨을 버리면 그보다 큰 사랑이 없나니라", "하나님은 사랑이심이니라", "믿음 소망 사랑은 항상 있을찌니, 그 중에 제일은 사랑이니라" 등, 성경에는 사랑에 대한 말이 많습니다.

임마누엘 예수님은 온 율법과 선지자의 강령을 요약해서 말해 달라고 했을 때, "네 마음을 다하고 목숨을 다하고 뜻을 다하여 주 너의 하나님을 사랑하라고 하셨으니, 이것이 크고 첫째 되는 계명이요, 둘째는 그와 같으니, 네 이웃을 네 몸과 같이 사랑하라 하셨으니, 이 두 계명이 온 율법과 선지자의 강령이니라."(마태복음 22장 37~40)라고 말씀하고 있습니다. 예수님은 사랑에 대해 여러 번 말을 했을 뿐 아니라 행동으로 실천하셨습니다. 예수님은 여러 번 병자들을 고치고, 장님이 눈을 뜨게 했으며, 앉은뱅이를 일으켜 세웠으며, 죽은 자를 살리기까지 했습니다.

예수님은 행동으로 사랑을 실천했을 뿐 아니라 좋은 말씀으로 여러 공회당과 들판에서 가르치시는 일을 통해서 사랑을 보이셨습니다. 예수님은 물질적으로 풍부한 분이 아니라서 물질적으로 도와주지는 못했지만, 오병이어의 사건과 같은 기적을 일으켜 적은 음식으로 많은 사람들을 먹이기도 했습니다.

예수님이 행한 가장 큰 사랑의 실천은 기독교의 교리에 의하면, 인류의 죄를 대속하기 위하여 자신의 몸을 희생의 제물로 바친 것입니다. 세상에 자기의 생명보다 귀중한 것이 없다고 했습니다. 그래서 기독교인의 구주이면서 친구이기도 하신 예수님은 친구를 위하여 목숨을 버리면 그보다 더 큰 사랑이 없다고 말씀하셨는지 모릅니다. 아마도 가장 큰 사랑은 자기의 몸을 죽여 속죄의 제단이나 역사의 제단에 바치는 것이 아닌가 생각합니다. 불교도는 소신공양이 그와 유사한 것이라고 말할지 모릅니다. 그런 의미에서 예수님의 인간에 대한 가장 큰 사랑은 자기의 몸을 속죄의 제단에 희생물로 바친 것입니다.

기독교에서 빼놓을 수 없는 중요한 사랑은 하나님이 인간을 사랑하시는 것입니다. 기독교에서는 하나님을 '아바 하나님'이라고 부릅니다. 기독교 교인이란 예수님을 믿음으로 한 가족이 되어 하나님을 '아바 아버지'라고 부르게 된 사람을 말하는 것입니다. 기독교인은 낳아주신 육체적 아버지와 영적인 아버지가 있습니다. 예수님은 어머니와 형제가 찾아왔을 때, 제자들이 어머니와 형제들이 찾아왔다고 말하자, 제자들에게 누가 내 어머니와 형제들이냐고 물으시면서, 하나님 아버지 안에 함께 있는 사람이 내 어머니며 형제라고 말씀하십니다.

아버지는 자식들을 사랑합니다. 자식을 사랑하지 않는 아버지는 없습니다. 요사이 자식을 사랑하지 않는 아버지가 있다는데, 사실은 다를 것입니다. 겉으로 사랑하지 않는 것으로 보일 수 있으나, 속으로는 그렇지 않을 겁니다. 우리는 사랑을 표현하는 기술이 부족해 사랑을 하면서도 사랑을 하지 않는 것으로 오해를 받는 경우가 많습니다. 미혼모가 자기가 낳은 아기를 버리는 것은 어린아이가 어린아이를 낳고, 철없는 아버지 때문에 생기는 비극이라고 생각합니다. 아버지가 자식을 사랑하지 않기 때문에 생기는 문제가 아니라고 생각합니다.

예수님은 하나님이 인간을 사랑하는 모습을 '탕자의 비유'를 통해 말씀하십니다. 아버지의 재산 중에 일부를 미리 상속 받아, 세상을 돌아다니면서 재산을 다 탕진한 후에 돼지의 먹이도 제대로 먹을 수 없어서 아버지에게로 돌아옵니다. 아버지는 그의 말을 듣지 않고 집을 나간 후에 거지가 되어 돌아 온 둘째 아들을 위해 소를 잡아 축하연을 하면서 따뜻하게 맞이합니다. 예수님은 탕자의 비유에서와 같이 하나님은 세속에 물들어 탕자와 같이 타락하고 죄 속에서 살고 있는 인간들을 사랑하신다는 것입니다. 하나님은 우리를 사랑하여 사랑하는 아들을 세상에 보내어 우리를 구원하려 하신다는 것입니다. 하나님께서 우리를 사랑하시는 것은 조건 없는 아가페적 사랑입니다. 그래서 기독교는 우리에게 조건 없는 무조건적인 사랑을 하라고 말합니다.

불교는 자비慈悲의 종교라고 말합니다. 불교도 사랑의 실천을 많이 말하고 있습니다. 앞에서 말한 것과 같이 싯닷타는 연기법을 깨달아, 연기론적으로 볼 때, 우주의 삼라만상은 한 몸이며 한 가족임을 깨달아 자기 자신과 가족을 사랑하듯 다른 사람들과 만물을 사랑해야 한다고 말합니다. 이것을 불교에서는 동체대비同體大悲 혹은 동체자비同體慈悲라고 말합니다. 우리 모두가 한 몸임을 깨달아 크게 사랑하라는 것입니다.

그런가 하면 불교에도 기독교의 아가페 사랑과 같은 것이 있습니다. 기독교의 사랑을 아가페적 사랑이라고 합니다. 무조건적인 사랑입니다. 이유를 따질 것 없이 모든 대상을 사랑하라는 것입니다. 불교에도 이런 조건 없는 사랑을 하라는 것이 있습니다. 이런 사랑을 무연대비無緣大悲라고 합니다. 어떤 인연에도 구속받지 말고, 크게 사랑하라는 것입니다. 그래서 불교에서는 무연대비를 가장 큰 사랑이라고 대자대비大慈大悲라고 말합니다.

불교에서는 부처가 되기 위하여 여러 가지를 행해야 한다고 말합니다. 부처가 되기 위하여 여러 가지를 행해야 한다고 말하는 것은 동남아시아의 소승불교의 경우이고, 한국과 같이 간화선불교가 발달된 나라에서는 부처가 되는 것이 아니고, 우리가 이미 부처인 것을 깨닫는 것이라고 말합니다. 그래서 성철 스님은 "예수님은 인간을 구원하러 오셨지만, 석가모니 부처님은 인간이 이미 구원된 존재라는 것을 알려주기 위해 오셨다."라고 말씀하셨습니다.

불교의 경전은 부처가 되기 위하여 탐貪·진瞋·치癡 삼독을 제거하거나, 6바라밀이나 10바라밀을 행해야 한다고 말합니다. 6 바라밀이나 10 바라밀에서 가장 중요시 여기는 것은 첫 번째 바라밀인 보시 바라밀입니다. 보시 바라밀이란 부처가 되기 위해 첫째로 해야 할 것이 남에게 주는 것인 사랑의 실천이라는 것입니다.

석가모니 부처님도 평생 동안 사랑을 실천하는 삶을 사신 분입니다. 앞에서도 언급했지만, 6 바라밀에서 첫 번째 바라밀인 보시布施 바라밀은 물건을 주는 물物보시만을 말하는 것이 아닙니다. 법문을 주는 법法보시도 있고, 공포감을 제거해 주는 외畏보시도 있습니다. 석가모니 부처님은 평생 동안 여러 나라를 돌아다니며 가르침을 주었습니다. 이것이 바로 법보시입니다. 우리나라의 큰스님들도 중생에게 먹을 쌀을 주어 보시하는 것이 아니고 법문을 행하는 과정을 통해 보시하는 것입니다.

이슬람교도 사랑의 종교라고 말합니다. 『꾸란』은 "알라는 유일한 존재이고, 위대하시고, 자비하시다."라고 말합니다. 알라는 자비하신 존재라는 것입니다. 그래서 우리의 잘못을 용서하시고, 적들도 사랑으로 포용한다는 것입니다. 그래서 무함마드는 전쟁에 이겨도 적군을 잔인하게 죽이거나 상대방의 부인들이나 아이들을 노예로 삼지 않았다고 합니다.

이슬람교에서도 알라가 인간을 사랑하고, 인간은 알라를 사랑해야 한다고 말합니다. 그러나 이슬람교에서는 특별히 형제애를 강조합니다. 무함마드가 특별히 형제애를 강조하는 것은 본인이 유복자였고, 어머니를 6세에 잃은 고아로서 자랐기 때문에 고아와 과부와 가난한 사람들에 더 많은 관심을 쏟은 것이 아닌가 생각합니다. 이슬람교의 금식 기간인 라마단은 가난한 사람의 고통도 배우고, 금식 기간 동안에 모은 물질로 가난한 사람들을 돕기 위한 행사입니다. 연말에는 가난한 사람을 돕기 위해 양을 잡기도 하고, 종교세를 내기도 합니다. 이슬람국가의 종교부에 있는 자카트위원회는 가난한 사람들을 돕기도 하고, 이슬람국가인 요르

단에서는 이자를 받지 않는 25개의 이슬람은행을 운영하기도 합니다.

　소크라테스도 사랑을 실천한 사람이라고 볼 수 있습니다. 국가를 위해서 토론의 광장에서 다른 사람들과 토론을 하고 젊은이들을 가르쳤습니다. 소크라테스는 젊은이들과 전쟁에 참여할 정도를 나라를 사랑한 사람입니다. 그리고 그의 어록에 보면, 나라 사랑과 부모님에 대한 사랑을 이야기한 것을 볼 수 있습니다. 소크라테스는 "네 자식들이 해주기를 바라는 것과 똑같이 부모에게 행하라"라고 말합니다. 자신을 사랑하고 철학을 사랑하고, 자연철학과 관념철학에 대한 사랑에 빠지기도 했던 소크라테스는 공부하고 연구하는 것을 사랑한 철학자이기도 했습니다.

　공자님도 소크라테스와 비슷하게 국가를 사랑하여 올바른 정치가 행해지도록 전국을 주유하며, 정치적 지도자들을 만나 조언을 합니다. 그리고 공자님도 많은 제자를 두었습니다. 제자를 두고 가르치는 것도 사랑을 실천하는 것이라고 생각합니다.

　그리고 공자님은 논어에 보면 여러 번 인仁에 대해 말하는데, 주자朱子가 인仁은 "愛人(사람을 사랑하는 것)"이라고 주석을 단 것을 생각하면, 인仁을 사랑이라고 해석해도 타당하리라 생각합니다. 그리고 공자가 제자들에게 자신의 사상은 "一以貫之(하나로 통한다)"라고 했을 때, 제자들이 그 뜻뜻을 몰라 제자인 증삼에게 물었을 때, 증삼曾參이가 선생님의 도는 '충서忠恕'라고 말한 것이나, 나중에 자공子貢이 공자님에게 한 마디로 말할 수 있는가를 물었을 때, 공자님께서 한 마디로 하면 '서恕(서로 입장을 바꿔서 생각하는 것)'라고 말한 것을 볼 때, 공자님의 말씀에도 사랑에 대한 사상이 깃들어 있음을 알 수 있습니다. 그리고 공자님은 서恕의 의미를 "己所不欲 勿施於人(자기가 싫은 일을 남에게 시키지 말라)"이라고 말씀하시는데, 마태복음 7장 12절에 있는 황금률 "너희가 대접 받고 싶은 대로 대접하라 이것이 율법이요 선지자니라."라는 말을 떠오르게 합니다.

자기 자신이
누구인지 아는 사람

1_철학을 통해 본 자아상

2_문학작품을 통해 본 자아상

3_심리학을 통해 본 자아상

4_인생의 목적이 있는 사람

5_'내 탓이오'라고 말하는 사람

6_자존감이 있는 사람

7_건강관리와 스트레스

자기 자신이 누구인지 아는 사람

지혜로운 인간의 첫 번째 조건은 자기 자신이 누구인지 아는 것입니다. 어떤 의미에서는 자기 자신이 누구인지 아는 것은 지혜로운 인간이 되는 첫째 조건이며 동시에 유일한 조건이라고도 볼 수 있습니다. 왜냐하면 인간과 관련된 모든 일을 자기 자신과 관련되지 않은 일이 없기 때문입니다. 내가 하는 모든 일은 내가 누구인지 모르는 가운데서 시작하거나, 일을 진행시키면 제대로 되는 것이 없을 것이기 때문입니다. 내가 나서서 하는 모든 일은 우선적으로 자기 이해가 선행되어야 합니다. 자기 자신이 누구인지 모르면서 어떤 일도 성공할 수는 없습니다. 자기 자신이 누구인지 아는 것이 지혜로운 인간의 첫째 조건이며, 마지막 조건이 되는 것은 지혜로운 인간의 제 2의 조건도, 제 3의 조건도 모두 자기 자신이 누구인지 알 때, 가능하기 때문입니다.

다섯 성인들의 공통점은 자기 자신의 정체성에 대해 확고한 답을 가지고 있었다는 것입니다. 우리는 우리 자신에 대해 잘 모릅니다. 우리는 우리의 ① 육체적 자아, ② 정신적 자아, ③ 사회적 자아, ④ 영적 자아에 대해 모릅니다. 우리는 죽는 날까지 사색해도 올바른 답이 나오지 않습니다. 종교는 우리가 자신 있게 대답하지 못하는 문제에 대해 답을 해 줍니다. 기독교는 우리가 하나님의 자녀 혹은 양자라고, 불교는 우리가 실체가 없는 존재라고, 이슬람교는 우리가 알라의 자녀들이라고 말합니다. 그럼 철학과 문학과 심리학은 우리가 어떤 존재라고 말하는가에 대해 알아보고자 합니다.

1_철학을 통해 본 자아상

동양철학에서 도道를 깨친다는 것은 자기 자기 자신이 누구인지 아는 것입니다. 유가儒家나 도가道家에서 말하는 도道란 쉽게 말하면 사람이 살아가는 길입니다. 사람이 살아가는 길을 깨닫는 것은 결국 자기 자신이 누구인지 깨닫는 것입니다. 그 사람이 걸어간 길이 그 사람의 모습을 말해 줍니다. 자기 자신이 누구인지 모르면서 자기가 살아 갈 길을 알 수는 없습니다.

조선조 시대에 태어난 사람과 현대 대한민국에 태어난 사람이 살아갈 길은 다릅니다. 조선조 시대에는 노비로 태어나면 과거를 치루고 관리가 될 수 없었습니다. 조선조 시대는 태어날 때, 신분이 결정되는 신분사회였습니다. 현대는 어떤 신분으로 태어났거나 자기가 노력하고 힘껏 살아가면, 누구의 자식으로 태어난 사람도 국무총리가 될 수 있고, 대통령도 될 수 있는 계급사회입니다. 자기 계급은 자기가 만드는 사회입니다. 자신의 노력에 따라 어떠한 직업도 가질 수 있습니다.

조선조 시대에 태어난 사람은 '나는 누구인가?'라는 물음을 받았을 때, 자기 자신이 타고난 신분을 생각하지 않을 수 없습니다. 과거(科擧)

를 볼 수 없는 신분으로 태어났다면, 관리가 되기 위하여 공부를 하기보다는 장사를 하여 돈을 벌기 위하여 노력하는 것이 나을 것입니다. 현대 대한민국에서는 태어난 신분에 관계없이 관리가 되든지 사업을 하는 사람이 되든지 상관없습니다. 모든 사람에게 기회가 균등하게 주어져 있습니다. 그러나 조선조 시대에는 신분이 낮은 사람은 그가 갈 수 있는 길이 제한되어 있었습니다. 다시 말해서 자기 자신이 누구인지 모르면, 자기가 걸어 갈 길을 선택할 수 없는 것입니다.

불교에서 말하는 깨달음이라는 것도 결국 자기 자신이 누구인지 아는 것입니다. 싯닷타가 35세에 보리수라는 나무 밑에서 깨달은 것도 결국 자기 자신이 누구인지 깨달은 것입니다. 싯닷타가 깨달은 것이 연기법이라고 말하는 것은 결국 그가 깨달은 것은 연기론적으로 볼 때, 우리 자신이 결국 실체가 없는 존재라는 것을 깨달은 것입니다. 간화선불교에서 말하는 '무無', '이 뭣고', '똥 막대기', '호떡', '마삼근'이라는 화두도 결국 그런 공안에 대한 탐구와 깨침을 통해 자기 자신이 누구인지 깨달으려는 것입니다. 공안은 자기 자신이 누구인지 알기 위한 하나의 방편입니다.

도가道家에서 말하는 무위자연無爲自然이라는 것도 결국은 자기 자신이 어떤 사람인가에 따라 자연적으로 우리의 인생길이 결정되는 것이지 개인의 의지에 따라 되는 것이 아니기 때문에, 무위자연이라는 말이 나왔다고 생각합니다. 인생길은 인위적인 노력이 아니라 우리가 어떤 인간이냐에 따라 결정된다는 것입니다. 우리가 살아가는 길이 도道입니다. 우리가 계속 걷다 보면 길이 되는 것입니다. 등산로도 사람들이 계속 걷다 보면 길이 되고, 등산로가 되는 것입니다.

서양의 관념철학은 소크라테스의 '너 자신을 알라'라는 말에서 시작했다고 볼 수 있습니다. 서양의 학문은 '인간이란 무엇인가?'에서 시작하여 '인간이란 무엇인가?'로 끝난다고 볼 수 있습니다. 궁극적으로 '인간이란 어떤 존재인가?'라는 문제를 해결하기 위해 존재한다고 말해도 과언이 아닙니다. 칸트의 『순수이성비판』과 『비판이성비판』과 『실천이성비판』도 헤겔의 『역사철학』과 『미학』도 결국 '인간이란 어떤 존재인가?'에 대한 탐구가 아니겠습니까? 신학神學도 신神을 통해 인간이 어떤 존재인지 알려는 것이 아니겠습니까?

철학 중에 특별히 인간에 대해 깊이 있게 연구하는 분야로 '철학적 인간학'이 있습니다. 백승균 교수가 저술한 『철학적 인간학』에 의하면, 우리나라에 '철학적 인간학'이 처음으로 소개된 것은 1970년대부터입니다. 서울대의 진교훈 교수는 1973년부터 철학적 인간학에 대한 논문들을 발표하기 시작하여 1977년에는 란트만의 『철학적 인간학』(1969)을 한국어로 번역하여 소개함으로써, 인간학에 대한 관심이 우리 철학계에 고조되기 시작했습니다. 그 후 진교훈 교수는 그동안 발표한 논문들을 모아 1982년 『철학적 인간학 연구(I)』을 출판하였고, 이어 1986년 코레트의 『철학적 인간학』(1979)을 번역하였으며, 1994년에는 『철학적 인간학 연구(II)』를 출판하였습니다. 『철학적 인간학 연구(I)』은 '철학적 인간학의 원론적 모색이고, 『철학적 인간학(II)』는 '구체적인 인간 연구의 산물'이되, "철학과 다른 학문과의 만남을 통해서 인간의 본질을 밝히려 한 것"이라고 진교훈 교수 스스로가 서술하고 있습니다.

백승균 교수는 그의 저서 『철학적 인간학』에서 한국에서 있었던 '철학적 인간학'에 대한 연구사를 계속 기술하고 있습니다. 영남권에서도 영남대학교의 허재윤 교수와 그 문하생들이 서울에서 연구 업적이 나오던 시기와 같은 때에 '철학적 인간학'에 대한 연구 업적들이 나왔음을 말하고 있습니다. 1975년에 「철학적 인간학의 정립을 위한 기초적 구상」과 「행위하는 존재로서의 인간」이라는 논문을 비롯하여 「막스 쉘러: 정신과 충복의 이원적 존재로서의 인간」(1977), 「게엘렌의 제도론 연구」(1980) 그리고 우리 철학계에 처음으로 「플레스너의 철학적 인간학

의 연구 : 그 배경과 방법을 중심으로』(1976)가 발표되었고, 1978년에 「N. Hartman의 인간관 : 그 인간학적 의의」를 발표하였고, 그 후 1986년에는 허재윤 교수가 상기의 여러 논문을 모아 『인간이란 무엇인가? : 철학적 인간학에 대한 연구』를 저서로 발표하였음을 기술하고 있습니다. 그리고 1977년에는 볼노의 『교육학에 있어서 인간학적 고찰 방식』(1968)과 쉘러의 『인간의 지위』(1966)를 합본하여 『교육학과 인간학』(1977)을 번역 출판한 바 있습니다. 한상진 교수는 볼노의 교육학적 인간학을 우리 철학계에 접목시켜 논리화하고 체계화하여 지금까지 '철학적' 인간학을 '교육학적' 인간학으로까지 그 영역을 확장하는 데 크게 기여하고 있습니다.

앞에서 언급한 교수들과 그 외의 교수들이 모여 현대와 같은 정보화 사회에서도 인간에 대한 연구는 필요하다고 생각하여, 1998년에 '한국인간학회'를 창립하였습니다. 이들은 인간의 본질을 철학적으로 해명하되, 철학의 모든 근본적인 물음을 먼저 생물학적 인간 이해에다 그리고 그 다음에는 철학적 인간 해석에다 초점을 맞춤으로써 더욱 현실적으로 인간상을 재조명하려 하였고, 그러기 위해서는 '철학적 인간학'에서 출발하여야 함을 강조하고 나섰습니다. 이에 적극적으로 동참한 교수들이 진교훈 교수를 회장으로 선출하여 연 2회의 학술행사와 단행본을 출판함으로써 '철학적 인간학'의 영역을 넓혀 가도록 다짐하였습니다. 물론 이들은 인간과 인간 생명의 존엄성까지를 구현하기 위해서라도 철학과 윤리학은 물론이고, 종교와 교육학 그리고 법학, 더 나아가서는 의학 등의 여러 분야에서 호흡을 같이 하여 흩어진 오늘날의 인간성 회복 운동을 하나로 구가하자는 데 구심점을 모으기도 했습니다.

그리고 백승균 교수는 철학적 인간학의 전문적인 한 영역, 즉 '플레스너의 철학적 인간학'에 국한하여 그의 철학적 인간이론을 전적으로 해석하여 정리하고자 시도했습니다. 그는 1990년대 초 독일 중부에 있는 다름슈타트 기독전문대학의 클라우스 나로브스키 교수와 그의 부인 힐데 마리아 나로브스키 씨가 배려하여 준 튜빙겐의 자택에서 플레스너의 '철학적 인간학' 전체에 대한 일차의 초고를 마칠 수 있었고, 귀국 후 몇 편의 플레스너에 관한 논문을 발표한 후, 2005년에 계명대학교 출판부에서『플레스너의 철학적 인간학』이라는 저서를 출판하였습니다.

필자가 제1장 '자기 자신이 누구인지 아는 사람'에 대한 철학적 방법에 대해서 기술하면서, 관심을 가졌던 또 한 권의 저서는 한자경 교수의『자아의 연구』라는 책이었습니다. 한자경 교수는 동국대학교 박사과정에서 불교에 대해서 배우고 연구하면서, 불교가 중요시하는 자아와 무아, 제법무아, 공, 중도 등에 관심을 가지면서, 서양철학자들이 말하는 '자아'에 대해 연구할 필요를 느꼈으리라 추측합니다. 한자경 교수는『자아의 연구』라는 저서에서 '인간이란 무엇인가? 자아란 무엇인가? 나는 누구인가?'라는 물음을 제기하면서, 이 문제들은 철학 연구를 통해 비로소 제기된 물음이 아니고 그 이전부터 우리에게 존재했던 문제임을 말하고 있습니다. 그리고 서양의 근·현대철학자들이 자아에 대해 어떻게 생각했는지를 기술하고 있습니다. 필자가 언급한 것과 같이 그 책에 기술된 '철학자들의 자아관'들이 '제1장 자기 자신이 누구인지 아는 사람'을 이해하는데, 도움이 된다고 생각하여 소개합니다.

한자경 교수는 데카르트는 '의식 주체로서의 자아' 스피노자는 '신의 양태로서의 자아', 라이프니츠는 '모나드(單子)로서의 자아', 홉스는 '이기적 욕망 주체로서의 자아'를 말하고 있다고 기술하고 있습니다. 흄은 '관념의 다발로서의 자아', 칸트는 '현상 구성의 초월 자아', 피히테는 '무한과 유한 사이에서 유동하는 자아', 헤겔은 '보편을 실현하는 개체로서의 자아' 그리고 니체는 '초인으로서의 자아'를 보이고 있다고 말합니다. 계속해서 한 교수는 훗설은 '세계 구성의 지향적 주체로서의 자아', 메를로 퐁티는 '신체성의 자아', 하이데거는 '실존과 탈존의 자아', 푸코는

'인간학적 잠 속의 자아', 마지막으로 라캉은 '형성된 욕망 주체로서의 자아'를 말하고 있다고 기술하고 있습니다.

인류의 역사 속에서 보면, 많은 사람들이 인간에 대해 정의하고 있습니다. 아리스토텔레스와 톨스토이 같은 사람은 "인간은 행복을 추구하는 존재"라고 말했습니다. 가장 보편성 있는 정의라고 생각합니다. 누구나 행복하게 되기를 원하기 때문입니다. 막스 셸러는 인간을 정의하면서 "아니라고 말할 수 있는 능력이 있는 존재"라고 말했고, 게엘렌은 인간을 '결함 존재' 혹은 '결핍 존재'라 했고, 플레스너는 "인간은 탈중심적 존재다"라고 말했습니다. 톨스토이는 『안나카레리나』에서 행복한 사람들의 모습은 비슷하나 불행한 사람들의 모습은 가지각색이라고 말하고 있습니다.

그럼 우리들은 자기 자신에 대해 어떤 존재라고 정의할 수 있을까요? 각자가 자기 나름대로의 정의를 내릴 수 있다고 생각합니다. 종교를 가진 사람들은 앞에서 다섯 성인들의 첫째 공통점으로 언급한 '자기 자신이 누구인지 아는 사람'에 나오는 내용 중에서 선택할 수도 있을 겁니다. 기독교인은 하나님의 자녀라고 생각할 수도 있고, 불교를 믿는 사람은 자기의 실체가 없는 존재라고 말할 수도 있고, 이슬람교도는 알라의 자녀라고 말할 수도 있고, 유가에 속한 사람은 스스로를 군자라고 생각할 수도 있으리라 생각합니다. 필자는 이 책을 어떤 종교를 믿는 사람의 입장에서 기술하는 것이 아니고 평범한 한 인간의 입장에서 기술하는 것임으로, 제 자신을 '영원한 학생'이라고 정의하고 싶습니다. 평생을 여러 사람에게서 배워 왔고, 죽을 때까지 배우면서 살것으로 생각하기 때문입니다.

그리고 현대인에 대해서도 내 나름대로 정의를 내리고 싶습니다. 무식한 사람이 용감하다고, 한국에서 철학적 인간학을 전공하는 사람들도 자신 있게 현대인에 대해 정의를 내리지 못하고 있는데, 필자는 현대인의 자아를 '자기중심성을 강화하는 자아'라고 말하고자 합니다. 왜냐하면 현대인은 과거에 존재했던 이기주의적 인간들보다 더 사회질서와 윤리도덕을 파괴하고 자기중심성을 강화하면서 철두철미하게 이기주의적으로 삶을 살기 때문입니다. '자기중심성'이란 모든 것을 자기를 중심으로 해석하고 받아들이려는 특성이라고 말하고 싶습니다. 현대인은 항상 자기가 옳고 진리이며, 자기에게 유익이 될 때만 의미 있는 것으로 받아들이려고 합니다. '자기중심성'이 강화되는 이유 중에 하나는 혼자 사는 사람의 수가 늘어나는 것이라고 생각합니다. 미혼의 젊은 남녀, 이혼한 젊은이들이 늘어나고 있습니다. 독거노인의 수도 계속 늘어나고 있습니다. 한국에서도 독거노인이 100만을 넘어섰다고 합니다. 혼자 사는 젊은이들까지 합하면 그 숫자는 훨씬 늘어나리라 생각합니다.

현대인이 '자기중심성'을 더욱 강화하는 또 다른 이유는 사회질서의 붕괴와 시대적 상황이 큰 원인이 되고 있다고 생각합니다. 현대인은 과거에 살았던 사람들보다 더욱 고립되고 있습니다. 우리의 주위에는 믿을 수 있는 것들이 없습니다. 대가족제도는 이미 붕괴되고, 소가족제도도 붕괴의 위기에 있습니다. 많은 사람들은 결혼을 안 하려고 합니다. 결혼을 해도 아이를 안 낳거나 하나만 낳으려고 합니다. 중국에서는 하나만 낳기 운동을 해서 낳은 아들과 딸을 왕자와 공주라고 부른지 오래 되었습니다. 한국에서도 외동들은 집안에서 왕자와 공주로 자랐기 때문에 사회생활을 할 때, 자기밖에 모르는 사람이 되고 스스로 고립되기도 합니다. 외동아들이나 딸뿐만이 아니고, 그들과 상대하는 사람들도 자기 이익만을 추구해야 하니까, 모두가 자기밖에 모르는 인간이 될 수밖에 없습니다. 거기다가 이혼율은 높아져 가정은 붕괴되고 있습니다. 가정이 붕괴되면 각자는 자기가 살 길을 찾아야 합니다. 모두가 더욱 고독해지고 고립될 수밖에 없습니다.

그리고 현대인들은 개인의 부를 늘리기 위하여 수단과 방법을 가리지 않습니다. 정부의 관리나 교육자나 종교인들도 부정직하게 뇌물을 받습니다. 개인의 부를 늘리기 위하여 부동산 투기나 컴퓨터를 이용한 사기 등 수단과 방법을 가리지 않습니다. 요사이 높은 이자를 요구하는 사채업자들의 착취를 이기지 못하고 자살하는 사람이 늘고 있습니다. 사업을 하면서도 경쟁업체가 망하든지 말든지, 혹은 상생해야 할 하청업체들이 망해서 문을 닫든지 말든지 자기만 돈을 벌면 된다는 식으로 세상이 돌아가고 있습니다.

모든 조직들은 자기 일가친척이나 지연이나 학연으로 뭉쳐서 운영합니다. 어떤 조직도 학연, 지연, 혈연이 없는 곳이 없습니다. 정치인들은 자식을 정치인으로 만들고, 공무원으로 근무하는 사람들은 자식들을 관공서 직원으로, 연예인들은 자식을 연예인으로 만들고, 의사들은 어떤 교육과정을 밟게 하든지 자기 자식을 의사로 만들려고 합니다. 가족이나 학교나 회사뿐만이 아니고 민족도 국가도 자기중심을 강화하여 철두철미하게 이기주의적 존재로 변해가고 있습니다. 이타주의나 역지사지로 이 문제를 해결하지 않으면, 상생하지 못하고 공멸하게 될 것입니다.

2_문학작품을 통해 본 자아상

　　　　　　　　문학이란 무엇인가? 문학은 인간의 문제를 다루는 것인가 아니면 사회의 문제를 다루는 것인가? 인간의 문제를 다룬다는 말이나 사회의 문제를 다룬다는 명제는 동전의 안과 밖과 같은 것입니다. 왜냐하면 인간의 문제를 다룬다고 해도, 사회를 떠난 인간을 생각할 수 없고, 사회의 문제를 다룬다고 해도 인간이 없는 사회를 생각할 수 없기 때문입니다.

　문학이 인간의 문제를 다루는 것이라 해도 맞는 말이고, 문학이 사회의 문제를 다루는 것이라 해도 맞는 말입니다. 그러나 필자가 이 책에서 알고자 하는 것은 '자아의 정체성'과 '문학'과의 관계를 알고자 하는 것이니, 문학은 인간의 문제를 다루는 것이라는 전제 하에서 다음의 이야기를 전개하고자 합니다.

　문학이 인간의 문제를 다루는 것이라면, 인간의 어떤 문제를 다루는 것인가? 인간의 문제는 무수히 많습니다. 그러나 몇 가지로 간추려 생각하면, 첫째로 인간은 어떤 존재인가? 다시 말해서 인간의 정체성에 대한 문제입니다. 그리고 다음으로 인간에 대한 문제를 크게 세 가지로 나누어 생각하면, 인간은 어디서 와서, 어떻게 살다가, 어디로 가는가? 하는 문제가 있습니다. "인간은 어디서 와서 어디로 가는가?" 하는 문제는 인간이 알 수 없는 문제입니다. 사실상 이 문제는 우리의 이성으로 해결할 수 있는 문제가 아닙니다. 그래서 종교가 우리에게 대답해 줍니다. 그것은 믿음의 문제입니다. 문학작품은 '인간은 어떤 존재인가?'라는 질문과 '우리는 어떻게 살아야 하는가?'라는 질문에 대해 대답으로 시인이나 소설가나 희곡작가가 사람들이 사는 모습을 제시하는 것입니다.

문학작품의 요소로는 주제와 구성 그리고 문체와 인물(성격) 등이 있습니다. 어느 한 요소라도 중요하지 않은 것이 없습니다. 어떤 소설가는 문체만 보고, 소설을 쓸 수 있는 사람인지 아닌지를 구별하기도 하고, 어떤 소설가는 소설에서 가장 예술적 감동을 주는 것은 구성이라고 말하기도 합니다. 또 어떤 소설가는 새로운 주제가 없으면, 어떻게 소설이라고 말할 수 있겠느냐고 말하는 사람도 있습니다. 그런가 하면 새로운 성격의 창조가 없으면 작품이 생명력이 없어서 성공작이 되기 어렵다고 말하는 사람도 있습니다. 시가 우리에게 우리의 정체성을 보여 준다면, 소설과 희곡은 우리의 정체성과 우리가 어떻게 살아야 하는가를 보여 준다고 말할 수 있습니다.

필자는 '제1장 자기 자신이 누구인지 아는 사람'과 문학과 연결시켜 기술하고 있음으로, 자아정체성과 연결시켜 기술하고자 합니다. 앞에서 언급한 것과 같이, 소설과 희곡에도 자아정체성과 연결시켜 생각할 수 있는 작품들이 많습니다. 사무엘 베켓트의 「고도를 기다리며」는 우리가 본질적으로 무엇인가를 기다리는 존재임을 보여 주며, 펜트 한트케의 「관객모독」과 「카스파」는 현대인이 서로 의사소통이 안 되는 소통부재의 존재임을 보여 주며, 차범석의 「산불」은 전쟁이 우리에게 가져다 준 문제를 보여주면서, 동시에 우리에게 성적인 문제가 차지하는 의미를 말해 주기도 합니다.

소설의 경우도 마찬가지 입니다. 도스토예프스키의 「죄와 벌」은 사회의 문제를 보여주면서도, 사악하고 교만한 인간의 정체성을 보여 주기도 합니다. 톨스토이의 「부활」도 상류층의 못된 면을 보여주면서도, 회개하고 새로운 인간으로 부활하는 우리의 본성을 보여줍니다.『전쟁과 평화』나『바람과 함께 사라지다』는 전쟁의 비참함과 전쟁을 일으키는 이기적이고 어리석은 인간들의 면을 말하면서도, 그 속에 피어나는 아름다운 사랑을 꽃 피우는 인간의 정체성을 보여 주고 있습니다. 채만식의 「태평천하」에서는 일제강점기의 사회상을 보여 주면서, 우리가 반성해야 할 인간상을 보여 주고 있습니다.

그러나 필자가 여기서 하려는 작업은 '제1장 자기 자신이 누구인지 아는 사람'과 문학작품을 연결시켜 인간의 정체성을 보여 주는 문학작품을 분석하고자 합니다. 그런 의미에서 여기서는 시작품을 분석함으로써, 우리 자신이 어떤 인물로 시작품에 나타났는지를 분석하려 합니다. 물론 시자품도 우리가 어떻게 살아야 하는지를 보여 주고 있습니다. 그러나 작품 해석의 폭을 우리 자신이 어떤 존재인지를 보여 주는 것으로 좁혀서 해석하여, 우리가 우리 자신이 누구인지 아는 계기로 삼고 반성도 하려고 합니다.

내가 그의 이름을 불러주기 전에는
그는 다만
하나의 몸짓에 지나지 않았다.

내가 그의 이름을 불러 주었을 때
그는 나에게로 와서
꽃이 되었다.

내가 그의 이름을 불러준 것처럼
나의 이 빛깔과 香氣에 알맞은
누가 나의 이름을 불러다오.
그에게로 가서 나도
그의 꽃이 되고 싶다.

우리들은 모두
무엇이 되고 싶다.
너는 나에게 나는 너에게
잊혀지지 않는 하나의 意味가 되고 싶다.

—김춘수, 「꽃」

　김춘수의 「꽃」은 국민들이 애호하는 작품의 순위에서 늘 최상위를 기록하는 작품입니다. 대한민국 사람이라면, 중고등학교 국어교과서에도 등재되어 모르는 사람이 없는 작품입니다.
　'꽃'을 제재로 한 작품은 많습니다. 시인 중에서 꽃을 제재로 작품을 쓰지 않은 사람을 찾기 힘들 것입니다. 한국의 대표적인 서정시인인 김소월(「진달래꽃」)이나 김영랑(「모란이 피기까지는」)을 위시하여 꽃을 제재로 시를 쓰지 않은 시인은 거의 없습니다. 그러나 김춘수의 「꽃」은 서정적이면서도 철학적인 시로 우리에게 이해되었습니다. '꽃'을 '존재'라고 해석하여, 이 작품은 우리의 존재 자체를 보여 주는 작품이라는 것입니다.
　우리는 홀로 있는 꽃이 되기를 원하지 않습니다. 우리는 홀로 있을 때 어떤 의미 있는 존재가 될 수 없습니다. 우리는 다른 존재와의 관계 속에서 꽃이 되고, 의미 있는 존재가 됩니다. 세상 사람들이 나를 다른 사람과의 관계 속에서 의사라 부르든지, 예술가라 부르든지, 학자라고 부를 때, 의미 있는 존재가 되는 것입니다. 다른 사람들이 나의 빛깔과 향기에 알맞은 이름을 불러 줄 때, 내가 무엇인가가 되고, 하나의 의미 있는 존재가 되는 것입니다.

 나와 관계 속에 있는 사람이 나를 아버지라 부르고, 남편이라 부르고, 할아버지라 부르고, 시아버지라고 부를 때, 의미 있는 존재가 되는 것입니다. 나는 시내에 지나가고 있는 이름도 성도 모르는 사람에 의해 의미 있는 존재가 될 수 없습니다. 외국에 있는 어떤 이름 모를 사람에 의해 내가 의미 있는 존재가 될 수 없습니다. 우리는 우리 주위에 있는 사람들이 어떤 관계 속에서 우리를 부를 때, 우리는 의미 있는 존재가 됩니다. 그리고 우리 모두는 그런 의미 있는 존재가 되기를 바랍니다. 또한 우리가 정확하게 불리워질 때, 우리는 우리가 누구인지 아는 자가 될 수 있을 것입니다.

  麝香 薄荷의 뒤안길이다.
  아름다운 배암…….
  얼마나 커다란 슬픔으로 태어났기에
  저리도 징그러운 몸뚱어리냐.

  꽃대님 같다.
  너의 할아버지가 이브를 꼬여내던 達辯의 혓바닥이
  소리 잃은 채 날름거리는 붉은 아가리로
  푸른 하늘이다. ……물어 뜯어라, 원통히 물어 뜯어,

  달아나거라, 저놈의 대가리!

  돌팔매를 쏘면서, 쏘면서, 麝香 芳草ㅅ길
  저놈의 뒤를 따르는 것은

우리 할아버지의 아내가 이브라서 그러는 게 아니라
石油 먹은듯…… 石油 먹은듯…… 가쁜 숨결이야.

바늘에 꼬여 두를까부다. 꽃대님보다도 아름다운 빛……

크레오파트라의 피 먹은양 붉게 타오르는
고은 입술이다……. 스며라 배암!

우리 순네는 스물남 색시, 고양이같이 고운
입술…… 스며라, 배암!

—서정주, 「화사」

「화사花蛇」는 서정주가 1941년에 『화사花蛇』라는 시집을 낼 때, 대표작으로 실은 작품입니다. 「화사花蛇」는 서정주가 20대의 젊은 나이에 쓴 작품이라 불란서의 상징주의 내지는 보들레르의 냄새가 풍기는 상징적이고 육감적인 향취가 풍기는 작품입니다.

필자가 이 작품을 자아정체성을 보여 주는 작품으로 소개한 것은 자아의 이중성격을 보여 주기 때문입니다. 우리는 야누스적 존재라고 말합니다. 우리는 겉으로는 선한척하면서 속으로는 악한 존재인지 모릅니다. 「화사花蛇」는 제목 자체부터 우리에게 이중적 성격을 보여줍니다. '화사'란 '꽃뱀'을 의미하는 것입니다. 우리가 꽃뱀처럼 겉은 아름다우나 속은 뱀처럼 징그럽고 성적인 존재라는 것입니다. 우리는 겉은 아름답고 점잖으나 속은 인간에게 원죄를 가져다준 뱀처럼 사악하고 요사스러운 존재라는 것입니다.

시인은 인간이 겉은 아름다운 뱀인데, 커다란 슬픔으로 태어났기에 징그러운 몸뚱어리를 가지고 있다고 말합니다. 겉은 꽃대님처럼 아름다우나, 속은 이브를 꼬여내던 달변의 혓바닥을 가지고 있다는 것입니다. 사향박하의 냄새를 풍기는 뱀에게 돌맹이를 던지기는 하나 사실은 할아버지의 아내가 이브라는 것입니다. 다시 말해서 뱀은 다른 존재가 아니라 우리 자신이라는 것입니다. 크레오파트라의 피 먹은 양 붉게 타오르는 고은 입술은 다름 아닌 스물남 먹은 고운 색시 순네의 모습이며, 우리의 모습이라는 것입니다. 우리가 바로 겉은 아름답고, 속은 아담에게 달변으로 유혹하고 성적으로 붉게 타오르는 뱀같은 이중적 존재라는 것입니다.

> 모가지가 길어서 슬픈 짐승이여,
> 언제나 점잖은 편 말이 없구나.
> 관이 향기로운 너는
> 무척 높은 족속이었나 보다.
>
> 물속의 제 그림자를 들여다보고
> 잃었던 전설을 생각해 내고는,
> 어찌할 수 없는 향수에
> 슬픈 모가지를 하고
> 먼 데 산을 쳐다본다.
>
> ―노천명, 「사슴」

「사슴」은 노천명이 26세 때 낸 처녀 시집 『산호림』에 실린 작품입니다. 노천명은 산전수전을 겪으면서 고통스러운 인생을 산 여류 시인입니다. 우리 현대사의 굴곡 속에 슬픔과 괴로움을 함께 한 사람입니다. 우리에게는 「사슴」이라는 작품으로 알려져 있는 시인입니다.

「사슴」은 이상과 꿈을 가지고 사는 현대인의 모습을 보여 주고 있습니다. 노천명의 젊은 시절의 모습일지 모릅니다. 우리도 마찬가지로 젊은 날에 많은 꿈을 가지고 살았습니다. 아니 우리는 늙어서도 꿈이 있어야 합니다. 사람이 꿈을 갖고 살지 않으면, 자기가 사는 이유를 몰라 우울증에 걸릴 수 있습니다.

「사슴」이라는 작품에 나오는 사슴은 관이 향기로운 높은 족속이었나 봅니다. 그리고 사슴은 모가지가 길어서 다시 말해서 이루어질 수 없는 큰 꿈을 꾸는 동물이어서 슬픈 존재가 되고, 언제나 점잖은 편 말이 없이 지냅니다. 그러다가 물속의 자신의 그림자를 들여다보고 자기애에 빠져서 옛날에 가졌던 전설 같은 소망을 생각해 내고는 향수에 젖어 슬픈 모가지를 하고 먼 데를 바라보는 것입니다.

인간에게는 누구나 화려하고 아름다웠던 과거가 있고, 과거에 꿈꾸었던 아름다운 희망이 있었습니다. 과거는 아름다운 것입니다. 그리고 과거의 모습은 아름다웠습니다. 모두들 과거에는 무한한 가능성을 가지고 있는 젊은이였습니다. 장래가 촉망되는 젊은이였습니다. 어느 날 갑자기 자신을 돌아보면, 과거의 꿈을 추억으로 되새기며 먼 데를 바라보는 존재로 변해 있는 것입니다.

거울속에는소리가없소
이렇게까지조용한세상은참없을것이오

거울속에도내게귀가있소
내말을못알아듣는딱한귀가두개나있소

거울속의나는왼손잡이오
내握手도받을줄모르는-握手를모르는왼손잡이오

거울때문에나는거울속의나를만져보지못하는구료마는

거울아니었던들내가어찌거울속의나를만나보기라도했겠소

나는至今거울을안가졌소마는거울속에는늘거울속의내가있소

잘은모르지만외로된事業에골몰할께요

거울속의나는참나와는反對요마는

또꽤닮았소

나는거울속의나를조심하고診察할수없으니퍽섭섭하오

—이상,「거울」

이상李箱은 거울을 제재로 세 개의 작품을 썼는데,「거울」은 대표적 작품이라 볼 수 있습니다. 우리의 내적 자아와 외적 자아의 대립적인 모습을 보여 주고 있습니다. 거울 속의 나와 거울 밖의 내 모습을 대칭적으로 보여 주고 있습니다.

이런 의미에서 거울 속은 우리의 내면세계를 의미하고, 거울 밖은 우리의 외적 세계를 의미한다고 볼 수 있습니다. 거울 밖은 문제가 많은 현실세계이고, 거울 속은 깨끗하고 순수한 세계로 볼 수 있습니다. 거울 속은 소리가 없는 조용한 세계입니다. 그리고 거울 속에도 귀가 있기는 하나 말을 제대로 알아듣지 못하는 세속에 물들지 않은 순진한 딱한 귀가 두 개나 있습니다. 거울 속이 순수하고 고지식한 세계라면, 그 속에 있는 귀가 세상의 소리를 제대로 알아듣지 못하는 것은 당연한 일이라고 생각합니다. 그리고 거울 속의 나는 왼손잡이이고, 악수를 모르는 왼손잡이입니다. 세상 사람들이 대부분 오른손잡이이고, 대부분이 다른 사람들과 인간관계를 맺어 악수하고 타협하면서 살아가는데, 거울 속의 나는 다른 사람과 달리 왼손잡이이고, 타협도 할 줄 모르는 존재입니다.

현실에 찌들어 현실과 타협하면서 사는 거울 밖의 나는 거울 속의 순수한 나를 만나 보지는 못하지만, 거울이 있어서 그 모습을 보기라도 하니 다행이라는 것입니다. 이때 거울은 현실적 자아로 하여금 내적 자아를 볼 수 있게 하는 매개체이니 우리의 양심이나 마음이 될 수도 있습니다. 시적 화자는 지금 양심이나 순수한 마음이 없어서 자신의 순수한 자아를 보지는 못하지만, 그렇다고 순수하고 양심적인 자아가 없는 것은 아니라는 것입니다. 시적 자아는 아마도 순수하고 양심적인 자아는 혼자서 엉뚱한 일을 꾸미고 있을 것이라는 말입니다. 거울 속의 참 나는 현실적인 자아와는 반대이기는 하지만 상당히 닮았다는 것입니다. 마지막으로 현실적인 자아는 내적인 진실한 자아를 진찰할 수 없으니, 섭섭하다는 것입니다. 원칙적으로 말하면, 내면의 참자아가 현실에 젖어 있는 거울 밖의 나를 진찰해야 하는데, 실제로는 때 묻은 현실적 자아가 내면의 진실한 자아를 진찰하겠다는 것입니다. 현실 세계의 한심한 모습을 보여 주고 있습니다.

    차단-한 등불이 하나 비인 하늘에 걸려 있다
    내 호올로 어딜 가라는 슬픈 信號냐.

    긴 - 여름해 황망히 나래를 접고
    늘어선 高層 창백한 墓石같이 황혼에 젖어,
    찬란한 夜景 무성한 雜草인양 헝클어진 채
    思念 벙어리되어 입을 다문다.

    皮膚의 바깥에 스미는 어둠
    낯설은 거리의 아우성 소리
    까닭도 없이 눈물겹고나

空虛한 群衆의 행렬에 섞이어

내 어디서 그리 무거운 悲哀를 지니고 왔기에

길-게 늘인 그림자 이다지 어두워

내 어디로 어떻게 가라는 슬픈 信號가,

차단-한 등불이 하나 비인 하늘에 걸리어 있다.

―김광균, 「와사등」

「와사등」은 현대인의 고독한 모습을 보여 주고 있습니다. 등불은 차단한 등불이고, 텅빈 하늘에 걸려 있습니다. 와사등(가스등)은 어둠을 밝혀 주는 등불인데, 홀로 어디로 가라는 슬픈 신호로 느껴지는 것입니다. 시적 화자는 미래의 꿈이라고 볼 수 있는 등불은 차가운 것이 되었고, 여러 가지 색으로 채색되어 있어야 할 미래의 하늘은 텅 비어 있습니다. 가스등은 내 자신과 미래를 밝혀 주는 것으로 존재하지 않고, 혼자 어디로 가라는 신호로 여겨지는 것입니다.

긴 여름에 늘어선 고층건물들은 황혼에 젖은 묘석으로 보이고, 미래로 날아가야 할 날개를 황망히 접고 야경의 무성한 잡초인양 헝클어져 추상적으로 생각만 하는 벙어리가 되어 입을 다뭅니다. 어둠 속의 낯설은 거리에서 들리는 아우성 소리는 까닭도 없이 눈물겹고, 공허한 군중의 행렬에 섞이어 군중 속의 고독을 느끼니, 무거운 비애가 길게 들인 그림자를 더욱 어둡게 합니다. 그런 가운데 와사등을 보니, 비인 하늘에 걸린 차단한 등불이 내게 어디로 어떻게 가라는 슬픈 신호로 보인다는 것입니다. 현대인의 고독한 모습을 말하고 있습니다. 이 작품에서는 일제강점기의 외로운 지성인의 고독한 모습을 묘사하고 있다고 볼 수 있습니다.

매운 季節의 채찍에 갈겨
　　마침내, 北方으로 휩쓸려 오다.
　　하늘도 그만 지쳐 끝난 高原
　　서릿발 칼날진 그 위에 서다.

　　어데다 무릎을 꿇어야 하나
　　한발 재겨 디딜 곳조차 없다.
　　이러매 눈 감아 생각해 볼밖에
　　겨울은 강철로 된 무지갠가 보다.

　　　　　　　　　　　　　—이육사,「絶頂」

「절정」은 우리가 처해 있는 백척간두百尺竿頭의 모습을 그리고 있습니다. 이러한 모습은 일제 때의 상황만이 아닙니다. 오늘날 심한 경쟁 속에서 살아가는 사람들의 모습이기도 합니다. 정치가도, 사업가도, 교수도 어디다 무릎을 꿇고, 한 발 재겨 디딜 곳조차 없는 곳에 서서 살아갑니다. 눈 감고 생각해 보면, 우리가 추운 겨울처럼 힘들고 차갑게 살아가는 현실은 강철로 된 무지개처럼, 밝은 빛을 품고 있는 것인지 모릅니다.

　　江나루 건너서
　　밀밭 길을

　　구름에 달 가듯이
　　가는 나그네

　　길은 외줄기

南道 三百里

술 익는 마을마다
타는 저녁 놀

구름에 달 가듯이
가는 나그네

—박목월, 「나그네」

「나그네」는 다양하게 해석되고 있지만, 우리의 모습을 나그네로 보고 작품을 썼다는 데는 이견이 없을 것입니다. 강나루 건너서 밀밭과 보리밭이 있는 곳을 지나 구름에 달 가듯이 살아가는 우리 인생, 외줄기 길로 남도 삼백 리를 다니기도 하고, 술 익는 마을에 머물러 취하기도 하는 것이 우리 인생입니다. 그리고 구름에 달 가듯이 정처 없이 살아가는 것이 우리의 인생이라는 이야기를 담은 작품입니다.

3_심리학을 통해 본 자아상

우리가 처음 보는 사람을 알려고 할 때, 어떤 방법으로 타인을 알 수 있을까요? 첫째는 그 사람을 관찰함으로써, 관찰된 결과를 요약해서 결론을 내리는 것입니다. 둘째는 그 사람을 아는 다른 사람으로부터 얻은 정보에 의존하는 것입니다. 셋째는 그 사람과 직접 대화를 하거나 식사를 하는 상호작용을 통해서 아는 것입니다. 넷째는 면접이나 설문지 같은 것을 이용하는 방법입니다. 여러 가지 방법에는 장단점이 있겠지만 가장 정확하고 신뢰할 수 있는 것은 질문지를 이용하는 방법이라고 생각합니다. 상대자를 의식하지 않고 자기를 솔직하게 표현할 수 있는 방법이라고 생각하기 때문입니다. 그러나 모든 것이 다 불완전한 방법입니다. 왜냐하면 앞에서도 말했지만 자기 자신이나 타인을 그리고 인간이 어떤 존재인지 안다는 것은 애초부터 불가능에 가까운 일이기 때문입니다.

현대의 과학자들은 우리의 진정한 아이덴티티는 '유전자'라고 말하니, 우리 유전자에 대한 이해가 우리 자신을 아는 지름길일지 모릅니다. 우리가 병에 걸리는 가장 큰 원인도, 우리가 장수하거나 단명短命하는 가장 큰 원인도 유전자라고 하니, 자아정체성에서 유전자가 차지하는 위치가 큰 것은 사실입니다. 그러나 심리학자들은 자기를 분석하는 방법으로, 횡단적 자기분석과 종단적 자기분석 그리고 심층적 자기분석 등을 말하기도 합니다. 횡단적 자기분석은 현시점에서 지금 우리가 가지고 있는 조건을 분석하는 것이고, 종단적 자기분석을 통시적으로 과거에서부터 지금까지 살아 온 모습을 분석하는 것이고, 심층적 자기분석은 우리의 무의식세계를 분석하는 것입니다.

심리학은 근대에 들어서서 독자적인 세계를 갖게 된 학문입니다. 그러나 인간 자체에 대한 연구나 자아에 대한 연구는 앞에서 언급한 다른 학문 분야보다도 더 왕성하고, 연구 결과도 풍성합니다. 더욱이 앙케이드를 통한 통계 방법이나 그 외의 심리학적 방법으로 인간과 자아정체감에 대한 인식이 확대되고 있습니다. 연구된 결과들이 교육학이나 다른 분야에 응용되는 범위도 넓어지고 있습니다.

미국 같은 나라에는 심리학을 연구하는 사람들이 취직할 수 있는 곳이 늘어나, 연구원과 같은 인적 자원이 많아져, 연구업적도 많이 나오고 있습니다. 뿐만 아니라 심리학을 응용한 '아봐타 코스'와 같은 자아에 대한 심리나 성격 검사를 위한 설문 자료들이 여러 가지가 나오고 있습니다. 필자도 몇 년 전에 '아봐타 코스'를 이수하려고 시도한 적이 있는데, 그때 받은 자료에 의하면 '아봐타 코스'의 상·중·하 코스로 마치는데 일천만원 정도의 돈이 필요함을 알 수 있었습니다.

그러나 필자가 여기서 생각하고자 하는 것은 '자기 자신이 누구인지 아는 사람'이라는 명제와 관련시켜 심리학이 자기 자신이 누구인지 아는데, 어떤 도움이 되는가를 알아보려는 것이기 때문에 '자아 개념의 탐구'나 '아이덴티티'와 관련지어 성격 유형을 알아보는 작업을 하고자 합니다. 특별히 시몬Sidney B. Simon이 쓰고 이수용이 번역한 『자기발견의 지름길』과 돈 리처드 리소 와 러스 허드슨이 쓰고 주혜명이 번역한 『에니어그램의 지혜』를 참고했습니다. 특별히 '에니어그램'의 9가지 성격 유형을 고찰함으로써, 우리 자신에 대해 돌아보는 계기로 삼고자 합니다.

심리학을 어원상으로 보면 그리스어로 마음 혹은 정신이라는 단어 사이키Psyche와 학문이라는 로고스Logos의 합성어로서 '정신이나 마음의 학문'이라는 뜻이 되지만 그렇다고 심리학을 정신이나 마음의 학문이라고만 정의하기는 어렵습니다. 연구 대상으로 삼는 것은 정신이나 마음이라기보다는 행동으로 나타난 것이기 때문입니다. 그래서 심리학을 "인간과 동물의 행동을 연구하는 학문"이라고 정의하기도 하는 것이라고 생각합니다.

심리학이 연구 대상으로 삼는 정신이나 마음이라는 것은 다의적인 동시에 다차원적이기 때문에 이 정신이나 마음의 어떤 측면, 어떤 차원을 연구 대상으로 삼는가에 대해서는 시대에 따라서도 입장이 다르고, 학파에 따라 차이가 있습니다. 결과적으로 각 학파나 시대가 제기하는 정의도 다를 수밖에 없습니다.

철학자이며 생리학자이고 구조주의 심리학자였고 심리학의 아버지라고 불리는 빌헤름 분트Wilhelm Wundt(1832~1920)는 1879년에 라이프찌히 대학에 심리학연구소인 '정신물리실험실'을 개설하였습니다. 분트의 제자로는 카텔, 티체너, 홀, 크래펠린 등이 있으며, 처음으로 '실험심리학 잡지'를 만들었습니다.

철학을 위시한 여러 가지 학문을 편력하다가 1872년에 하버드 대학교의 생리학 교수가 된 윌리암 제임스William James(1842~1910)는 구성주의 심리학에 반기를 들었습니다. 그는 구성주의 심리학에 반기를 든 기능주의 심리학자로서 당시 심리학에서 다루는 중요한 문제에 초점을 맞추어 『심리학 개론』(1890)을 저술하였습니다. 또한 러시아의 이반 파블로프는 유명한 고전적 조건형성실험을 통하여 학습과정을 연구하였습니다.

인간 이해에 큰 공헌을 한 오스트리아의 지그문트 프로이트S. Freud

(1856~1939)는 1890년대에 이르러 정신분석학을 주창하여 독자적인 심리학 영역을 구축하였습니다. 그는 인간의 행동을 무의식과 의식, 자아와 초자아라는 독특한 개념으로 설명하면서 인간 행동의 기반을 성적 에너지인 리비도로 보았습니다. 그리고 분석심리학자인 칼 융은 '집단 무의식'을 말하기도 했습니다.

의식심리학에 전면적으로 반기를 든 심리학자인 존 왓슨, 에드워드 손다이크, 클라크 헐, 에드워드 톨만, 스키너 등에 의하여 20세기 초에 행동주의 심리학이 주창되었습니다. 그들은 쥐·비둘기 등의 동물을 이용하여 학습과정을 연구하였고, 인간을 포함한 동물의 학습이 환경의 자극에 대한 반응이라고 주장했습니다. 이 자극 반응 이론으로 미국을 중심으로 한 세계 여러 나라에 커다란 영향을 미쳤으며, 특히 교육에 큰 영향을 주었습니다.

1950년대에는 싸르트르 등의 철학자가 주창한 실존주의의 영향으로 인본주의 심리학이 파급되었습니다. 주요 심리학자로는 욕구이론을 주창한 에이브라함 메슬로Abraham Maslow, 자기이론Self-Theory과 인간중심심리치료를 주창한 칼 로저스Carl Rogers, 문제를 풀고 장래 계획을 세우는 것과 같은 지각·기억 및 정보처리의 정신과정을 다루는 인지심리학의 선구자인 장 삐아제Jean Piaget가 있으며, 직관적이며 전체적 인지를 중시한 장이론인 게쉬탈트 심리학을 주창한 펄스Fritz Perls 등이 있었습니다.

동시에 1950년대에는 자아정체감의 문제에 대해 관심을 가지고 연구하여 '아이덴티티'의 개념을 확립한 에릭 H. 에릭슨Erik H. Erikson (1902~1994)이 있었습니다. '아이덴티티'라는 용어는 자기만이 가지고 있는 고유한 특성을 가리키는 말임으로 '자아정체성' 등 여러 가지 용어로 사용되고 있습니다. 박아청은 에릭슨에 대해 다음과 같이 설명하고 있습니다.

1950년대 미국의 정신분석학자인 에릭 H. 에릭슨(Erik H. Erikson, 1902~1994)이 '아이덴티티(identity)'란 개념을 특유한 함축성 있는 정신분석학적 자아심리학의 기본 개념으로 사용하기 시작한 이후로 이 유서 깊은 말은 논리학이나 철학의 영역을 넘어 정신의학, 심리학, 교육학은 물론 경영학, 미술학 또는 패션디자인에 이르기까지 모든 과학에 있어서 중요한 용어로 등장하게 되었습니다. 그리하여 1960년대 이후부터 70년대에 이르러 일어난 세계적인 사회변동에 동반된 새로운 물결, 급속한 가치관의 유동과 다양화, 피압박민족의 민족적인 자각, 청년들의 사회운동 등을 계기로 에릭슨이 말하고 있는 의미에서의 아이덴티티라는 말이 일상생활에서 오르내리는 시대가 되었습니다.

이러한 인용문을 통해 필자는 '내가 누구인지 아는 것'과 '아이덴티티'라는 유사한 뜻을 가진 말임을 알 수 있었습니다. 그러니까 지혜로운 인간으로서의 첫째 조건인 '내가 누구인지 아는 사람'이라는 명제는 철학과 종교뿐만이 아니고 심리학에서도 마찬가지로 중요시 한다는 사실을 알 수 있습니다.

박아청은 아이덴티티는 유전적 자질과 환경에 의해 형성되는 것임을 다음과 같이 말하고 있습니다.

'아이덴티티'는 유전적 자질을 포함하고 있으며, 평생에 걸쳐서 환경에 의해 형성되는 것이며, 우연한 사상(events)에 의해 경감되는 것입니다. 인간의 '아이덴티티'가 다른 종의 것과 구분이 되는 점은 영리하고도 융통성 있게 환경과 자신을 다룰 수 있는 능력이 우수하다는 것과 스스로를 관찰하고 반성할 수 있는 능력이 우수하다는 점입니다. 이러한 능력으로 인해 우리는 주변의 친숙한 사람들의 운명에 대한 책임을 질 수 있는 유일한 존재가 되는 것입니다.

박아청은 다른 생물들도 '아이덴티티'를 가지나 인간만이 '아이덴티티' 의식을 가지며, 이러한 '아이덴티티'를 어떤 시기에 의도적으로 변화시킬 수 있다고 말하고 있습니다.

'자아개념'이라는 용어를 사용하는 송인섭은 『인간人間의 자아개념 탐구』에서 인간은 항상 자기 자신을 해석해 왔다고 말하면서 철학, 사상가, 사회학자, 교육학자 그리고 심리학자의 주 관심사였던 '자아개념'이 철학적으로 그리고 심리학적으로 어떻게 발전되어 왔는가를 그리고 '자아개념'이 개인의 삶 속에서 어떻게 발달하는가를 기술하고 있습니다.

그리고 '자아개념'과 동의어로 볼 수 있는 것으로 자아Self, 자신Ego, 자아의식Self-Knowledge, 자아정체Self-identity, 자기이해Self-understanding, 자아상Self-image, 자아존중감Self-esteem, 현상적 자아Phenonmenal Self 등을 들고, 현재 사용하고 있는 '자아개념'이란 용어는 불분명하게 개념화되어 있다고 말합니다.

송인섭은 『인간人間의 자아개념 탐구』에서 '자아개념'이 개인의 삶 속에서 발전하는 과정을 설명하면서 올포트G. W. Allport의 '고유자아Proprium의 개념'을 소개합니다. 고유자아에는 여덟 가지의 감각이 있다는 것입니다. 여덟 가지 감각은 여덟 가지 단계를 의미하는데, 여덟 가지 단계는 우리 자신을 이해하는데, 도움이 됨으로 기술하면 다음과 같습니다.

첫째 단계는 생후 15개월이 되면 나타나는데, 그것이 신체적 자아입니다. 신체적 자아는 유전적으로 부여받는 것이 아니고, 복잡한 학습과 지각경험을 통해서 '나 안의 어떤 것'과 '밖에 있는 다른 것들' 간에 막연한 구별을 하게 합니다. 이러한 신체적인 나에 대한 인식이 총체적인 자아를 이룹니다. 올포트는 이것을 우리의 자아인식에 평생 동안의 닻이라고 불렀습니다.

둘째 단계에서는 자아동일성(자아정체)이 나타납니다. 아동은 자기가 독립된 사람으로서 변함없이 동일한 사람이라는 것을 알게 됩니다. 변화하는 갖가지 경험에도 아랑곳없이 '나' 혹은 자아에 대한 인식은 존속된다고 믿습니다. 올포트는 자아동일성에 영향을 주는 가장 중요한 요인은 사람의 이름이라고 보고 있습니다. 이름은 자기의 자아를 동일시하고, 세상의 다른 모든 사람들의 자아와 구별되게 하는 자기존재의 상징인 것입니다. 이 자아동일성은 자아고양 혹은 자아추구의 기초가 됩니다.

셋째 단계는 자아존중감입니다. 이 단계가 자아의 발달에서 결정적인 단계라고 볼 수 있습니다. 왜냐하면 만약 부모들이 욕구를 저지시킨다면 자아존중감의 출현에 손상을 입힐 수도 있기 때문입니다. 그러므로 아동의 자율성에 대한 욕구는 자아존중감을 발달시키는 게 중요합니다.

넷째는 자아확대로, 주위의 다른 사람들과 사물을 알게 되며, 그들 중의 일부가 자기 것에 속한다는 사실도 알게 됩니다. 어린이는 '나의 것'으로 동일시되었던 대상과 사람들의 제한된 범위로부터 더 큰 실재(국가, 직업, 종교 같은)가 '나의 것'이 되는 과정을 구축해 갑니다. 이것은 사물뿐만 아니라 추상적 개념, 가치, 신념까지를 포함하는 인간의 자아 확대 능력의 시초인 것입니다.

위의 둘째부터 넷째 단계까지는 주로 자아추구, 자아고양, 추상적 개념, 종교적인 가치를 통해서 '나의 것'이라고 불리는 것과 객체들을 구별하는 단계들입니다.

다섯째 단계에서는 자아상이 발달합니다. 이 단계에서 어린이는 자기 자신에 대해 가지고 있는 의견을 말합니다. 어린이는 부모와 자신의 상호작용으로부터 자기 부모들의 상과 벌을 통해 어떤 행동은 하고 어떤 행동은 하지 않기를 기대하고 있는지 알게 됩니다. 이러한 부모의 기대를 깨닫게 됨으로써 어린이는 도덕적인 책임의식과 목적이나 의도의 기초를 발달시킵니다.

여섯째 단계는 이성적 대처자로서의 자아 영상을 형성합니다. 조직의 의미를 이해하는 시기로, 특히 학교에서 교사와 급우들로부터 제시되는 여러 가지 활동과 설명을 통해 새로운 규칙과 기대를 배우게 됩니다. 이 시기 동안 논리적이고 합리적인 과정에 의해 문제를 해결할 수 있다는 것을 알게 됩니다.

일곱째 단계는 청년기에 나타나는 고유적 자아 추구입니다. 이 단계에서는 '나는 누구인가?'라는 질문이 대부분을 차지합니다. 이러한 정체성 탐색의 핵심은 생의 목표를 정하는 일이며, 급진적인 동기의 추진력을 발달시키는 것입니다. 청년의 의도, 포부, 희망은 성숙된 성격의 소유자에게 동기를 유발시킵니다.

여덟째 단계는 자아 인식의 마지막 단계로서 인식아로서의 자아입니다. 올포트는 일곱 단계의 자아인식에 덧붙여 실제로 인간이 그 고유아의 다른 모든 기능을 초월하는 인식아를 갖고 있는가 혹은 갖고 있지 않은가에 대한 의문을 제기합니다. 올포트는 1955년에 '가지고 있다'라고 대답하는 쪽이었던 반면에, 1968년에는 '아마도 가지고 있지 않다'라고 대답했습니다. 우리의 인식과정인 인식아의 본질은 교묘한 존재로, 아직 알 수 없고 그 자체는 앎의 대상이 아니라고 봅니다.

올포트가 7단계와 8단계에서 주장하는 것은 필자가 본고를 쓰면서, 자기 자신이 누구인지 알려는 것은 인생의 목적을 설정하는 데 필요한 것이라고 말하는 것과 같고, 8단계에서 올포트가 우리가 자기 자신에 대해 제대로 이해하지 못한다고 말하는 것은 필자가 인간은 나이가 70대 혹은 80대가 되어도 제대로 자기 자신을 제대로 이해하지 못하는 모습을 자주 본다는 말과 우리는 우리 자신에 대해 잘 모르기 때문에 많은 사람들이 종교를 선택하고 종교로부터 답을 구하려 한다는 것과 일맥상통하는 것이라고 생각합니다. 우리는 결국 우리가 어떤 존재인지 모르는 가운데서 죽게 됩니다.

시드니 사이몬Sidney B. Simon은 『자기 발견의 지름길』에서 30가지의 발견 활동을 통해서 가치관을 명료화하는 과정을 통해 자기 자신이 누구인지 알 수 있는 방법을 소개하고 있습니다. 재미있는 항목이 많이 있지만, 본 명제인 '자기 자신이 누구인지 아는 사람'과 관련이 깊은 것은 아홉째 항목인 '나는 누구인가?'라고 생각합니다.

사이몬의 『자기 발견의 지름길』에는 우리 자신에 대해 묻는 약 130가지 정도의 질문이 있습니다. 예를 들면, '나는 혼자 있기를 좋아하는 사람인가?', '나는 정당방위일 때, 누군가를 죽일 수 있는 사람인가?', '나는 도저히 담배를 끊을 수 없는 사람인가?', '나는 높은 윤리 기준을 가진 사람인가?', '나는 돈과 명예를 위한 정략결혼을 할 수 있는 사람인가?' 등입니다.

이 책에서는 세 가지 답란인 '예, 모름, 아니오' 중에서 구체적으로 몇 질문에 '예'를 하거나 '모름'이나 '아니오'를 하면, 어떤 인물인가를 말하고 있지 않습니다. 우리 자신을 돌이켜 보고, 새롭게 인식할 기회를 주고 있을 뿐입니다.

심리학을 전공하는 분들이 성격 유형을 조사하기 위해 만든 많은 형태의 설문지들이 있습니다. 이미 존재하는 설문지들은 사람의 성격을 2분법으로 적극적 인간과 소극적 인간으로 나누기도 합니다. 4분법으로 나누어 주도형, 사교형, 안정형, 신중형으로 나누기도 합니다. 융은 성격을 여섯 가지로 나누어, 외향형, 내향형, 감각형, 직관형, 감정형, 사고형으로 말하기도 합니다. 필자는 돈 리처드 리소와 러스 허드슨이 쓰고, 주혜명이 번역한 『에니어그램의 지혜』라는 책에 소개되어 있는 9가지 유형을 소개하고자 합니다.

에니어그램은 고대의 여러 전통에서 온 지혜와 현대심리학이 결합된 것입니다. 그 기원은 2500년 전까지 거슬러 올라가는데, 20세기 초에 서구에 아바노비치 구르지예프에 의하여 서구에 소개되었습니다. 1970년대 미국 캘리포니아의 실험적이고 진보적인 학자들의 연구를 통해 인간의식 탐구 및 의식 성장의 도구로 발전하였습니다.

　한국의 심리학자들도 에니어그램에 대해 관심을 갖고 연구하고 있습니다. 필자도 에니어그램을 이용한 워크샵에 참석한 적이 있습니다. 여러 가지 설문지를 통해 9가지 성격 유형 중에 자신의 성격이 어디에 속하는지를 알아보는 것인데, 그 워크샵에 참석했던 사람들이 많이 공감했습니다. 지면 관계상 설문지들을 다 소개하지는 못하고, 『에니어그램의 지혜』라는 책에 나와 있는 9가지 유형만 소개하겠습니다. 9가지 성격 유형을 통해 우리 자신의 성격 유형을 알 수 있는 기회로 삼으면 좋으리라 생각합니다. 9가지 유형은 ① 개혁가, ② 돕고자 하는 사람, ③ 성취하는 사람, ④ 개인주의자, ⑤ 탐구자, ⑥ 충실한 사람, ⑦ 열정적인 사람, ⑧ 도전하는 사람, ⑨ 평화주의자입니다.

4_인생의 목적이 있는 사람

우리는 우리 자신이 어떤 존재인지 알았으면, 우리 삶의 목적을 세워야 합니다. 우리 삶의 목적을 바로 세워야 합니다. 목적이 없이 삶을 사는 사람은 목적지가 없이 항해를 하는 사람과 같습니다. 우리는 인생의 목표를 가지고 살아야 합니다. 젊은이나 노인이나 마찬가지입니다. 가야 할 목적지가 없는 사람은 생기가 없습니다. 인생의 목표가 없는 사람은 자기가 살아야 할 이유를 모르는 사람입니다. 인생의 목표가 분명하지 않은 사람은 자기를 학대하고, 세상을 원망합니다. 삶에 대한 의욕이 없어서 우울증에 걸리기가 쉽습니다.

인생의 목표를 설정할 때는 자기만을 위한 것이 아니라 타인을 위하고 국가를 생각하고 인류를 생각하는 차원에서 이루어져야 합니다. 자기만을 위한 목표는 목표가 아닙니다. 우리는 남을 위해 존재할 때, 자기의 존재를 새삼스럽게 확인할 수 있습니다. 나를 기다리는 사람이 있을 때, 나의 존재를 새로운 차원에서 깨닫게 되는 것입니다. 우리는 거대한 꿈이나 소박한 꿈이나 있어야 합니다. 사람들이 우리를 귀중하게 여길 수 있는 소망이 있어야 합니다. 그래야 세상을 사는 보람이 있고,

미래를 위해 내일을 향해 힘차게 나갈 수 있습니다.

젊은이는 젊은이에게 어울리는 꿈이 있어야 하고, 노인에게는 노인에게 어울리는 꿈이 있어야 합니다. 노인들은 자기가 사는 동네를 깨끗하게 청소하는 것이 소망이어도 좋습니다. 자녀들을 위해 기도를 하는 것을 삶의 목표로 삼아도 좋습니다. 젊은이들은 자기에게 어울리고 시대에 맞는 소망을 가져야 할 필요가 있습니다. 젊은이들은 국가와 인류를 위한 꿈을 가져야 합니다. 꿈을 가져야 자아정체성을 상실하지 않습니다. 자아정체성을 상실하면 자기 자신을 사랑하지 않게 되어 우울증에 걸릴 수 있습니다. 우울증에 걸리면 누구나 자살을 할 수 있습니다. 종교심리학자들은 자살을 하는 것은 자아정체성의 상실 때문이라고 말합니다. 내가 누구인지, 내 인생의 목적이 무엇인지 모를 때에 자살하게 된다는 것입니다. 한국에서 매년 13,000명씩 자살한다고 합니다. 2010년 신문에 의하면, 초등 중등 고등학교 학생 자살자가 200여 명이라고 합니다. 작년에 비해 자살자가 47% 증가한 것이라고 합니다. 공부에 시달리는 학생들과 많은 젊은 실업자와 노인들이 꿈이 없이 살아갑니다. 우리는 우리에게 알맞은 인생의 목적을 가져야 합니다.

그럼 우리 인생의 목표를 어떻게 정해야 할까요?

▌좋아하는 일과 잘 하는 일

첫째로 우리가 우리의 인생의 목표를 세울 때, 고려해야 할 것은 우리가 좋아하는 일과 잘 하는 일이 무엇인지를 아는 것입니다. 우리에게 어떤 재능이 있는지 알아야 합니다. 우리에게 적성에 맞는 분야가 무엇인지 알아야 합니다. 우리가 무슨 일 하는 것을 좋아하는지를 알아야 합니다. 인생의 목표를 세우기 전에, 앞에서 언급한 여러 가지 방법으로 우리 자신에 대해 제대로 알아야 합니다. 인생의 출발이 좋아야 마지막도 좋을 가능성도 높습니다. 좋은 출발을 위해서 우리는 자기 자신에 대해 잘 알아야 합니다.

우리는 5세 이하의 어린아이들이 경찰관이 되겠다든지, 소방관 아저씨가 되겠다는 말을 하는 것을 듣습니다. 어떤 어린아이는 군인 아저씨가 되겠다고 말하기도 하고, 어떤 아이는 축구선수가 되겠다고 말하기도 합니다. 그러나 나이가 7~8세가 되면 또 달라집니다. 의사가 되겠다든지, 대통령이 되겠다는 아이도 있습니다. 7~8세가 되면, 돈을 잘 벌거나 권력이 있는 직업을 갖겠다는 생각을 하는 것입니다.

인생의 목표가 자주 바뀌는 것은 중고등학교 때도 마찬가지입니다. 필자가 중학교를 다닐 때는 애국지사에 대한 영화가 많았습니다.「안중근 의사」,「이름 없는 별들(광주학생사건)」,「유관순 누나」,「우남 이승만」등 애국지사에 대한 영화가 많아서, 그런 영화를 본 중학생들은 모두 애국지사가 되겠다고 수선을 떨었습니다. 고등학교 때에는 어떤 책을 읽는가에 따라 정치가가 되겠다, 과학자가 되겠다고 말하기도 합니다. 또는 T.V.에 나오는 아나운서가 멋이 있게 보여 아나운서가 되겠다고 말하기도 하고, 교회나 절에 다니는 학생은 목사나 스님이 되겠다고 말하기도 합니다.

대학입시 때가 되면, 학생들은 대학의 어떤 과에 응시할 것인가를 정해야 합니다. 적성에 맞는 학과를 정하라고 말합니다. 무조건 유명한 대학에 가려고 하지 말고, 장래를 생각해서 미래에 취직이 잘 될 학과를 선택하라고 말하기도 합니다. 자기 가정 형편에 맞는 길을 선택하라고 말하기도 합니다. 결국 도달하는 것은 우리가 좋아하는 학과를 선택할 것인가 아니면 우리가 재능이 있는 학과를 선택할 것인가 하는 것입니다.

그럼 우리는 장래에 걸어가야 하는 길로 재능이 있는 분야를 선택해야 하는가, 아니면 우리가 좋아하는 일을 선택해야 하는가? 물론 가장 좋은 것은 우리가 좋아하고 재능도 있는 분야를 선택하는 것이 좋습니다. 첼리스트 장한나 씨는 첼로 연주에 재능도 있고, 첼로를 연주하는 것이 너무 좋다니, 너무 복이 많은 사람이라고 생각합니다. 그뿐 아니라 지휘를 하는 것에도 재능이 있고, 지휘를 하는 것이 너무 재미가 있다니 더 없이 좋은 경우라고 생각합니다.

그러나 일반인의 경우에는 하고 싶은 일과 재능이 있는 일이 다른 경우가 많습니다. 자기에게 어떤 분야에 재능이 있는지 생각하지 않고, 무조건 하고 싶은 일만 추구하는 사람이 있습니다. 예를 들면, 요사이 많은 사람들이 연예인이 되기를 원하고, 뮤지컬 스타가 되기를 원하나 재능이 부족한 사람이 많습니다. 재능이 부족하면서 계속 연예인이 되기를 원해야 하는 것인지 아니면 다른 길을 택해야 하는가에 대해 고민하지 않을 수 없습니다. 필자가 입학사정관으로 대학교 입시생들을 면접하면서, 학생에게 묻는 문제에 장래의 직업으로 능력이 있는 분야를 택할 것인가 아니면 좋아하는 일을 택할 것인가라는 항목이 있어서 학생들에게 물으니 95%가 넘는 학생들이 좋아하는 일을 택하겠다고 대답하는 모습을 본 일이 있습니다.

다시 묻지만, 우리는 재능이 있는 분야를 미래의 길로 선택해야 하는가 아니면 좋아하는 일을 미래의 길로 선택해야 하는가? 여러 사람의 삶을 살펴보면, 간단히 양자택일을 할 일이 아닌 것 같습니다. 필자가 생각하기에는 예술가나 연예인이 되기를 원하는 사람에게는 재능이 더 중요하고, 정치나 사업이나 학문을 하려는 사람에게는 재능보다도 어떤 일을 하는 것을 좋아하느냐 하는 것이 더 중요하다고 생각합니다. 예술을 필생의 사업으로 전공하려는 사람은 재능이 없으면, 목표의 어느 정도는 달성할 수 있지만 대성하기는 어렵습니다. 연예인이 되기를 원하는 사람도 재능이 없이 연예인이 되면, 어느 정도의 성공은 할 수 있겠지만, 대성하기는 힘듭니다. 음악도 몇 가지 기능을 배우면, 어느 정도의 연주를 할 수 있습니다. 그림도 몇 가지 기술을 배우면, 어느 정도 그림을 그릴 수 있습니다. 연극배우도 기능을 배우면 어느 정도의 연기는 할 수 있습니다. 그러나 대성할 수는 없습니다.

그러나 정치가나 사업가나 교육자가 되기를 원하는 사람은 자기가 정말로 좋아서 한다면, 얼마나 노력하느냐에 따라 크게 성공할 수 있다고 생각합니다. 물론 정치가나 사업가 되기에 적합한 성격이 있습니다. 성격이 대담하거나 지도력이 있고, 인간관계를 잘 이끌어 가는 능력이 있는 사람이 유리할 것입니다. 그러나 그러한 능력이 부족해도 진심으로 정치가나 사업가가 되기를 원한다면, 그러한 재능은 노력으로 터득할 수 있습니다. 그리고 인생은 마라톤이니까, 오랜 세월이 지나면 재능이 있고 머리가 좋은 사람만큼은 이루지 못한다 해도, 집중력을 가지고 한 가지 일에 매진하면, 대성할 수 있다고 생각합니다. 예술과 연예를 제외한 분야는 한 우물을 파면서 노력한다면, 대성할 수 있다고 생각합니다.

필자가 생각하기에는 부모가 자녀에게 어렸을 때 해주어야 하는 가장 중요한 일은 자녀가 어느 분야에 재능이 있는가를 알아내어 인생길을 잘 안내하는 것이라고 생각합니다. 부모의 역할이 너무 중요합니다. 문제는 부모나 선생님이 어떻게 자녀나 학생이 재능이 있는지 없는지를 알 수 있느냐 하는 것입니다. 그것은 전문가와 상담하는 것도 좋고, 부모가 자녀를 살펴보면, 노력을 한 것보다 훨씬 더 큰 성과를 내는 분야를 알 수 있다고 생각합니다.

예를 들면 학교에 다닐 때 보면, 어떤 과목은 성적이 잘 나오고, 어떤 과목은 성적이 나쁘게 나오는 과목이 있습니다. 필자가 생각하기에는 과목의 성적도 중요하지만, 학생이 얼마나 노력한 것에 대한 대가로 그런 성적이 나왔느냐 하는 것이 중요하다고 생각합니다. 어떤 과목은 노력을 많이 했는데도, 성적이 제대로 나오지 않고, 어떤 과목은 별로 노력을 하지 않았는데도, 좋은 성적이 나오는 경우가 있습니다. 확실히 별로 노력을 하지 않았는데도, 좋은 성적이 나오는 분야가 그 학생의 적성에 맞는 분야라고 생각합니다. 필자의 경우에는 고등학교에 다닐 때, 국어나 영어는 별로 노력을 하지 않았는데도 성적이 좋았고, 수학이나 물리는 국어나 영어보다 훨씬 더 많은 시간을 들여 공부를 했는데도 성적이 나빴습니다. 필자가 갈 길은 인문학 분야라고 생각합니다. 그리고 세계적인 지휘자 정명훈 씨가 T.V.에 나와서 이야기하는데 바이올리니스트 정경화 씨는 어렸을 때, 남들이 6년 동안 바이올린을 배워서 이르는 수준을 단 1년 만에 오르더라는 이야기를 하는 것을 들은 일이 있습니다. 정경화 씨는 다른 사람보다 바이올린 연주에 재능이 있었던 것입니다. 그러니까 정경화 씨의 어머니께서 정경화 씨에게 바이올리니스트가 될 것을 권할 수 있었다고 생각합니다.

결론적으로 다시 말씀드리지만, 예술가나 연예인이 되려는 사람은 어떤 분야에서 활동하고 싶은가보다는 어느 분야에 재능이 있는가를 알아내어 인생의 목표를 정하는 것이 중요하다고 생각합니다. 그러나 정치가나 사업가 혹은 학자나 교육자가 되려는 사람은 재능보다도 어느 분야의 일을 좋아하느냐가 중요하다고 생각합니다. 물론 재능도 있고, 머리도 좋으면, 금상첨화일 것입니다.

정치가들 중에도 자기 과거를 소개하면서, 학창시절에 지도력도 부족하고 말솜씨도 부족하고 수줍음을 많이 타는 학생이었다고 말하는 경우도 많이 보았습니다. 어린 시절에 수줍음을 많이 타던 학생이 아나운서가 되는 경우도 있었습니다. 성경에 나오는 모세의 경우도 마찬가지였습니다. 하나님이 모세에게 이집트에서 노예생활을 하는 유대인을 이집트에서 탈출시켜 가나안 땅으로 이끌고 가라고 했을 때, 모세는 자기는 말하는 능력도 지도력도 없는 사람이라고 말하면서, 이스라엘 사람을 가나안 땅으로 이끌고 갈 지도자가 될 수 없다고 말했습니다. 그러나 모세는 지도자로서의 역할을 제대로 수행했습니다.

정치가나 사업가나 학자가 되려는 사람은 자기가 좋아하는 분야를 선택하여 힘써 노력한다면, 성공할 수 있다고 생각합니다. 부족한 능력은 배워서 보충하면 될 것입니다. 인생은 마라톤입니다. 인생의 성공과 실패는 말년에 결정됩니다. 노년에 이르러서야 성공과 실패가 판가름이 난다고 생각합니다. 우리가 좋아하는 일을 하면, 노년에 이를 때까지 할 수 있습니다. 그러나 자기가 하기 싫은 일을 노년까지 할 수는 없습니다. 하기가 싫은데, 돈을 벌기 위하여 그 일을 계속 한다면, 얼마나 힘들고 지겹겠습니까? 인생은 단거리 경기가 아니고 장거리 경기입니다. 자기가 좋아하는 일을 즐기면서 재미있게 한다면, 인생을 정리하는 마당에서 어느 정도의 성과는 거둘 수 있다고 생각합니다.

대망을 가져라

"대망을 가져라"라는 말이 있습니다. 우리가 어려서부터 자주 듣던 말입니다. 그러나 개인의 이익만을 위한 대망이라면 의미가 없습니다. 국가와 민족 그리고 다른 사람들을 위한 대망일 때 의미가 있는 것입니다. "대망을 가져라"라는 말에 얽혀 있는 일본에 있었던 일화도 자주 들었습니다. 우리는 누구나 젊었을 때 큰 꿈을 꿉니다. 그리고 큰 꿈을 꾸어야 합니다. 우리는 큰 꿈을 가져야 작은 일이라도 이룰 수 있다고, 큰 소망을 가지라고 하는 말을 여러번 들었습니다.

우리가 어느 분야에 재능이 있고, 무슨 일을 하는 것이 좋은지 알아 미래에 할 일에 대한 방향이 결정되었으면, 대망을 가져야 할 겁니다. 우리가 인생을 정리하는 마당에서 어느 정도의 성과를 이룰지는 알 수 없으나 큰 꿈을 가지고 사는 것은 필요하다고 생각합니다. 젊은 사람으로서 큰 꿈을 갖는 것은 당연하다고 생각합니다. 어떤 분야라고해도 세계에서 일인자가 되겠다는 꿈을 가지고, 인생의 계획을 세우고 밀고 나가야 합니다. 「큰 바위 얼굴」이라는 작품의 주인공처럼 큰 인물을 생각하며 살다 보면, 어느 날 우리도 세계에서 제 일인자가 될 수 있습니다. 우리나라도 한국동란 때 모든 것이 파괴되어 외국의 원조로 연명할 때, 오늘의 한국이 될 줄은 몰랐을 것입니다. 한국이 세계에서 12권에 드는 경제대국이 되리라는 것을 누가 상상했겠습니까? 김동길 교수는 30년 전부터 세계는 앞으로 태평양 시대가 오고, 태평양 시대의 주역은 한국이라고 외치고 다니셨는데, 드디어 한국이 세계의 주역이 되는 시대가 오고 있습니다.

젊은이들은 대망을 가져야 합니다. 남들이 비웃어도 대망을 가져야 합니다. 큰 꿈을 가지고 사는 사람과 작은 꿈을 가지고 사는 사람과는 성공의 정도가 다릅니다. 큰 꿈을 가지고 사는 사람이 크게 이룹니다. 남들이 비웃어도 큰 꿈을 가지고 살아야 합니다. 문학을 하는 사람들은 노벨문학상을 받겠다고, 음악이나 미술을 하는 사람들도 세계적인 상을 받겠다고 다짐하면서 노력해야 합니다. 인생은 미완성이라는 말이 있습니다. 누구도 자기가 가졌던 꿈을 완전히 이루지는 못합니다. 우리는 최선을 다해서 살다가 어느 날 세상을 떠나는 것입니다. 인생은 미완성일 수밖에 없습니다. 어찌 인생만이 미완성이겠습니까? 인간이 만드는 예술작품도 미완성이며, 우리가 시도하는 모든 일들이 미완성이 아니겠습니까? 물론 우주의 삼라만상을 완전자로 보는 종교적인 관점도 있으니, 우리가 이룬 것이 미완성이 아니라고 말할 수도 있습니다.

우리는 대망을 가져야 합니다. 세계에서 첫째가 되겠다는 꿈을 가져야 합니다. 우리가 정치가가 되기를 원해도, 사업가가 되기를 원해도, 예술가가 되기를 원해도, 학자가 되기를 원해도, 우리는 대망을 가져야 합니다. 왜냐하면, 실제로 역사 속에는 위대한 정치가도, 위대한 사업가도, 위대한 예술가도, 위대한 학자도 있기 때문입니다. 다른 사람들이 그들의 목적을 이루는데, 우리라고 못 이룰 이유가 없습니다. 우리의 인생이 우리의 목표치에 비해 미완성으로 끝나도, 대망을 가지고 그것을 이루기 위하여 최선을 다해 살아야 합니다.

창조적인 사람이 되라

　미래 사회에서 창조적인 사람이 성공한다는 것은 새삼스러운 이야기가 아닙니다. 창조적인 삶이란 미지의 세계 속에서 새로운 길을 찾는 것입니다. 미래는 컴퓨터와 휴대폰의 시대입니다. 아니 미래는 아무도 모르는 시대이고, 창조적인 사람이 만들어 가는 시대입니다. 1960년대 후반기에 대부분의 사람들은 컴퓨터가 휴대폰처럼 작아질 수 있다는 생각을 하지 못했습니다. 1960년대에 창조적인 사람만이 전화기가 오늘날의 휴대폰 같은 전화기로 변할 수 있다고 상상할 수 있었습니다. 미래는 언제나 창조적으로 미래를 개척하는 사람의 것입니다.

　미래는 누구의 시대가 될지 모릅니다. 미래는 부자의 시대일지, 권력을 가진 자의 시대일지, 정보를 많이 가진 자의 시대일지, 로봇을 많이 가진 자의 시대일지 누구도 모릅니다. 분명한 것은 창조적인 사람이 미래의 소유자라는 것입니다. 빌 게이츠가 미래는 컴퓨터의 하드웨어보다 소프트웨어가 더 중요시 되는 시대가 되리라는 것을 예측했던 것처럼, 우리도 미래에 가장 중요시 될 것이 무엇인지를 예측할 수 있어야 합니다.

　미래에는 뇌에 대한 연구가 중요시 될 것은 분명합니다. 인지과학의 입장에서 보나 의학의 입장에서 보나, 미래에는 뇌에 관한 연구가 중요시 될 것입니다. 고령화 시대가 되면서 치매가 중요한 병이 될 것이고, 인지과학의 입장에서 인식이 어떻게 이루어지는가를 규명하기 위해서도 뇌에 관한 연구가 중요한 것이 될 것입니다. 인간의 장기를 대부분 만들 수 있지만 뇌를 만들기는 쉽지 않은 것 같습니다. 뇌에 관한 여러 가지 의문들이 풀리는 순간, 인류의 역사는 새롭게 시작되리라 생각합니다. 아직도 우리는 뇌에 대해 모르는 것이 너무 많습니다.

미래에는 환경과 관련된 일이 중요시 될 것은 당연한 일입니다. 지구 온난화로 남극과 북극의 빙하가 녹아 바닷물이 올라간다면, 기온의 변화로 각 지역에서 생산되는 식물도 변할 것입니다. 그리고 남극과 북극의 빙하가 녹으면, 남극과 북극에 대한 개발이 가능해져 자연과학적인 문제와 국제적인 문제가 생길 수 있습니다. 남극과 북극의 지하에 묻혀 있는 자원이 무엇이냐에 따라 국가 간의 경쟁이 심해질 것입니다.

지구는 오염되고 있습니다. 인류는 온갖 종류의 쓰레기를 처리하기 곤란해서 야단입니다. 미래에는 쓰레기를 처리하는 사업이 중요한 것이 될 것입니다. 이미 중요한 산업이 된지 오래 되었다고 말할 수도 있습니다. 2012년부터는 소나 돼지의 분뇨를 바다에 쏟아버릴 수 없다고 합니다. 그렇다면 지금까지 소나 돼지의 분뇨를 정화시키지 않고, 배가 분뇨를 실어다가 공해 상에 버렸다는 것입니다. 세계적으로 이러한 일이 벌어진다면, 바다가 얼마나 오염되겠습니까? 가축물의 분뇨와 쓰레기의 처리 문제는 미래의 큰 과제가 될 것입니다.

우리 주위에 있는 상수도와 하수도도 심각한 상황에 놓여 있습니다. 상수도의 파이프도 오래 된 것이 많아서 녹물이 나오고 있고, 물이 새 나가는 곳도 여러 곳입니다. 하수도도 용량이 넘쳐 악취가 나는 곳이 한 두 곳이 아닙니다. 상수도와 하수도는 우리가 해결해야 할 중요한 문제입니다. 누군가가 창조적인 아이디어로 이 문제의 해결책을 찾아야 합니다.

미래는 미지의 세계입니다. 미래는 누구도 알 수 없는 세계입니다. 창조적인 사람이 알 수 없는 미래의 주인공이 될 것입니다. 누구나 노력을 하면 창조적인 사람이 될 수 있습니다. 우리는 미래의 주인공인 창조적인 사람이 되기 위해, 어렸을 때부터 창조적인 두뇌를 키워야 합니다. 창조적인 두뇌를 키우는 방법은 어려서부터 창조적인 활동을 하는 것입니다. 어렸을 때, 기발한 아이디어로 글을 쓰고, 예측할 수 없는 그림을 그리고, 기존의 사고방식을 깨는 작곡을 하고, 새로운 방식으로 연기를 하는 훈련을 하는 것입니다. 우리가 어렸을 때, 예술 공부를 하는 것은 창조적인 두뇌를 만들기 위해서입니다. 우리 젊은이들이 창조적인 두뇌를 키워 아무도 예측할 수 없는 미래를 만들 때, 국민과 인류의 행복을 위해 공헌하는 젊은이들이 될 것입니다. 또한 그러한 젊은이들이 미래 사회의 주역이 되어 인류의 미래를 바꿔 놓을 것입니다. 새로운 미래를 만들 것입니다.

미개척 분야를 택하라

우리는 큰 꿈을 가져야 합니다. 큰 소망을 가져야 합니다. 미래의 일에 대해 대망을 가져야 합니다. 그러나 생각 없이 무조건 대망을 가질 수는 없습니다. 목적이 달성되었을 때, 미래에 가치가 있는 것이어야 합니다. 취직이 잘 되는 일이거나, 돈이 되는 일이거나, 그 분야에 새로운 업적이 되는 일이어야 합니다. 대망을 갖되 미개척 분야나 남이 하지 않는 분야를 해야 성공할 가능성이 높습니다.

필자가 1974년 국어국문학과 대학원을 다닐 때, 1년 동안 휴학을 하고 영어영문학과 대학원에서 1년 동안 공부를 한 적이 있었습니다. 그때 필자는 어니스트 헤밍웨이의 문학에 대한 연구로 영문학 박사학위를 받으신 김병철 교수님에게 강의를 들은 일이 있었습니다. 강의 교재는 르네 웰렉의 『문학의 이론』이라는 책이었습니다. 김병철 교수께서 번역한 책이었습니다. 르네 웰렉의 『문학의 이론』이라는 책은 20세기 문학에서 워낙 유명한 책이라 강의에서 문학에 대해 많은 것을 배웠지만, 문학에 대한 공부보다는 김병철 교수라는 분의 인간적인 면에 대해 더 많은 것을 배웠습니다.

김병철 교수는 강의 시간에 본인이 살아오신 과정을 설명하신 적이 있었습니다. 김교수님은 송도상업고등학교를 다니셨는데, 그때 생물 선생님이 한국자연과학사에서 유명한 석주명 선생님이었다고 합니다. 석주명 선생님은 다 아는 바와 같이 한국 나비에 대해 평생 동안 연구하신 분인데, 석 선생님은 강의 시간에 늘 남이 하지 않는 미개척 분야를 하라고 말씀하셨다고 합니다. 그러면서 자기는 남들이 하지 않는 한국 나비에 대해 연구했는데, 세계에서 한국 나비에 관한한 자기를 따라 올 사람이 없다고 말씀하셨다고 합니다. 자기가 한국 나비에 관한한 세계에서 제 일인자라고 말하면, 학생들은 고등학교 선생이 무슨 세계에서 제 일인자냐고 비웃으며 웃었지만, 김 교수님은 고등학생이었지만 석 선생님의 말씀을 진지하게 들었다고 합니다. 그리고 그 말씀을 나이가 먹도록 늘 기억했다고 합니다.

　김병철 교수님은 40세에 '어니스트 헤밍웨이 문학 연구'라는 제목으로 영문학박사 학위를 받으셨습니다. 우리나라에서 영문학에 대한 논문박사로는 두 번째였습니다. 최재서 교수가 영어로 쓴 '햄릿에 대한 한 연구 A Study On Hamlet'가 우리나라에서 첫 번째 영문학 박사학위 논문입니다. 김 교수님은 「어니스트 헤밍웨이 문학에 관한 연구」라는 논문으로 두 번째로 영문학 박사학위를 받은 분이 되었습니다. 김 교수님이 박사학위를 받았을 때, 어니스트 헤밍웨이가 노벨문학상을 받는 바람에 김교수님은 매스컴의 각광을 받았습니다. 여러 곳에서 원고 청탁이 들어왔고, 라디오나 T.V.에서 인터뷰 요청도 많이 들어와 유명해졌습니다.

　그러나 김병철 교수님은 허탈감에 빠졌습니다. 김 교수님이 헤밍웨이에 대해 연구한 것이 무슨 의미가 있는 일인가에 대해 회의감에 빠진 것입니다. 헤밍웨이 문학에 대한 연구는 미국사람들이 연구한 것에 미치지 못하고, 자신의 연구가 한국문학 발전에 별로 기여하는 것이 없다는 생각이 들었을 때, 자신의 업적에 대해 회의감에 빠진 것입니다. 그리고 고등학교 때 생물 선생님이셨던 석주명 선생님의 말씀이 떠오른 것입니다.

 김병철 교수님은 자신이 한국문학의 발전을 기여할 수 있는 일을 찾기 시작했습니다. 동시에 남이 하지 않는 미개척 분야가 무엇일까를 생각한 것입니다. 김 교수님은 영문학을 하는 자신이 한국문학의 발전을 위해서 기여할 수 있는 일은 '외국문학 작품이 어떻게 한국에 들어와 번역되었는가'를 연구하는 것이라는 결론에 도달했습니다. 이 연구는 누군가에 의해 이루어져야 하지만, 너무 방대한 작업입니다. 많은 사람들은 말렸습니다. 조선조 중기부터 한국에 들어 온 한국어로 번역된 외국 책의 양도 방대하지만, 책들이 한국에만 있는 것이 아니고 미국을 비롯해 영국, 프랑스, 일본, 대만 등에 퍼져 있기 때문에 엄두가 나지 않는 대 작업인 것입니다.

 김병철 교수님은 20년 동안 전 세계를 돌면서, 자료를 검토하고 연구하여 외국문학 작품이 한국에 어떠한 과정을 거쳐 들어 왔으며, 어떻게 번역되고, 유통되었는가에 대해 4권의 방대한 저서를 을유문화사에서 출간하였습니다. 김 교수님이 대학에서 받았던 월급을 모두 연구비에 들어갔습니다. 다행히 사모님이 산부인과 의사였기 때문에, 교수님의 월급의 도움 없이 살림을 꾸려 나갈 수 있었던 것입니다. 그리고 연구에 몰두하다가 눈의 상태가 나빠져, 눈 수술을 크게 받기도 했습니다.

 을유문화사에서 4권의 책들이 발간되었을 때, 김 교수님은 인세를 모두 책으로 받았습니다. 책들이 제대로 팔리지 않았기 때문입니다. 김 교수님은 인세로 받은 책들을 연구하면서 자료 면에서 도움을 받은 분들에게 드렸습니다. 김 교수님은 인세를 돈으로 받지는 못했지만 책이 출간된 해에 여러 단체에서 주는 대부분의 학술상을 받았습니다. 3.1 학술상, 5.16 학술상 등 그 해에 준 중요한 학술상을 모두 휩쓸었습니다. 그리고 한국학계에서 김병철 교수님의 저서는 양주동 선생님의 『고가연구』 이후에 가장 훌륭한 한국학 서적이라는 평가를 받았습니다. 그리고 지금까지도 한국의 현대문학을 전공하는 사람들의 필독서가 되고 있습니다.

　필자가 김병철 교수님에 대해 이야기하면서 첨가하고 싶은 이야기는 김 교수님이 쓰신 책의 서문에 필자가 앞에서 이야기한 석주명 선생님과 김병철 교수님의 인연에 대해 이야기하고, 그 책을 석주명 선생님의 영전에 바친다는 글을 썼다는 것입니다. 김 교수님이 고등학교 때 만난 선생을 기억하고, 그 분의 가르침에 따라 살고, 연구업적을 옛 은사의 영전에 바친 김 교수님의 모습이 너무 아름답기 때문입니다. 그리고 또 재미있는 일은 평생 동안 한국 나비를 모으셨던 석주명 선생님의 여동생이신 석주선 선생님은 평생 동안 고대부터 현대까지의 한국 옷을 모으셨습니다. 그리고 그 모은 옷들을 단국대학교 의류박물관에 기증하였습니다.

　필자가 김병철 교수님과 석주명 선생님에 대해 길게 이야기한 것은 우리가 일할 분야를 선택할 때, 남이 하지 않는 미개척 분야를 선택하는 것의 중요성에 대해 말하고 싶었기 때문입니다. 그리고 필자는 우리나라에 자동차가 그리 많지 않았을 때, 외국에 가서 교통공학을 공부한 분들에 대해 말하고 싶습니다. 요사이 자동차가 워낙 많아 교통의 중요성을 알 수 있겠지만, 1970년대 한국에 자동차가 별로 없을 때, 미래에 한국에도 교통 문제가 심각하게 될 것을 아는 것은 쉬운 일이 아니었습니다. 한국의 대학에 교통공학과가 한 곳도 없을 때, 앞서 교통공학을 공부한 사람들의 안목은 대단히 훌륭한 것이라고 생각합니다. 그들이 교통공학에 대해 공부하고 한국에 왔을 때, 한국의 여러 대학에 교통공학과가 생겼고, 그 분들은 쉽게 교수가 되거나 교통 전문가가 되어 활동하게 되었습니다.

자기 계발을 하는 사람

우리가 세운 인생의 목표를 달성하기 위해서는 또한 자기의 능력을 계발해야 합니다. 현대는 자기 계발의 시대입니다. 현대는 무한한 가능성의 시대입니다. 이 세상은 기회의 땅입니다. 우리가 우리의 재능을 잘 알고, 자신을 제대로 계발하여 남이 하지 않는 새로운 세계를 개척해 나간다면 누구나 성공할 수 있습니다. 누구나 자신의 노력에 따라 빌 게이츠처럼 될 수 있는 시대입니다. 기회는 주어져 있습니다. 우리가 자신을 계발하여 우리의 미래를 어떻게 개척해 나갈 것인가 하는 것이 문제입니다.

현대는 자기의 시대, 평생 학습의 시대입니다. 모든 사고思考와 행동의 근원은 '자기'라고 하는 주제를 떠나서는 상상할 수 없고, 평생 동안 학습하지 않고서는 급변하는 무한경쟁사회에서 생존할 수도 없는 시대가 왔기 때문입니다. 그 벽은 '나는 할 수 없다.'는 부정적 사고의 벽입니다. 그것은 열등감이나 대인공포의 원인이 됩니다.

자기계발이란 '자기의 능력' 또는 '가능성의 개발'을 의미합니다. 자기가 자기를 계발한다는 것은 자기가 계발의 목표를 설정하고, 스스로 개발의 방법을 생각하며, 스스로 계발을 실행하고, 스스로 계발의 성과를 검토하는 것을 의미합니다. 자기계발은 주체도 자기지만, 객체도 자기입니다.

우리는 하루가 다르게 변화해 가는 주위 환경에 스스로 적응하기 위하여 자기계발을 게을러서는 안 됩니다. 이러한 변화와 발전에 적응하기 위해서 우리는 필요한 정보를 보다 빨리 입수하고 변화를 이해하여 그것을 흡수하려는 노력을 하루도 게을리 해서는 안 됩니다. 인간은 자기 속에 숨어있는 재능, 즉 잠재능력을 개발하기 위해서도 자기계발을 해야 합니다. 인간은 자기 능력의 10%만을 활용할 뿐 90%는 사용하지 못하고 있다고 합니다.

자기계발의 궁극적 목적은 자기실현에 있습니다. 자기실현은 자기가 세운 인생의 목표를 달성하는 것이고, 사는 보람을 찾는 것입니다. 자기의 존재 의의를 느끼는 것이 사는 보람입니다. 성취감, 사는 보람을 느끼기 위해서는 뚜렷한 목적의식을 가져야 합니다. 현대인의 문제는 인생의 목표의식이 없다는 것입니다. 방향 감각도 목표의식도 없기 때문에 성취감도 사는 보람도 없습니다. 사는 보람을 찾는다는 것은 자기계발의 궁극적인 목표입니다. 현대인에게 주어진 최대의 과제이기도 합니다.

자기계발은 평생교육입니다. 학교 시절의 우등생이 사회의 열등생이 되는 것은 자기 계발을 소홀히 하기 때문입니다. 부단히 자기계발을 해야 합니다. 그런 의미에서 자기계발은 평생교육입니다. 자기계발과학은 인간 문제를 다루는 인간공학人間工學이고, 기초과학을 응용하는 응용과학應用科學이며, 여러 분야의 학문적 성과를 종합하는 종합과학綜合科學의 성격을 지닌 것입니다.

자기계발을 하려면 우선 자기 자신에 대해 잘 알아야 합니다. 어느 분야에 재능이 있으며, 무엇을 하는 것을 좋아하는지도 알아야 합니다. 우리가 무엇을 추구하며, 어떤 사람을 바람직한 사람으로 보느냐에 따라 자기계발의 양상이 달라집니다. 그리고 자기 자신에 대해 현실적으로 객관적으로 평가해야 합니다. 그렇다고 자기를 평가 절하해서는 안 됩니다. 콤플렉스가 오히려 힘이 되고 장점이 될 수도 있기 때문입니다. 자기의 문제점을 극복하려다가 그 분야에 전문가가 되는 경우가 많기 때문입니다.

용기 있는 사람

김대중 전 대통령은 최성 씨가 엮은 『배움 : 김대중 잠언집』에서 인간으로서 갖추어야 할 최고의 덕목은 '용기'라고 말하고 있습니다. 필자는 인간도人間道의 핵심으로 사랑을 말하고, 세상을 살아가는 기술로 지혜를 이야기하고 있습니다만, 김대중 전 대통령은 가장 중요한 덕목으로 '용기'를 꼽고 있습니다. 김대중 씨 다운 말이라고 생각합니다. 평생을 민주화 투쟁을 하면서 산 사람이기 때문에 그런 말을 하는 것은 당연하다고 생각합니다. 김대중 씨는 목숨을 걸고 독재자들과 싸웠습니다. 김대중 씨는 민주화 투쟁을 하면서 죽을 고비도 몇 번씩이나 넘겼습니다. 그는 진정으로 용감한 사람이었습니다.

미국의 존 F. 케네디 대통령은 대통령이 되기 전에 『용감한 사람들』이라는 책을 썼습니다. 케네디 대통령도 용기를 세상을 살아가는 데 필요한 중요한 덕목으로 꼽았습니다. 정치나 사업으로 성공한 사람들은 대부분 용감한 사람들입니다. 평생을 관공서나 회사에서 봉급쟁이로 지내는 사람들은 평탄한 인생을 산 사람들입니다. 용기 있게 모험적인 일을 하지 않았기 때문에 대부분 유명한 사람이 되거나 큰 부자가 되는 경우가 드뭅니다.

요사이 젊은이들에게 창업을 권하는 책들이 많습니다. 대통령도 젊은이들에게 창업을 권하는 말을 했습니다. 대학에서는 창업에 관한 과목이 인기가 있습니다. 평생을 교수로 평탄하게 산 사람으로 용기 있게 자유업이나 사업을 하면서 살지 못한 것이 아쉽습니다. 젊은이들이 용기 있게 사업을 해서 많은 돈을 버는 모습이 너무나 아름답습니다. 한 나라가 발전하려면 많은 똑똑한 젊은이들이 창업을 해야 한다고 합니다. 똑똑한 젊은이들이 안정된 봉급쟁이가 되지 말고 용감하게 기업인이 될 때, 우리나라는 외국과의 경쟁에서 새로운 경지로 올라가는 국가가 될 것입니다.

용기 있는 사람은 정치가나 사업가뿐이 아닙니다. 예술가의 길도 용기 없이는 택할 수 없는 길입니다. 많은 예술가들은 경제적 어려움으로 시달림을 받았습니다. 모차르트나 베토벤도 경제적으로 어려웠고, 후기 인상파 화가를 비롯한 많은 전위작가들도 경제적으로 어려움을 겪었습니다. 많은 시인이나 소설가들도 경제적으로 어렵기는 마찬가지였습니다. 그들이 경제적으로나 가정적으로 어려움을 겪으면서도 용감하게 예술가로서의 인생을 살았기 때문에 오늘날 우리가 훌륭한 예술작품들을 감상할 수 있는 것입니다. 그들의 용기에 경의를 표하지 않을 수 없습니다.

항상 배우고 공부하는 사람

남들이 하지 않는 분야에 창조적인 목표를 세우고 사는 사람은 항상 배우고 공부해야 합니다. 세상은 늘 변하고 우리가 예측할 수 없는 방향으로 나가기 때문에 우리는 항상 배우고 공부해야 합니다. 현대는 평생교육의 시대입니다. 우리는 새로운 변화에 적응하고, 원만한 삶을 살기 위하여 항상 배워야 합니다. 현대인은 무슨 직업을 갖던지 평생 동안 공부해야 합니다. 아무리 작은 사업을 해도 그 분야에 대해 공부하면서, 사업을 해야 성공할 수 있습니다.

필자는 내 자신의 정체성을 말하라고 한다면, '학생'이라고 말하고 싶습니다. '영원한 학생'이라고 말하고 싶습니다. 필자는 평생 동안 배우면서 살아 왔습니다. 1960년대 후반기에 필자는 대학을 졸업하고, 우리나라에 컴퓨터가 들어오기 시작하여 I.B.M.360, I.B.M.1130라는 대형 컴퓨터를 이용하여 컴퓨터를 배우기 시작했습니다. 20대 후반에는 서울에 있는 세운상가 건물에 있었던 삼보법회에서 탄허 스님으로부터 『화엄경』에 대해 배웠고, 만 33세에 계명대학교 국어국문학과 전임강사가 되어서는 박사 학위논문을 쓰기 위해 온갖 세미나에 참석했었습니다. 필자는 1980년 10월에 시작한 계명대학교 목요철학세미나에는 30여 년간 참여하였으며, 2008년 10월 9일에 있었던 500회 기념세미나에서는 명예 박사학위를 받기도 했습니다. 필자는 대구 향교에서 아침 7시마다 있는 사서삼경과 노자와 장자에 대한 강의에 13년간 수강하였습니다. 혹자는 향교에서 노자와 장자를 왜 강의하느냐고 말할지 모르지만, 심재완 교수님이 이수락 선생님을 이어 향교에서 강의하실 때, 노자와 장자를 강의하셨습니다. 목요일 아침마다 있는 기독교수들의 성경 공부에도 20여 년 동안 참여했습니다. 그리고 계명극예술연구회 지도교수로서 30년간 있으면서, 수백 편의 연극을 보고 각종 연극세미나에 참석했습니다. 그 외에도 무수히 많은 세미나와 기독교에 관한 공부 모임에 참석하여 공부했습니다. 심지어는 계명대학교에서 있었던 전국마케팅학회 학술대회에까지 참석하여, 동료 교수로부터 "이제는 마케팅학회까지 참석하느냐"라는 소리를 듣기도 했습니다. 필자는 시간과 장소를 가리지 않고 여러 가지 세미나에 참석했습니다.

필자는 한국어문학과 교수로서 강의 준비도 하고, 논문도 쓰면서 주책없이 과하게 여러 종류의 세미나와 공부 모임에 참석한 것을 인정합니다. 그러나 후회하지는 않습니다. 필자는 그런 모임에 참석해서 공부하는 것이 너무 즐거웠기 때문입니다. 필자는 공부하는 모임에도 참석했지만, 혼자서 여러 가지 학문과 예술과 종교에 대해서도 공부했습니다. 특별한 이유는 없습니다. 구태여 이유를 말해야 한다면, 호기심 때문이었습니다. 호기심이 없어지면 노인이라는 말이 있습니다. 노인이 되지 않고, 영원히 젊은이로 있기 위해 공부했습니다. 이렇게 공부한 것에 대해서도 후회는 없습니다. 공부하는 순간 행복했기 때문입니다.

공자님은 논어 첫 구절에서 "學而時習之 不亦說乎也(배우고 또 익히니 즐겁지 아니한가?)"라고 말했습니다. 논어를 편집한 사람들은 공자님이 배우는 것을 좋아하는 모습을 책머리에 담았습니다. 공자님은 자신의 사상은 하나로 통한다고 말씀하셨고, 그의 저술에 대해서는 "述而不作(선현들의 것을 정리하여 기록한 것이지 창작한 것이 아니다)"이라고 말했습니다. 공자님이 저술한 것으로 되어 있는 몇 권의 책들은 창작한 것이 아니고 선현들의 것을 공부해서 기록했다는 것입니다. 우리도 공부하는 것을 좋아하면, 자기만의 새로운 세계를 여는 주인공이 될 수 있으리라 생각합니다.

작은 일에 충실하는 사람

작은 일을 충실히 하는 사람이 큰 일도 충실히 한다는 말이 있습니다. 큰 일을 이루는 사람은 작은 일을 충실히 하는 사람입니다. 작은 일을 소홀히 하면서 큰 일을 잘 할 수 없습니다. 왜냐하면 작은 일이 모여서 큰 일이 되기 때문입니다. 그리고 작은 일을 통해 신용을 얻어야 큰 일을 할 때, 도움을 받을 수 있습니다. 우리는 혼자서 큰 일을 할 수 없습니다. 큰 일을 하려면 다른 사람들의 협력과 도움이 필요합니다. 세상 사람들은 신용이 없는 사람을 돈을 빌려주거나 그가 하는 일을 돕지 않습니다.

필자는 학생들에게 자주 시간을 잘 지키는 사람이 되라는 말을 합니다. 시간을 지키는 일은 작은 일이고, 어려운 일이 아닙니다. 작은 일에 충실한 사람이 되라는 뜻으로 시간을 지키라는 말을 합니다. 그러나 시간을 지키지 않는 학생들이 너무 많습니다. 그리고는 흔히 하는 말로 차가 붐벼서 혹은 차가 밀려서 늦었다고 말합니다. 그것은 시간을 지키지 못하는 이유가 될 수 없습니다. 교통 혼잡이 예상되면, 출발지에서 조금 일찍 나오면 됩니다. "교통 혼잡이나 차가 밀려서"는 이유가 될 수 없습니다.

시간을 잘 지키면, 우리가 상대방에게 우리에 대해 좋은 인상을 줄 수 있습니다. 반대로 우리가 시간을 제대로 지키지 않으면, 상대방이 우리에 대해 나쁜 인상을 가질 수 있습니다. 시간을 지키는 것은 돈을 들이지 않고도 상대방에게 신용을 얻는 방법입니다. 특별히 학생들에게

데이트를 할 때, 시간을 정확히 지키라고 말합니다. 상대방에게 분명한 인상을 심어주기 위해서입니다. 여학생이나 남학생이 제대로 시간을 지키지 않는다면, 시간을 지키는 학생이 상대방을 어떻게 보겠습니까? 겉으로는 부드럽게 대하나 속으로는 시간을 지키는 작은 일도 못 하는 인간이 무엇을 할 수 있겠느냐고 생각할 겁니다.

그리고 필자는 학생들이 주관하는 행사에 초청을 받으면, 정확히 시간을 맞추어 갑니다. 그때마다 학생들은 "교수님 너무 일찍 오셨네요."라고 말합니다. 그러면 필자는 "아니 일찍 오지 않았어. 시간에 맞춰 왔는데."라고 말합니다. 이제 학생들은 행사에 시간에 맞춰 가는 사람은 일찍 온 사람이 되고, 늦게 온 사람은 알맞게 온 사람이 되었습니다. 교수와 학생 사이에 시간 약속을 지키는 일은 작은 일이라고 볼 수도 있습니다. 그러나 나중에 사회에 나가 큰 기업체에서 일하면서 납품 기간에 대한 약속을 지키는 것은 결코 작은 일일 수 없습니다. 납품 기한을 지키는가 못 지키는가가 회사의 운명을 좌우할 수도 있습니다.

우리 주위에 있는 또 다른 작은 일로 적은 돈을 꾸고 갚는 것을 생각할 수도 있습니다. 사람들 중에는 자신이 꾼 돈은 잊어버리고, 받을 돈만 기억하는 사람이 있다는 농담이 있습니다. 적은 돈의 경우에 예를 들면 학생들 사이에서 차비를 꾸거나 식사나 찻값을 꾸는 경우도 있습니다. 친구 사이에 주고받는 적은 돈이기 때문에 갚을 것을 잊는 경우가 많습니다. 적은 돈이라고 소홀히 하고 갚지 않으면, 신용을 잃기 쉽습니다.

우리가 직장에서 하는 조그마한 일도 희생적으로 봉사하면, 다른 사람에게 좋은 인상을 줄 수 있습니다. 사무실에서 다른 사람보다 조금 일찍 출근해서 사무실을 정리하거나 청소를 하는 것도 작은 일에 충실하는 것입니다. 요사이 누가 남보다 일찍 출근해서 봉사를 하느냐고 말할지 모르지만, "크게 되고자 하는 자는 남을 섬기는 자가 되고, 으뜸이 되고자 하는 자는 다른 사람의 종이 되라"는 예수님의 말씀처럼, 남을 섬기고 희생하고 봉사하는 사람이 나중에는 그 조직에서 으뜸이 되는 것입니다. 우리가 하는 조그마한 희생이 시작은 미미하지만 나중에 창대한 것이 될 수 있습니다. 일제강점기 미국 선교사들이 운영하는 여자중고등학교에서, 혼자서 남이 보지 않는데 화장실을 열심히 청소하는 모습이 훌륭해 보여, 선교사들이 그 여학생을 미국에 보내 공부하게 하고, 나중에 그 여학생이 한국에 돌아와서 한국여성교육의 산실인 여자고등학교와 대학을 세웠다는 이야기를 들은 일이 있습니다. 또 주인이 집을 나서기 전에, 주인의 신발을 가슴에 품어 늘 따뜻하게 해준 사람이 나중에 그 주인에게 신임을 얻어 성공했다는 이야기는 너무나 유명한 일화입니다. 우리의 조그마한 봉사와 희생이 무엇이 되어 돌아올지 아무도 모릅니다.

필자가 대학교에서 보면, 희생적으로 봉사하는 학생도 있지만, 자기에게 손해가 되는 일은 절대로 안 하는 학생들도 있습니다. 옛날에는 학생들이 수업에 빠지면서 희생적으로 학교의 행사를 준비하는 학생들이 있었지만, 요사이는 수업에 빠지면서 학교 행사를 준비하는 학생은 없습니다. 자기 개인 시간이 빼앗기기 때문에 학생회 간부도 하지 않으려고 합니다. 학생회장을 못 뽑는 단과대학도 있습니다. 요사이 교수들은 학교에서 학생들에게 함부로 심부름을 시킬 수 없습니다. 학생들은 개인적으로 희생해 가면서 교수의 일을 하려고 하지 않습니다. 예전에 학생들이 교수의 연구실을 옮기거나 집을 이사할 때, 집에까지 와서 도와주던 일을 생각하면, 세상이 많이 달라졌다는 생각을 합니다. 학생들이 똑똑해진 것인지 어리석어진 것인지 알 수 없습니다. 필자가 생각하기에는 자기를 낮추고 희생하는 자가 받는 보상이 얼마나 큰지를 아는 지혜가 없어진 것 같습니다.

첫 단추를 잘 끼워라

우리가 세운 목표를 달성하려면, 아홉 번째로, 첫 단추를 잘 끼우는 사람이 되어야 합니다. 첫 단추를 잘못 끼우면, 계속 다음 단추를 잘못 끼우게 된다는 말이 있습니다. 처음 단추를 잘 끼워야 다음 일들이 순조롭게 이어져 갑니다. 무슨 일이든지 시작을 잘 해야 합니다. 학생들은 전공을 잘 택해야 하고, 학교를 잘 택해야 합니다. 그래서 학생들이 대학에 입학할 때, 인생의 첫 단추를 잘 끼우도록 학과 별로 뽑지 않고 계열 별로 뽑아 2학년에 올라갈 때, 학과를 결정하게도 합니다. 1학년 동안 계열이나 단과대학에 소속되어 학과 없이 1년을 보낸 후에 전공을 선택하게 하는 것입니다. 대학교 1학년 동안 여러 가지 과목을 듣고, 여러 선배들이나 교수님들과 상담을 한 후에 전공을 선택하게 합니다. 인생의 첫 단추를 잘 끼도록 1년의 유예기간을 주는 것입니다.

필자가 대학을 입학하던 때에는 학과 별로 학생을 뽑았습니다. 정부가 대학에게 학과 별로 학생을 뽑게 하다가, 80년대에 들어서면서 계열 별로 뽑았습니다. 학생들이 2학년에 올라갈 때, 학과를 선정하게 한 것입니다. 고등학교 3학년 학생들이 대학과 사회에 대해 잘 몰라 전공을 잘못 택하여 대학을 졸업한 후에 전공이나 직업을 바꾼 사람이 많기 때문입니다. 고등학교 학생들이 혼자의 힘으로 장래 문제를 결정한다는 것은 쉬운 일이 아닙니다.

예를 들면, 1960년대와 70년대에는 박정희 대통령이 공업화와 산업화를 부르짖어 공과대학에 속해 있는 학과들의 입학시험 커트라인이 다른 단과대학에 속해 있는 학과들의 커트라인보다 높았습니다. 고등학교에서 공부를 제일 잘 하는 학생들이 공과대학에 간 것입니다. 1960년대에는 서울대학교 공과대학의 커트라인이 의과대학, 치과대학, 법과대학의 커트라인보다 높았습니다. 그러나 그들이 대학을 졸업하고 취직하여 올라갈 수 있는 자리는 공장장이나 회사의 이사 자리 정도였습니다. 공과

대학을 졸업한 사람 중에는 수재들이 많았는데, 그들이 공장장은 되기 쉬웠으나 회사의 이사는 60년대나 70년대에는 사장의 일가친척이나 특별히 아는 사람이 없이는 되기 어려운 자리였습니다. 공과대학을 졸업한 천재들은 실망했습니다. 그들은 대학을 졸업한 후에 혼자 공부해서 사법고시나 외무고시 그리고 행정고시에 합격했습니다. 옛날에는 법원 안에 공과대학을 졸업한 판사나 검사의 모임이 있을 정도였습니다.

1960년대 한국은 매우 가난했기 때문에 공부를 잘 하는 학생들이 대학을 졸업한 후에 빨리 취직해서 돈을 벌 수 있는 공과대학에 진학했던 것입니다. 그러나 그들의 상당수는 사회생활을 하면서 실망했습니다. 공과대학을 졸업해서 성공할 수 있는 것도 한계가 있고, 돈이 인생의 모두가 아니라는 것을 알게 된 것입니다. 국가는 공과대학을 졸업하거나 타 대학을 졸업한 사람들이 대학에서 전공한 분야에 만족하지 못하거나 적응하지 못하고 직업을 바꾸는 모습을 보고, 정부는 대학생들을 계열 별로 뽑기로 정책을 바꾸었습니다. 고등학교 학생들이 자기 자신과 세상을 잘 몰라서 자기에게 적합한 학과를 선택하지 못한다고 생각하여, 정부는 학생들로 하여금 대학교 1학년은 계열 별로 보내고, 대학교 2학년에 올라갈 때 학과를 선택하게 한 것입니다. 이것이 학생들을 계열 별로 뽑는 정책이 나온 배경입니다.

1980년대에 들어서면서 계열 별로 뽑기로 했지만, 몇 년 후에 계열 별로 뽑는 것에도 문제가 있다고 생각하여 다시 학과 별로 뽑기로 했습니다. 학과 별로 뽑은 후 몇 년이 지나서는 학과 별로 뽑는 것에 문제가 있다고 다시 계열 별로 뽑기로 했습니다. 또 다시 몇 년이 계열 별로 뽑는 것이 문제가 있다고 해서, 2010년에는 다시 학과 별로 뽑기로 했습니다. 우리나라 대학에서는 지난 40년 동안 학과 별로 입학생을 뽑는 것과 계열 별로 학생을 뽑는 것을 몇 번이나 반복했습니다. 학과 별로 뽑았을 때는 몇 년 뽑고 나니, 계열 별로 뽑는 것이 좋을 듯 하여 계열 별로 뽑기로 하고, 몇 년 동안 계열 별로 뽑고 나니 학과 별로 뽑는 것이 좋을 듯 하여 학과 별로 뽑기로 한 것입니다.

　모든 제도는 장단점이 있습니다. 국가의 교육정책을 수립하는 사람이 제대로 된 철학을 가지고 둘 중에 하나를 선택하여 시행해야 하는데, 남의 집 떡이 크게 보인다고, 몇 년 동안 학과 별 모집을 하면 계열 별 모집이 좋아 보이고, 몇 년 동안 계열 별 모집을 하면 학과 별 모집이 좋아 보여, 몇 년마다 대학 입학생 선발 방법을 바꾼다면, 제대로 된 교육정책이라고 볼 수 있겠습니까? 물론 학생들의 입장보다는 교수들의 신분이나 학과 혹은 대학의 이익을 위해 바꾼 대학도 있습니다. 정부 당국이 그 시대에 맞는 것이라고 정책을 바꾸는 것이 아니라 정말로 남의 떡이 크게 보여서 몇 년마다 정책을 바꾸는 것이라면, 이제는 정말로 시행착오를 끝낼 시기가 되었다고 생각합니다.

　인생의 첫 단추를 잘 끼워야 합니다. 초등학교나 중·고등학교를 졸업하고 사회에 나가는 사람이나 대학에 진학하는 사람이나 처음 판단과 선택을 잘 해야 합니다. 첫 번째 직업이나 직장 그리고 대학의 학과의 선택을 잘못 선택하면 모든 것이 늦어집니다. 뒤에 기술할 '역설의 논리'에서 자세히 기술하겠지만, 판단과 선택이 잘못 되었을 때는 문제에 답이 있고, 콤플렉스가 힘이라고, 역설적으로 자기의 단점에 더 많은 노력을 기울여 성공하는 삶을 살아야겠지만, 첫 단추를 잘못 끼우면 힘든 인생을 살게 됩니다. 그리고 두 번째 단추를 잘못 끼워 계속 곤경에 빠질 수도 있습니다. 그런 의미에서 부모나 선생님이 자라나는 학생을 위해서 해야 하는 중요한 일은 자라나는 학생들이 장래에 가야 할 길을 잘 선택할 수 있도록 도와주는 것이라고 생각합니다. 고등학교 학생이 스스로 장래의 문제를 제대로 선택하는 것은 쉬운 일이 아닙니다. 주위 사람들은 학생을 한 사람의 인격체로 보고, 스스로 장래의 문제를 판단하고 선택할 수 있도록 도와주어야 할 것입니다.

신용 있는 사람이 되라

필자는 현대그룹을 창업한 정주영 회장이 강연을 할 때는 늘 참석하도록 노력했습니다. 정주영 회장이 초청강연회에 몇 번 응했는지는 모릅니다. 필자는 대구에서 초청강연회를 할 때는 참석하도록 노력했습니다. 정주영 회장은 초등학교도 나오시지 않았지만, 현대그룹을 세계적 기업으로 만든 분이라면, 필자는 그 분에게서 분명히 배울 것이 있을 것이라고 생각했기 때문입니다. 혹자는 정주영 회장이 무척 바쁘셨을 텐데, 초청강연회를 했겠느냐고 추측할지 모릅니다. 물론 정주영 회장은 바빠서 강연회를 여러 번 못 했을 거라고 생각합니다. 그러나 말년에 정치에도 관여했기 때문에 그때는 자주 했으리라고 생각합니다.

필자가 정주영 회장의 초청강연회에 참석했을 때는 자리에 앉지 못할 정도로 청중이 많았습니다. 계명대학교 대명동 캠퍼스 동산도서관에 있는 500~600석 규모의 시청각실에서 강연회를 가졌을 때, 많은 사람들이 들어가지 못해 문 밖에 있었습니다. 필자가 정주영 회장의 초청강연회를 장황하게 소개하는 이유는 20년이 넘는 세월이 지났는데도, 잊혀지지 않는 말씀이 있기 때문입니다.

정주영 회장은 자신이 살아 온 인생을 이야기하면서 자신은 돈이 없었지만, 하는 일마다 성실하게 해 주위 사람들로부터 신용을 얻어, 언제나 돈이 필요할 때 다른 사람들에게 돈을 차용할 수 있었다고 말씀하셨습니다. 정주영 회장은 사업가로 성공하기 위해 가장 필요한 것은 신용이라고 강조해서 말했습니다. 그분은 쌀가게에서 점원으로 일 할 때부터 성실하게 일하여 주인으로부터 신용을 얻었다는 것입니다. 그리고 사업을 시작할 때도, 미국의 아이젠하워 대통령이 한국을 방문하였을 때 수세식 변기를 마련한 것도(아이젠하워 대통령이 한국동란 중에 한국을 방문했는데, 미군 당국은 한국정부에게 아이젠하워 대통령은 수세식 변소가 있는 숙소에 묵어야 한다고 말했는데, 그때 우리나라에는 수세식 변소가 하나도 없었다고 합니다), 겨울에 조금 자란 보리로 잔디밭을 만든 일도, 건설업으로 중동아시아에 진출해 교량을 만들었을 때도, 한국 돈에 그려져 있는 거북선을 보여 주며 배를 만드는 일을 맡았을 때도 약속을 꼭 지켜 신용을 얻었다는 것입니다.

그날 강연이 끝난 후 정주영 회장은 청중들로부터 질문을 받았습니다. 1980년대였으니까, 운동권 학생들이 많이 활동을 할 때였습니다. 한 운동권 학생이 정주영 회장에게 "현대그룹은 정경유착으로 정치가들에게 로비하여 은행에서 돈을 꿔다가 일으킨 기업이라고 생각하는데, 정주영 씨께서는 어떻게 생각하십니까?"라고 물었습니다. 그러자 정주영 회장은 그것은 오해라면서, 우리나라에 외화가 부족하기 때문에, 현대그룹이 외국은행에서 돈을 꾸면 결국 우리나라 외화의 부족이 가중될 수 있기 때문에 국내 은행에서 돈을 꾸는 것이라고 말했습니다. 계속해서 정주영 회장은 자기 개인의 신용만으로 전 세계에 있는 어느 은행으로부터도 돈을 빌려 올 수 있다고 말했습니다. 정주영이라는 이름 하나만으로 뉴욕이나 런던이나 동경에 있는 어느 은행에서도 돈을 꿀 수 있다며, 자기의 신용도를 강조해 말했습니다.

많은 사업가들이 다른 사람이나 은행의 돈을 빌려서 사업을 합니다. 부모에게 큰 돈을 유산으로 받은 사람을 제외하면, 남의 돈을 빌리지 않고 돈을 많이 번 사람은 드뭅니다. 대부분의 사업가들은 다른 사람이나 은행의 돈으로 사업을 합니다. 우리나라의 재벌기업들이 자산보다는 은행 빚이 많은 것도, 사업가들이 남의 돈을 얼마나 많이 사용하고 있는가를 보여 주는 것이라고 생각합니다. 사업을 하는 사람이 남의 돈이나 은행의 돈을 빌리려면, 신용이 필요하리라고 생각합니다. 신용은 사업가에게만 필요한 것이 아닙니다. 우리가 어떤 일을 남과 더불어 하려면, 기본적으로 필요한 것이 신용입니다.

정주영 회장은 강연회에서 여러 가지 말을 했지만, 필자는 신용 있는 인간이 되라는 말씀이 유별나게 기억에 남습니다. 우리는 사업을 하든, 정치를 하든, 봉급자로서 회사에 근무하든, 신용이 있는 인간이 되어야 합니다. 우리가 팥으로 메주를 만든다고 해도, 남들이 우리를 믿을 수 있는 인간이 되어야 합니다. 물론 그렇게 되기 위해서는 평소에 우리가 다른 사람들 앞에서 한 말을 실천에 옮겨야 합니다. 우리가 한 말을 실천에 옮기지 않으면, 남들이 우리를 믿지 않을 것입니다.

우리는 남들이 하지 않는 분야에서 창조적인 거대한 목표를 세우고 살아야 합니다. 우리가 그 목표를 달성하기 위해서는 여러 가지 조건들이 필요합니다. 우리는 실력도 있어야 하고, 사람들도 잘 사귀어야 합니다. 그러나 우리가 돈도 후원자도 없이 험악한 세상에서 성공하기 위해서는 우선 신용이 있는 인간이 되어야 한다고 생각합니다.

남에게 속지 않는 사람

"공짜가 제일 비싸다."라는 말이 있습니다. 공짜의 뒤에는 함정이 있는 것입니다. 누구도 우리에게 귀한 것을 공짜로 줄 사람은 없습니다. 요사이 사기꾼들이 노인들에게 공짜로 관광을 시켜 준다고 하면서, 관광 중에 가짜 물건을 비싸게 파는 일이 있었습니다. 인간은 노인이 되어서도 공짜를 바라는 모양입니다. 평생 동안 살아오면서 공짜가 얼마나 무섭다는 것을 배웠는데도, 그런 일이 생깁니다. 옛날에 우리는 선거철만 되면 막걸리며 돈 봉투를 받았습니다. 세월이 지난 다음에 그때 마신 막걸리가 얼마나 비싼 것인 줄 알았습니다. 그래서 요사이는 출마자에게 밥을 얻어먹으면 50배를 물어야 한다고 합니다. 공짜를 좋아하다가 많은 사람이 고통을 당했습니다.

이스라엘 사람들은 어렸을 때에 남에게 속지 않는 방법을 배운다고 합니다. 우리에게도 그런 교육이 필요한지 모르겠습니다. 노력하지 않고 어떤 결과를 얻으려는 마음을 고쳐야 할 것입니다. 우리는 씨를 뿌린 대로 거둘 생각을 해야 합니다. 공짜의 뒤에는 함정이 있습니다. 공짜를 바라기 때문에 남에게 속습니다.

연극에 성격비극과 성격희극이라는 것이 있습니다. 성격비극은 성격적 결함이 비극적 결과를 낳는 것입니다. 결단력 없이 주저주저하는 성격 때문에 큰 비극을 낳는『햄릿』, 부인을 의심하여 결국 부인을 죽이고, 자기 자신은 자살하고 마는『오셀로』라는 작품이 있습니다. 성격희극은 인간의 성격적 결함을 이용해서 우리를 웃기는 작품을 말합니다. 대표적인 작품이 몰리에르의『수전노』입니다. 돈밖에 모르는 인간의 성격적 결함을 이용해 웃음을 웃게 하는 것입니다. 우리나라에는『맹진사댁 경사』와 같은 작품이 있습니다.

성격적 결함 가운데 가장 문제가 되는 성격적 결함은 허영입니다. 섹커리의『허영의 도시』같은 작품이 있습니다. 허영은 공짜를 바라는 마음입니다. 특히 여자에게 이런 것이 있을 수 있습니다. 우리나라 속담에도 "여자 팔자는 뒤웅박 팔자"라는 말이 있습니다. 여자의 인생은 남편에 따라 좌우된다는 것입니다. 나쁘게 말하면 여자의 인생은 남편을 어떻게 만나느냐에 따라 결정된다는 것입니다. 그러니까 여자들은 남편을 잘 만나 신분이 상승되기만 바란다는 것입니다. 사기꾼들은 이 마음을 역이용하여 사기를 치는 것입니다. 허영에 차있는 사람이 남에게 속습니다.

많은 사기꾼들은 이러한 여자의 마음을 이용해서 사기를 쳤습니다. 이러한 사기꾼들은 1950년대 이후에 무수히 많았습니다. 관료주의적 사회인 한국에서는 무수히 많은 사기꾼들이 사법고시나 행정고시에 합격했다며, 여자들에게 돈과 몸을 요구하면서 사기를 쳤습니다. 심지어는 일류 대학교 법과대학에 다닌다며 사기를 치기도 했습니다. 한때 미국유학이 출세로 가는 가도로 생각되던 때에는 미국유학생이라면서 여자들에게 사기를 친 남자들도 많았습니다. 재미교포 사업가라면서 사기를 친 사람은 또 얼마나 많았습니까? 재벌의 아들이라고, 고급관료라고 사기를 친 사람은 얼마나 많습니까? 모두가 결혼을 통해 출세해 보려는 공짜를 바라는 여자의 허영심을 이용한 사기였습니다. 우리는 어려서부터 자기가 노력한 만큼만 받겠다고 생각하는 교육을 받아야 합니다. 우리는 남에게 속지 않는 교육을 받아야 합니다.

자기 역할을 알라

모든 사람은 인류의 역사라는 드라마 속에서 각자의 역할을 맡아 가지고 삽니다. 모든 사람에게 자기의 역할이 있습니다. 어떤 사람은 겉으로 드러나는 주인공을 하고, 조연을 하는 사람도 있고, 잘 보이지 않거나 잠깐 등장하는 엑스트라도 있습니다. 역할에 따라 사람들 앞에 자주 서게 되어 인기가 있고 중요한 역할로 생각할 수 있지만, 모든 역은 다 중요합니다. 어느 역도 없으면, 드라마라는 작품이 살아나지 못합니다. 겉으로 많이 드러난다고 중요하고, 자주 나타나지 않는다고 중요하지 않은 것이 아닙니다.

예를 들면, 여러분은 이탈리아의 베니스에서 있었던 쓰레기 대란을 기억하리라 생각합니다. 베니스 사람들은 쓰레기를 걷어가는 미화원 아저씨들의 역할보다 베니스 시장이나 고위 관리의 역할이 더 중요하다고 생각할지 모릅니다. 그러나 베니스 시당국과 미화원 아저씨들이 소속해 있는 조직 사이에 문제가 생겨 미화원 아저씨들이 쓰레기를 걷어 가지 않았습니다. 며칠 사이에 베니스는 쓰레기로 가득 차고, 쓰레기의 악취로 관광객이 찾을 수 없는 도시가 되어 버리고 말았습니다. 아시는 것과 같이 베니스는 관광 수입으로 유지되는 도시입니다. 베니스 사람들은 관광객들이 뿌리는 돈으로 먹고 삽니다. 관광객들이 베니스를 찾을 수 없게 되자, 시민들은 미화원 아저씨들의 고마움과 그들의 역할이 얼마나 중요한가를 알게 되었습니다.

인류의 역사라는 드라마 속에서 각자의 역할은 다 중요합니다. 중요하지 않은 역할은 없습니다. 정치가는 정치가대로, 기업가는 기업가대로, 교육자는 교육자대로, 예술가는 예술가대로, 농부는 농부대로, 노동자는 노동자대로 중요한 역할입니다. 먼저 우리는 드라마 속의 우리의 역에 대해 긍지를 가져야 합니다. 우리는 우리의 직업에 대해 자긍심을 가져야 합니다. 그리고 세부적으로 우리의 직업이나 하는 일 속에서 역사의 발전에 기여할 수 있는 우리의 역할을 찾아야 합니다.

정치가들 중에는 새로운 법안을 만들어 역사 발전에 기여한 사람들도 있습니다. 국가 정치의 민주화라는 정치 발전에 기여하는 법안을 만든 사람들도 있습니다. 노동자나 흑인이나 여자를 위한 법안을 그리고 장애우나 노인들의 복지를 위한 법안을 만든 사람도 있습니다. 기업을 창업하여 많은 일자리를 만들고, 경제 발전에 기여한 사람도 있습니다. 새로운 자연과학에 대한 이론들을 만들어 노벨물리학상이나 노벨화학상을 탄 사람도 있습니다. 새로운 경제 이론을 창안하여 노벨경제학상을 받은 사람도 있습니다. 고전주의 낭만주의 표현주의 초현실주의 등 전위적이고 창의적인 예술운동을 일으킨 사람도 있습니다. 21세기에 맞는 학교를 만들어, 학생들과 학부모들의 교육에 대한 고민을 풀어준 사람도 있습니다. 편리하고 유용한 발명품을 만드는 것을 통해 역사의 새로운 장을 장식한 사람도 있습니다. 패션디자인으로 한국을 세계에 알린 사람도 있습니다. 스포츠로 세상을 놀라게 한 한국인들도 있습니다. 한국음식을 세계화 하는 과정을 통해, 세계 속의 한국을 확인시켜 주는 사람도 있습니다. 화훼 사업으로 세계의 꽃시장을 정복해 가고 있는 사람도 있습니다.

우리들은 지금 인류의 역사라는 드라마에서 각자의 역을 맡고 있으며, 그 분야를 발전시키기 위해 많은 노력을 하고 있습니다. 이 세상에 귀한 직업과 천한 직업은 없습니다. 우리가 좋아하는 직업과 나와 관련이 적은 직업이 있을 뿐입니다. 사회적으로 높은 자리도 낮은 자리도 없습니다. 우리는 우리가 좋아하는 일 속에서 역사 발전에 기여할 수 있는 내 역할을 찾아야 합니다. 정치가는 새로운 비전으로, 기업가는 미래형 상품으로, 교육자는 새로운 교육공학의 개발로, 예술가는 새로운 기법과 새로운 세계의 제시로 역사라는 드라마 속에서 자기의 역할을 자기 스스로 찾아 만들어 가져야 할 것입니다.

충고에 귀를 기울이는 사람

"他山之石타산지석"이라는 말이 있습니다. 다른 사람의 실수를 통해 배워 자기 자신은 똑같은 실수를 범하지 않도록 노력하는 것을 말합니다. 세상 사람들은 많은 실수를 하고 많은 실패를 합니다. 우리가 세운 인생의 목표를 달성하기 위해서는 다른 사람들의 실수를 보고 많은 것을 배워야 합니다. 예를 들면, 기업가들은 중국이나 북한에 진출했다가 실패한 기업으로부터 그들이 무엇을 몰랐고, 무슨 실수를 했는가를 듣고, 새롭게 중국이나 북한에 진출하는 기업은 똑같은 실수를 하지 않고, 중국이나 북한에서 성공적으로 기업을 할 수 있도록 계획하고 실천하도록 해야 할 것입니다.

"反面教師반면교사"라는 말도 있습니다. 상대편이 잘못하는 행동을 보고, 자기는 그런 잘못을 범하지 말아야겠다는 생각을 가지고 올바른 생활을 하는 것입니다. 공부하지 않는 교수나 교사가 불행해지는 것을 보고, 자신은 그런 불행한 사람이 되지 않기 위하여 노력하도록 우리를 일깨워 주는 사람을 반면교사라고 합니다. 필자는 대학원생들 앞에서 필자의 둘째 아들은 어디서 배웠는지 아내에게 정말로 잘 한다고 말하면서 의아해 하자, 한 학생이 그것은 간단하지요, "원 교수님을 반면 교사로 삼고, 아버지가 했던 것과는 반대로 하기만 하면 훌륭한 남편이 되지 않겠습니까?"라고 말하는 것을 듣고 함께 웃었습니다.

우리는 다른 사람들의 실패로부터 많은 것을 배울 수 있습니다. 못지 않게 타인의 성공으로부터도 많은 것을 배울 수 있습니다. 그리고 다른 사람들의 충고로부터도 많은 것을 배울 수 있습니다. 다른 사람의 충고를 듣기 위해서는 우리가 남의 말을 경청하는 방법을 알아야 합니다. 남의 말을 경청하는 자세가 되어 있어야 합니다. 옛날에 성철 스님은 자기를 만나러 오는 사람들에게 불상 앞에서 3,000배를 하고 오라고 말했습니다. 세상 사람들은 성철 스님을 보고 교만한 사람이라고 말했습니다. 성철 스님은 교만한 사람이 아닙니다. 남의 말이나 충고를 듣기 위해서는 자세를 갖추어야합니다. 불교의 입장에서 보면, 누구의 말이나 훌륭한 말입니다. 성철 스님이 하는 말이나 여러분이 하는 말이나 모든 말이 진리요 부처님의 말씀입니다. 문제는 듣는 사람의 자세입니다. 불상 앞에서 3,000배를 할 정도로 겸손한 마음을 가지면, 누구의 말을 듣고도 많은 것을 배울 수 있으나, 교만한 마음을 가지면 누구의 말에서도 아무것도 배울 수 없는 것입니다. 우리는 겸손한 마음을 가지면, 낙엽 떨어지는 소리나 개가 짖는 소리로도 깨달음을 얻을 수 있으나, 교만한 마음을 가지고는 앞에서 언급한 다섯 분의 성현이 말씀을 한다고 해도 아무것도 배울 수 없는 것입니다.

남의 말을 경청하기 위해서는 우선 겸손한 마음의 자세를 가져야 합니다. 남의 말을 경청하기 위해서는 상대방을 존중하는 자세와 상대방에게 배우겠다는 마음의 자세가 되어 있어야 합니다. 상대방이 우리에게 충고를 하는데, '너나 잘 하세요'라고 말을 해서는 안 됩니다. '너나 잘 하세요'라는 말은 매우 안 좋은 말이라고 생각합니다. '너나 잘 하세요'라는 말은 옛날부터 있었지만, 몇 년 전에 상연된 모 영화에서 여자

주인공이 자신에게 충고하는 사람에게 '너나 잘 하세요'라는 말을 해서 더욱 유명해졌던 말입니다. 다른 사람이 우리에게 어떤 충고를 하면, 분명히 그럴 만한 이유가 있어서 그런 말을 하는 겁니다. 우리는 충고를 들을 때, 기분이 나쁘더라도 참고 듣는 것이 좋습니다. 그리고 조용히 혼자 있을 때, 그 사람이 왜 나에게 그런 말을 했는지를 꼼꼼히 생각해야 합니다. 그 사람이 우리에게 그런 말을 했을 때는 분명히 그럴만한 이유가 있을 겁니다. 우리는 제대로 생각해 보고, 다른 사람들의 충고를 받아들이지 않아도 늦지 않다고 생각합니다. 우리는 남이 우리에게 충고를 해줄 때, '너나 잘 해라'라는 식으로 말하지 말아야 하는 또 다른 이유는 남의 말을 들으려고 하지 않으면, 충고나 조언이 필요할 때, 누구도 우리에게 진실된 충언을 해주지 않기 때문입니다. 남의 충고나 조언을 고마워하지 않으면, 우리가 하는 말이나 행동이 잘못되었을 때, 아무도 우리에게 진실한 충고를 해주지 않을 겁니다.

삼성그룹을 창업한 이병철 회장은 남의 말을 지혜롭게 경청하는 사람으로 유명합니다. 이병철 회장은 어떤 문제가 있을 때, 참모진에게 많은 조언을 구했다고 합니다. 이병철 회장은 '너나 잘 해라'라는 식으로 말을 하는 사람이 아니었기 때문에 참모들이 부담 없이 자유롭게 자기 의견을 말했다고 합니다. 삼성그룹과 같이 큰 기업이나 조직이 리더는 혼자서 조직이나 조직과 관련된 모든 것을 알 수 없습니다. 우리는 혼자서 모든 것을 알 수 없습니다. 우리는 주위 사람들의 충고를 들어야 합니다. 이병철 회장은 주위 사람들의 충고를 듣고, 혼자서 최종적인 결정을 했다고 합니다. 그리고 이 회장은 아들인 이건희 회장을 일본에 보내 경청학에 권위자에게 다른 사람의 말을 경청하는 법을 배우도록 했다는 이야기를 들은 일이 있습니다.

지도자나 조직의 회장은 남의 말을 경청하는 법을 배우고 그런 습관을 갖는 것이 좋다고 생각합니다. 조직의 리더가 남의 말을 듣지 않고

독재를 하면, 아무도 그에게 결정적인 순간에 충고를 하지 않는다는 사실을 알아야 합니다. 남의 말을 듣지 않는 리더는 언젠가는 몰락해 불행해질 수 있다는 것을 잊지 말아야 합니다. 남의 말을 무시하고 듣지 않는 사람은 자신이 수렁에 빠지더라도 누구도 그에게 충고하지 않을 겁니다.

우리에게 충고를 가장 많이 하는 사람은 가까운 관계에 있는 부부나 부모나 친구 간입니다. 우리가 학교를 다닐 때는 부모님이 우리에게 충고를 많이 하고, 결혼생활을 할 때는 부부가 서로 충고를 하고, 사회생활을 할 때는 친구가 가장 많은 충고를 합니다. 그러나 우리는 그것을 충고라고 말하지 않고 잔소리라고 말합니다. 우리는 부모님의 충고나 부부간의 충고를 잘 들어야 합니다. 그것은 부모님이나 남편이나 아내가 유식하거나 배운 것이 많기 때문이 아닙니다. 부모님의 학벌이나 직업에 관련 없이, 남편이나 아내의 학식이나 사회적 지위와 관련 없이 충고에 귀를 기울여야 합니다. 왜냐하면 부모님이나 부부는 배운 것이 많은 사람들이라 좋은 충고를 할 수 있는 것이 아니라 우리를 가장 사랑하는 사람이기 때문에 가장 훌륭한 충고를 할 수 있기 때문입니다. 사랑은 어떤 학벌이나 사회적 지위보다 더 위대한 말을 할 수 있는 힘이기 때문입니다. 사랑은 위대한 기적을 낳고, 우리에게 기적을 창조할 수 있는 힘이기 때문입니다.

좋은 인간관계를 맺어라

우리가 세운 인생의 목표를 달성하기 위해서는 개인이 노력도 해야겠지만, 다른 사람과 함께 더불어 해야 할 일도 많습니다. 가정도 혼자 이끌어 가는 것이 아니고 부부가 함께 이끌어 갑니다. 그렇다고 자식들을 무시해도 된다는 것이 아닙니다. 자식을 비롯한 가족의 구성원들이 자기 역할을 제대로 못하면 가정은 불안해집니다. 학교도 혼자 운영하는 것이 아닙니다. 학교장과 선생님들과 학부모들이 협력해서 운영하는 것입니다. 각자는 혼자의 일을 해야겠지만, 결국 학교 전체의 일은 함께 해야 합니다. 회사의 운영도 혼자서 할 수 없습니다. 회사의 구성원들이 더불어 조화롭게 일을 할 때, 회사는 성공적으로 운영되리라 생각합니다. 우리는 혼자 살아갈 계획도 세워야겠지만, 인간관계를 잘 맺고 유지해야 합니다. 인간관계를 잘 맺고 유지하는 방법을 아는 것도 중요합니다. 다음의 내용은 권석만의 『인간관계의 심리학』을 많이 참조하고, 필자의 의견을 첨가하여 기술했음을 밝혀 둡니다.

인간은 태어나면서부터 인간관계 속에 던져집니다. 그리고 인간의 삶은 인간관계 속에서 펼쳐집니다. 삶 속에서 우리가 해결해야 할 중요한 과제는 함께 살아가야 할 여러 영역의 사람들과 불필요한 갈등 없이 친밀하고 협동적인 인간관계를 형성함으로써, 우리의 삶을 풍요롭고 행복하게 만들어 가는 일입니다. 즉 삶의 문제는 인간관계의 문제로 귀착될 수 있습니다. 인생의 목표를 달성하는 것도 인간관계를 얼마나 잘 맺느냐에 달려 있다고 볼 수 있습니다.

많은 인맥을 가지고 있는 것은 큰 재산이라는 말이 있습니다. 특히 정치나 사업을 하려는 사람은 외국에까지 많은 인맥을 가지고 있어야 합니다. 대통령이 되고자 하는 사람은 국내외적으로 많은 인맥을 가지고 있어야 합니다. 사업가도 필요한 때에 돈을 빌려야 하기 때문에 많은 지우들이 필요합니다. 전 김대중 대통령 같은 분은 세계적으로 유명한 많은 인사들을 알고 있어 국제적인 활동을 하는데, 큰 도움이 되었던 것으로 기억합니다. 현대그룹의 정주영 회장 같은 분도 세계적으로 많은 유명한 분들을 알아 오늘날의 현대그룹을 키우는 데 도움이 되었던 것으로 알고 있습니다.

인간관계, 즉 '사람과 사람 사이'는 미궁과 같이 매우 복잡하고 오묘

합니다. 많은 사람들은 이 미궁 속에서 헤매며 인간관계 문제로 고민하고 괴로워합니다. 인간의 심리적 갈등과 고통의 대부분은 이러한 인간관계 문제에서 파생되는 것입니다. 특별히 가정이나 직장에서 가까이 있는 사람들로 인해서 겪게 됩니다.

다른 사람들로부터 버림받고 따돌림 당하는 것처럼 괴로운 일은 없습니다. 그래서 우리는 고독과 소외를 두려워합니다. 이러한 미움과 증오, 우울과 불안, 고독과 소외, 배신과 거부, 시기와 질투 등 수없이 많은 심리적 함정들이 인간관계 속에 있습니다. 반면에 인간관계는 성공적으로 잘 이루어지면 만족과 행복의 원천이기도 합니다. 우리는 다른 사람들과 서로 신뢰하고 사랑과 애정을 주고받을 때, 우리는 행복감과 안정감을 느낍니다. 부모로부터, 선생님으로부터, 친구나 동료로부터, 이성으로부터 사랑과 인정을 받을 때, 자신이 가치 있는 존재로 느껴지고 인생이 살 만한 것으로 느껴져 우리는 행복감에 젖어들게 됩니다.

동서고금을 막론하고 모든 종교, 철학, 도덕, 사회적 사상, 경제적 이론은 인간의 행복한 삶과 평화로운 사회를 만들기 위해서 인간관계의 문제를 다루고 있습니다. 사회구성원의 대립과 갈등을 최소화하며 구성원 모두의 행복과 만족을 최대화할 수 있는 사회를 구현하는 것은 모든 사회의 궁극적 목적입니다. 그래서 과거의 여러 성현들과 사상가들이 인간의 심리적 속성을 밝히고, 인간들이 조화롭게 살아갈 수 있는 개인적 혹은 집단적 삶의 방식을 제시했던 것입니다.

우리가 다루고 있는 성현들과 기독교, 불교, 이슬람교는 이러한 인간관계와 삶을 위하여 사랑을 말하고 있습니다. 인간관계를 증진시켜 좋은 관계로 만들어주는 것은 사랑입니다. 그리고 기독교, 불교, 이슬람교는 모든 인간은 평등하다는 사상을 내세웁니다. 종교가 가지고 있는 사상의 특징 중에 하나는 평등사상입니다. 기독교와 이슬람교는 하나님 앞에서 모든 인간은 평등하다는 것이고, 불교는 연기론적으로 보았을 때, 우주의 삼라만상은 평등하다는 것입니다. 유가儒家에서는 예禮를 통해 올바른 인간관계를 정립할 것을 말합니다. 이러한 사랑, 평등, 정의, 자유 등은 평화롭고 복된 사회를 구현하기 위해 필요한 덕목으로 강조되어 온 것입니다. 이처럼 인간관계의 문제는 개인의 삶뿐만이 아니라 사회의 질서와 안정에 있어서도 매우 중요한 문제입니다.

우리는 혼자 사는 것이 아니라 사회 속에서 사는 것입니다. 우리가 자신의 인생 목표를 달성하려면, 사회 속에서 이루어져야 합니다. 다른 사람들과 경쟁도 하고 협력도 하면서 이루어야 합니다. 그러기 위하여 지혜로운 인간의 첫째 조건에서 말한 것처럼 자기 자신이 누구인지 알고, 자기 조절을 하면서 양보도 하고 다른 사람과 조화를 이루면서 인생의 목표를 향해 나가야 합니다. 혼자서 가는 것이 아니라 더불어 미래를 향해 나가야 합니다.

인간은 누구나 자기중심적이고 이기적인 속성을 가지고 있습니다. 이런 속성을 지닌 인간들 간의 관계에서는 갈등과 투쟁은 필연적일 수밖에 없습니다. 이러한 갈등과 투쟁은 한편으로 인간문명의 발전에 기여한 것이 사실이지만, 많은 경우 불필요하고 소모적인 다툼에 휩싸이게 하고 때로는 파괴적인 결과를 초래한 것도 사실입니다. 이러한 소모적이고 파괴적일 수 있는 불행한 인간관계를 극복하기 위해서는 우리의 내면에 도사리고 있는 이기적 욕망과 자기중심적 속성을 잘 다스려 조절된 형태로 표출하는 것이 중요합니다. 즉 성숙한 인간관계를 위해서는 자기 이해와 자기 조절이 중요합니다.

인간관계는 사람 간의 상호작용이므로, 성숙한 인간관계를 위해서는 그 대상이 되는 중요한 타인, 나아가서는 인간 일반에 대한 깊은 이해가 필요합니다. 앞에서 필자가 인간에 대한 이해는 모든 학문의 출발점이자 동시에 도착점이라고 말한 것은 그와 같은 이유 때문입니다. '나'와 '너' 그리고 '우리' 사이에 대한 깊은 이해가 성숙한 인간관계의 필수조건입니다. 인간관계에 대한 이해가 깊어지고 인간관계의 개선을 위한 실천적 노력이 이루어질 때, 우리의 인간관계는 바람직한 방향으로 변할 것입니다. 그렇게 될 때 우리가 이루려는 인생의 목적은 보다 쉽게 이루어질 것입니다.

결국 인간관계도 자기 자신이 누구인지 제대로 이해하고, 사람을 대할 때 분별심 없이 누구를 대하나 똑같은 마음으로 대하고, 다른 사람을 대할 때 역지사지易地思之하여 상대편을 이해하고 사랑을 실천할 때, 성공적인 인간관계가 이루어진다고 생각합니다. 결국 필자가 말하는 세 가지 요소를 갖춘 지혜로운 사람은 인간관계도 성공적으로 이루어, 인생의 목표를 잘 이룰 수 있을 것입니다.

우리가 세상을 살아가는데, 네 가지 동반자가 있다고 합니다. 첫째는 가족 동반자이고, 둘째는 낭만적 동반자이고, 셋째는 친구 같은 사교적 동반자이고, 넷째는 직장에 있는 작업적 동반자입니다. 그리고 우리 자신은 성격에 따라 ① 개방형, ② 주장형, ③ 신중형, ④ 고립형 등으로 나눌 수 있다고 합니다. 우리는 각자의 성격의 형태에 따라 동반자들과 함께 세상을 살아가면서, 여러 가지 부적절한 인간관계를 맺게 됩니다. 우리는 부적절한 관계를 개선해야 합니다.

우리는 이러한 상황에서 지혜로운 인간의 세 가지 조건을 이용해서 상황을 개선해야 합니다. 먼저 자기 자신이 어떤 존재인지 제대로 알고 상황에 대응해야 하며, 사람을 대할 때 차별하는 마음을 갖지 말고, 어려운 사람을 물질적으로 도우며, 인간관계에 문제가 있는 사람을 만날 때 마다, 역지사지易地思之하여 상대방의 입장을 이해하고, 따뜻하게 대한다면, 인간관계의 문제는 원활히 해결되리라 생각합니다.

시간을 잘 사용하는 사람

우리가 세운 목표를 달성하기 위해서는 누구에게나 똑같이 주어진 시간을 잘 사용하는 사람이 되어야 합니다. 우리 인생에는 삶을 이끌어 가는 몇 가지 기둥이 있습니다. 인생의 목표를 달성하려는 기둥, 돈을 벌려는 기둥, 사랑을 추구하는 기둥, 불쌍한 사람에 대한 연민의 기둥 등이 있습니다. 그 기둥들을 잇는 매개체가 되는 것이 시간의 기둥일 수 있습니다. 우리는 시간을 성공적으로 이용해야 합니다. 우리는 인간이 만든 약속에 의해 형태를 드러내는 시간을 지혜롭게 사용해야 합니다. 우리에게 적합하게 사용해야 합니다.

우리가 세상에 태어나면서 다른 사람과 똑같이 갖고 태어난 것은 시간뿐입니다. 우리의 일생은 약 3만 번의 낮과 밤으로 이루어진다고 합니다. 80여 세를 사는 사람의 경우이니 인간의 평균 수명과 맞먹는 삶의 길이입니다. 우리는 뇌의 기능이 모두 다르고, 몸의 생김도 모두 다르며, 가정환경도 다르고, 부모가 가지고 있는 조건들도 모두 다릅니다. 우리의 문화적 배경도 모두 다릅니다. 그러나 하루에 주어진 시간과 한 달에 주어진 시간 그리고 일 년에 주어진 시간은 같습니다. 물론 세상에 태어나서 오래 사는 사람도 있고, 일찍 죽는 사람도 있습니다. 그래서 우리가 일생동안 사용할 수 있는 시간의 수는 다릅니다. 그러나 우리는 우리가 언제 죽을지는 아무도 모릅니다. 주어진 시간 속에서 최선을 다하는 것이고, 주어진 시간을 계획적으로 잘 사용하는 것이 우리의 몫이라고 생각합니다.

인간이 하는 모든 행위는 시간이라는 그릇 속에 존재합니다. 인간이 자기가 하는 일을 성공하려면, 시간과의 관계를 잘 맺어야 합니다. 우리에게 주어진 시간을 잘 사용하고 좋은 관계를 맺는 방법은 인생의 계획표와 하루, 일주일, 한 달, 그리고 일 년에 대한 시간표를 짜 가지고 생활하는 것이라고 생각합니다. 혹자는 일 년뿐이 아니고 몇 년이나 10년을 단위로 계획표도 마련하는 것이 좋다고 말합니다. 계획표는 자세히 짤수록 좋다고 생각합니다. 혹자는 계획표를 짜도 실천이 안 된다고 말하기도 합니다. 그러나 계획표를 가지고 생활하는 것이 계획표 없이 생활하는 것보다 더 많은 성과를 얻는 것은 사실이라고 생각합니다.

많은 사람들은 어려서부터 하루 시간표, 일주일 계획표, 한 달 계획표, 일 년 계획표를 만들어 가지고 생활합니다. 하루 시간표는 늘 벽에 붙여 놓고 생활합니다. 그대로 실천은 되지 않았지만, 시간표 없이 생활하는 것보다 성과가 크다고 생각합니다. 일주일이나 한 달의 계획표에 대해서도 마찬가지입니다. 계획표 없이 생활하는 것보다 성과가 크다고 생각합니다. 인생의 계획표도 마찬가지입니다. 인생 계획표도 목표도 없이 지내는 것보다 인생의 목표와 계획표를 가지고 사는 것이 훨씬 낫다고 생각합니다. 그러나 시간표나 계획표에 억눌려 살 필요는 없다고 생각합니다. 우리의 삶은 시간표나 계획표보다 더 중요한 것이기 때문입니다.

라블레와 보딜 옌손은 사람들에게 시간에 억눌리거나 기가 죽어 살지 말 것을 권합니다. 처음에는 시간에 쫓겨 살더라도 점차 초연해져, 사람이 시간을 느긋하게 대할 수 있게 살아가라는 것입니다. 라블레는 "시간이 사람을 위해서 존재하는 것이지 사람이 시간을 위해 존재하는 것은 아니다"라는 것입니다. 그렇다고 시간을 함부로 사용해도 된다는 것은 아닙니다.

하버드 대학교에서 1930년부터 오늘날까지 똑같은 인간들을 대상으로 연구를 지속하고 있는 프로그램이 있다고 합니다. 1930년에 어린아이였던 사람 중에 성공의 가능성이 있는 어린아이들을 선택하여 오늘날까지 관찰하고 있다는 것입니다. 어린아이 중에 얼굴이 환하고, 지능지수가 높고, 인간관계가 좋고, 외모가 좋은 아이들을 선택하여, 이들이 40세가 되었을 때, 중간결산을 해보니, 이 중에 1/3은 행복한 모습이었고, 2/3는 보통의 생활을 하고 있었답니다. 성공한 사람들의 공통점을 찾아보니, '성실'과 '절제'라는 덕목을 갖춘 사람들이었다고 합니다. 성실하고 절제를 할 줄 안다는 것은 지루한 일이지만 계속할 줄 알고, 좋은 일도 그만 둘 줄 아는 사람이라는 것입니다. 그리고 성실하고 절제를 할 줄 아는 사람이라는 것은 시간 관리를 잘 하는 사람이라는 말입니다. 또한 시간 관리를 잘 한다는 것은 중요한 것과 중요하지 않은 것을 구별하여 일할 줄 아는 것이고, 시급한 것과 시급하지 않은 것을 구별하여 행동하는 사람을 일컫는 것이니, 결국 시간 관리를 잘 하는 사람이 성공한다는 결론이었습니다.

옌손은 시간은 돈으로 바꿀 수 있다고 말합니다. 이 말은 시간이 인간이 가지고 있는 가장 기초적인 자원임을 뜻하는 것입니다. 그리고 시간과의 관계가 삶의 구조에서 요체임을 깨달아, 새로운 사고의 패턴을 모색하라고 말합니다. 시간을 새로운 방식으로 의식하게 되는 사람은 활동에 있어서나 시간 배분에 있어서 우선 순위가 달라질 수 있다는 것입니다. 짧은 인생에서 많은 업적을 남기려면, 일의 우선 순위가 달라야 합니다. 자기에게 중요한 일부터 해야 합니다. 휴식 시간도 잘 끼워 넣어야 합니다. 시간이 최고의 자산임을 알고 짧은 기간과 긴 기간의 계획을 잘 세워야 합니다. 그리고 시간과 서먹하지 않고, 친근하게 지내야 합니다. 그렇게 하여 시간과 바람직한 관계를 유지하기 위해서는 다음과 같은 몇 가지 원칙을 만들어 놓고 잘 지켜야 합니다.

① 다른 사람과의 시간 약속을 잘 지켜라.
② 바로 이 순간의 중요성을 알라.
③ 짧은 계획표를 만들라.
④ 긴 계획표를 만들라.
⑤ 휴식시간을 잘 배치하고, 잘 이용하라.
⑥ 시간이 최고의 자산임을 알라.

⑦ 시계의 시간과 체험적 시간을 잘 구별하라.
　⑧ 시간을 집중적으로 사용하라.
　⑨ 먼저 할 일과 나중 할 일을 정하라.
　⑩ 항상 정신적으로 젊은이의 시간을 보내라.

그래그 S. 레잇은 다음과 같이 말했습니다.

> 꿈을 날짜와 함께 적어 놓으면 그것은 목표가 되고,
> 목표를 잘게 나누면 그것은 계획이 되며,
> 그 계획을 실행에 옮기면, 꿈은 실현되는 것이다.

집중력 있는 사람이 되라

"한 우물을 파라", "두 토끼를 쫓지 말라"라는 말이 있습니다. 여러 가지 일을 하지 말고 한 가지 일에 몰두하라는 말입니다. 우리가 세운 인생의 목표를 달성하기 위해서는 한 가지 목표에 집중해야 합니다. 아무리 훌륭한 사람이라도 집중력과 노력이 부족해서는 큰일을 할 수 없습니다. 아무리 평범한 사람이라도 집중력을 가지고 노력하면, 큰일을 할 수 있습니다. 반대로 집중력이 부족한 사람은 어떤 일도 성공적으로 할 수 없습니다. 우리는 적성보다는 집중력에 의해 많은 일을 달성합니다. 자신이 가진 모든 능력을 한 곳에 집중할 수 있는 사람은 멋진 과업, 멋진 인생을 창조할 수 있습니다.

　미국인 듀몬은 성공의 열쇠는 재능이 아니라 적성이나 집중력이라고 말하고 있습니다. 듀몬은 계속해서 자신을 통제하지 못하고, 흥분을 억제하지 못하는 사람은 집중하지 못한다고 말합니다.
　필자는 악기를 연주하는 것을 전공으로 하는 사람을 늘 부러워했습

니다. 악기를 연주하는 것을 전공으로 하는 사람은 쉽게 자신의 전공에 집중할 수 있다고 생각했기 때문입니다. 피아노 연주를 전공으로 하는 사람은 평생 동안 피아노만 치면 되고, 바이올린 연주를 전공으로 하는 사람은 평생 동안 바이올린만 연주하면 되고, 첼로 연주를 전공하는 사람은 평생 동안 첼로만 연주하면 되니까, 다른 잡념을 갖지 않을 수 있다고 생각했습니다. 사람은 집중함으로써 정신적·육체적 에너지를 한 곳에 집중시켜 일을 성공적으로 할 수 있다고 합니다.

필자는 때때로 학생들에게 인생에 성공한 사람의 예로 피아니스트 백건우 씨를 들고, 인생에 실패한 사람의 예로 필자 자신을 들곤 했습니다. 백건우 씨는 필자와 배재중고등학교 동기동창입니다. 백건우 씨는 아버지가 음악을 전공하신 분이기 때문에 중학교에 들어오기 전부터 피아노 연주에 몰두했습니다. 중고등학교를 다닐 때는 영어 시간에만 들어와서 공부를 하고, 나머지 시간은 피아노를 치는 연습에 집중했습니다. 교장 선생님과 다른 선생님들은 백건우 씨가 수업에 들어오지 않았기 때문에 낙제를 시켜야 한다고 주장했습니다. 그때 음악선생님이셨던 김치석 선생님이 한 사람의 위대한 피아니스트가 나오기 위해서는 모든 노력을 피아노 연주에만 몰두해도 시간이 부족하다고 말씀하시면서, 교장선생님과 다른 선생님들에게 설명하여 그들을 설득시켰던 것입니다. 나중에 미국에 가서도 피아노가 몇 대가 망가질 정도로 연습을 많이 했다는 이야기를 들었습니다. 피아노 연주에 집중해서 일생을 보내 결국 세계적인 피아니스트가 되었습니다.

그러나 필자는 피아노 연주회를 다녀오면, 남이 피아노를 치는 것이 부러워 다음날 피아노를 배우러 다녔습니다. 그러다가 다른 사람이 그림 전시회를 하는 것을 보면, 그것이 부러워 다음날부터 스케취박스를 들고 그림을 그리는 것을 배우러 다녔습니다. 다른 사람이 하는 것을 보면, 샘이 나서 견디지 못하는 성격이었습니다. 학문도 예술도 종교도 다른 사람이 공부하는 것을 보면, 호기심이 나서 다음날부터 그 사람이 공부하는 것을 혼자서 공부했습니다. 필자의 인생길은 집중과는 거리가 먼 방황과 방황으로 이어진 것이었습니다. 평생 동안 방황하다가 도달한 것이 일생 동안 지혜롭지 못하게 방황했으니까, 그것을 경험으로 앞으로는 방황하지 말고 집중하여 '지혜'에 대해 연구하고, '지혜'를 주제로 글을 써야겠다는 생각을 한 것입니다.

집중하는 것에는 두 가지 의미가 있습니다. 첫째는 어떤 일을 하면서 잡념을 갖지 않고 집중하는 것입니다. 학교에서 높은 점수를 받는 학생은 정신을 집중해서 공부하는 학생입니다. 공부를 하면서 잡념을 갖고 딴 생각을 한다면, 공부가 잘 될 수 없습니다. 학교의 성적이 낮은 학생은 늘 주의를 집중하지 못하고 딴 생각이나 망상을 하는 학생입니다. 그런 학생들은 논리적이고 합리적인 사고를 필요로 하는 일보다는 창조력과 상상력을 필요로 하는 예술 분야에서 일을 하면 좋으리라 생각합니다.

둘째는 인생을 살아가면서 인생의 목표를 바꾸지 않고 한 가지 일에 몰두하는 것입니다. 어떤 사람들은 인생의 목표가 여러 번 바뀝니다. 교사가 되려고 했다가 교사가 되는 것이 어려우니까, 다른 직업을 선택하는 경우도 있습니다. 정치가가 되겠다고 목표를 세웠다가 정치계의 모습에 실망을 하거나 넘어야 할 벽이 너무 높다고 판단하여 다른 직업을 선택하는 사람도 있습니다. 어른이 되었을 때, 어릴 때의 꿈을 그대로 실현하여 살아가고 있는 사람이 얼마나 되겠습니까? 어른이 되어 돈을 좀 벌고 난 후에 자신의 꿈을 실현하지 못한 것을 후회하고, 옛날에 가졌던 꿈을 실현하려는 사람도 많습니다. 물론 어느 정도를 실현할 수 있겠지만, 대부분의 사람들은 제대로 꿈을 펴지 못하고 인생을 마감합니다.

집중력은 모든 사고와 지각을 하나로 모아 효율성을 높혀 줍니다. 집중은 하나의 목표에 몰두하는 것입니다. 집중은 하나로 모아짐으로 큰 힘을 발휘합니다. 우리는 흥미롭거나 위태로울 때, 집중력은 높아집니다. 손에 땀을 쥐게 하는 경기를 볼 때는 집중하려고 애쓸 필요가 없을 만큼 집중이 되는데, 그것은 자신이 보려는 것에 흥미가 강하기 때문입니다. 우리가 위태롭거나 교통사고와 같이 급박한 상황에 처했을 때도 무서운 집중력이 발휘됩니다. 순간의 집중력 때문입니다.

집중력은 관심이 없는 일에도 주의를 기울일 수 있는 능력을 말합니다. 집중력은 모든 정신을 하나의 일이나 행위에 모으는 능력입니다. 보통 사람은 의식적으로 생각을 한 곳으로 모았다고 해도 그 생각들은 언젠가 흩어지고 맙니다. 집중력은 하나로 모아진 생각을 오랜 동안 유지하는 능력이기도 합니다. 실제로 오랜 동안 유지하기는 어렵습니다. 그러나 훈련을 통해 집중력을 지속적으로 유지시킬 수 있으며, 몰입하는 시간을 늘릴 수 있습니다. 왜냐하면 모든 인간에게, 적어도 건강한 사람들에게는 이미 주어진 능력이기 때문입니다.

집중력은 의지에 달려 있습니다. 주의력을 분산시키는 요인을 제거해야 집중력이 향상됩니다. 집중력을 흐트러뜨리는 요인은 다양합니다. 먼저 생각할 수 있는 것은 주변 환경 속에 있는 방해 요인들입니다. 텔레비전 소리, 부엌에서 풍기는 음식 냄새 등을 생각할 수 있습니다. 건강도 우리의 주의 집중을 방해할 수 있습니다. 감기 기운이 있어 육체의 상태가 나쁘면, 주의를 집중하기 어렵습니다. 또 우리가 흥미와 관심이 부족한 일을 할 때, 집중하기가 힘듭니다. 목표의식과 체계적인 계획이 부족해도 집중이 잘 안 됩니다. 무엇보다도 심리적으로 불안하고, 자기가 하는 일에 대한 확고한 필요성을 갖지 못하고 부정적인 생각을 가질 때, 집중하기가 어렵습니다. 그러나 우리가 목적의식만 뚜렷하다면, 충분히 극복할 수 있다고 생각합니다.

에버하르트 호이엘 씨는 집중력을 강화하기 위한 다음과 같은 24가지 조언을 하고 있습니다.

1) 자기 진단부터 시작해라

2) 한 가지 일에만 집중하라

3) 자신의 바이오리듬을 따르라

4) 나만의 방어벽을 쳐라

5) 체계적으로 계획을 세워라

6) 감각기관을 예리하게 연마해라

7) 기억력을 단련해라

8) 동기를 부여하여 의욕을 높여라

9) 일단 저지르고 나서 생각하라

10) 집중을 가로막는 걸림돌을 제거하라

11) 과도한 부담을 피해라

12) 효율적인 작업 환경을 만들어라

13) 우선순위를 정해라

14) 건강한 생활습관을 들여라

15) 자신의 강점에 집중 투자해라

16) 가끔은 일탈을 감행해라

17) 건강관리에 힘써라

18) 목표를 확실하게 정해라

19) 사고의 흐름을 조절해라

20) 고민거리는 상상 속에서 축소시켜라

21) 사적인 문제는 시간을 정해놓고 고민해라

22) 몸과 마음의 에너지를 충전해라

23) 자신에 대한 편견에서 벗어나라

24) 끈기 있게 버텨라

긍정적인 사고를 가져라

열일곱 번째로 우리가 목표로 하는 일을 이루려면, 매사에 긍정적인 사고를 하는 사람이 되어야 합니다. 세상에는 긍정적인 사고를 하는 사람과 부정적인 사고를 하는 사람이 있습니다. 긍정적인 사고를 가진 사람은 어떤 정책이 발표되면 그 정책의 좋은 점을 찾아 일을 이루려고 하나, 부정적인 면만을 보는 사람은 그 정책의 나쁜 면만 보고 반대만 합니다. 심지어는 반대를 위한 반대를 하기도 합니다. 어떤 일에도 긍정적인 면과 부정적인 면이 있습니다. 어떤 조직의 지도자가 어떤 정책을 제시했을 때는 충분히 생각하고 주위의 사람들과 의논한 후에 내놓았을 것입니다. 그렇다면 그가 지도자로 있는 동안 그가 추진하고자 하는 일을 도와 업적을 낼 수 있게 도와주어야 할 것입니다.

그리고 우리 개인이 하는 일도 그렇습니다. "만일 당신이 그것을 믿는다면, 그것은 믿는 대로 된다."는 말이 있습니다. 우리가 어떤 일을 하거나 인생을 살아가면서 굳센 믿음을 가지고 살면 그대로 이루어진다는 것입니다. 우리가 머리로 생각하는 일이 이루어질 것이라는 믿음을 갖고 살면 실제로 이루어진다는 것입니다. 우리가 만일의 경우 뚜렷한 신념을 가지고 집요하게 되풀이하고 되풀이하여 마음에 영상을 그린다면, 그 모든 영상은 우리의 생애 중에 반드시 구현된다는 것입니다. 굳센 믿음을 가지고 살면 언젠가는 우리의 꿈이 이루어지는 것입니다.

사람은 마음을 먹기에 따라 천국이 지옥으로 되기도 하고, 지옥을 천국으로 만들기도 합니다. 우리는 똑같은 세상을 살면서 행복해 하는 사람이 있고, 불행하다고 생각하는 사람이 있습니다. 상담학에 보면 우리는 똑같은 인생을 살면서 좋은 일만 기억하는 사람이 있고, 불행했던 일만 기억하는 사람이 있다는 말이 있습니다. 어떤 사람은 과거에 있었던 나쁜 일, 예를 들면 교통사고가 났던 일, 직장에서 싸웠던 일, 승진에 떨어졌던 일만 기억하고, 어떤 사람은 좋았던 일, 예를 들면 아기를 낳았던 일, 직장에서 즐거웠던 일, 승진했던 일을 기억한다는 것입니다. 성경에도 항상 기뻐하고 항상 감사하라고 말하지 않았습니까?『벽암록』에도 운문 선사의 화두로 '일일시호일日日是好日'가 있습니다. 매일 매일이 좋은 날이라는 것입니다. 매일 매일을 좋은 날로 생각하지 못하는 사람은 지혜롭지 못한 사람입니다.

우리가 상식으로 다 아는 바와 같이 예수님은 무수히 많은 기적을 행하셨습니다. 문둥병자를 치료했으며, 장님의 눈을 뜨게 했으며, 앉은뱅이를 일어나게 했으며, 귀신 들린 자에게서 귀신을 쫓아냈으며, 심지어는 죽은 사람을 살리기도 했습니다. 기독교적으로 보면, 예수님이 하나님이시기 때문에 이런 기적을 행하시는 것은 당연하다고 설명할 수 있습니다. 그러나 기독교의 신앙이 없는 사람들이 보면 수긍이 안가는 일일 것입니다. 기독교의 신앙이 없는 사람이 성경을 한 권의 일반책으로 읽는다면, 일반인들은 예수님은 긍정적인 믿음으로 기적을 행했다고 말할 것이라고 생각합니다.

예수님이 이런 기적을 행하는 비법의 열쇠는 믿음이라고 생각합니다. 예수님은 여러 곳에서 "너의 믿음이 네 병을 고쳤다."라고 말씀하십니다. 베드로가 물위를 걸어오시는 예수님을 보고, 자기도 그렇게 걷게 해달라고 말씀을 드립니다. 베드로가 물 위를 걸으려고 시도합니다. 그러나 베드로는 실패합니다. 그러자 예수님이 "믿음이 부족한 자야"라고 말씀하십니다. 믿음이 부족해서 물 위를 걷지 못한다는 것입니다. 그러면서 한 겨자씨만한 믿음이 산을 옮길 수 있다고 말씀하십니다. 그러나 사도행전 9장에 보면 베드로가 죽은 자를 살리는 장면이 나옵니다. 그때는 베드로의 믿음이 커졌기 때문이라고 생각합니다.

기도가 이루어지는 것도 마찬가지 입니다. 기도는 불교에도 기독교에도 다른 종교에도 있습니다. 수많은 사람이 기도에 응답을 받았다고 말합니다. 또 많은 사람은 기도에 대해 응답을 받지 못했다고 말합니다.

기독교는 구하는 것을 이미 다 받았다고 말하기도 합니다. 그래서 목사나 신부 중에는 우리가 구하는 것은 이미 다 받았다고 설교하거나 강론을 하는 분도 있습니다. 지금 자신의 모습에 감사하고 기뻐하는 사람은 기도의 응답을 이미 받은 것이라고 생각합니다. 그럼 정말로 기도를 통해 응답을 받을 수 있는 사람은 누구인가요? 예수님은 기도의 응답을 받는 열쇠도 믿음이라고 말씀하십니다. 마태복음 21장 22절에 보면 예수님은 "믿고 구하는 것을 다 받으리라."고 말씀하셨습니다. 문제는 믿음과 긍정적인 사고입니다.

어떤 의미에서 기독교는 믿음의 종교입니다. 아니 모든 종교가 믿음의 종교입니다. 종교에는 우리가 이성으로 믿기가 힘든 것이 많습니다. 왜냐하면 종교는 우리가 이성으로 논리적으로 합리적으로 이해할 수없는 것에 대해 말해 주기 때문입니다. 예를 들면, 우리는 어디서 왔다가 어디로 가는지 모릅니다. 종교는 우리가 어디서 왔다가, 어디로 가는지 말합니다. 종교는 우리가 이성으로 이해할 수없는 것에 대해 답을 해주기 때문에 믿기가 힘든 것이 많습니다. 그래서 종교는 우리에게 믿음을 요구합니다.

싸르트르는 우리 마음속에 조금의 믿음도 없다고 말합니다. 과연 우리의 마음 속에 얼마만큼의 믿음이 있는지 묻고 싶습니다. 성공도 실패도 마음먹기에 달렸다는 말이 있습니다. 마음을 긍정적으로 먹고, 열심히 일을 하면 하는 일들을 성공할 수 있고, 마음을 부정적으로 먹고 좌절 속에서 일을 하면 성공하기 힘든 것은 당연한 일입니다. 긍정적으로 생각하고 열심히 일을 해도 제대로 이루어지기 힘든데, 부정적인 마음 자세를 가지고, 어떻게 일을 이루겠습니까?

병을 고치는 것도 의사의 능력을 믿고 치료를 계속할 때 병이 쉽게 고쳐질 수 있다고 말합니다. 만일 의사의 능력을 의심하고 계속 회의감을 갖는다면, 병이 치료될 수 없을 것입니다. 암이 생기면 암과 친구가 되어 밝고 긍정적인 사고방식을 가지고 살면, 고쳐진다는 의사들의 말을 종종 듣습니다. 그리고 배가 아플 때, 소화제라고 거짓말을 하고 밀가루를 약봉지에 넣어 주었을 때, 밀가루를 먹고 병을 고쳤다는 이야기는 너무나 유명한 이야기입니다.

"믿음은 바라는 것들의 실상이요 보지 못하는 것들의 증거니"(히브리서 11장1절)라는 말이 있습니다. 믿음은 바라는 것들의 실상이라는 말입니다. 믿음은 바라는 것들이 이루어지게 하는 힘입니다. 또한 보이지 않는 것들의 증거입니다. 굳게 믿고 나가면 대부분의 일들이 이루어지기 때문입니다. 우리 삶 속에서도, 젊었을 때의 꿈을 굳게 믿고 행함으로 이루어지는 것을 볼 수 있습니다. 꿈은 이루어집니다. 루터 킹 목사가 부르짖었던 "흑인이 피부색이 아닌 인격으로 대접받는 세상이 오기를 바라는 꿈이 있다."고 외쳤는데, 그의 꿈은 이루어졌습니다. 흑인들이 인격으로 대우 받을 뿐 아니라 흑인 대통령도 나왔습니다.

신념이나 신앙은 마력입니다. 링컨이나 존 F. 케네디 같은 대통령은 젊어서부터 굳은 신념을 가지고 자기의 인생을 계획했습니다. 클린턴 대통령은 대학시절에 백악관에서 존 F. 케네디 대통령을 만나면서 미래의 꿈을 키웠다고 합니다. 김구 선생이나 이승만 박사도 젊은 날에 나라의 독립에 대한 확신과 꿈을 가지고 독립운동을 했습니다. 신앙도 마력입니다. 종교적 신앙으로 많은 기적을 일으킵니다. 신앙의 힘으로 많은 병을 고치기도 합니다. 조용기 목사를 비롯하여 여러 사람들이 병을 고치는 은사를 받아 믿음으로 멀리 떨어져 있는 사람들의 병까지 고치기도 합니다.

긍정적인 사고와 신념은 성공의 중요한 요소입니다. 우리는 실패했을 때, 남을 탓해서는 안 됩니다. 우리가 어려움에 처했을 때, 자기 자신 때문이라는 생각을 가지고 극복해야 합니다. 실패가 성공이 시작되는 자리라는 긍정적 사고와 신념을 가지고 어려움을 극복하고 성공의 길을 열어야 합니다. 미래에 펼쳐질 자신의 길은 자신이 만들어 가야 합니다. 누구도 우리의 길을 열어 줄 사람은 없습니다. 우리는 자신의 길을 긍정적 사고와 신념을 가지고 자신이 만들어 가야 합니다.

일어난다고 생각하면 반드시 일어납니다. 우리가 일을 계획할 때 성공했을 때를 상상하라는 말이 있습니다. 어떤 일을 계획할 때, 성공했을 때를 상상하라는 것입니다. 정치가가 되려는 사람은 국회의원이나 대통령에 당선되었을 때를 상상하라는 것입니다. 시인이나 소설가가 되려는 사람은 노벨문학상을 받았을 때를 상상하라는 것입니다. 남이 보기에는 조그마하고 보잘것없는 일을 시도하는 것 같지만, 성공했을 때를 상상하고 일이 잘 진행되리라 생각해야, 열심히 일할 수 있습니다. 자기가 하는 일이 너무 작고 초라해 보이면 일을 진행할 수 없습니다. 성공했을 때를 상상하면 열심히 일할 수 있고, 성공이라는 사건이 일어난다고 생각하면 반드시 일어납니다.

참을성 있는 사람

필자는 앞에서 인생의 목표를 세우는 데 고려해야 할 것들에 대해 기술했습니다. 좋아하고 잘 하는 일을 목표로 삼아야 하고, 용기 있게 미개척 분야를 선택하고, 남의 충고에 귀를 기울이며, 긍정적인 사고를 가지고, 집중하여 최선을 다 해야 한다고 말했습니다. 그러나 글로 쉽게 썼지만, 실제로 실천을 한다는 것은 쉬운 일이 아닙니다.

우리가 자기가 세운 인생의 목표를 성공적으로 달성하기 위하여 몇 가지 원칙을 지켜야 합니다. 개인적으로 지켜야 할 것이 있고, 타인과의 관계에서 지켜야 할 것이 있습니다. 개인적으로는 자기가 세운 목표가 흔들리지 말아야 하고, 주어진 시간을 잘 사용하며, 긍정적인 믿음을 가지고 집중하여 한 우물을 파야 합니다. 한 우물을 깊이 파도 물이 나올지 안 나올지 모르는데, 여기저기를 조금씩 판다면, 우물을 만드는데 성공하기가 힘들 것입니다.

타인과 관련된 것으로는 인간관계를 잘 맺는 것입니다. 우리는 세상을 혼자 살아갈 수 없습니다. 우리는 가정 속에 존재하며, 학교를 다니며, 친구도 사귀고, 직장에 다니며 직장동료도 알게 됩니다. 우리는 일만 하는 것이 아니고 취미활동도 하고, 사회활동이나 종교활동도 합니다. 이러한 활동들도 원만한 인간관계가 성립되어야 제대로 할 수 있습니다. 멀리 가려면 함께 가라는 말이 있습니다. 우리가 노년까지 살아가려면, 더불어 살아야 합니다.

우리는 목표를 달성하기 위해 개인적으로 여러 가지 각오를 하지만 뜻대로 되지 않습니다. 남들이 하는 일을 보면 더 좋아 보여 마음이 흔들리기도 하고, 주어진 시간을 잘 사용하려고 하지만 마음대로 되지 않습니다. 늘 긍정적인 사고를 하려고 하지만, 일이 제대로 되지 않으면 스럼프에 빠져 좌절하기도 합니다.

다른 사람과의 인간관계도 만족스럽게 이루어지지 않습니다. 가정 안에서도 부부간에 불만이 많으며, 자녀들도 제대로 말을 듣지 않습니다. 어떤 사람은 학교에서 친구를 제대로 사귀지 못해 왕따를 당하기도 합니다. 직장에서도 구성원들이 서로 경쟁하다가, 서로 패를 나누고 서로 증오하는 상황이 되기도 합니다. 나쁜 인간관계는 항상 가까이 있는 사람들 사이에서 생깁니다. 우리는 가정에서 학교에서 직장에서 가까이 있는 사람들이 우리에게 스트레스를 줍니다.

우리는 인생의 목표를 세워 놓고 살아가는 과정에서 어려운 일을 많이 당합니다. 가깝게는 우리 주위에 여러 가지 공무원 시험을 준비하는 사람들이 있습니다. 고시학원들이 모여 있는 고시촌에는 여러 가지 사연이 있는 사람들이 모여 행정고시, 사법고시, 외무고시, 일반 공무원, 경찰 공무원, 소방 공무원 등의 시험에 합격하기 위하여 공부하고 있습니다. 그들은 여러 가지 어려움을 가지고 있습니다. 그들 중에는 나이가 많거나 결혼을 해서 시간에 쫓겨 초조해 하는 사람들도 있습니다. 네 번 혹은 다섯 번이나 불합격해서 좌절 속에서 지내는 사람도 있습니다. 부모님이나 이성異性 친구의 기대를 충족시키지 못해 스트레스를 받는 사람도 있습니다. 경제적 어려움으로 주거지조차 확보하지 못해 쫓기는 신세가 된 사람도 있습니다. 공무원이 되고자 하는 사람들에게도 이렇게 많은 어려움과 고통이 있습니다.

어려움과 고통은 공무원이 되려는 사람에게만 있는 것이 아닙니다. 중고등학교 교사나 대학교수가 되려는 사람들에게도 유사한 고통이 있습니다. 요사이 중고등학교 교사가 되는 것은 사법고시나 외무고시에 합격하는 것에 비유되곤 합니다. 학생의 수는 줄어들어 학교의 규모는 작아지는데, 1년에 수만 명이 교사자격증을 가지고 대학과 교육대학원을 졸업합니다. 수만 명 중에서 몇 백을 뽑으려니 그 경쟁은 늘 수십 대 일이 됩니다.

대학교수가 되려는 사람의 어려움은 더 하다고 볼 수 있습니다. 요사이는 옛날과 달리 박사학위 소지자가 너무 많아 박사 과잉 시대가 되었습니다. 대기업이나 공무원 사회는 말할 것도 없고, 중고등학교와 초등학교에도 박사학위를 가진 사람이 너무 많습니다. 사회가 고학력 사회가 된 것입니다. 그러니까 교수가 되려는 사람은 대단한 참을성과 뼈를 깎는 노력이 없이는 힘든 시대가 되었습니다. 외국에서 박사학위를 받는다고 해도, 그 수가 너무 많아 50세가 되어서도 대학에 전임교수가 되지 못하는 경우가 많습니다. 대학에서 50세까지 강사 생활을 하면서 가정의 가장으로 지내는 사람이 받는 정신적 고통은 말로 표현하기 힘든 일입니다. 오죽하면 고학력의 대학 강사들이 자살까지 하겠습니까? 그래서 교수가 될 것을 목표로 하고 공부하고 강사 생활을 하다가 직업을 바꾸는 사람들도 보았습니다. 그러나 끝까지 목표를 바꾸지 않고 참을성 있게 견딘 사람들은 결국 모두가 교수가 되는 것을 보았습니다.

창업을 하여 자신의 목표를 세우고 자기 기업체를 운영하는 사업가들도 어려움은 마찬가지라고 생각합니다. 생산업을 하든 유통업을 하든 하루가 멀다 하고 변하는 경제 상황 속에서 사업가로 성공하는 것은 쉬운 일이 아닙니다. 속된 말로 사업을 하면서 먹고 사는 것만도 다행이라고 생각하면서 사는 사람도 많을 겁니다. 음식점을 운영하는 사람들이 많은데, 때때로 소고기 파동이니, 비브리오 파동이니, 돼지고기 파동이니, 닭고기 파동이니 하고 예상 밖의 사고들이 발생하니 음식점을 하는 사람들의 고통은 말로 할 수 없으리라 생각합니다.

우리는 이렇게 많은 고통과 어려움 속에 살고 있습니다. 이러한 상황 속에서 또 하나 중요한 것은 '참을성'이라고 생각합니다. 우리는 참을성을 가지고 여러 가지 어려움을 극복하면서 최선을 다해야 합니다. 어려움과 문제가 생길 때 마다, 견디지 못하고 인생의 방향을 바꾼다면, 평생 동안 방황을 하다가 인생을 마감하는 경우가 생길 수 있습니다. 한 가지 일을 위해 끝까지 참고 견디는 사람에게는 확실히 좋은 날이 오리라 확신합니다.

참을 '인忍' 자가 셋이면, 죽을 사람도 살릴 수 있다는 말이 있습니다. 우리는 세상을 살면서 참아야 되는 경우가 너무 많습니다. 우리는 화를 참아야 되는 경우도 있습니다. '화'의 문제를 해결하는 방법은 이 세상에는 '화'를 내게 하는 일도 없고, '화'를 내는 사람도 없고, '화'라는 것도 없다는 사실을 깨닫는 것이지만, 일반인들은 현실적으로는 화를 내는 경우가 많습니다. 말싸움을 할 때, 먼저 화를 내는 사람이 지는 것이라는 말이 있습니다. 두 사람이 말다툼을 할 때, 먼저 참지 못하고 화를 내는 사람이 지는 사람이라는 말입니다. 참아야 합니다. 참지 못하면 지는 것입니다.

참는 것이 미덕이라는 말이 있습니다. 세상과 세상 사람들은 우리가 좋아하는 방향으로만 흘러가지 않습니다. 오히려 우리가 원하지 않는 방향으로 흘러가는 경우가 더 많습니다. 우리 주위에서 마음에 들지 않는 일이 생기더라도 참아야 합니다. 일반적으로 양편으로 갈라진 조직에서 한 쪽이 참아야 조직이 원활하게 돌아갑니다. 참으면서 역지사지하다 보면, 서로 이해가 되어 좋은 관계가 될 수 있다고 생각합니다.

우리는 인생의 목표를 세워놓고 일이 제대로 되지 않더라도 참고 계속해야 합니다. 물론 인생의 방향을 바꿔야 될 경우에는 어쩔 수 없겠지만, 조그마한 유혹에 마음이 흔들려 인생의 방향을 바꾸지 말고, 어려움을 참고 극복해야 합니다. 그리고 인생의 목표를 향해 가면서 만나는 사람들과의 갈등도 참고 역지사지하여 좋은 관계로 변화시켜야 합니다.

참을성 있는 사람은 절제할 줄 아는 인간이라는 말이 있습니다. 우리는 절제하기 힘든 일이 많습니다. 유가철학에서는 혼자 있을 때 삼가라는 말이 있습니다. 그리고 바울은 성령의 9가지 열매를 말하면서, 마지막인 아홉 번째로 '절제'를 말했습니다. 혼자 있을 때 삼가는 것과 '절제'가 매우 어렵기 때문에 마지막으로 말했다고 생각합니다. 우리가 절제할 수 있는 미덕을 갖추면, 어려운 일들을 참고 견디기가 훨씬 쉬워지리라 생각합니다. 우리는 절제를 통해 어려움을 참을 수 있는 힘을 키워야 합니다.

그리고 우리는 여러 가지 어려운 일이 발생하지 않도록 해야 합니다. 그렇게 하는 길은 인생의 목표를 지혜롭게 세우는 것입니다. 지혜롭게 잘 세운다는 것은 자기에게 적합하게 세우는 것입니다. 자기가 좋아하는 것을 목표로 세워 주위의 유혹에 흔들리지 않고, 긍정적인 사고를 가지고, 항상 즐거운 마음으로 인생을 살아가는 것입니다. 그러면 우리가 참아야 할 고통과 괴로움도 훨씬 적게 발생하리라 생각합니다.

포기하지 말라

올림픽 경기의 절정은 중간에 있지 않고 마지막에 있습니다. 올림픽의 절정은 대미를 장식하는 마지막 경기인 마라톤입니다. 마라톤은 42.195Km를 달리는 인간의 한계를 테스트하는 경기입니다. 보통 사람들은 완주할 것을 엄두도 내지 못합니다. 인간 체력의 한계를 시험하는 운동이기 때문입니다. 물론 올림픽 경기의 대미를 장식하는 마라톤에서 누가 우승을 하느냐 하는 것도 중요합니다. 그러나 더 의미가 있는 것은 참가자들이 힘이 들어 중도에 포기하지 않고 끝까지 달리는 것입니다.

마라톤은 올림픽에서만 거행되는 경기가 아닙니다. 우리나라에서만도 춘천마라톤대회, 동아마라톤대회 등 국제적인 마라톤 대회가 많습니다. 물론 미국을 비롯한 여러 나라에도 마라톤 대회가 있습니다. 올림픽을 제외한 마라톤 대회의 특징은 일반 마라톤 애호가들이 참석한다는 것입니다. 일반인들이 마라톤 선수들과 함께 뛰는 것입니다. 일반인들이 시합에 참석하여 중도에 포기하지 않고, 완주하는 데 의미가 있는 것입니다. 일반인들은 마라톤 대회에 참석해서 달리다가 중도에 포기하는 사람이 많습니다. 포기하지 않고 끝까지 달리는 것이 중요합니다.

2010년 10월 24일에 있었던 춘천 마라톤 대회는 대 장관을 이룬 인간 드라마였습니다. 케냐의 킵투 콜룸이라는 31세의 젊은 사람이 2시간 7분 54초라는 대회 신기록으로 우승을 했습니다. 춘천마라톤대회는 누가 우승을 했느냐보다도 뒤에 숨은 이야기가 더 흥미 있고, 의미가 있다고 생각합니다. 이번 대회에는 위암 수술을 한 후에 건강한 몸을 만들어 마라톤 코스를 완주한 박채락 씨가 있었고, 폐암 투병을 하는 장모를 위해 뛴 김희성 씨가 있었습니다. 맹호 부대 47명은 군인 정신으로 모두가 완주하는 기록을 세우기도 했습니다. 무엇보다도 장관을 이룬 것은 소아마비 공경은 씨가 모든 고통을 이겨내고 5시간 5분 만에 완주를 한 것입니다. 바로 이것입니다. 공경은 씨는 우승자보다 2배가 넘는 시간을 달려서 골인했지만, 누구보다도 위대한 경주를 한 것입니다. 공경은 씨는 달리다가 걷다가 뛰다가 쉬다가 뛰면서 포기하지 않고 결국 마라톤 코스를 완주한 것입니다. 우리의 인생도 이와 같은 것입니다. 목적지에 도착하는 데 걸리는 시간은 짧을 수도 있고, 오래 걸릴 수도 있습니다. 위대하고 훌륭한 것은 포기하지 않고 마지막까지 달리는 것입니다. 우리가 얼마만큼의 업적을 남기느냐 하는 것은 우리가 결정할 수 있는 것이 아닌 듯 합니다. 우리가 할 수 있는 것은 포기하지 않고 마지막까지 달리는 것입니다.

마라톤 애호가들은 출발할 때는 끝까지 뛰겠다고 마음을 먹지만, 중간에 완주를 포기하는 사람들이 많습니다. 마치 우리 인간들이 인생의 목표점을 향해 달리다가 중간에 포기하고 다른 길로 가는 것과 같습니다. 우리는 인생이라는 마라톤에서 걷다가 뛰기를 반복하더라도 끝까지 뛰어야 합니다. 우리는 인생길을 달리다가 도중에 하차하는 경우가 많습니다. 도중에 가던 길을 포기하고 하차하지 말아야 합니다. 자기가 원하지 않던 길을 달린 사람은 돈을 벌고 난 다음에, 전에 생각했던 목표를 잊지 못해 다시 옛길을 찾아옵니다. 그러나 그때는 새롭게 시작하기에는 너무 늦은 시기인 경우가 많습니다.

현대는 성인成人들을 위한 평생교육의 시대라고 말하는 사람도 있습니다. 평생교육기관도 많이 생겼지만, 일반대학교의 학부에도 50세가 넘는 분들이 많이 다닙니다. 젊은 날에 피우지 못했던 꿈을 이루기 위해서입니다. 만년에 대학교에 다니는 분들 가운데는 석사학위와 박사학위를 받는 분도 있고, 창작품으로 문단에 데뷔하는 분들도 있습니다. 그림을 배워 전시회를 여는 분도 있고, 폴 포트 씨처럼 늦게 음악을 배워 성악가로 대중가요가수로 활동하는 사람도 있습니다. 자기 인생의 목표를 포기하지 않고, 끝까지 달려 결국 성공하는 사람들입니다.

인생의 목표가 없는 사람은 죽은 사람입니다. 젊은이나 늙은이나 인생의 목표를 가지고 살 때, 젊음을 유지하고 힘차게 살아갈 수 있습니다. 우리는 인생의 목표를 포기하지 않고, 계속 미래를 향해 달려가야 합니다. 우리는 때때로 철인 3종 경기나 사막을 가로 질러 걷거나 달리는 경기를 봅니다. 인간의 한계를 시험하는 경기입니다. 우리는 그런 경기에 참여한 사람 중에서 중도에 포기하는 사람과 끝까지 달리는 사람을 봅니다. 1등을 한 사람보다 꼴찌를 하면서도 끝까지 달리는 사람이 더 아름답습니다.

우리는 인생의 목표를 향해 끝까지 달려야 합니다. 인생의 목표에 도달하는 것도 좋지만, 그 과정이 더 아름답습니다. 우리가 매일매일 좋아하는 일을 하면서, 삶의 보람을 느낄 수 있는 일을 하면서, 사는 과정이 더 위대합니다. 우리는 타고난 두뇌의 조건이나 환경에 따라 우리의 의지와는 상관없이 크게 이루기도 하고, 작게 이루기도 합니다. 어떤 사람은 가수로서 성공하여 국민가수라는 소리를 들어 좋기도 하지만, 어떤 사람은 그들의 흉내를 내는 모창가수라도 자신의 위치에 만족하고 열심히 노래를 부르는 모습이 아름답습니다. 그렇게 노래를 부르다 보면, 「큰 바위 얼굴」이라는 작품에서 보듯이 포기하지 않고 계속 노래를 부르면, 언젠가는 모델로 삼았던 가수와 같이 성공한 가수가 될 수 있다고 생각합니다.

우리는 우리 인생의 목표를 포기하지 말아야 합니다. 왜냐하면 자기가 하고 싶었던 일을 못하고 돈을 벌기 위해 하루하루를 일하면서 보낸다면, 그것만큼 허무한 일이 없기 때문입니다. 우리 인생의 목표를 포기하는 것은 자살하는 것과 마찬가지입니다. 때때로 개인의 형편으로 궤도를 바꿀 수밖에 없더라도 빨리 궤도를 바꿔 본 궤도에 복귀해야 합니다. 우리는 우리의 길을 가야 합니다. 우리는 자기의 길이 아닌 곳으로 가면 안 됩니다. 자기의 길로 계속 가다 보면, 모든 것이 뜻대로 이루어집니다. 왜냐하면 세상에 불가능은 없기 때문입니다.

불가능은 없다

인생의 목적을 세우고 사는 우리들이 마지막으로 가져야 할 생각은 '불가능은 없다'는 생각이라고 생각합니다. 우리는 우리의 인생목표를 향해 살아가면서 너무 어려운 일을 많이 당합니다. 그러나 장애우들이 어려움을 극복하고 농구를 하거나 수영을 하는 모습을 보면서 게을렀던 자신에 대해 반성하게 됩니다. 심지어는 손이 없는 젊은이가 정상인들과 레슬링을 하여 메달을 따는 모습을 보면, 정말로 부끄럽기 끝이 없습니다. 어려운 여건에 있으면서도, 그러한 어려움을 극복하고 성공하는 모습은 우리에게 불가능은 없다는 생각을 갖게 합니다.

호주 사람 닉 부이치치 씨는 팔과 다리가 없는 사람입니다. 그러나 그는 수영·골프·파도타기 등을 비롯한 여러 가지 운동을 하며, 세계를 돌아다니며 강연 활동을 하고 있습니다. 스물일곱 살인 닉 부이치치 씨는 지금까지 4명의 대통령을 만났고, 5개국의 국회에서 연설하였으며, 370만 명의 청중을 대상으로 용기를 북돋웠으며, 여전히 3만 회 가까운 강연 요청을 받고 있다고 합니다. 닉 부이치치 씨는 밝은 모습으로 세상의 어려움을 극복하고 살아가는 모습을 통해 세상 사람들에게 희망을 주고 있습니다.

닉 부이치치 씨는 어렸을 때, 아이들이 외계인이라고 놀려 죽고 싶었다고 합니다. 냉장고를 열고 콜라를 꺼내 먹을 수도 없고, 혼자서 밥을 먹지 못하는 것도 우울했다고 합니다. 그래서 그는 자살을 시도하기도 했답니다. 그러다가 성경에서 제자들이 예수님께 "나면서 눈이 먼 사람을 가리키며 누구의 죄 때문입니까?"라고 물었을 때, 예수님이 "이 사람이 죄를 지은 것도 아니다. 그의 부모가 죄를 지은 것도 아니다. 하나님께서 하시는 일들을 그에게서 드러내시려는 것이다."라는 구절을 읽고 그가 세상에 태어난 것은 세상 사람들에게 희망과 용기를 주기 위해서라는 것을 깨달았다고 말합니다. 그는 자기로 인해 희망을 갖고, 꿈을 포기하지 않는 사람이 많기를 바랐습니다. 그리고 그는 세상에 자기를 필요로 하는 사람이 많다는 사실을 알고 있습니다. 닉 부이치치 씨의 모습은 어렵고 힘든 삶을 살아가고 있는 우리에게 희망을 주고 있습니다. 우리가 살아가다가 좌절감을 느낄 때 마다, 불가능은 없다는 생각을 갖고 새로운 출발을 할 수 있게 해줍니다.

장애인으로서 어려움을 극복하고 성공한 사람은 많습니다. 1880년 6월 27알에 태어나서 1968년 6월 1일에 죽은 헬렌 켈러는 인문계 학사를 받은 첫 시각과 청각 중복장애인이며, 미국의 작가이며, 인종차별을 반대한 사회주의 운동가이며, 교육자였습니다. 우리는 영화를 통해서 그녀가 설리반 선생님과 어떻게 공부했는지를 보았습니다. 그리고 그녀는 우리를 감동시키는 글들을 썼습니다. 제가 고등학교 시절에 읽은 헬렌 켈러의 「내가 만일 삼일 동안 눈을 뜰 수 있다면」이라는 글은 매우 감동적인 글이었습니다. 우리는 그녀의 모습을 보면서도 불가능은 없다는 생각을 합니다. 그리고 세상에 대해 여러 가지 불만을 하다가도 건강한 몸을 가지고 있는 한 가지만으로 감사해야 한다는 생각을 갖게 합니다.

우리나라에도 장애우 예술가들이 많습니다. 입으로 붓을 물고 그림을 그리는 사람이 있는가 하면, 발가락에 붓을 꽂고 그림을 그리는 사람도 있습니다. 뇌성마비인 시인이 있는가 하면, 뇌성마비인 성악가도 있습니다. 불구인 손을 가지고 피아노를 치며 피아노 교사를 하는 사람이 있는가 하면, 네 손가락으로 피아노를 치는 피아니스 희야에 대한 이야기가 영화로 되어 많은 사람들의 심금을 울리기도 했습니다. 두 손이 없으면서도, 어부나 농사일을 하는 사람도 있습니다. 시각 장애인이면서 미국 백악관의 대통령 보좌관이 된 강영우 씨 같은 분도 있습니다. 구족화가인 김선애 씨는 40세에 장애 판정을 받고 손을 사용할 수 없어서 입에 붓을 물고 그림을 그리는데, 입으로 그림을 그리는 것이 너무 힘들어 몇 번이나 자살하려고 했다고 말합니다. 자살을 시도한 사람이 김선애 씨뿐이겠습니까? 무수히 많은 장애우들이 자살을 시도했으리라 생각합니다.

우리는 장애우면서, 특별히 그들이 가진 육체적 조건으로는 도저히 할 수 없어 보이는 일을 하는 분을 보면 머리가 숙여지고, 부끄러워집니다. 우리는 여러 가지 핑계를 대면서 자기가 할 일을 피하거나, 게으름을 피우는 경우가 많습니다. 부끄러운 일이 아닐 수 없습니다.

앞에서 필자는 젊은이들에게 대망을 가지라고 말했습니다. 젊은이들은 주저할 수도 있습니다. 자기 자신의 능력을 의심할 수도 있습니다. 그러나 장애우들이 육체적 악조건을 물리치고 살아가는 모습을 보면, 불가능은 없다는 생각을 갖게 됩니다. 장애우들은 본인이 큰 목표를 세워서 국가와 민족을 위해서 큰 일을 하기도 하지만, 희망을 잃고 사는 다른 사람들에게 깨우침을 주고 새로운 각오로 삶을 새로히 출발할 수 있게 해주는 훌륭한 스승이기도 합니다.

나폴레옹은 "자기 사전에는 불가능은 없다"고 말했다고 합니다. 우리 인생은 어차피 미완성입니다. 우리는 죽는 날까지 열심히 살다가 갈 수밖에 없는 운명을 타고 났습니다. 우리가 할 수 있는 것은 성실하게 노력하는 길 외에는 없습니다. 우리의 머리도 부모도 타고난 환경도 바꿀 수 없습니다. 우리가 할 수 있는 것은 대망을 가지고 '불가능은 없다.'는 생각을 가지고 최선을 다 하는 길밖에 없습니다.

"불가능은 없다"는 말은 하나의 믿음이며 신앙입니다. '불가능은 없다.'는 말을 과학적으로 증명하거나 논리적으로 설명할 수 없을지 모릅니다. 그러나 믿음을 가지고 살 때, 우리에게는 꿈이 있고, 희망이 있습니다. 믿음은 바라는 것들의 실상이며, 보이지 않는 것들의 증거라고 했습니다. 우리는 불가능은 없다는 긍정적 믿음을 가지고 우리가 세운 인생의 목표와 꿈을 향해 달려야 합니다.

5_'내 탓이오'라고 말하는 사람

종교의 경전은 항상 감사하고, 항상 기뻐하라 말하고, "매일 매일이 좋은 날 日日是好日"이라고 말합니다. 그러나 우리는 제대로 실천하지 못합니다. 사람들은 살아가면서 불만이 많습니다. 우리가 시도했던 일이 뜻대로 되지 않는 경우가 많고, 주위를 보면 나보다 노력을 하지 않은 것으로 생각되는데, 나보다 성공한 사람이 많습니다. 주위를 보면 나보다 돈이 많은 사람이 너무 많고, 나보다 지식이 더 많은 사람이 너무 많습니다. 나보다 출세한 사람이 너무 많고, 나보다 인기가 더 많은 사람이 너무 많습니다. 우리는 세상이 불공평하게 생각되어 불만을 갖게 됩니다. 학생들도 불만이 많습니다. 초등학교 학생들은 놀고 싶은데, 학교에서는 공부만 시키고 숙제도 많습니다. 그것만이 아닙니다. 집에 오면 과외공부도 해야 합니다. 피아노 학원에도 가야 하고, 미술학원에도 가야 합니다. 영어 회화 선생님이 집에 찾아와서 지도하기도 합니다. 중학교와 고등학교 학생들도 불만이 많습니다. 본인이 하고 싶은 미래의 희망과 부모님이 원하는 미래의 희망이 다르기 때문입니다. 학생들은 자기가 하고 싶은 일을 하기를 원하고 부모님은 돈을 잘 벌 수 있거나 사회적으로 존경을 받는 직업을 갖기를 바랍니다. 2010년에는 연예인이 되기를 원하는 13세가 되는 아들이 판사가 되라고 말씀하시는 아버지를 죽이려다가 화재로 가족 모두를 죽이는 불행한 일도 있었습니다.

대학생들도 불만은 많습니다. 학생들이 가지고 있는 중요한 목표는 취직입니다. 물론 대학원이나 외국으로 유학을 가려는 사람도 있습니다. 취직이 안 되거나 유학을 가지 못하는 학생들은 남을 원망합니다. "학교가 유명하지 못해서 취직이 안 된다. 아버지가 빽이 없어서, 아버지가 돈이 없어서 취직이 안 된다. 또 다른 학생들은 대통령이 정치를 잘못해서, 일자리가 생기지 않아서 취직을 못한다. 어떤 학생들은 세계경제가 제대로 풀리지 않아서 취직이 안 된다"고 불만을 말합니다.

자신의 일이 제대로 되지 않는다고 불만하는 사람들이 어찌 학생들뿐이겠습니까? 가정주부도 마찬가지입니다. 주부가 가정살림을 하면서, 어려우면 불만을 털어 놓습니다. 어떤 주부는 남편의 수입이 적어 살림하기가 어렵다고 말합니다. 다른 주부는 물가가 비싸서 가계비가 많이 들어 힘들다는 것입니다. 다른 주부는 정부가 교육정책을 잘못 세워 사교육비가 많이 들어 살기가 힘들다고 말합니다. 남편들도 할 말은 있습니다. 아내가 화장품에 돈을 많이 쓰거나 쓸데없는 곳에 돈을 많이 사용해 살림이 어렵다는 것입니다. 다른 남편은 아내가 월급을 규모 있게 사용하지 못해 살림이 어렵다고 말합니다. 남편은 아내를 아내는 남편을 잘못 만나서 집안 살림이 어렵다는 것입니다.

우리는 세상을 살면서 다른 사람을 탓하거나 주위 환경을 탓하면서 삽니다. 그러나 다른 사람을 탓하거나 주위 환경을 탓해서는 문제가 해결되지 않습니다. 자기 주위에 생기는 일의 원인은 자기 자신이라 생각하고, 극복하려고 노력해야 합니다. 타인과 주위 환경을 원망해서는 근본적으로 문제가 해결되지 않습니다. 타인은 달라지지 않기 때문입니다. 다른 사람에게 당신 때문에 일이 제대로 해결되지 않는다고 말하면,

그 말에 동의할 사람은 아무도 없습니다. 상황이 더 악화될 수도 있습니다. 타자를 원망해서는 내 문제가 해결되지 않습니다. 내가 현실을 인정하고, 자기의 상황을 극복하려고 노력해야만 문제가 해결됩니다.

만일 어떤 사람이 취직이 안 되거나 가정경제가 어렵다고 다른 사람이나 주위 환경을 원망한다고, 취직문제나 가정의 살림문제가 해결되는 것은 아닙니다. 학생이 취직이 안 되면, 본인이 열심히 공부해서 문제를 해결하려고 해야지, 부모나 학교를 원망한다고 문제가 해결되는 것은 아닙니다. 왜냐하면 경제가 어려워 젊은이들이 아무리 취직이 안 된다고 해도, 시험을 치루어 취직을 하는 사람은 다 하기 때문입니다. 때때로 부정으로 공무원이 되는 사람이 있어 문제가 되나, 그런 문제의 해결은 사법기관에 맡기고, 우리는 자신의 문제를 해결하기 위해 노력해야 합니다. 남편이 무능하거나 아내가 경제 감각이 없어서 살림이 어렵다고 투덜대도, 결국 그 가정에 주어진 조건 안에서 부부가 함께 문제를 해결해야 합니다. 부부가 서로에 대해 불만을 가질 때, 밖에서 그들을 도와 줄 사람은 아무도 없습니다.

우리는 여러 해 전에 가톨릭교계에서 '내 탓이오' 운동을 일으킨 것을 기억하리라 생각합니다. 내게 일어나는 잘못된 일뿐이 아니라 세상에 일어나는 잘못 된 일은 모두 내 탓이라는 것입니다. 내게 나쁜 일이 일어나는 것도 내 탓이지만 교통질서가 제대로 지켜지지 않는 것도, 정부의 관료가 부정부패를 행하는 것도, 어린이 유괴사건도, 묻지마 살인사건도 모두 내 탓이라는 것입니다. 내가 정직하지 못해서 공무원들이 뇌물을 받는 것이고, 내가 교통질서를 지키지 않아서 다른 사람들도 교통질서를 지키지 않는 것이고, 내가 사람들을 사랑하지 않고 사랑을 받아 주지 않아서, 어린이 유괴사건이나 묻지마 살인사건들이 생긴다는 것입니다. 그러니 남을 비난하거나 탓하지 말고, 자기의 탓으로 돌리고 깨끗한 세상을 만들도록 노력하자는 것입니다.

'내 탓이오'라는 사고방식은 매우 불교적인 사고방식입니다. 앞에서도 말한 것과 같이 불교에서는 연기론적으로 봤을 때, 우주의 삼라만상이 한 몸이라는 입장이기 때문에 다른 사람이 어떤 사건이나 문제를 일으켜도, 내가 그 사건이나 문제를 일으킨 것이나 마찬가지라는 것입니다. 어떤 사람이 도둑질을 했다면, 우리가 사랑하는 마음을 갖고 경제적으로 그 사람을 도와주지 않아, 그 사람이 도둑질을 한 것이니 우리 모두의 공동 책임이라는 것입니다. 그러니까 세상에 일어나는 모든 일은 나의 책임이고 내 탓이라는 것입니다.

그렇다고 '내 탓이오'라는 사고방식이 기독교 사상과는 전혀 다르다는 이야기는 아닙니다. 기독교적으로 봐도 세상일에 대해 '내 탓이오'라고 말하는 것은 가능하다고 생각합니다. 우리 모두가 하나님의 창조물이고, 우리 모두가 하나님 앞에서 평등한 존재이고 형제요 자매요 한 가족이라면, 세상에서 일어나는 모든 일은 나의 일이며 내 가족의 일이라고 생각할 수 있을 것입니다. 그리고 예수님이 모든 사람을 평등하게 그리고 따뜻하게 대하셨으니, 세상에 물의를 일으키는 사람들도 한 가족으로 생각하는 것은 잘못된 생각이 아닐 것입니다.

앞에서 필자는 '내 탓이오'라는 말의 의미를 두 가지로 자기 자신에게 일어나는 일과 세상에서 일어나는 일로 나누어 말했습니다. 그리고 자기 자신에게 일어나는 일도 내 탓이고, 세상에서 일어나는 일도 내 탓이라고 말했습니다. 내 문제이든 세상의 문제이든, 남을 탓하고 비난하기보다는 내 탓이라고 생각하고, 자기 자신을 개선하려고 노력할 때, 문제가 해결되고 세상이 밝아지리라 생각합니다. 그리고 자기 자신이 누구인지 아는 사람은 자기 자신과 주위와 사회에서 일어나는 일들이 모두 자기 탓임을 알고, 해결하려고 노력할 것으로 생각합니다. 왜냐하면 자기 자신이 누구인지 알게 되면, 자기와 주위에서 일어나는 일들이 자기와 관련이 있는 것을 알게 되기 때문입니다.

6_자존감이 있는 사람

자존감은 자신이 처한 상황이나 외모·학력 등의 능력 같은 것에 스스로 만족하고 부끄럼 없이 드러낼 수 있는 마음가짐입니다. 즉 자신에 대한 자신감과 가치를 존중한다는 것입니다. 이런 자존감은 부모에 의해 유아기부터 그 개념이 형성됩니다. 예를 들어 어머니가 아이를 대할 때 항상 웃고 애정이 가득한 표정을 지으면 아이는 그것을 보고 자신이 누구인지를 알게 됩니다. 이는 올바른 인격 형성에 영향을 미친다는 것인데, 요즘 세대의 부모들이 아이들 앞에서 책을 읽는 모습을 보이고, 자존감을 기른다는 목적으로 유아센터 같은 기관에 가는 것도 어릴 때부터 자존감이 형성됨을 알기 때문입니다.

그렇다면 왜 자존감을 길러야 될까? 그것은 자존감이 높은 사람과 낮은 사람의 생활하는 데 있어서의 차이 때문입니다. 자존감이 높은 사람은 그들의 생활에 만족하며 살고, 자존감이 낮은 사람은 불안과 우울·공포 등에 휩싸여 하루하루를 보냅니다. 자존감이 높은 상태의 사람이라면 자신뿐만 아니라 타인을 수용하며 장점이나 밝고 건강한 면을 볼 줄 알고 상대방의 자존심을 중시하고, 상대방에 호감을 갖는 행동을 취합니다. 표정·매너·말씨·동작 등에서 기쁜 마음으로 표현하며 자신이 곤란한 상황에 놓여도 흥분하지 않고 차분히 생각하고 행동합니다. 그리고 자존감이 높으면 실패와 좌절 속에서도 일어설 수 있습니다. 반대로 자존감이 낮은 사람은 자기를 비판하는 소리를 들으면 화가 나고 일에 집중을 못하게 됩니다. 다른 사람에게 의존하려는 모습을 보이기도 하고 책임지는 일은 피하려고 하며, 자기 자신에 대해서 부정적이고 밝게 행동하지 못합니다. 그리고 자존감이 높은 상태와는 반대로 충격과 실패를 맛보면 무너지기 쉽습니다. 중고등학교 학생들이 왕따나 성적 문제로 자살하는 것은 이런 이유인 경우가 많습니다. 이처럼 자존감은 우리 생활에 밀접하며 삶의 질 등에 영향을 미치므로 매우 중요한 것입니다.

그럼 자존감을 향상시키는 데는 어떠한 방법이 있을까요? 미국의 심리학자 윌리엄 제임스는 자존감에 대한 공식으로 '자존감=성공/욕심'이라고 말했습니다. 그 말은 자존감은 성공에 비례하며 욕심에 반비례한다는 것입니다. 여기서 자기 자신과의 싸움에서 이기는 것을 성공이라고 하는데, 그 기록이 많으면 자존감이 올라갑니다. 또는 목표를 세우고 그것을 스스로 해냈을 때, 그 성취감에 자존감은 올라갑니다. 그리고 자기에게 거는 기대 수준인 욕심을 낮추면 역시 자존감은 올라간다고 봅니다. 자존감이 내려갈 때는 그 반대의 경우가 성립되는 것입니다.

여기서 중요한 것이 있는데, 자존감이 너무 높아져서 타인을 무시할 정도가 되는 것을 경계해야 됩니다. 그것은 자존감이 아니라 자만심·교만이 되어 버립니다. 교만하게 되면 게을러져 자기 몸을 망치게 되고, 자존감이 낮은 경우와 똑같이 될 수도 있습니다. 이처럼 자존감은 교만해질 정도로 높아서도 안 되고, 자신에 대해 자신감이 없어 축 쳐져 있어도 안 됩니다. 자신을 사랑하고 존중하되 그 지나침이 없게 해야 되고, 적절하게 자존감을 갖는다면 원만한 생활을 할 수 있을 것입니다.

심리학자들은 우리가 자존감을 갖기 위해서는 우리 자신을 질책하는 소리를 찾아내어 쳐 부수어야 한다고 말합니다. 우리를 질책하는 소리는 외부보다도 내부에서 더 크게 들립니다. 우리 내부에 도사리고 앉아 끊임없이 자신을 비평하는 비평가가 있다는 것을 쉽게 알 수 있습니다. 우리의 내부에 있는 비평가는 비밀을 속삭이듯 말하는 특징이 있습니다. 그러므로 먼저 내부에 있는 비평가의 존재를 알아야 합니다. 만일 당신이 비난의 소리를 제대로 듣고 파악할 수 있다면, 당신은 분명히 승리하게 될 것입니다. 자기 자신에 대한 비난을 무용지물로 만들 수 있습니다.

그러나 진정으로 가치 있는 자존감을 갖는 것은 자기 자신이 누구인지 제대로 아는 것입니다. 필자는 자기 자신이 누구인지 아는 방법과 다섯 분의 성인들과 여러 철학자들이 자기 자신에 대해 무엇이라고 말하는지 소개했습니다. 이러한 방법을 통해 우열의 상태로 존재하는 것이 아닌 자기 자신만의 가치와 의미를 찾아 이해할 때, 진정한 자존감은 존재하는 것이라고 생각합니다. 인류의 역사라는 드라마 속에서 자기의 역할을 제대로 알고, 자기 자신이 존귀하고 가치있는 존재라는 것을 알게 될 때, 자존감을 가질 수 있다고 생각합니다.

7_건강관리와 스트레스

　　　　　　자기 자신이 누구인지 아는 사람은 건강관리를 잘 하는 사람입니다. 자기 자신이 누구인지 알면, 자존감을 갖게 되고, 자기 자신이 얼마나 귀중한 존재인지 알게 됩니다. 우리는 매우 귀중한 존재이며, 가치 있는 존재입니다. 우리는 인류의 역사라는 드라마에서 귀중한 역할을 맡은 사람입니다. 우리는 인류의 역사를 발전시키는 데 기여하고 있습니다. 우리는 인류의 역사라는 드라마에서 없어서는 안 될 존재입니다. 우리에 의해 인류의 역사라는 드라마는 빛이 납니다.

　건강은 인생에서 지혜 못지않게 중요한 덕이라고 생각합니다. 건강을 잃는다면, 지혜가 무슨 소용이 있겠습니까? 우리가 인생의 목표를 가지고 살다가, 그 목적을 이룬다 해도 건강을 잃으면 소용이 없습니다. 몸을 돌보지 않고 열심히 일하여 많은 돈을 벌었다 해도 건강을 잃으면, 그 돈은 소용이 없는 것이 되고 맙니다. 열심히 공부하여 행정고시나 사법고시에 합격했다고 해도, 건강을 잃으면 취임할 수도 없는 것입니다. 자기 자신이 누구인지 아는 지혜로운 사람은 건강관리도 잘 하는 사람이어야 합니다.

요사이 시중에 건강에 관한 책들이 무수히 많습니다. 그리고 주위에 면허증 없는 의사들이 너무 많습니다. 건강과 병에 대하여 안다고 말하는 사람이 너무나 많습니다. 병원에 있는 의사와 비교해서 누가 진짜 의사인지를 알기가 어렵습니다. 몇 번 병에 걸려 병원에 다녀 본 사람들은 모두가 의학박사이며 의사입니다. 가짜 의사들의 건강을 위한 학설이 너무 많아, 건강에 대해 글을 쓰기가 두렵습니다.

필자가 동양과 서양에 존재했던 건강을 위한 이론들을 간단히 요약하면, 소식小食하라는 것과 머리를 차게 하고 다리는 따뜻하게 하라는 것이었습니다. 서양 사람들은 과식하는 사람이 많기 때문인지, 서양 사람들은 소식을 권했고, 동양 사람들은 건강의 의미를 혈액순환이 잘 되는 것이라고 생각했기 때문인지, 머리는 차게 하고 발은 따뜻하게 하라고 권합니다. 그 외에도 현대의학은 우리에게 숙면과 알맞은 운동을 하라고 권합니다. 운동도 유산소운동과 무산소운동으로 나누어, 심장과 폐를 위해 뛰는 운동을 하고, 근육을 키우기 위해 헬스클럽에서 무거운 기구를 드는 운동을 하라고 권합니다. 그리고 과로를 피하고, 충분히 잠을 자라고 말합니다. 웃음이 병을 치료하는 의학적 효과가 있으니, 열심히 웃으며 살면서 우울증을 피하라고 말하기도 합니다.

세상 사람들은 건강을 위한 5쾌를 말하기도 하고, 건강을 위한 3소식을 말하기도 합니다. **건강 5쾌**는 ① 쾌식快食(즐겁게 먹고), ② 쾌면快眠(즐겁게 자고), ③ 쾌변快便(즐겁게 대소변을 배설하고), ④ 쾌동快動(즐겁게 운동하고), ⑤ 쾌소快笑(즐겁게 웃고)입니다. 그리고 **건강 3소식**은 ① 소식素食(소박한 재료로 만든 음식을 먹고), ② 소식小食(조금 적은 듯이 먹고), ③ 소식笑食(웃으며 즐겁게 먹고) 등입니다.

건강한 몸을 유지하기 위하여, 때때로 건강 진단을 받아 자기 몸의 상태를 점검하라고 말하지만, 스트레스가 암癌이나 우울증을 비롯한 모든 병의 원인이라고 말하여 필자는 본 항에서 스트레스에 대해서만 언급하고자 합니다.

스트레스Stress는 원래 자연과학의 한 분야인 역학力學에서 사용하는 용어인데, 역학에서는 응력이라고 번역합니다. 그러나 심리학이나 의학에서는 외래어로 '스트레스'라고 발음 그대로 표기합니다. 공학의 한 분야라고 볼 수 있는 역학力學에서는 응력應力은 단위 면적에 가해지는 힘이라고 말합니다. 다시 말해서 스트레스는 외부에서 내 몸의 단위 면적에 가해지는 힘입니다. 힘이라는 말이 이상하면, 외부로부터 가해지는 정신적 압력이라고 볼 수 있습니다.

우리는 외부로부터 정신적 압력 혹은 압박을 받게 되면 정신적으로 긴장되고 불안한 상태가 됩니다. 우리는 스트레스를 받게 되면 초조해지고 여유가 없어지고, 걱정하고 두려워져 회피하고 싶고, 반발이나 저항이 일어나, 비판적으로 변하여 마찰이 생기고 화를 내게 됩니다. 그리고 때때로 윤리적으로 문제가 있는 것으로 스트레스를 받으면 죄의식을 느끼기도 하고, 스트레스가 누적되면 고민하게 되어 피로하게 되면 우울증으로 변하기도 합니다.

우리가 외부로부터 스트레스를 받았을 때, 나타나는 육체적 반응으로는 심장 박동이 빨라져 고혈압이 되거나 소화 장애를 일으켜 설사를 하는 경우가 많습니다. 필자의 경우에는 스트레스를 받게 되면, 먹은 음식이 제대로 소화가 되지 않습니다. 위에 압박을 가하기 때문이 아닌가 생각합니다. 어떤 사람은 스트레스를 받게 되면, 피부발진이 일어나거나 두통이 와서 잠을 자지 못하는 불면증이 오기도 합니다. 또 어떤 사람은 식은땀이 나고 가슴에 통증이 와서 심장마비를 일으키기도 하고, 각종 궤양을 일으키기도 합니다. 또 다른 사람들은 스트레스를 받으면, 스트레스를 없애기 위해 담배나 술 혹은 마약을 하기도 합니다. 최근에 발표된 결과에 의하면, 스트레스보다도 스트레스를 없애기 위해 피는 담배나 술 혹은 마약이 몸에 더 나쁘다고 말하기도 합니다.

스트레스가 우리에게 갖다 주는 병으로는 우선 스트레스를 받게 되면 적응장애를 일으켜 생활태도가 급변하거나 폭발적인 행동을 하기도 하고, 신경이 과민하게 되어 소화불량 같은 위장병이 생기며, 가벼운 경련을 일으켜 어깨와 목이 댕기기도 하고, 안절부절 못하여 불면증이 오기도 합니다. 그리고 불안과 공포가 엄습해 삶에 대한 의욕을 잃고 우울증에 빠지기도 합니다.

그럼 우리에게 스트레스를 주는 주범은 누구이며 무엇일까요? 우리에게 스트레스를 주는 주범은 우리에게 가까이 있는 사람들입니다. 다시 말해서 우리는 가정과 학교와 직장에 있는 사람들과 직장과 사회의 변동에서 스트레스를 받는다고 합니다.

우선 우리에게 스트레스를 주는 주범을 보면, 배우자와 직장의 동료라고 합니다. 우리에게 스트레스를 주는 사람은 멀리 있는 사람이 아닙니다. 멀리 있는 사람은 우리와 아무 관련이 없기 때문에 스트레스를 주지 않습니다. 지금 이 시간에 시내에서 필자가 모르는 어떤 남녀가 팔짱을 끼고 걸어가는 것이 필자에게 스트레스를 줄 이유가 없습니다. 다시 말하지만 우리에게 스트레스를 주는 사람은 가까이 있는 사람입니다. 우리와 제일 가까이 있는 사람은 배우자입니다. 배우자가 남편이나 아내의 마음에 들지 않는 행위를 하니까 문제이지, 다른 사람의 부인이나 남편이 무슨 일을 하든지 문제가 될 것이 없습니다. 자기 자녀가 공부를 안 하는 것이 문제이지, 다른 집 아이들이 공부를 안 하는 것은 문제가 될 것이 없습니다. 그리고 같은 계나 과에 근무하는 직장동료가 문제이지, 내가 만나지도 않는 다른 부서나 다른 회사에 있는 사람이 내게 스트레스를 줄 이유가 없습니다. 약 10년 전 대전에 있는 유스호스텔에서 사이코드라마에 대해 연수를 받을 때였습니다. 한 젊은 여자가 직장 동료를 상대로 역할극을 하는 도중에 직장에서 바로 옆 책상에 앉아 있는 남자가 너무 자신을 괴롭힌다면서, 대성통곡을 하는 모습을 본 일이 있습니다. 그 남자 직장 동료가 너무 원망스럽다는 것이었습니다. 때때로 직장에서 보면, 아무 이유도 없이 옆에 있는 사람을 괴롭히고 못 살게 구는 사람이 있습니다. 그런 사람들은 선천적으로 공격적이고 투쟁적인 사람들인 것 같습니다. 세 살짜리 어린아이를 봐도, 어떤 어린아이는 개미를 보면 불쌍히 여기고 피해 가는가 하면, 어떤 어린아이는 개미를 의도적으로 밟아 죽이고 가는 어린아이가 있는 것을 보면, 이해할 수 있을 것 같습니다.

다음으로 우리는 가정으로부터 스트레스를 받게 됩니다. 가정에서 일어나는 일 중에서 우리에게 가장 큰 스트레스를 주는 것은 남편이나 아내의 죽음과 자녀의 죽음이라고 합니다. 서양 사람들은 배우자의 죽음에서 가장 큰 스트레스를 받고, 한국사람들은 자녀의 죽음에 가장 큰 스트레스를 받는다고 합니다. 다음으로 부모님의 사망에 큰 스트레스를 받는다고 합니다. 그 외에 우리에게 스트레스를 주는 가정에서 일어나는 일로는 이혼이나 별거, 주택 매매로 인한 이사, 결혼, 명절(혹은 제삿날), 돈, 환자, 시댁이나 처갓집 식구들 등이 우리에게 스트레스를 준다고 합니다. 한국여자들이 명절이나 제삿날에 많은 스트레스를 받고, 특히 시집식구들 때문에 많은 스트레스를 받는다는 것은 너무나 잘 알려진 이야기입니다. 그래서 한국여자들은 시금치 같이 '시'자가 들어가는 음식은 먹지도 않고, 기독교인들도 여자들은 '시편'과 같이 '시'자가 들어가는 장章의 성경 말씀은 읽지도 않는다고 합니다.

셋째로 직장에서 오는 스트레스의 원인으로는 직장의 상실이나 정년퇴직이 큰 스트레스를 준다고 합니다. 우리는 실직으로 많은 사람들이 고통을 받는 모습을 I.M.F. 때 봤습니다. 그때가 아니더라도 직장의 구조조정 때문에 실직한 사람들의 고통을 지금도 보고 있습니다. 정년퇴직을 하는 사람들도 삶의 의욕을 잃고, 좌절하고 있습니다. 퇴직자들은 인생은 2모작이라는 생각으로, 인생의 새로운 목표를 세우고 꿈을 가지고 살아야 할 것입니다. 직장에서 우리에게 스트레스를 주는 또 다른 것들은 직장 동료와의 갈등, 의사소통이 어려운 동료, 과중한 업무, 감사나 평가, 좌천, 동료와의 경쟁, 자격의 부족이나 과잉, 공기나 소음으로 인해 생기는 나쁜 주위 환경, 새로운 직장 등을 말하고 있습니다. 직장인들은 가정에서 보다 직장에서 더 많은 시간을 보내는 경우가 많고, 직장은 우리 삶의 보람을 느끼게 해주는 곳이기 때문에 스트레스가 없는 좋은 곳이어야 한다고 생각합니다.

<u>넷째로는 사회가 주는 스트레스가 있습니다.</u> 제일 큰 스트레스는 전쟁이나 테러가 주는 스트레스입니다. 지금도 여러 나라에서 전쟁을 하고, 테러가 일어나고 있습니다. 그 곳에 사는 사람들의 스트레스는 말로 표현할 수 없을 겁니다. 아프가니스탄이나 팔레스타인 사람들은 언제 자기나 가족이 죽을지 모른다고 생각하면 마음이 편할 날이 하루도 없으리라 생각합니다. 한국 사람들이 과거 한국전쟁(6.25사변) 때 겪은 일을 생각하면 쉽게 이해되리라 생각합니다. 다음으로는 정치적 상황을 들 수 있습니다. 정치가 불안정하면 사람들이 스트레스를 받습니다. 1970년대, 1980년대 늘 데모를 하여 국민들이 하루도 마음이 편할 날이 없었습니다. 근래에는 쇠고기 파동, 남북문제, 총리와 장관에 대한 청문회 등으로 정국이 불안정하여 국민들이 마음이 편할 날이 없습니다. 물가의 불안정, 아파트 값이나 땅값의 상승이나 하강, 주가의 등락, 원유 값의 상승, 교통사고, 화재, 도둑, 강도 등의 횟수가 많아져도 국민들은 스트레스를 받습니다.

그 외에도 홍수나 지진 같은 천재지변이나 만성적 질병이나 자기 자신에 대한 기대나 외모가 늙어가거나, 육체적으로 힘이 약해지고, 건망증이 심해지는 것도 우리에게 스트레스를 줍니다. 가족과 떨어져 사는

것이나 자주 만나지 못 하는 것도 우리에게 스트레스를 줍니다.

스트레스를 주는 앞에 언급한 것들의 공통점은 무엇일까요? 내적 공통점은 욕심과 집착 그리고 자격지심(자기비하)이나 부정적 생각 등을 들 수 있습니다. 끝없는 욕심은 이루지 못하거나 타인과 비교하게 돼 스트레스를 받게 됩니다. 인간이나 사물에 대한 집착도 스트레스를 받습니다. 부모가 자식에게 집착하거나 조부모가 손자나 손녀에게 집착하게 되면, 스트레스를 받습니다.

외적 공통점은 변화입니다. 우리 주위에서 일어나는 변화가 스트레스를 줍니다. 직장에서의 승진이나 좌천, 새로운 동료 관계, 휴가, 이사, 이혼, 결혼 등이 우리에게 스트레스를 줍니다. 아이들이 새로운 학교로 전학을 가거나 어른들이 새로운 모임에서 낯선 사람들을 만나면 스트레스를 받게 됩니다.

인류의 역사는 변화의 역사입니다. 과거 어느 때보다 현대는 빠르게 변하고 있습니다. 과거 2000년 동안에 변한 것이 최근에는 50년 만에 변하고, 오늘날에는 더 빨리 변한다고 합니다. 변화의 주역은 자연과학입니다. 필자가 1970년도에 서울의 한진 삘딩에 있는 아이비엠 코리아 I.B.M. Korea에서 파견 나온 사람들에게 대학에서 I.B.M. 360이나 I.B.M. 1130을 가지고 소프트웨어 즉 프로그램을 배울 때는 컴퓨터가 넓이 15평 정도의 방에 놓일 정도였습니다. 필자는 그때 요사이 우리가 사용하는 P.C.를 상상도 못했습니다. 컴퓨터가 요사이 P.C만큼 작아진다는 것을 상상도 못했습니다. 그런데 요사이는 휴대폰으로 컴퓨터가 하는 일을 하게 되었습니다. 과학의 발달 속도는 너무나 빠릅니다.

변화는 자연과학에서만 일어나는 것이 아닙니다. 환경변화로 세계의 구조도 달라지고, 지리적 조건도 달라졌습니다. 환경, 대기, 생태계, 기후도 달라졌고, 정치제도도 달라졌고, 인간관계의 양상이나 각종 문화도 달라졌습니다. 1970년대의 문화와 2010년대의 문화가 같을 수 없습니다. 세대 간의 가치관이나 의식도 달라졌습니다. 세월이 흐르면서 모든 것이 달라지고 있습니다. 현대에 가까이 올수록 변화의 속도도 더 빨라지고 있습니다.

그럼 이런 상황에서 스트레스가 우리에게 주는 메시지와 경고는 무엇일까요?

첫째로 스트레스가 우리에게 주는 경고는 변화하라고 보내는 신호입니다. 세상이 변하니까 따라서 우리도 변하라는 신호입니다. 세상은 컴퓨터와 휴대폰의 세상으로 바뀌어 가는데 노인들이 그런 변화를 받아들이고 쫓아가지 못하면, 스트레스를 받게 됩니다. 젊은이들은 그러한 변화를 잘 쫓아가 스트레스를 받지 않고 오히려 편리해 하는데, 노인들은 변화를 쫓아가지 못해 스트레스를 받는 것입니다. 변화하는 세상을 보고 변화하지 말라고 말할 수는 없습니다. 컴퓨터와 휴대폰을 사용하지 말라고 할 수도 없습니다. 노인 자신이 바뀌어야 합니다. 노인들이 컴퓨터와 휴대폰을 배워서 변해야 합니다. 그러니까 우리는 평생 동안 배우는 사람이 되어야 합니다. 무슨 일을 하는 사람이든 평생 동안 공부하고 배워야 합니다. 그렇지 않으면 시대에 뒤떨어진 인간이 되어 스트레스를 받게 됩니다.

둘째로 스트레스는 우리에게 욕심을 버리라는 신호입니다. 우리는 과도한 욕심 때문에 스트레스를 받습니다. 우리는 자기의 분수에 맞게 살아야 합니다. 평범한 봉급자가 자가용비행기를 타는 기업가를 보고, 자기도 그런 비행기를 타고 싶다는 생각을 하면 스트레스를 받습니다. 외제차를 타는 사람을 보고 부러워해도 스트레스를 받는데, 자가용비행기나 개인요트를 원한다면 얼마나 스트레스를 받겠습니까? 행복은 자기만족에서 옵니다. 물질적인 것이나 양으로 계산할 수 있는 것은 아무리 많이 가져도, 만족하지 못하면 스트레스를 받습니다. 왜냐하면 물질적인 것이나 양으로 계산할 수 있는 것은 세상에서 가장 많이 가질 때만 만족할 수 있는 것인데, 세상에서 물질적인 것이나 양으로 계산할 수 있는 것을 제일 많이 가지고 있는 사람은 단 한 사람밖에 없기 때문입니다. 우리는 스스로 자기가 가지고 있는 것에 대해 자족하지 않으면, 스트레스를 받을 수밖에 없습니다. 그런 의미에서 스트레스는 우리에게 욕심을 버리라는 신호입니다.

셋째로 스트레스는 우리에게 자존감을 가지라는 신호입니다. 우리가 우리 자신에 대해 자존감을 갖지 못하고, 부정적인 생각을 가지면 스트레스를 받을 수밖에 없습니다. 우리의 직업이나 재산에 대해 우리가 오늘날까지 이루어 놓은 일에 대해 자존감을 갖지 못하고, 부정적으로 생각을 하면 스트레스를 받을 수밖에 없습니다. 한 사람 한사람은 모두 있는 그대로의 모습으로 존귀하고 가치 있고 아름다운 존재입니다. 우리는 인류의 역사라는 드라마 속에서 자기 나름대로의 고유하고 독특한 역할을 가지고 있는 사람입니다. 자기 자신의 가치를 제대로 알고 자존감을 가질 때, 우리는 스트레스를 받지 않을 수 있습니다.

넷째로 스트레스는 우리에게 부정적인 생각을 버리라는 신호입니다. 우리들은 대부분 비슷한 인생을 산다고 합니다. 단지 과거의 삶 속에서 좋았던 일만을 기억하는 사람은 행복한 인생을 산 것이고, 나빴던 일만을 기억하는 사람은 불행한 삶을 산 사람이라고 볼 수 있습니다. 우리는 우리 자신에 대해 부정적인 생각을 갖으면, 불행한 인간이 됩니다. 긍정적인 생각을 갖으면 행복한 사람이 됩니다. 스트레스는 자기 자신이 불행한 인간이라고 생각하는 사람이 받는 것입니다. 자기 자신에 대해 긍정적으로 생각한다면, 스트레스는 받지 않을 수 있습니다.

다섯째로 스트레스는 나를 고치라는 신호입니다. 타인은 변하지 않습니다. 세상에 존재하는 어떤 대상도 나를 위해 존재하지 않습니다. 내가 변해야 합니다. 내가 변해서 세상의 변화에 적응해야 합니다. 내가 변하지 않으면, 스트레스에서 벗어날 수 없습니다. 남을 설득시켜 변하게 할 시간이 있으면, 그 시간에 자신이 변해야 합니다.

여섯째로 스트레스를 준 사람에게 고마워해야 합니다. 스트레스가 지금의 내 모습과 상황을 일깨워 주어, 새로운 단계로 나아가도록 노력할 수 있게 하여 준 것에 대하여 감사해야 합니다. 이러한 스트레스는 우리에게 선의의 경쟁이나 새로운 노력을 할 수 있는 기회를 주는 긍정적인 스트레스입니다. 우리에게 도움을 주는 자극은 우리가 발전할 수 있는 계기가 됩니다. 그런 의미에서 우리는 우리에게 스트레스를 준 상황과 사람에게 감사해야 합니다.

그럼 스트레스를 제거하는 방법은 무엇일까요? 사람들은 스트레스를 받으면, 수다를 떨거나 술을 마시기도 하고, 여자들은 많이 먹는다고 합니다. 극도로 긴장해서 주위 사람들과 싸우거나 우는 사람도 있습니다. 반면에 운동이나 독서나 명상을 통해 마음을 다스리는 사람도 있습니다. 음악 감상이나 영화 감상을 통해 마음을 안정시키기도 합니다.

스트레스를 제거하기 위해서는 순차적인 방법을 택해야 합니다. 순간적인 기분으로 술을 마시거나 과식을 함으로써 해결될 수 있는 것이 아닙니다. 잘못하다가는 스트레스도 늘어나고 병에 걸릴 수도 있습니다. 스트레스를 제거하기 위해서는 다음 몇 단계를 거치는 것이 좋습니다.

첫째로 긍정적인 생각을 가져야 합니다. 일체유심조─切唯心造라고 했습니다. 세상의 모든 것은 마음이 만들어낸다는 것입니다. 우리가 마음을 긍정적으로 먹고 세상을 보면, 세상은 아름다운 것이고, 부정적인 마음을 먹고 세상을 보면, 암울한 곳이 되리라 생각합니다. 긍정적인 마음으로 세상을 보면, 스트레스가 사라지기 시작할 것입니다.

둘째로 부정적인 생각을 버려야 합니다. 스트레스는 자격지심이나 자기비하에서 옵니다. '나는 못해', '나는 성질이 급해', '나는 게을러', '나는 머리가 나빠' 등 - 자신에 대한 부정적인 생각을 버려야 합니다. 자기 자신을 능력이 있는 긍정적인 존재로 보아야 합니다. 우리에게는 남과 다른 숨은 재능이 있습니다. 우리가 가지고 있는 남과 다른 능력을 찾아내야 합니다. 그리고 우리 모두가 다른 사람 처럼 존귀하고 가치 있고 아름다운 존재임을 깨달아야 합니다.

셋째로 타인에 대해서도 부정적인 생각을 버려야 합니다. '세상이 엉망이야', '우리나라는 악화일로야', '남이 내게 협조하지 않는데 내가 왜 협조해', '저 사람은 왜 저걸 못할까?' 등 - 타인에 대해서도 부정적인 생각을 버려야 합니다. 타인이나 세상에 대해 부정적인 생각을 가지면, 타인과 세상이 우리에게 스트레스를 줍니다. 모든 일의 원인은 내 탓으로 돌려야 문제가 해결됩니다.

그리고 우리가 자기 자신이나 타인에게 부정적인 생각을 가지면, 여러 가지 나쁜 현상이 일어나게 됩니다. 자기 자신에 대해 부정적으로 생각하면, 자긍심이 상실되어 무력감이 생겨 다른 사람들을 싫어하고, 반감이 생겨 말을 안 듣고 반발하기도 합니다. 부정적인 생각을 갖게 되면 의욕이 상실되어 열의가 부족하게 되고, 비생산적이 되어 하는 일이 부진하게 되고, 일을 제대로 성취하지 못합니다. 이렇게 자신과 타인에 대해 부정적인 생각을 가지면, 자기 자신의 생각의 노예가 되어 스트레스에서 벗어나기가 힘듭니다.

넷째로 자기 자신이 누구인지 깨달아야 스트레스에서 벗어날 수 있습니다. 앞에서 자기 자신에 대해 아는 것이 얼마나 중요한 지에 대해 설명하였습니다. 보기에 따라서는 제2장과 제3장의 내용이 모두 자기 자신이 누구인지 아는 것에 포함된다고 말할 수도 있습니다. 모든 번뇌 망상과 스트레스 등 모든 문제는 자기 자신이 누구인지 모르는 데서 온다고 볼 수 있습니다.

다섯째로 자기 자신을 온전히 다스릴 수 있어야 합니다. 자기 자신을 완전히 다스린다는 것은 어려운 일입니다. 그러나 단계를 밟아서 행한다면, 자기 자신을 다스릴 수 있습니다.

① 첫 단계로는 자기 자신을 있는 그대로 인식하는 것입니다. 이것도 쉬운 일은 아닙니다. 사람은 누구나 자기에게 관대하고, 타인에게 엄격하기 때문입니다. 그러나 자기 자신을 제대로 인식하기 위해서 반대로 하여, 자기 자신에 대해 객관적으로 인식해야 합니다. 자기 자신에 대한 올바른 인식은 모든 문제를 해결하기 위한 출발점입니다.

② 둘째 단계는 자아각성입니다. 자아각성이란 자기 자신을 이해하고, 있는 그대로 받아들이는 것입니다. 자기 자신의 단점을 이해하고 그대로 받아들여야 합니다. 전문적인 지식이 없으면 그것을 그대로 받아들여야 합니다. 능력이 부족하면 능력이 부족한 것을 그대로 인정해야 합니다. 우리가 부족한 것을 인정하고 그것을 극복하려고 노력하면, 오히려 그 분야에 전문가가 됩니다. "콤플렉스가 힘이다."라는 말이 있습니다. 사실상 우리를 성공시키는 것은 오히려 우리의 문제점이고 단점일 수 있습니다.

③ 셋째 단계는 자기 자신의 가치를 알고, 자기 자신에 대한 확신을 갖고 자존감을 가져야 합니다. 자신의 인생에서 자기가 가장 중요한 존재임을 알고, 자아존중감을 가져야 합니다. 자기 자신의 귀중함과 가치를 알아야 스트레스에서 벗어날 수 있습니다. 어떤 의미에서 인간은 자존심으로 사는 존재라고 생각합니다. 우리에게 자존심마저 없다면, 무엇으로 살겠습니까?

④ 넷째 단계는 자기 자신에 대한 사랑을 갖는 것입니다. 자기 마음을 가장 친한 친구로 생각하고, 자아에 대한 사랑을 갖는 것입니다. 우리가

타인과 다른 대상을 사랑해야 하는데, 모든 사랑의 출발점은 자기 사랑입니다. 자기를 사랑하지 못하는 사람은 이웃도 친구도 신(神)도 사랑할 수 없습니다. 우리는 자기 자신을 사랑해야 스트레스에서 벗어날 수 있습니다.

⑤ 다섯째 단계는 자기 자신에 대해 신뢰감을 갖는 것입니다. 나는 할 수 있다는 자신감을 갖는 것입니다. 자신은 가치 있는 존재이고, 무슨 일이든 할 수 있는 능력이 있는 존재라는 생각을 갖는 것입니다. 자신감이 우리를 새로운 인간으로 만들어 줍니다.

⑥ 여섯째 단계는 자기 자신의 가치를 인정하는 것입니다. 남이 나의 가치를 인정해 주면 좋은 일이지만, 남은 나를 잘 인정해 주지 않습니다. 내가 내 자신에 대해 잘 아니까, 자신이 자신의 가치와 공로를 인정해 줄 때, 스트레스에서 벗어날 수 있습니다.

⑦ 일곱째 단계는 자아의 주권자가 되어야 합니다. 우리가 자기 자신의 주인이 되는 것입니다. 타인에게 끌려 다니지 말고, 우리 자신이 자아의 주인이 될 때, 우리는 스트레스에서 벗어 날 수 있습니다.

여섯째로 종교에 의해 스트레스를 벗어나는 방법입니다. 요사이 여러 종교에서 종교의 교리를 상담이론과 연결하여 새로운 분야를 개척하고, 인간의 고민과 문제를 해결하려고 노력하고 있습니다. 예를 들면 기독교 상담이나 불교 상담, 노장철학을 이용한 상담 등이 있습니다.

  기독교 상담은 인간의 문제를 성경에 나오는 말씀이나 비유를 이용하여 해결하려는 것입니다. 근래에는 성경을 문학작품으로 보고, 인간의 문제를 성경이라는 문학작품에 나오는 인물들의 삶에서 해결책을 찾으려고 노력하기도 합니다. 그리고 성령 충만한 인간이 되어 성령의 시각으로 세상을 보고 문제들을 해결하려 합니다.

불교 상담은 인간의 문제를 경전에 나오는 말씀이나 비유 그리고 불교의 근본사상을 이용하여 해결하려는 것입니다. 예를 들면, 우주 만물의 실체는 공空이라는 사상이나 연기법 그리고 중도사상, 방하착하라, 탐진치 삼독을 제거하라 등의 사상을 이용하여 상담하고 해결책을 제시해 주는 것입니다.

일곱째는 스트레스에 대한 생각을 바꾸는 것입니다. 현실적으로 우리에게 스트레스가 존재합니다. 그러나 스트레스는 외부에서 내게로 압력이 가해지는 것이라고 생각할 때, 스트레스가 존재하는 것입니다. 그러나 세상의 모든 일이 내 탓이고, 내가 만드는 것이라고 생각한다면, 스트레스는 없는 것이라고 생각합니다. 외부에서 스트레스가 가해진다는 생각을 버려야 합니다. 스트레스는 자기가 만들어 갖는 것이지 남이나 다른 대상이 우리에게 주는 것이 아닙니다. 이러한 사실을 분명히 깨달으면, '스트레스'도 '스트레스'라는 단어도 존재하지 않을 것입니다.

불교적으로 보면, 색즉시공 공즉시색이고, 모든 것이 공空한 것이라면, 스트레스도 공한 것이 되어 사라져 없어지고, 존재하지 않으리라 생각합니다. 기독교적으로 보아도 하나님이 만물을 창조하고 섭리하신다면, 그리고 하나님께서 올바르게 창조하고 섭리하신다면, 하나님께서 잘못 창조하고 잘못 섭리하시는 것이 없어 우리에게 스트레스를 주는 것이 없다고 생각합니다. 만일 우리가 스트레스를 받는다면, 우리가 하나님이 창조하고 섭리하시는 방법을 모르기 때문이라고 생각합니다.

다시 말해서 우리에게 스트레스를 주는 것도 없고 더 나아가서는 원천적으로 스트레스는 없다는 사실을 깨달을 때, 스트레스의 문제는 해결되리라 생각합니다.

혹자는 필자가 스트레스 문제에 대해 전문가인 것처럼 글을 쓰는 것에 대해 거부감을 느꼈을지 모릅니다. 맞습니다. 필자는 스트레스 문제에 대해 전문가는 아닙니다. 그러나 필자는 5~6년 전에 '라자요가'에 대해 2년간 배우고 수련을 한 적이 있습니다. '라자요가'는 인도의 여러 가지 요가 가운데 최고의 경지를 다루는 요가입니다. 필자가 라자요가에 대해 공부할 때, 스트레스에 대해 공부했습니다. '라자요가'는 스트레스 문제를 매우 중요시합니다. 필자는 라자요가의 내용과 필자의 생각을 합해서 썼습니다. 상담학에서는 ① 인지적 재구성(스트레스를 보는 관점을 바꾸는 것), ② 과제 관리(문제 해결적 접근: 전문가에게 물어 문제를 해결한다), ③ 환경 관리(전문가나 자료의 도움을 받는 것) 등의 방법을 이용하여 해결하려 합니다. 상담학에서 문제를 해결하는 방법의 핵심은 인지적 재구성입니다. 보는 관점을 긍정적인 관점으로 바꾸는 것입니다. 그러나 필자가 쓴 내용은 상담학이나 심리학이나 정신의학의 상담 방법과 다르리라 생각합니다.

분별심이 없는 사람

1_절대자의 시각
2_역설의 원리
3_겸손과 하심下心
4_순수한 사람
5_방하착放下着하라
6_중용中庸
7_중도中道
8_올바른 언어생활
9_침묵하는 사람
10_'화'를 내지 않는 사람
11_분별심과 깨달음

분별심이 없는 사람

우리는 초등학교 1학년 때부터 대상을 분별하라고 배웠습니다. 정답과 오답, 공부를 잘 하는 학생과 못하는 학생, 키가 큰 아이와 작은 아이, 뚱뚱한 아이와 날씬한 아이, 부잣집 아이와 가난한 집 아이 등—늘 분별하는 것을 배웠습니다. 이런 상황에서 분별심이 없는 사람은 공부를 못하는 바보로 생각할 수 있습니다. 필자는 분별을 잘 하는 것은 지식이고, 분별심이 없는 것은 지혜라고 말하고 싶습니다.

분별심에는 두 가지가 있습니다. 우리가 대하는 대상에 따라 분별심을 두 가지로 분류할 수 있습니다. 첫째는 대하는 대상이 사람과 같은 생명체이거나 무생물체인 경우이고, 둘째는 우리가 처하게 되는 상황입니다. 사람에 대한 분별심은 차별심이라고 부르는 것이 더 좋을 수도 있습니다. 사람에 대한 분별심은 결국 사람을 대할 때 그 사람이 부자이거나 가난하거나, 권력이 있거나 없거나, 배운 것이 많은 사람이나 없는 사람이나 차별을 하지 않고 대하는 것을 말합니다. 사람들은 자기는 다른 사람을 대할 때, 차별심을 갖지 않는다고 말하지만, 차별심을 갖지 않는다는 것은 결코 쉬운 일이 아닙니다.

첫째로 우리는 사람에 대하면서 차별심을 가져서는 안 됩니다. 남자이든 여자이든, 어른이든 아이든, 가진 자이거나 못 가진 자이거나, 사람을 대하는 데 분별심을 가져서는 안 됩니다. 우리가 몰라서 그렇지 모두가 자기 나름대로의 가치를 가진 존재이기 때문입니다. 공부를 잘 하는 사람은 공부하는 사람으로서, 공부를 못하는 사람은 공부를 못하는 사람으로서 또 다른 일을 할 수 있는 가치 있는 존재입니다. 정상인은 정상인으로 장애인은 장애인으로서 자기 나름대로의 귀중한 역할이 있는 것입니다. 더 높은 역할과 더 낮은 역할이 있는 것이 아닙니다. 다른 동물이나 무생물을 대할 때도 함부로 대해서는 안 됩니다. 이 지구 속에서 개는 개대로, 사자는 사자대로, 파리는 파리대로, 모기는 모기대로 자기의 역할을 하면서 지구가 유지되는 데 도움을 주고 있기 때문입니다. 모래는 모래대로, 흙은 흙대로, 바위는 바위대로, 산은 산대로, 강은 강대로, 바다는 바다대로 지구 속에서 지구를 위하여 자기의 역할을 하기 때문입니다. 어떤 것이 더 중요하고, 다른 것이 덜 중요한 것이 아닙니다.

둘째로 어떤 상황에 대해 차별심을 가져서는 안 된다는 것입니다. 성공했다고 너무 기뻐하지도 말고, 실패했다고 너무 슬퍼할 일도 아닙니다. 성공과 실패에 대해 분별심을 가져서는 안 됩니다. 왜냐하면 성공 속에는 실패가 잉태되어 있고, 실패 속에는 성공이 잉태되어 있기 때문입니다. 성공이 언제 실패가 될지 모르고, 실패가 언제 성공이 될지 모릅니다. 불행하다고 슬퍼하지도 말고, 행복하다고 기뻐할 일도 아닙니다. 불행 속에 행복이 있고, 행복 속에 불행이 있기 때문입니다. 그것을 도형으로 표시한 것이 태극입니다. 불행이 언제 행복이 되고, 행복이 언제 불행이 될지 모릅니다. 행복과 불행은 자매지간이라 항상 함께 다닌다고 합니다. 언제 행복이 앞에 나서고, 불행이 뒤로 갈지, 불행이 언제 앞에 나서고, 행복이 뒤로 갈지 모르는 것입니다. 고뇌가 보리이고, 보리가 고뇌임을 알고 고뇌와 보리에 대해 분별심을 갖지 말아야 합니다. 하지는 동지가 시작되는 날이고, 동지는 하지가 시작되는 날임을 잊지 말아야 합니다.

세상의 모든 곳이 도량이라는 말이 있습니다. 진제 스님은 "삶과 수행이 둘이 아니니 일상에서 닦아라."라고 말씀하셨습니다. 소크라테스는 악처인 부인 덕택에 위대한 철학자가 되었다는 말이 있습니다. 모든 말이 옳은 말이라고 생각합니다. 수행을 하기에는 조용하고 수행자를 괴롭히는 사람이 적은 산 속보다는 우리를 괴롭히는 사람이 많은 세속이 더 좋다고 생각합니다. 속세에는 거의 모든 것이 우리를 괴롭히는 존재들입니다. 수행자가 집안에 있으면 식구들이 수행자를 괴롭힙니다. 가까이 있는 사람이 우리를 괴롭힙니다. 남편에게는 아내가 아내에게는 남편이 서로에게 스트레스를 줍니다. 부모는 자식에게 자식은 부모에게 스트레스를 줍니다. 직장에서도 가까이 있는 사람이 우리에게 괴로움을 줍니다. 같은 부서에 있는 사람이 우리에게 고통을 줍니다. 다른 부서나 다른 직장에 있는 사람이 우리에게 괴로움을 주는 경우는 극히 드뭅니다.

2010년 8월 26일 목요일 조선일보에 몽골에서 시집을 왔다는 차강 앙흐토야라는 여자가 구술하고 김수혜 기자라는 분이 정리한 '떠나고 싶다는 나라에 시집온 몽골 주부입니다'라는 제목의 글에서 차강 앙흐토야 씨는 한국 사람들이 마음의 계단을 가지고 있다는 것입니다. 한국 사람들은 외국 사람들을 차별하는 것이 아니라 '못 사는' 나라 사람'과 '잘 사는 나라 사람'을 차별하는 사람들이라고 비난하는 글이 실렸습니다. 정말로 창피한 일입니다. 지혜로운 사람은 사람을 차별하지 않는 사람입니다.

조선조 때와 일제강점기에서 지주였던 많은 사람들이 한국전쟁(6·25사변) 때에 많이 죽었습니다. 지주라고 자기에게 땅을 빌려 소작을 하는 사람들을 무시했던 지주들은 공산군이 들어왔을 때, 소작인들이 인민군의 편을 들어 고발하여 인민군들에게 죽었습니다. 공산 치하에 들어간 북한에서의 상황은 더 말할 필요도 없었으리라 생각합니다. 가진 자의 위치에 있을 때, 차별심을 가지고 가난한 사람을 대한 결과라고 생각합니다.

우리가 평소에 갖는 모임에서도 마찬가지입니다. 학교 동창들끼리 모이는 모임에서도 돈이 많거나 조금 성공했다고 교만하면 즉 분별심을 가지고 사람을 대하면 문제가 생깁니다. 종교단체에서도 성직자나 중책을 맡은 사람들이 교만하면, 단합이 되지 않습니다. 사회적으로 성공한 사람을 대하거나 부자나 가난한 사람을 대하거나 똑같이 대한다는 것은 매우 어려운 일입니다. 인간은 모두 자기 나름대로의 가치와 존귀함을 가지고 있는 것입니다. 가진 사람이나 못 가진 사람이나 모두가 한 인격자로서의 아름다움을 가지고 있는 것입니다.

분별심을 갖지 말라는 말은 기독교의 성경에도 나오고, 유가의 경전에도 사람을 차별하지 말라는 말이 나옵니다. 그러나 분별심을 갖지 말라는 말을 가장 강조한 책은 「신심명信心銘」이라고 생각합니다. 「신심명」은 선불교의 삼조三祖 승찬대사僧璨大師가 지은 글입니다. 「신심명」은 삼조 스님께서 일반인들이 처음 발심할 때부터 마지막 구경성불할 때까지 가져야 하는 신심에 대해서 남겨 놓으신 사언절구四言絶句의 시문詩文입니다.

이 글의 첫머리는 인간들에게 분별하는 마음을 갖지 말 것을 간곡하게 말하고 있습니다. "至道無難이요 唯嫌揀擇이니(지극한 도는 어렵지 않음이요, 오직 간택함을 꺼릴 뿐이니)"―지극한 도道란 곧 무상대도無上大道를 말합니다. 이 무상대도는 어려운 것이 아니니 오직 가려내어 택하지 않으면 된다는 것입니다. 간택이란 취하고 버리는 것을 말함이니, 취하고 버리는 마음이 있으면 지극한 도는 양변兩邊, 즉 변견邊見에 떨어져 마침내 중도의 바른 견해를 가질 수 없다는 것입니다. 세간법을 버리고 불교를 취해도 불교가 아니며, 마구니를 버리고 불법을 취해도 불교가 아니라는 것입니다. 무엇이나 취하거나 버리면 실제로 무상대도에 계합되지 못한다는 뜻입니다. 그러므로 누구든지 참으로 불법을 바로 알고, 무상대도를 바로 깨치려면 간택하는 마음부터 먼저 버리라는 것입니다.

석가모니 부처님이 깨달은 것이 연기법이며 공空이며 중도中道입니다. 그런데 연기법이니 공이니 중도니 하는 말은 표현만 다를 뿐 같은 말입니다. 석가모니 부처님은 연기론적으로 봤을 때, 우주의 삼라만상은 실체가 없는 공이며, 만물이 실체가 없는 존재임으로 우주의 삼라만상이 한 몸이라는 것입니다. 우주의 만물이 한 몸임으로, 우리는 분별심을 갖고 대상을 보지 말아야 하고. 대상을 분별심 없이 모두를 귀중하고 가치 있는 존재로 보는 것이 중도中道입니다. 어떠한 상황에 처한 사람이라도 모두가 귀중하고 가치 있는 존재임을 알고, 분별심을 갖지 말아야 합니다. 장애아를 둔 부모들도 정상아와 장애아가 똑같이 자기 나름대로의 귀중함과 가치를 가지고 있는 사실을 알고, 분별심을 갖지 말고 기쁜 마음으로 자식을 사랑하고 감사하는 마음으로 키울 수 있어야 합니다.

창세기에 보면, 하나님께서 아담에게 선과 악을 구별하여 알게 하는 선악과를 따먹지 못하게 하신 뜻과 일맥상통하는 것이라고 생각합니다. 우리가 대상에 대해 선과 악의 잣대로 판단하고 행동하게 되면 그때부터 우리는 불행해지는 것입니다. 아담이 에덴동산에서 선과 악을 분별하는 눈을 갖게 되었을 때 행복은 끝나는 것입니다. 아담과 하와는 선과 악을 분별하는 마음을 갖게 되면, 행복하게 될 줄 알았지만, 그 순간 아담과 하와는 에덴동산에서의 삶은 끝났습니다. 우리가 대상을 보면서 옳고 그름의 잣대로 대상을 보게 되면, 그때부터 우리는 행복한 에덴동산에서 추방당하게 되는 것입니다.

"但莫憎愛하면 洞然明白이라(미워하고 사랑하지 않으면, 통연히 명백하니라)"—미워하고 사랑하는 이 두 가지 마음만 없으면 무상대도는 탁트여 명백하다는 것입니다. 부처는 좋아하고 마구니는 미워하며, 불법을 좋아하고 세간법은 미워하는 증애심만 버리면 지극한 도는 분명하고 또 분명하다는 것입니다. 우주의 삼라만상이 진리이고, 우리의 스승이니 따로 사랑하고 미워할 것이 없다는 것입니다. 우리는 대상을 특별히 사랑하거나 미워할 것이 없다는 것입니다.

그러므로 누구든지 무상대도를 성취하려면 간택하는 마음을 버려야 하는데, 그 가운데 대표적인 것이 미워하고 사랑하는 마음, 즉 증애심입니다. 이 증애심만 완전히 버린다면 무상대도를 성취하게 된다는 것입니다. 세상에 살면서 생기는 많은 번뇌망상은 사랑하고 미워하기 때문에 생긴다는 것입니다. 사랑하는 사람은 보지 못해서 괴롭고, 미워하는 사람은 봐서 괴롭다고 하지 않습니까?

필자가 이 책을 쓰면서 철학을 위시한 모든 학문과 문학을 위시한 모든 예술과 기독교와 불교를 위시한 모든 종교를 간택하거나 버리지 않고 모든 것을 수용하여 모든 학문과 예술과 종교가 말하는 지혜에 대해 기술하려고 한 것도 그러한 뜻에서였습니다. 어떤 것을 간택하여 어느 것은 더 낫고 어느 것은 못하다고 말하는 것은 아직 공부가 먼 사람들이나 하는 생각과 말이기 때문입니다. 자기가 믿는 것은 훌륭하고, 다른 사람이 믿는 것은 부족하다는 생각을 갖는 것은 아직 공부가 부족한 사람이나 신들린 사람들이 갖는 생각입니다. 모든 것은 제 나름대로의 가치를 가지고 우주를 구성하고 있는 것입니다. 어느 한 가지 만 옳다는 것은 하나님의 뜻도 아니고 싯닷타나 조사들의 뜻도 아닙니다. 만일 하나님께서 어느 한 가지만 옳다고 생각하셨다면, 기독교 성경의 창세기에 있는 것과 같이 하나님께서 만물을 창조하시면서 만들 때마다 "보시기에 좋았더라"라고 말씀하셨겠습니까?

『법화경』의 「궁자의 비유」는 근본적으로 모든 사람이 적자라는 사실 즉 모든 사람이 부처이고 완전자이고 진리이며 스승이라는 의미를 담은 비유이고, 『신약성경』의 「탕자의 비유」는 요사이 아버지, 맏아들, 작은 아들, 머슴, 돼지, 돼지먹이 등을 중심으로 해석하여 여러 가지 설교를 하고 있으나, 필자는 예수께서 이 비유를 말씀하신 것은 근본적으로 아버지의 사랑, 즉 하나님의 사랑을 이야기하려는 것이라고 생각합니다. 앞의 비유는 모든 사람이 다 귀중하고 가치 있는 존재임을 말하고, 뒤의 비유는 하나님이 인간을 차별하지 않고 모두를 사랑하시는 사실을 말하는 비유이니, 두 비유가 다 분별심을 갖지 말라는 내용을 말하고 있다고 생각합니다.

분별심을 갖지 말라는 말 가운데 가장 중요한 것은 아마도 생生과 사死를 구별하지 말라는 말이라고 생각합니다. 삶과 죽음이 둘이 아니고 하나라는 것입니다. 모든 인간에게 죽음은 큰 과제이며 공포의 대상입니다. 그러므로 태어남과 죽음이 하나인 것을 안다면 우리는 많은 공포에서 벗어날 수 있을 것입니다.

불교는 연기론적으로 볼 때, 우주 삼라만상은 실체가 없는 것임으로 만물은 생김과 사라짐이 없다는 것입니다. 우리의 육체도 인연에 따라 만들어져 존재함으로 실체가 없다는 것입니다. 실체가 없음으로 생김도 사라짐도 없다는 것입니다. 생生과 사死가 없으니, 생과 사가 일여一如하다는 것입니다. 인연에 따라 삶이 시작되고 인연이 다하면 사라지는 것입니다. 우리는 언제 어디서 무엇이 되어 다시 만날지 아무도 모른다는 것입니다.

기독교적 입장에서 보면, 하나님을 믿고 하나님의 자녀로 살아 온 사람들은 죽어서 이생보다 더 좋은 하나님 나라로 가게 되기 때문에 죽음이 없는 것입니다. 죽는다는 것은 우리가 사는 장소가 달라지는 것뿐입니다. 죽은 후에 기독교인들은 더 좋은 곳으로 가게 된다고 믿습니다. 하나님 안에 있는 기독교인에게 죽음은 없습니다. 새로운 천국이 기다릴 뿐입니다.

아침에 버스를 타고 가는 날이었습니다. 버스의 좌석은 모두 사람들이 앉아 있었습니다. 특히 노약자들이 많이 앉아 있었습니다. 정류장에서 한 할머니가 버스에 탑승하고 버스 왼편에 앉아 있는 학생 옆으로 다가가기 시작했습니다. 그러나 그 학생은 할머니가 다가옴에도 불구하고 그 자리에 계속 앉아 있었는데, 그 학생 말고는 전부 임산부, 할머니 등 노약자들이었습니다. 갑자기 그 학생에 대해 안 좋은 감정을 느끼기 시작했습니다. "할머니가 저렇게 계신데 자기 일어서서 가기 싫어서 자리에 계속 앉을 수가 있는가?" "나중에 자신이 저 나이가 된다고 한다면 저렇게 불편하게 갈 수 있는가?" 등 그 학생에 대해 욕도 하면서 정말로 안 좋게 보고 있었습니다. 시간이 흐르고 마침내 그 학생이 내리기 시작했습니다. 그런데 이게 웬일입니까? 그 학생은 왼쪽 다리에 깁스를 하고 있었던 것입니다. 갑자기 그 학생에게 미안한 감정이 들며 제 자신을 돌아보게 되었습니다. "내가 뭔데 저 사람을 향해 욕을 하며 비판하는가? 저렇게까지 하고 힘든데 나라면 그 자리를 비켜줄 수 있는가?"라는 생각이 들기 시작하면서 시간이 지날수록 부끄럽기까지 했습니다.

예전에 한 교사가 교문에서 학생 지도를 하다가 경례를 하지 않는 학생이 있어서 교만하다고 뺨을 때린 일이 있다고 합니다. 뺨을 때린 것으로 끝내지 않고, 마구 때렸다고 합니다. 나중에 알고 보니 오른손이 없는 학생이었다고 합니다. 선생님이 무척 부끄러워서 어쩔 줄을 몰랐다는 이야기를 들은 일이 있습니다.

필자는 이 글을 쓰는 2010년 6, 7, 8월에 중앙일보에 실린 백선엽 장군의 「내가 겪은 6.25와 대한민국」을 읽고, 2010년 7월 19일부터 7월 30일까지 월요일에서 금요일까지 10회에 걸쳐 방송한 KBS T.V.의 「한국전쟁」이라는 다큐멘타리를 보았습니다. 백선엽 장군의 글과 「한국전쟁」이라는 다큐멘타리를 보면서 너무 가슴이 아팠습니다. 대한민국이 1945년 8월 15일 외세에 의해 해방이 된 후부터 오늘날까지 우리 민족은 자유민주주의와 사회주의로 갈라져서 싸웠던 것입니다. 1948년 8월 15일에 독립 정부를 수립하기 전에도 싸웠고, 정부가 세워진 후에도 싸웠습니다. '한국전쟁'이라고 불리는 6.25사변 동안에도 싸웠고 오늘날까지도 싸우고 있습니다. 오늘 날에는 남한에서도 편을 갈라 싸우고 있습니다. 기성세대와 젊은 세대의 세대갈등, 영남과 호남의 지역 갈등, 서울과 지방, 진보와 보수, 좌파와 우파 등으로 나뉘어 갈등하고 있습니다.

필자는 지혜로운 인간의 둘째 조건으로 분별심을 갖지 말라는 것을 들고 있습니다. 좌파와 우파로 갈라져서 자기는 옳고 상대편은 틀리다는 생각으로 한국사람끼리 몇 십 년 동안 싸운 것을 생각하면, 가슴이 아픕니다. 제주도 4.3 사태, 국군 14연대의 여순반란 사건, 6.25사변 등을 통해 얼마나 많은 사람이 죽었습니까? 6.25사변을 통해 1000만의 이산가족이 생기고, 30만이 넘는 미망인이 생겼고, 남북한과 중공군과 연합군을 합치면 백만이 넘는 군인이 죽고, 10만이 넘는 고아가 생겼습니다. 그리고 16세 밖에 안 된 학생이 학도병으로 나갔고, 민간인들도 그리고 글도 모르는 농민도 좌우로 갈려서 무수히 죽었습니다. 문맹인 사람들이 무엇을 알아 좌우로 지목되어 죽어야 했단 말입니까? 심지어 할아버지, 아버지, 손자, 즉 3대가 함께 죽는 일도 있었습니다. 이 얼마나 어리석은 일입니까? 전쟁의 비참함은 말로 표현할 수가 없습니다. 백마고지와 다부동 지역에서의 전투는 더 비참했던 것 같습니다. 전투에 참전했던 사람들의 증언을 들으면, 군인들은 전투에 나갈 때 마다 죽을 것을 대비하여 항상 손톱과 머리카락을 짤라 놓고 나갔다고 말합니다. 남한군과 북한군이 20여 차례 고지를 점령했기 때문에 시체 냄새가 진동을 했으며, 백마고지에는 나무가 하나도 없었다고 합니다. 심지어 시체 냄새를 제거하는 화학전투 요원이 와서 냄새를 제거하다가 충격에 죽기도 했다는 것입니다. 도대체 이데올로기가 무엇이기에 좌우로 갈려 이토록 비참하게 전쟁을 해야 했단 말입니까? 우리는 이데올로기에 대해서도 분별심을 갖지 말아야 합니다.

　물리학자 닐스 보아가 말한 것처럼 양과 음은 배척의 관계가 아니라 상호보완의 관계인데, 상호보완의 관계로 만들지 못하고 서로 죽이고 싸운 것을 생각하면, 우리 민족이 정말로 지혜롭지 못했다고 생각합니다. 우리가 지혜로워 우리 자신이 누구인지 알고, 좌파와 우파를 분별하지 말고, 사랑을 서로 실천했다면 6.25사변을 방지할 수 있지 않았겠는가 하고 생각해 봅니다. 우리는 36년 동안 일제강점기에 있었습니다. 정말로 어렵게 해방이 되었습니다. 그렇다면 김구 선생의 주장처럼 남북한이 하나의 정부를 만들어야 했습니다. 남한과 북한의 정치 지도자들이 이데올로기에 대한 분별심을 버리고, 국민을 진정으로 사랑하고 실천하고자 하는 마음이 있었다면 6.25사변(한국전쟁)을 예방할 수 있었다고 생각합니다. 그 당시 얼마나 많은 사람들이 전쟁이 일어날 것을 걱정하고 예고했습니까? 전쟁의 고통은 당대로 끝나는 것이 아닙니다. 2대 3대 4대로 고통과 괴로움은 이어지는 것입니다. 생각하면 가슴 아픈 일입니다.

필자는 1970년대와 80년대에 순수문학과 참여문학을 하는 사람들이 극단의 대립을 보일 때, 순수문학과 참여문학은 서로 싸워 하나를 이 세상에서 없애버려야 하는 대상이 아니라 둘은 상호보완의 관계임을 강조한 적이 있습니다. 순수문학은 참여문학이 주장하는 민주화가 된 사회에서 꽃을 피울 수 있는 문학이며, 참여문학이 주장하는 민주화된 사회는 순수문학이 가지고 있는 예술적 기술을 이용하여 작품을 쓸 때 사람들을 감동시켜 이룩될 수 있는 것입니다. 순수문학과 참여문학은 배척의 관계가 아니고 상호보완의 관계입니다. 좌파에서 주장하는 평등사상과 우파에서 주장하는 자유사상은 배척의 관계에 있는 것이 아니라 상호보완의 관계에 있는 것입니다. 오늘날 현대사회는 변증법적으로 통합되어 자유와 평등의 문제가 동시에 해결된 사회로 가고 있지 않습니까?

우리는 분별심을 가짐으로 남한과 북한이 서로 싸워 큰 피해를 보았습니다. 미국의 남북전쟁도 어떤 의미에서 보면 흑인 문제에 대한 분별심 때문에 생긴 전쟁이라고 볼 수 있습니다. 어떤 의미에서 모든 전쟁이 우리 편과 상대편에 대한 분별심 때문에 생긴 것입니다. 자기는 옳고 상대편은 나쁜 존재라는 것이지요. 만일에 우리 편과 상대편을 둘로 보지 않고 하나로 봤다면, 그렇게 잔인한 전쟁을 할 수 있었겠습니까? 정말로 앞으로는 전쟁이 없어야겠습니다.

요사이 한국에는 종교 간에 갈등이 많습니다. 모두가 좋은 세상을 만들자며, 왜 싸우는지 모르겠습니다. 단지 좋은 세상을 만드는 방법이 다른 것이 아니겠습니까? 다른 종교도 대척의 관계가 아니라 상호보완의 관계라고 생각합니다. 모두가 협력하여 살기 좋은 세상을 만들어야 할 것입니다. 그래도 한국사회에서는 종교 갈등이 적은 편입니다. 다른 나라에서는 전쟁과 테러로 많은 사람이 죽고 있습니다. 종교가 다르다고 서로 죽이다니 너무 어리석은 인간들입니다. 세상에 이와 유사한 어리석은 인간이 너무 많은 것이 필자가 지혜론을 쓰는 이유입니다.

1_절대자의 시각

분별심을 갖지 않는다는 것은 매우 어려운 일입니다. 아니 불가능에 가까운 것입니다. 가진 자와 갖지 않은 자를 같이 보고, 불행과 행복을 같이 본다는 것은 아무나 할 수 있는 일이 아닙니다. 누가 분별심 없이 가진 자와 안 가진 자를 보고, 누가 불행과 행복을 분별심 없이 볼 수 있을까요? 도를 깨친 사람일까요? 성령이 충만한 사람일까요? 구원받은 자일까요? 군자君子일까요? 성인聖人일까요? 진인眞人일까요? 선인仙人일까요? 지인至人일까요?

필자는 누가 분별심을 갖지 않을 수 있을지 모르겠습니다. 그러나 절대자는 분별심을 갖지 않으리라고 생각합니다. 절대자는 완전자입니다. 절대자의 시각으로 보면, 모든 사람이 자기 나름대로의 아름다움을 가지고 있고, 어떤 상황이 잘 되거나 조금 안 된다고 서운해 해야 할 일이 아니라고 생각합니다. 지구의 한 쪽이 잘 되면, 다른 한 쪽은 잘못 될 수 있는 것이라고 생각합니다. 아무리 부자 나라라고 해도, 가난한 사람은 있고, 아무리 가난한 나라라고 해도 부자는 있습니다. 세상은 음과 양이 엇물려서 돌아가는 것입니다. 태극과 같은 모습으로 세상은 돌아갑니다.

<mark>절대자는 인간을 사랑의 시각으로 봅니다.</mark> 부모가 자식을 보듯 할아버지와 할머니가 손자와 손녀를 보듯이 봅니다. 사랑의 시각으로 보면, 공부를 잘 하는 아이나 못 하는 아이나 모두 사랑스럽게 보입니다. 사랑의 눈으로 보면, 키가 큰 아이나 작은 아이나 모두 알맞게 보입니다. 사랑의 눈으로 보면, 뚱뚱한 아이나 날씬한 아이나 모두 알맞은 몸매로 보입니다. 절대자의 눈으로 보면, 흑인이나 백인이나 모두가 사랑스러운 자식으로 보입니다. 한국인이나 베트남 사람이나 모두 사랑스러운 자식으로 보입니다.

절대자의 시각으로 보면, 부자나 가난한 자나 모두 훌륭하고 삶의 다른 단계를 보이는 사람으로 보일 뿐입니다. 절대자의 시각으로 보면, 높은 지위에 있는 사람이나 낮은 지위에 있는 사람이나 모두 자기에게 알맞은 지위에 있는 사람으로 보입니다. 절대자의 시각으로 보면 성공한 사람이나 실패한 사람이나 그의 분수에 따라 그가 걸어가야 할 하나의 단계로 보일 뿐입니다. 그래서 절대자의 시각으로 보면, 불행도 행복이고, 행복도 불행으로 보이는 것입니다.

기독교인들은 하나님 앞에서 모든 인간은 평등하다고 말합니다. 이슬람교도들은 알라 앞에서 모두가 평등하다고 말합니다. 불교도들은 부처님 앞에서 모두가 평등하다고 말합니다. 그러나 누구도 다른 사람을 차별 없이 대하기는 힘듭니다. 한 종교 안에서도 사람들은 사회적 지위에 따라 상대를 차별합니다. 성직자나 종교를 가지고 있는 종교인도 모두 사람이기 때문에 차별심과 분별심을 갖지 않기가 어렵습니다.

지혜로운 인간은 상대편이나 우리가 처하게 되는 상황에 대해 차별심이나 분별심을 갖지 않는 사람입니다. 우리가 분별심을 버리지 못 하는 것은 우리가 어리석은 사람이기 때문입니다. 우리가 상대편을 차별심을 가지고 무시하면 상대방의 원망을 사게 될 것입니다. 언젠가 기회가 오면, 차별을 당한 사람은 복수를 하려고 할 것입니다. 우리가 상대편의 약점을 가지고 무시하면, 원한을 사게 됩니다. 상대방의 원수가 되는 것입니다.

반대로 우리에게 교만한 자세로 우리를 무시하면서 행동하는 사람과 겸손하게 대하는 사람도 차별하지 말아야 합니다. 우리를 무시하는 사람을 보면 화가 납니다. 그래도 화를 내면 안 됩니다. 우리에게 참을성에 대한 공부를 시켜주는 고마운 분으로 생각해야 합니다. 그리고 아니 땐 굴뚝에서 연기가 나오지 않는다고, 상대방이 우리를 무시하는 말을 하면, 그 말에 일리가 있는 것입니다. 상대방이 우리를 차별심을 가지고 하대할 때, 자기 자신을 돌이켜 볼 수 있는 기회로 삼아야 합니다.

우리가 어려운 상황에 처할 때, 좌절하고 주저앉는 것은 우리가 지혜롭지 못하기 때문입니다. 우리는 역사 속에서 실패했다가 성공하는 사람들을 많이 봅니다. 에디슨은 얼마나 많은 실패를 했습니까? 패배는 병가지상사兵家之常事라고, 장군은 언제나 패장이 될 수 있는 것입니다. 마지막 웃는 자가 승리한 자라고, 마지막 전투에서 승리하는 자가 승리하는 장군이 되는 것입니다. 몇 번씩 선거에서 떨어지는 국회의원이나 대통령을 봅니다. 대통령이 교도소에 가기도 하고, 교도소에 갔던 사람이 대통령이 되기도 하는 것이 이 세상의 원리입니다. 교도소에 있다고 차별심을 가질 것도 아니고, 대통령이라고 차별심을 가질 것도 아닙니다. 언제 음지가 양지되고, 양지가 음지가 될지 모르기 때문입니다.

우리가 분별심을 갖지 않으려면, 절대자의 시각을 가져야 합니다. 절대자의 시각은 부모가 자식을 볼 때 갖는 시각입니다. 부모의 입장에서 보면, 공부를 조금 잘 하거나 못 하거나, 돈이 많은 자식이나 가난한 자식이나, 성공한 자식이나 실패한 자식이나 마찬가지로 분별없이 대합니다. 공부를 못 하거나 가난하거나 출세하지 못한 자식은 더욱 측은하게 보여 다른 자식들 몰래 도움을 주고 싶은 것이 부모의 마음입니다. 열

손가락 중 어느 손가락도 깨물어 아프지 않은 손가락이 없다는 말과 같이 부모는 갖지 못한 자식에 더욱 사랑과 관심이 가는 것입니다. 자기 곁에 있는 99마리의 양보다 잃어버린 한 마리의 양에 더 관심을 갖듯, 절대자는 인간을 차별하지 않고 대합니다. 우리도 절대자의 시각을 가지고 여러 종류의 사람을 분별없이 대해야 합니다.

우리는 밤과 낮에 대해서도 겨울과 여름에 대해서도 분별하는 마음을 가져서는 안 됩니다. 밤과 낮은 근본적으로 다른 것이 아닙니다. 한국이 낮이면 미국은 밤이고, 미국이 낮이면 한국은 밤입니다. 태양이 어디에 있느냐에 따라 낮이 되고 밤이 되는 것입니다. 여름과 겨울도 마찬가지입니다. 한국이 여름이면 호주는 겨울입니다. 호주가 여름이면 한국은 겨울입니다. 우리는 크리스마스는 언제나 겨울에 있는 것으로 알고 있지만 호주에서는 여름에 크리스마스를 보냅니다.

세상의 본질은 태극과 같아서 음과 양은 서로 함께 맞물려 있습니다. 흥하는 사업이 있으면 망하는 사업이 있고, 망하는 사업이 있으면 흥하는 사업이 있습니다. 비가 오면 우산 장수인 아들이 좋고, 짚신 장수 아들이 나쁩니다. 날씨가 개이면 짚신 장수 아들이 좋고 우산 장수 아들이 나쁜 것입니다. 음과 양이 맞물려 있는 세상에서 절대자의 시각으로 보면, 가진 것과 갖지 못한 것은 외형은 달라 보여도 속은 같은 것입니다. 우리는 절대자의 시각을 갖지 않으면, 분별심이 없는 인간이 되기 어렵습니다.

지혜로운 사람은 상대편에 대해서도 자신에 대해서도 분별심을 갖지 않는 사람입니다. 지혜로운 사람은 상대편이 높은 위치에 있거나 낮은 지위에 있거나 분별심을 갖지 않습니다. 자기가 높은 지위에 있거나 낮은 지위에 있거나 상대편을 보는 마음이 달라지지 않습니다. 지혜로운 사람에게는 높은 지위와 낮은 지위가 없고, 모두가 알맞은 지위인 것입니다. 지혜로운 사람은 자기 자신에 대해서도 분별심을 갖지 않습니다.

좋은 일이 생겼다고, 기뻐하지도 않고, 나쁜 일이 생겼다고 슬퍼하지도 않습니다. 이 세상에는 좋은 일도 없고, 나쁜 일도 없고 내게 합당한 일만 일어나기 때문입니다. 이 세상은 우주의 원리대로 움직이기 때문에 지혜로운 사람은 부동심을 갖습니다. 어떠한 외부의 변동에도 마음이 흔들리지 않습니다. 불행이 언제 행복이 될지 모르고, 행복이 언제 불행이 될지 모르기 때문입니다. 이것이 우주의 원리인 역설의 원리인 것입니다.

2_역설의 원리

　　　　　　　　　우리가 상대방에 대해 분별심을 갖지 않고 사는 것은 우주의 원리대로 사는 것입니다. 우주를 구성하는 요소들은 우주의 흐름 속에서 각자의 가치와 역할을 가지고 존재하기 때문에 차별을 받아서는 안 되기 때문입니다. 그럼 우주의 원리는 무엇일까요? 많은 자연과학자들은 우주의 원리를 발견하려고 노력했습니다. 그 결과로 자연과학자들은 자연법칙들을 발견했습니다. 뉴턴은 만유인력의 법칙을, 아인슈타인은 일반상대성원리를 발견했습니다. 물리학과 화학 그리고 생물학과 동양철학과 역학易學에 보면 많은 법칙들이 있습니다. 모두가 우주가 움직이는 원리의 일부분을 설명하는 것이라고 생각합니다.

　그 중에서 우리에게 가장 실감나게 생각할 수 있는 것은 역설의 원리라고 생각합니다. 역설의 원리는 우주의 원리일 뿐 아니라 종교들의 원리이기도 합니다. 십자가의 종교라고 말하는 기독교가 역설의 종교인 것은 말할 것도 없고, 고뇌가 보리라고 말하는 불교도 역설의 종교라고 말할 수 있습니다. 뿐만 아니라 예수님도, 석가모니 부처님도 역설의 생애를 살았습니다. 역설은 삶의 원리기도 하지만, 클리언스 부룩스가 「역설의 언어」에서 말한 것처럼 현대시의 원리이며 쉔베르그의 무음조 음악과 같이 예술의 원리이기이기도 합니다.

역설의 원리를 상징적으로 보여주는 것은 태극입니다. 유가의 입장에서 볼 때, 우주의 근원은 태극입니다. 태극의 근원은 무無라고 하지만, 무無 속에는 태극이 들어 있습니다. 모든 존재의 핵에는 음과 양이 함께 공존하는 모습을 보여주고 있습니다. 그리고 유가 철학에 의하면, 오행이 음양의 원리에 따라 합하고 분리하여 만들어진 것이 우주의 만물입니다. 그래서 모든 존재 속에는 음양이 있고, 그 음양이 여러가지 형태로 존재하는 모습을 나타낸 것이 64괘이고, 64괘를 설명한 것이 주역周易입니다.

역설의 원리는 우리 생활 속에서도 찾아볼 수 있습니다. 우리는 흔히 "지는 사람이 이기는 사람이고, 이기는 사람이 지는 사람이다."라는 말을 하곤 합니다. 마음이 넓고, 통이 큰 사람이 양보하고, 속이 좁고 그릇이 작은 사람이 이기려고 에쓰기 때문에 하는 말이라고 생각합니다. 부부도 반대로 만나는 것이 좋다고 말합니다. 남자가 베풀기를 잘 하는 사람이면, 여자는 근검절약하는 사람, 남편이 이성적인 사람이면, 부인은 감성적인 사람인 것이 좋은 것 같습니다. 남편이 키가 작으면, 부인이 키가 크고, 남편이 소극적인 사람이면 남편은 적극적인 사람이 좋습니다. 부부는 반대로 만나야, 서로 부족한 것을 보충해 주어 행복하게 된다는 것입니다.

부자는 좋은 점도 있지만, 잘 먹기 때문에 여러 가지 병이 생깁니다. 잘 먹는 사람들은 비만과 당뇨와 고혈압이 많습니다. 가난한 사람들은 못 먹기 때문인지 비만으로 힘들어 하거나 비만으로 인해 생기는 병에 걸리는 사람이 적습니다. 부자 나라 사람들보다 가난한 나라의 사람들의 행복지수가 더 높다고 합니다. 우리의 단점이 나쁜 것만은 아닙니다. 개천에서 용이 난다는 말이 있습니다. 우리에게 주어진 조건이 나빠서 그것을 극복하려고 노력하다가 위대한 사람이 된다는 것입니다.

일본의 모 대기업의 창업자인 분은 자기가 어려서부터 몸이 약하고, 가난하고, 배운 것이 없어서 성공했다고 말합니다. 어려서부터 몸이 약해서 늘 건강에 신경을 쓰고 운동을 해서 장수하였고, 집이 가난해서 돈을 벌려고 노력을 해서 부자가 되었다고 합니다. 또 그 분은 집이 가난하여 학교를 다니지 못해 늘 배우려고 노력하고, 독서를 많이 해서 많은 지식을 갖게 되고 지혜로운 인간이 되었다고 말합니다. 그 분은 자기의 단점을 역이용해서 성공한 분이라고 생각합니다. 콤플렉스가 힘이라고, 자기의 콤플렉스를 힘으로 사용하여 성공한 분입니다.

역설의 원리를 잘 말해 주는 일화로는 새옹지마塞翁之馬가 있습니다. 새옹이 말을 잃었다고 걱정을 했는데, 잃어버린 말이 짝을 지어 다른 한 마리를 데리고 돌아오고, 아들이 난폭한 말 위에서 떨어져 다리가 부러져 불행하다고 생각했는데, 전쟁이 나서 다른 젊은이들은 전쟁터에 끌려가 죽었는데, 아들은 다리가 부러져 전쟁터에 나가지 않아 죽지 않게 되었다는 이야기입니다. 불행이 행복이 되고, 행복이 불행이 되고, 불행이 다시 행복이 된 이야기입니다.

우리가 곤경에 빠졌을 때도, 세상사에 존재하는 역설의 원리를 보면, 마음의 위안을 얻을 수 있습니다. 우리가 60이 넘도록 살다 보면, 부모님이 불치의 병에 걸릴 수도 있고, 아내나 남편이 불치의 병에 걸리는 경우도 있습니다. 만일 부모님이 치매를 앓게 되셨다면, 부모님이 자식에게 부모님의 은혜를 갚을 수 있는 기회를 주셔서 고맙다고 생각할 수 있습니다. 남편이나 아내가 치매를 앓게 되면, 아내는 평생 동안 돈을 벌어다 준 남편, 남편은 평생 동안 가정과 남편을 위해 살아온 아내의 고마움을 갚을 기회를 준 것으로 생각한다면, 병을 간호하는 힘든 일과 고통은 기쁨으로 바뀔 수 있다고 생각합니다.

역설의 원리를 보여 주는 일화들은 실생활에도 많이 있습니다. 전라도에 있는 한 사찰에 있는 한 여자 스님은 묘한 인연으로 비구니가 되었다고 합니다. 그 비구니는 스님이 되기 전에 한 여자로서 결혼을 하여 남편과 두 명의 아이들과 함께 살았다고 합니다. 그런데 사회운동으로 쫓기는 몸이 된 한 여자 친구가 그녀에게 찾아 와 몸을 숨겨 달라고 부탁을 했답니다. 그녀는 친구를 모른 척 할 수 없어 자기 집에 숨어 살게 했다는 것입니다. 그런데 그녀와 그녀의 여자 친구 그리고 남편이 즉 세 명이 함께 살다가, 그녀의 여자 친구가 남편과 눈이 맞아, 두 남녀가 사랑에 빠졌다는 것입니다. 그녀는 그 상황을 알게 되고 나서, 자기를 배반한 여자 친구를 죽일 수도 있었지만, 오히려 그녀는 처녀 때부터 가졌던 꿈을 실현할 수 있는 기회로 삼았다는 것입니다. 처녀 때부터 비구니가 되는 것을 꿈꿔 오던 그녀는 남편과 여자 친구에게 이혼을 해줄 테니 두 아이를 구박하지 말고 사랑으로 잘 키워달라는 부탁을 하고, 집을 나와서 비구니가 되었다는 이야기입니다.

몇 년 전에 T.V.에서 본 과일장사 아저씨와 아주머니에 대한 이야기도 해야겠습니다. 역설의 원리를 보여 주는 이야기이기도 하지만, 성격이 반대인 부부는 배척의 대상이 아니라 상호보완의 관계라는 것을 보여 주는 것이기도 하기 때문입니다.

과일 가게의 아저씨는 세상사에 빈틈이 없는 사람이었습니다. 아저씨는 부인과 번갈아 가게를 보면서 장사를 했습니다. 부인이 과일을 팔다가 남편과 자리를 바꾸면, 남편은 과일의 개수와 돈을 정확히 비교해 보고 모자라는 과일의 개수와 돈을 찾아내고는, 아내를 나무랐다는 것입니다. 아내는 마음이 착한 여자여서 날짜가 지난 과일은 동네의 할아버지와 할머니나 가난한 사람들에게 나누어 주었다고 합니다. 그래서 두 분은 자주 싸우고, 서로 잘못 만났다고 헤어지자고 말했다는 것입니다. 부인은 더 적극적으로 남편에게 저렇게 구두쇠고 소심한 남자와는 이혼하겠다고 큰 소리를 쳤다고 합니다. 그때마다 남편은 침묵으로 대응했다고 합니다.

그런데 우리나라에 경제적 위기였던 1990년대 말이 되었을 때였습니다. 우리나라가 I.M.F에 돈을 꾸게 되었고, 경제가 어려워 구조조정으로 인하여 많은 실업자들이 나왔습니다. 그리고 빚보증을 선 많은 사람들이 곤경에 빠졌습니다. 마음씨 착한 아주머니도 빚보증을 섰던 것입니다. 필자의 주위에 있던 사람들도 다른 사람들을 위해 빚보증을 섰다가 돈은 물론이고 집까지 잃은 사람도 있었습니다. 그런데 마음씨 착한 아주머니도 빚보증으로 집을 잃게 되었습니다. 길거리에 앉아서 살아야 할 판이었습니다. 그때 구두쇠 남편이 아내 몰래 모아 두었던 5,000만 원을 내 놓아, 그 돈으로 전셋집을 얻어 살게 되었다는 것입니다. 두 사람은 성격이 다른 원수가 만나서 산 것이 아니라 찰떡궁합인 사람이 함께 살았다고 말할 수 있을 겁니다.

역설의 원리를 보여 주는 또 다른 예는 어려서 부모를 잃거나 경제적으로 어렵게 산 사람들이 나중에 성공한 경우가 많다는 것입니다. 현대 그룹의 정주영 회장도 그런 사람이고, 싸르트르나 럿쎌 같은 철학자들도 일찍 부모님이 돌아가시거나 부모님과 헤어져, 할아버지 아래 자란 사람들입니다. 무함마드는 유복자로 태어나서 살다가 어머니도 일찍 돌아가셔서, 할아버지 밑에서 성장했습니다. 공자도 세 살 때, 아버지가 돌아가셨습니다. 석가모니 부처님은 세상에 태어난 지 일주일 만에 어머님이 돌아가셨습니다.

기업가들은 어려서부터 공부를 잘 하거나 공부를 많이 한 사람이기보다는 집이 가난하거나 공부에 취미가 없어 일찍 사회에 진출하여 돈을 번 사람들입니다. 그들은 어린 나이에 고생을 하여, 일찍 돈에 대해 눈을 뜨고 사업을 한 사람들입니다. 공부를 많이 하거나 경제에 대한 이론을 잘 안다고 돈을 잘 버는 것이 아닙니다. 부자들이 말하는데, 사람이 돈을 쫓아 가서는 부자가 안 되고, 돈이 사람을 따라 와야 부자가 된다고 하더군요. 그것도 역설의 원리로 생각됩니다.

  장애인으로서 자신의 장애를 극복하고, 학자로 예술가로 정치가로 성공한 사람들도 많습니다. 발로 그림을 그리는 화가나 발로 피아노를 연주하는 피아니스트 그리고 뇌성마비인 시인도 있습니다. 그들은 장애인이기 때문에 남들이 갖지 못하는 감성과 보지 못하는 것을 보는 감각적인 눈을 가지고 있습니다. 제대로 말도 못하고 몸도 가누지 못하는 호킹과 같은 물리학자도 있고, 입과 귀와 눈을 사용할 수 없으면서도 위대한 인물이 된 헬렌 켈러 여사도 있으며, 다리를 저는 미국의 루즈벨트 대통령도 있습니다. 두 손의 손목이 잘려 두 손을 제대로 사용하지 못하는 레슬링 선수도 있고, 두 발을 제대로 사용하지 못하는 수영 선수도 있습니다.

  장애인이기 때문에 정상인이 보지 못하고 듣지 못하는 것을 듣는다고 노래한 송영희 씨의 「나」라는 시를 소개합니다.

> 나 가진 재물 없으나 나 남이 가진 지식 없으나
> 나 남에게 있는 건강 있지 않으나, 나 남이 없는 것 있으니
> 나 남이 못 본 것을 보았고, 나 남이 듣지 못한 음성 들었고
> 나 남이 받지 못한 사랑 받았고 나 남이 모르는 것 깨달았네 -
> 공평하신 하나님이 나 남이 가진 것 나 없지만
> 공평하신 하나님이 나 남이 없는 것 갖게 하셨네
>
> ─송영희 詩, 최덕신 曲, 「나」

  역설을 이야기하면서 빼놓을 수 없는 것이 종교에 대한 이야기입니다. 어떤 의미에서 대부분의 종교는 역설의 종교입니다. 불교는 고뇌가 보리라고 말하면서, 일상생활에서 깨달음을 찾을 것을 권합니다. 고달픈 세상이 참선수행을 하기에 매우 좋은 자리니 삶과 수행을 둘로 보지 말라

고 말합니다. 선불교의 마조 스님은 숫돌에 기왓장을 갈면서 무엇을 하느냐고 묻는 제자에게 기왓장을 갈아서 거울을 만들려고 한다고 말하자, 제자가 스승에게 어느 세월에 기왓장을 갈아 거울을 만들겠냐고 말하자, 스승은 제자에게 네가 어느 세월에 도를 닦아 부처가 되겠느냐고 말하면서, 역설적으로 모든 인간이 이미 부처이니 제자가 스스로 자기가 이미 부처임을 깨달을 것을 은연중에 암시적으로 말하고 있습니다. 『법화경』의 '궁자의 비유'가 말하는 우리는 이미 부처라는 이야기나 『열반경』에 나오는 "일체 중생은 모두 불성을 가지고 있다."라는 말도 모두 역설적으로 우리의 모습을 말하고 있는 것입니다.

종교 중에 역설이 가장 잘 나타나 있는 종교가 기독교입니다. 기독교는 역설로 시작해서 역설로 끝납니다. 예수님의 일생도 역설로 시작해서 역설로 끝납니다. 예수님은 성경에 의하면, 하나님의 아들이면서 말구유간에서 태어나시고, 세상에서 유일하게 죄가 없는 순수한 인간이면서 십자가에 못 박혀 죽으시고, 사흘 만에 부활하십니다. 기독교는 십자가의 종교라고도 하고, 부활의 종교라고도 합니다. 그리고 예수님은 영화로운 미래를 꿈꾸는 제자들에게 자기의 십자가를 메고, 예수를 따르라고 말합니다. 예수님을 따르면 부귀영화가 있을 줄 알았는데, 고통과 괴로움을 상징하는 십자가를 메고 따르라는 것입니다. 예수님은 우리들에게 우리가 가지고 있는 모든 죄와 선입감과 편견과 오해와 무식 그리고 교만 등을 십자가에 못 밖을 것을 말씀하십니다. 우리가 가지고 있는 모든 것을 버리고 우리 자신까지 십자가에 못을 박을 것을 요구하십니다. 우리 자신을 철저하게 버리고 예수님을 우리의 주인으로 맞으라고 말합니다

기독교는 부활의 종교라고 말합니다. 기독교에 부활이 없으면, 생명이 없는 종교가 되고 맙니다. 예수님은 제자들의 발을 씻을 정도로 가장 낮은 자리에서 인류의 고통을 모두 짊어지고 십자가에 매달려 죽었지

만, 사흘 만에 다시 살아나셨습니다. 죽음은 바로 부활을 의미하는 것입니다. 자기 자신을 위한 죽음은 죽음으로 끝나지만 다른 사람들을 위한 죽음은 부활하게 됩니다. 위대한 철학자나 정치가나 혁명가들은 죽어서 역사 속에서 부활했습니다. 소크라테스도 간디도 안중근도 김주열도 전태일도 박종철도 역사 속에서 부활했습니다. 예수님은 어떤 특정 집단이나 국가를 위해서 죽으신 것이 아니고 기독교 교리에 의하면 인류를 위하여 좀 더 구체적으로 말하면 인류의 죄를 속죄하기 위하여 죽은 것입니다.

예수님은 역설적으로 살았을 뿐만이 아니고 역설적인 말씀들을 많이 하셨습니다. 예수님은 어린아이와 같이 되지 않고는 아무도 천국에 들어 갈 수 없으며, 예수님이 세상에 온 것은 섬김을 받으러 온 것이 아니라 섬기러 왔으며, 너희 중에 누구든지 크게 되고자 하는 자는 남을 섬기는 자가 되며, 너희 중에 누구든지 으뜸이 되고자 하는 자는 너희의 종이 되라고 말씀하셨습니다. 오른쪽 뺨을 때리면 왼쪽 뺨을 내어 주고, 겉옷을 달라면 속옷까지 벗어 주고, 5리를 함께 가자면 10리를 함께 가고, 7번씩 70번을 용서하고, 원수를 미워하지 말고 사랑하라고 말씀하셨습니다. 그리고 나중 된 자가 먼저 되고, 시작은 미미했으나 나중은 창대하리라고 말씀하셨습니다.

역설의 원리는 우주의 원리입니다. 문제가 있는 곳에 답이 있다는 말이 있습니다. 딸이 장님이어서 점자에 관심을 갖다가, 아버지가 점자에 대해 연구하다 전문가가 되어 교수가 된 사람도 있습니다. 뇌성마비인 딸에 대해 신문에 글을 연재하던 어머니가 후에 장애인협회 이사가 된 경우도 있었습니다. 우리는 우리의 약점을 보충하려다가 오히려 그 분야에 전문가가 됩니다. 약점이 장점으로 변한 것입니다. 인도의 노예계급에 속한 사람들은 자기의 신분을 벗어나기 위해 열심히 일해서 부자가 된 사람이 많다고 합니다. 우리나라에서 가난한 집안의 자녀들이 성공하기 위해 열심히 공부하여 사법고시, 행정고시, 외무고시, 의사고시를 통과한 경우가 많았습니다. 자기의 단점을 성공의 발판으로 삼은 것입니다.

나의 단점인 콤플렉스는 내 안에 있는 또 다른 나입니다. 사람들은 흔히 콤플렉스를 부정적인 것으로 생각합니다. 되도록 남들의 눈에 띄지 않게 숨겨야 하는 약점, 혹은 하루 빨리 벗어나거나 없애야 하는 적으로 여깁니다. 물론 콤플렉스는 족쇄이자 굴레입니다. 하지만 동시에 그것은 삶에 자극을 주는 활력소이자 추진력입니다. 단 여기에는 전제조건이 필요합니다. 즉 콤플렉스가 우리에게 활력을 주는 삶의 힘으로 작용하기 위해서는 그 속성에 대해 속속들이 알고 그 안에 숨어 있는 역설적 구조를 찾아내야 합니다.

진정한 자존심은 있는 그대로의 자신을 받아들이고 사랑하는 것입니다. 콤플렉스를 있는 그대로 받아들이고 친구로 삼아야 합니다. 우정이 완성되는 순간이 없는 것은, 우정은 평생을 지속해 나가는 것이기 때문입니다. 그러므로 콤플렉스를 받아들이고, 친구가 되려고 노력하는 과정 자체가 삶에 에너지를 주는 원천이라고 생각해야 합니다. 콤플렉스와 친구가 되기 위한 과정도 인간관계와 비슷합니다. 콤플렉스는 또 다른 나의 모습입니다. 그러니 애정을 갖지 않으면 어찌할 것입니까? 만일 애정을 갖지 않으면, 평생 싸우며 고통을 받을 수밖에 없을 것입니다. 그렇게 되지 않으려면, 친구가 되는 수밖에 없습니다.

우리의 단점인 콤플렉스에 대해 우호적인 마음가짐을 가졌다면, 그 다음 단계는 자주 제대로 만나는 것입니다. 눈에서 멀어지면, 마음마저 멀어지게 됩니다. 친구란 친숙한 존재입니다. 친숙하다는 것은 늘 옆에 있고 익숙하기 때문에 공기처럼 편안한 것을 말합니다. 콤플렉스 역시 이와 같습니다. 그러나 친구가 찾아오는 순간, 내색하지는 않지만 남들의 어떤 말과 행동에 늘 예민하게 반응을 하거나 상처를 받습니다. 그리고 쓸데없는 줄 알면서도 늘 어떤 행동패턴을 되풀이합니다. 콤플렉스, 그것은 갈 길을 잃고 막혀 있는 내 삶의 또 다른 에너지로 이용할 수 있어야 합니다.

 옛날에 두 송이의 장미가 자매로 살았다고 합니다. 그런데 언니는 나 같은 가시에 고맙게도 이렇게 아름다운 꽃이 있느냐고 말하면서 살았고, 동생은 나같이 아름다운 꽃에 가시가 있느냐고 불평을 하면서 살았다고 합니다. 그리고 옛날에 행복과 불행은 자매간이었다고 합니다. 그래서 늘 빛과 그림자 같이 함께 다녔다고 합니다. 우리가 빛과 함께 있을 때, 그림자는 바로 뒤에 있는 것입니다. 군대에 간 남자가 여자의 마음이 변할까 걱정되어 매일 편지를 썼다고 합니다. 그런데 답장이 없어, 제대 후에 가보니 매일 편지를 전달하다가 애인과 우체부가 마음이 맞아 결혼을 했더라는 겁니다.

 우리의 삶은 역설의 원리에 따라 흘러갑니다. 고통스러운 삶의 이면에는 행복한 삶이 있습니다. 그림자는 햇빛이 있기 때문에 존재합니다. 모든 현상의 이면에는 비밀스러운 진리가 숨어 있습니다. 지혜로운 사람은 그 진리를 찾아 행복하게 살고, 어리석은 사람은 그 진리를 찾지 못하고 인생의 어두운 면만 보고 불행하게 사는 것입니다. 우리가 생명을 갖고 살아 있다는 것만도 고마운 일입니다. 우리가 죽으면 사업에 실패할 수도 없고, 병에 걸릴 수도 없으며, 교통사고를 당하지도 못합니다. 어떤 입장에서 보느냐에 따라 감사의 마음이 생기기도 하고 안 생기기도 합니다. 역설의 원리는 어떤 입장에서 자기나 상대방을 보느냐에 따라 가치가 달라지고, 삶의 모양이 달라집니다. 쌀과 겨 중에서 어느 것이 더 중요하겠습니까? 벼의 입장에서 보면 겨가 더 중요하고, 사람의 입장에서 보면 쌀이 더 중요합니다.

 예술에도 역설의 원리는 있습니다. 조상들은 고생하여 만리장성이나 피라미드 그리고 타지마할이나 대성당을 만들고, 후손들은 그 덕택에 관광 수입으로 먹고 삽니다. 근대미술에는 복잡미와 구상화가 유행하더니, 현대미술에는 단순미와 추상화가 유행합니다. 중국화와 한국화는 여백의 미를 추구하고, 마티스는 무엇을 그리느냐가 문제가 아니라 무엇을 그리지 않느냐가 문제라고 말했습니다. 무대미술은 흑백과 밝은 색과 어두운 색의 조화로 새로운 세계를 만들기도 합니다. 존 케이지는 '4분 33초'라는 침묵의 작품으로 모든 소리는 음악이라는 역설적인 작품을 내놓기도 합니다. 클리언스 브룩스는 현대시의 언어는 역설의 언어라고 말하고 있습니다. 예를 들면, 유치환의 깃발에 나오는 '소리 없는 아우성', 장일남의 '작은 거인', 한용운의 '님의 침묵'이나 '알 수 없어요' 등을 들 수 있을 것입니다.

3_겸손과 하심下心

분별심이 없는 인간의 모습을 보여 주는 또 다른 것이 겸손과 하심下心입니다. 모든 종교는 겸손과 하심을 말하고 있습니다. 겸손은 기독교에서 주로 쓰는 말이고, 하심下心은 주로 불교에서 쓰는 말입니다. 종교는 신神이나 교주 혹은 그 종교가 말하고 있는 사상이나 가르침 앞에서 겸손하라고 말합니다. 자기 자신의 정신적인 모든 것을 포기하고, 종교의 가르침을 따르라고 말하기도 합니다.

지혜로운 인간이 되기 위해 거쳐야 하는 중요한 단계 중에 하나가 겸손한 인간이 되는 것입니다. 교만한 인간은 지혜로운 인간이 될 수 없습니다. 자기 자신이 누구인지 아는 인간이 지혜로운 인간이라면, 자기 자신이 누구인지 알기 위하여 겸손한 인간이 되는 것은 필수적인 것이기 때문입니다. 그리고 타인이나 세상이 어떤 존재인지 알기 위해서도 우리는 겸손한 자세를 취해야 합니다. 우리는 겸손한 마음을 갖지 않고는 자신과 상대방을 제대로 이해할 수 없습니다. 그래서인지 대부분의 종교들은 사람이 겸손해질 것을 말하고 있습니다. 차옥숭은 『증산교·원불교』라는 책에서 많은 종교들은 공통적으로 "나 없음"을 제시하고 있다고 말하고 있습니다.

　필자는 이 책을 쓰면서 종교가 사람들에게 겸손할 것을 요구하고, 종교가 가지고 있는 사상이나 교주에게 순종할 것을 요구하는 것이 무리가 아니라는 생각을 했습니다. 왜냐하면 지혜로운 인간의 세 가지 조건인 "자기 자신이 누구인지 아는 사람, 분별심이 없는 사람, 사랑을 실천하는 사람"에서 세 가지 조건을 다 만족시키는 사람은 기독교, 불교, 이슬람교의 임마누엘 예수, 석가모니 부처님, 무함마드 외에는 거의 없으며, 이 세 가지 조건은 종교 안에만 있다는 것을 알게 되었기 때문입니다. 소위 사상가나 철학자 가운데는 이러한 세 가지 조건을 갖춘 사람이 거의 없습니다. 아니 찾는 것이 불가능합니다. 종교를 창도한 사람이 아닌 정치가나 사업가나 학자나 예술가 같은 일반적인 사람은 지혜로운 인간이 되는 것이 매우 어렵다는 사실을 알게 되었습니다.

　하심下心을 중요하게 여기는 불교는 사람들에게 불상 앞에서 절을 할 것을 권합니다. 불상이 없는 곳이라도 상관이 없습니다. 불교의 입장에서 보면 우주의 삼라만상이 부처이기 때문입니다. 불교는 사람들에게 108배를 하거나 1,000배나 3,000배를 통해서 자신을 낮출 것을 말합니다. 예전에 성철 스님이 자기를 만나러 오는 사람들에게 부처님에게 3,000배를 하고 오라고 말했습니다. 세상 사람들은 성철 스님을 교만한 사람이라고 말했지만, 그것은 성철 스님의 뜻을 전혀 모르고 한 말입니다. 우리는 다른 사람의 말을 들을 때, 3,000배나 또 다른 방법을 통해 자기를 낮추어야 타인의 말을 제대로 들을 수 있습니다. 성철 스님은 자기를 찾아 와 자기의 말을 듣는 사람의 교만을 걱정한 것입니다. 누가 무슨 말을 하느냐 하는 것은 중요한 문제가 아닙니다. 선불교적으로 볼 때, 우주의 삼라만상이 부처라면 사람의 입에서 나오는 말은 모두 위대하고 훌륭한 것입니다. 문제는 듣는 사람의 자세입니다. 듣는 사람이 교만한 자세로 듣느냐 겸손한 자세로 듣느냐가 문제입니다. 듣는 사람이 교만한 자세를 가지고 상대방의 말을 제대로 듣지 않고, 상대방이 말을 잘 하는가 못 하는가를 평가하려고 한다면, 어떤 말도 귀에 들어오지 않고, 아무 것도 배우지 못할 것입니다. 성철 스님이 사람들에게 3,000배를 하고 자기에게 오라는 것은 교만해서 그런 말을 한 것이 아니라 상대방을 너무 사랑했기 때문에 한 말입니다.

기독교에서도 겸손을 강조합니다. 순종이 제사보다 낫다는 것입니다. 더욱이 기독교는 초논리적인 종교이기 때문에 기독교의 5대 근본주의와 같이 이성적으로 그리고 논리적으로 받아들이기 힘든 내용들이 많습니다. 그러기 때문에 순종과 겸손을 더욱 강조합니다. 우리의 이성으로 받아들이기 힘든 것이지만 받아들이면 구원을 받아 행복해지는 것은 분명하기 때문입니다.

기독교에서는 십자가+字架 신앙을 중요시합니다. 자기 자신을 십자가에 못 박아 매달고, 하나님을 따르라는 것입니다. 자기 자신을 내세우면서 하나님을 따를 수는 없다는 것입니다. 자기의 주장이나 사상을 앞세우면서 기독교인이 될 수는 없다는 것입니다. 자기 자신을 십자가에 매달아 죽이고, 하나님을 자신의 정신적 그리고 사상적 주인으로 모시고 살아야 기독교인이라는 것입니다. 자기의 사상과 사고방식을 헌 신발처럼 버리고 그 자리에 하나님을 모시는 겸손한 마음이 있을 때만 진정한 기독교인이 되고, 구원을 받을 수 있다는 것입니다.

유가儒家에서도 큰 덕으로 겸양지덕謙讓之德을 말하고 있습니다. 겸손하게 양보하는 것이 큰 덕이라는 것입니다. 사람이 겸손해지는 것은 매우 어려운 일입니다. 또 우리가 어떤 일에 있어서 남에게 양보하는 것도 매우 힘든 일입니다. 인간은 근본적으로 교만한 존재이기 때문에 겸손하기가 어렵고, 인간은 근본적으로 이기적인 존재이기 때문에 양보하기가 어렵습니다. 그런 의미에서 겸손하고 양보한다는 것은 큰 덕이 아닐 수 없습니다.

노자의 『도덕경道德經』 8장에 나오는 '상선약수上善若水'도 겸손의 중요성을 말하고 있습니다. '상선약수'는 다 아시는 바와 같이 가장 좋은 것은 물과 같이 하는 것이라는 말입니다. 물은 아래로 흘러가지만, 아래로 내려갈수록 폭이 넓어지고, 힘이 세집니다. 그리고 무리하지 않고, 자연스럽게 생기는 길을 따라 흘러갑니다. 물론 '아래로 내려간다는 것'은 겸손을 의미합니다. 물이 파고 들어가지 못하는 것이 없어서 물이 계속해서 부딪치면, 대부분의 물건들은 파괴되고 맙니다. 물이 계속해서 아래로 내려가 바다에 도착하면, 폭 넓은 그릇과 같은 존재가 되어 모든 것을 포용합니다. 바다가 포용하지 못하는 것이 없습니다. 깨끗한 물건도 더러운 물건도 바다는 다 받아들입니다. 바다는 분별심 없이 모든 것을 받아들입니다. 그리고 모든 것을 받아들여 하나로 만듭니다. 그래서 지혜의 바다라는 말이 있다고 생각합니다.

그럼 우리가 겸손과 하심의 단계에 이르는 방법은 무엇일까요? 기독교는 자신이 원천적으로 죄인임을 깨닫고, 애통하는 마음으로 회개하고 중생重生할 때, 겸손한 사람이 될 수 있다고 말합니다. 불교는 자기 자신이 실체가 없는 무아無我임을 깨달아 자신이 실체가 없는 존재임과 우주의 삼라만상이 한 몸임을 깨달을 때, 하심을 가질 수 있다고 말합니다. 그러나 필자는 현실적으로 보통 사람이 생각할 수 있는 방법은 우리가 가지고 있는 모든 것에 대한 집착을 버리고, 원래의 모습으로 돌아갈 때, 하심의 경지에 있는 겸손한 인간이 될 수 있다고 생각합니다.

우리는 많은 것을 가지고 있습니다. 우리는 돈도 있고, 권력도 있고, 지식도 있고, 명예도 있습니다. 우리는 고집과 고정관념도 있으며, 선입감과 편견과 오해도 가지고 있습니다. 우리는 교만과 우상과 두려움과 죄의식도 가지고 있습니다. 우리는 질투하고 증오하며, 불안과 분노도 가지고 있습니다. 우리는 슬픔과 기쁨과 무력감과 냉소하는 마음도 가지고 있습니다. 우리는 온갖 탐욕과 어리석음과 소외감을 가지고 있습니다. 우리는 각자 자기의 사회적 지위를 가지고 있습니다. 우리가 하심의 경지에서 겸손해지려면, 이런 것들에 대한 집착을 모두 버려야 합니다. 우리가 버리기에 너무나 아까운 모든 것들에 대한 집착을 버려야 합니다. 모든 것에 대한 집착을 버려 분별심이 없는 순수한 인간이 되어야 합니다. 누가 이 모든 것들에 대한 집착을 버릴 수 있겠습니까? 겸손한 인간이 된다는 것은 너무나 어려운 일입니다.

　모든 종교는 인간들에게 겸손과 순종을 요구합니다. 종교가 아니더라도 겸손은 최고의 미덕으로 여깁니다. 불교의 스님 중에는 하심이 제대로 이루어지면, 도를 깨친 것이라고 말하는 분도 있습니다. 그러나 기독교만큼 겸손을 말하는 종교는 드뭅니다. 예수님은 우리에게 자신의 십자가를 지고 따르라 말씀하시고, 예수님이 세상에 온 것은 섬김을 받으러 온 것이 아니고 사람을 섬기기 위해 온 것이라고 말씀하십니다. 예수님은 제자들의 발을 씻기까지 합니다.

4_순수한 사람

분별심이 없는 인간의 또 다른 모습은 순수한 인간입니다. 어떠한 선입감도 편견도 티도 없는 깨끗한 인간이 순수한 인간입니다. 순수한 인간은 어린아이와 같이 맑고 깨끗하며, 악한 것이 없는 존재입니다. 순수한 인간은 절대자의 모습을 가졌으며, 도를 깨친 인간의 모습을 갖고 있습니다. 순수한 인간은 선인仙人이며 지인至人입니다. 순수한 인간의 모습은 태어날 때의 모습이기도 하고, 죽을 때의 모습이기도 합니다. 우리는 기도할 때, 순수한 인간의 모습이 되기도 합니다.

'순수'란 단어에 대해 사전을 찾아보면 "① 조금도 잡것이 섞이지 아니함. ② 마음에 사념邪念이나 사욕私慾이 없음. ③ 완전함. ④ 잡스러운 지식이 들어 있지 아니함. ⑤ 사실이나 경험에 의하지 아니함"이라고 되어 있습니다. 그리고 순수감정은 "모든 경험적 내용에 좌우되지 아니하며 어디까지나 자발적인 힘으로써 '의식의 근원'으로부터 미적 내용을 생산하는 선험적인 감정"이라고 되어 있습니다. 순수의식은 경험으로부터 독립하여 그 지배를 받지 아니하는 선천적 의식이며, 순수의지는 모든 경험적 동기를 떠나 전연 선천적 원리에 의하여 규정되지 아니하고 이성에 의하여 규정되는 자율적, 도덕적 의지이며, 순수이성은 경험 또는 인식을 가능하게 하는 선천적 인식 능력이라고 말합니다.

그럼 순수한 인간이란 어떤 사람입니까? 티 없이 맑은 인간인가? 어떤 아집이나 편견이 없는 사람인가? 예수께서 "내가 너희에게 이르노니 너희 중에 누구든지 어린아이와 같이 되지 않고서는 천국에 들어 갈 수 없느니라"라는 말씀 가운데 나오는 '어린아이'인가? 아니면 불교에서 말하는 '문수동자'와 같은 존재인가? 아니면 천사와 같은 존재인가? 가톨릭에서 말하는 성인들의 모습인가 아니면 선불교에 나오는 조사祖師들의 모습인가?

필자가 주로 듣는 '순수'라는 말은 '순수예술' 혹은 '순수문학'이라는 말입니다. 순수문학이란 용어는 프랑스의 시인 폴 발레리가 예술원 회원으로 출마했을 때, 선거운동을 하던 사람들이 처음으로 사용한 말이라고 합니다. 순수문학이란 문학작품을 어떤 목적을 이루기 위한 수단으로 사용하지 않는 문학을 일컫는 용어로 사용했던 말입니다. 이러한 문학은 존재할 수 있는 것인지 그리고 그것이 진정한 순수인지 모든 것이 의심스럽습니다.

우리는 순수한 인간으로 기독교의 성모 마리아나 예수님을 들기도 하고, 알렉산더 대왕이 무엇을 원하느냐고 물었을 때, 햇빛을 가리고 있으니 좀 비켜 서 달라고 말했던 디오게네스를 떠올릴 수도 있고, 어떤 상황 속에서도 평상심을 잃치 않았던 당나라와 송나라 때의 조사들을 생각할 수도 있습니다. 또는 한국시인 가운데 한 사람이었던 천상병 같은 시인을 말할 수도 있을 것입니다. 순수한 인간으로 스트레스를 전혀 받지 않는 정신적으로 완전히 자유스러운 인간을 들 수도 있을 겁니다.

필자는 순수한 인간을 기독교의 성령 충만한 인간이나 앞에서 겸손한 인간이 되기 위해 자기가 가지고 있는 모든 것에 대한 집착을 버린 정신적으로 자유로운 인간의 모습이라고 말하고 싶습니다. 겸손한 사람은 세상에 있는 모든 것에 대한 집착을 버린 사람이라면, 순수한 사람은 가지고 있는 모든 것을 깨 부셔서 없애 버린 사람이라고 말하고 싶습니다. 그러나 사실상 지극한 경지에 가면, 겸손한 사람과 순수한 사람은 다를 것이 없다고 생각합니다.

순수한 인간은 자기의 주장이 형성되기 전의 어린아이와 같은 인간이라고 말하고 싶습니다. 어떤 의미에서 무아無我의 인간입니다. 순수한 인간은 자기 나름대로의 기준이나 편견 혹은 오해가 없는 인간입니다. 순수한 인간은 법집法執이나 아집我執이 없는 인간입니다. 고집이나 선입견도 없는 인간입니다. 순수한 인간은 분별심이 없는 인간이기도 합니다.

해인사 일주문에는 "入此門內 莫存知解"라는 문구가 있습니다. 이 문 안에 들어와서는 세속의 모든 알음알이를 버리라는 뜻입니다. 본래 우리의 마음은 명경지수와도 같아 맑음 그 자체이지만, 알음알이로 인해 탁해졌으니, 그 식識을 일주문에 내려놓고 오라는 강한 내용을 담고 있는 문구입니다. 순수한 상태로 돌아가서 불교에 입문하라는 말일 것입니다. 바울 선생의 말씀에도 세상의 지식은 쓸데없는 무용지물이라고 말씀이 있습니다. 바울 선생은 그가 공부했던 세상의 지식은 아무 쓸데도 없는 것이라고 말합니다. 세상의 지식은 성경이 가르치는 인간이 되는데, 도움이 되는 것이 아니라 방해가 된다는 것입니다. 세상의 알음알이를 다 버린 성령이 충만한 인간의 모습도 순수한 인간의 모습이라고 말할 수 있을 것입니다.

순수한 인간은 정직한 사람이기도 합니다. 거짓이 없는 인간입니다. 상대편의 입장을 고려해서 듣기 좋게 말하는 인간이 아닙니다. 상대편의 입장을 고려하지 않고 솔직하게 말하는 고지식한 인간입니다. 두세 살 정도 된 아이들은 거짓말을 안 합니다. 자기가 생각하는 것을 그대로 말합니다. 전혀 상대방의 입장을 고려하지 않고 말합니다. 상대방을 싫어하면 싫다고 말합니다. 상대방이 어떤 대답을 듣고 싶어 할까 하는 문제는 어린아이에게 고려의 대상이 되지 않습니다. 상대방이 마음의 상처를 받을 수도 있다는 사실을 생각하지 않습니다.

순수한 사람은 불교에서 말하는 하심下心의 사람이거나 기독교에서 말하는 겸손의 사람입니다. 자기 자신을 가장 낮추는 사람이고, 자기 자신을 부정하고 새로운 출발을 다짐하는 인간입니다. 종교적으로 말하면 자기의 십자가를 지고 삶을 사는 사람입니다. 자기 자신이 저지른 죄의 의미를 제대로 깨달아 죄의 문제를 해결하고 거듭난 인간의 모습으로 사는 사람입니다. 죄와 세상의 속박에서 벗어난 자유로운 사람입니다.

순수한 사람은 미워할 사람이 없는 사람입니다. 순수한 사람은 내게 원수가 없다는 것을 아는 사람입니다. 원수를 사랑하라고 하면 원수가 없다고 말하는 사람입니다. 세상에는 내게 잘못을 저지른 사람이 없다고 말하는 사람입니다. 다른 사람을 용서하라고 하면, 내게 잘못한 사람이 없어서 용서할 사람이 없다고 말하는 사람입니다. 세상의 문제를 자기 문제로 생각하는 사람입니다. 세상의 슬픔을 자기 슬픔으로 생각하는 사람입니다.

순수한 사람은 화를 낼 일이 없는 사람입니다. 순수한 사람은 내게 생기는 모든 일이 내 탓인 것을 알기 때문에 화를 내는 일이 없습니다. 내게 생기는 나쁜 일이 모두 내 탓인 것을 알기 때문에 화를 내지 않습니다. 우리가 화를 내는 것은 다른 사람 때문에 내게 손해가 되는 일이 생겼다고 생각하기 때문입니다. 그러나 순수한 사람은 좋은 일이나 나쁜 일이나 모두가 나로 인해 생긴 것이라는 사실을 알기 때문에 화를 낼 일이 없다는 것을 압니다. 화를 내는 사람이 없다는 것도 압니다. 아니 화라는 것이 없다는 사실도 압니다.

순수한 인간은 도를 깨친 인간입니다. 순수한 인간은 도를 깨쳐 자기 자신이 누구인지 아는 사람입니다. 순수한 인간은 도를 깨쳐 우주의 원리를 아는 사람입니다. 우주와 자기 자신이 하나임을 아는 사람입니다. 우주만물이 하나임을 아는 사람입니다. 두두물물이 진리이며 스승이고 그들이 모두 자기 자신임을 아는 사람입니다.

순수한 인간은 어린아이와 같이 맑고 깨끗한 인간입니다. 거짓이 없는 인간 원래의 모습입니다. 그러나 그 모습은 바보나 정신병자의 모습은 아닙니다. 왜냐하면 순수한 인간은 아무것도 모르거나 말을 할 줄 모르거나 듣지 못하거나 보지 못하거나 바보이거나 정신병자가 아니기 때문입니다. 순수한 인간은 장님이라도 보고, 귀머거리라도 듣고, 벙어리라도 말을 합니다. 왜냐하면 순수한 인간은 인간의 상상을 초월하는 무서운 힘을 갖고 있기 때문입니다.

순수한 인간은 기독교적으로 보면, 회개하고 거듭나서 성령이 충만한 인간의 모습이고, 불교적으로 보면 자기 자신에 대한 깨달음을 통해 무아無我의 경지에 있는 인간입니다. 순수한 인간은 세상의 모든 것에 대한 집착이 의미없는 것이라는 것을 아는 궁극적인 인간의 모습입니다. 세상의 물건이나 정신적인 것뿐만이 아니라 집착 자체를 버린 인간입니다. 그리하여 순수한 인간은 높임을 받기보다는 다른 사람을 높이는 사람입니다. 섬김을 받기보다는 섬기는 사람입니다.

순수한 사람은 구원을 받아 정신적으로 완전한 자유인이며, 성령이 충만해 성령의 시각으로 세상을 보는 사람입니다. 순수한 인간은 본래 자신의 모습을 깨침으로 진여자성의 모습으로 돌아가 정신적으로 자유로워 거리낌이 없이 사는 사람입니다. 순수한 사람은 정직한 사람이라 세상에 부끄러움도 막힘도 없는 사람입니다. 순수한 사람은 온유한 사람이라 사랑이 넘치는 따뜻한 사람입니다. 순수한 사람은 진리의 사람이라 언제나 빛이 나고 밝은 사람입니다. 순수한 사람은 정의로운 사람이라 항상 떳떳하고 의젓한 사람입니다.

순수한 사람은 세상의 알음알이를 다 버리고 원래의 모습으로 돌아간 사람입니다. 순수한 사람은 세상의 알음알이가 모두 선입관과 편견과 오해의 근원이 되는 것임을 알고, 지성의 옷을 벗고 영성의 옷을 입은 사람입니다. 순수한 사람은 희락의 사람입니다. 언제나 즐겁고 평안한 사람입니다. 순수한 사람은 평화를 사랑하고, 항상 평강 속에 살아 마음의 안정을 유지하는 사람입니다.

순수한 사람은 어떤 상황에서도 인내할 수 있는 사람입니다. 순수한 사람은 인내할 수 있는 사람이라 절제할 수 있고, 우리를 유혹하고 욕심을 불러일으키는 일들을 자제할 수 있는 사람입니다. 순수한 사람은 일관성이 있는 사람이라 조그마한 일에 마음이 흔들리지 않고, 변함없이 좋은 인간관계를 유지할 수 있는 사람입니다. 순수한 인간은 유능한 사람이라 힘이 있고 목표를 달성하고 마는 인간입니다. 순수한 인간은 고요한 인간이라 시끄럽지 않고 침묵을 좋아하며, 묵묵히 일하는 인간입니다. 순수한 인간은 책임감이 있는 인간이라 함부로 말을 하지 않으며, 자기가 한 말에 대해서는 책임을 지는 인간입니다. 순수한 인간은 관용적인 인간이라 모든 사람을 포용하고 타인을 자기 식구처럼 대하는 사람입니다.

순수한 인간은 자신감이 있는 인간이라 자존감이 있으며, 함부로 행동하지 않습니다. 순수한 인간은 창조성이 있는 인간이라 항상 새로운 길을 개척해 갑니다. 순수한 인간은 자기 치유의 능력이 있는 인간이라 자기에게 생긴 문제는 조용히 자기가 알아서 처리합니다. 순수한 사람은 유연한 사람이라 누구에게나 부드러우며 따뜻하게 대합니다. 순수한 사람은 아름다운 사람이라 어디서나 빛나며 어느 곳에 가든지 그곳을 밝게 만듭니다. 순수한 사람은 존경심이 있는 사람이라 그가 만나는 모든 사람을 존경하고 섬깁니다.

순수한 사람은 강인한 사람이라 어떠한 어려움도 극복합니다. 순수한 사람은 명랑하여 누구하고도 잘 어울리며, 항상 분위기를 웃음이 넘치게 만듭니다. 순수한 사람은 긍정적인 사고를 가진 사람이라 미래를 밝게 보고, 세상 사람들을 위한 꿈을 꿉니다. 순수한 사람은 마음의 안정을 찾은 사람이라 서두르지 않고 언제나 침착합니다. 순수한 사람은 항상 소박하고 검소한 생활을 하여 다른 사람들의 모범이 됩니다.

순수한 사람은 항상 만족감을 가지고 살아 부족함이나 아쉬움 없이 늘 웃으며 삽니다. 순수한 사람은 직관력이 있어 항상 새로운 지식을 창안하고, 자기가 나아갈 길을 찾아냅니다. 순수한 사람은 진실한 사람이라 어느 곳에 가나 누구 앞에 서나 항상 떳떳한 사람입니다. 순수한 사람은 성실한 사람이라 언제나 자기 분수에 맞게 계획을 세우고 성실하게 노력하게 성취감을 누립니다. 순수한 사람은 용기 있는 사람이라 새로운 일을 하는 데 두려움이 없고, 과단성이 있습니다. 순수한 사람은 초연함이 있어, 세속에 물들지 않고 빠지지도 않습니다. 순수한 사람은 신뢰감이 있어 많은 사람들이 믿고 따릅니다.

순수한 사람은 협동심이 있어 다른 사람과 일을 잘해 항상 양보하며 공생의 길을 걷는 사람입니다. 순수한 사람은 유머 감각이 있어 항상 좌중을 웃기고 재미있는 분위기를 만듭니다. 순수한 사람은 열성이 있어 모든 일을 열정적으로 하여 큰 성과를 이룹니다. 순수한 사람은 정교함이 있어 맡은 일을 빈틈없이 하여 신뢰감을 얻습니다. 순수한 사람은 청결함이 있어 주위가 항상 깨끗하고 아름답습니다.

순수한 사람은 신성神性이 있어 어디에 있든지 신비스럽고 무서운 모습입니다. 순수한 사람은 점잖음이 있어 어디서나 점잖고 신사다운 모습을 보입니다. 순수한 사람은 내향성이 있어 언제나 내적 깊이가 있고, 깊은 세계가 있습니다. 순수한 사람은 은혜로움이 있어 언제나 복이 넘치고, 좋은 일이 많이 생깁니다. 순수한 사람은 참을성이 많아 함부로 언성을 높이거나 화를 내지 않습니다. 순수한 사람은 자존감이 높아 함부로 말을 하거나 행동하지 않습니다. 순수한 사람은 침착해서 서두

르거나 빨리 일을 추진하여 실패하는 일이 없습니다.

　순수한 사람은 단순해서 일을 복잡하게 만들지 않고, 단순하게 처리하여 사람들의 마음을 평안하게 합니다. 순수한 사람은 근면해서 항상 노력하고 성실하게 생활하여 자기 분수에 맞는 삶을 삽니다. 순수한 사람은 공의로워 다른 사람에게 피해를 주지 않고 어려운 사람을 돕습니다. 순수한 사람은 경건하여 성스럽고 고요한 생활을 영위합니다. 순수한 사람은 거룩하여 위엄이 있고 힘이 있게 생활하여 다른 사람의 모범이 됩니다.

　순수한 사람은 자기 자신이 누구인지 아는 사람이고, 분별심을 갖지 않는 사람이며, 사랑을 실천하는 지혜로운 사람입니다.

지혜

5_방하착放下着하라

불교의 깨침과 깨달음은 연기법에 대한 깨달음이며, 자기 자신이 누구인가에 대한 깨달음입니다. 이러한 경지에 들어간 사람은 우주의 만물이 한 몸임을 깨달아 분별심을 갖지 않게 되는 것입니다. 그럼 이러한 경지에 들어가는 방법으로는 어떤 것이 있을까요? 불교는 여러 가지 방법을 이야기하고 있는데, 그 중에서 가장 간단하나 너무 어려운 방법이 방하착放下着하는 것입니다. 인간이든 사물이든 모든 존재에 대한 집착을 버리라는 말입니다. 간단한 방법이지만 매우 어려운 일입니다. 나에게 있는 선입관이나 편견이나 오해를 일으키게 하는 모든 것들을 제거하라는 것입니다.

내 눈에 있는 안경을 벗어야 합니다. 내 머리에 있는 모자를 벗어야 합니다. 내 몸에 있는 옷들을 모두 벗어야 합니다. 내 목에 있는 목도리도 없애야 합니다. 내 몸에 끼어있는 먼지들도 모두 털어내야 합니다. 내 몸에 있는 때도 제거해야 합니다. 깨끗한 알몸이 나올 때까지 모든 것을 벗어내야 합니다. 알몸이 나와도 제거할 수 있는 것은 제거하라는 것입니다. 양파의 껍질을 벗겨내듯이 벗겨내라는 것입니다. 텅빈 본분사가 나올 때까지 벗기라는 것입니다.

　방하착放下着을 뜻하는 말은 초기 불교 경전에도 있는 말이지만, 중국에서 발달한 선불교禪佛敎에서 주로 사용한 단어라고 볼 수 있습니다. 그러나 그런 의미의 말씀은 초기 불교에도 있었습니다. 사성제가 그것입니다. 사성제는 고苦·집執,集·멸滅·도道입니다. 여기서 '집'이라는 말은 한자로 집執이라고 쓰기도 하고, 집集이라고 쓰기도 합니다. 다시 말해서 집執은 집착이라는 말입니다. 사성제를 해석하면, 모든 고통은 집착에서 생기니, 집착을 벗어 버려야 도道를 깨칠 수 있다는 것입니다. 그러니 방하착放下着의 의미가 이미 사성제에 담겨 있는 것입니다.

　필자는 20대 후반(1970년대 중반)에 삼보법회(2010년 현재도 서울에 있음)라는 모임에서 『화엄경』에 대해 세계적인 석학이라고 볼 수 있는 탄허 스님으로부터 3년 동안 『화엄경』에 대한 강의를 들었습니다. 지금까지 탄허 스님에 대해 기억에 남는 것은 탄허 스님은 동양철학에 석학이라 유가의 13경과 노자와 장자 그리고 불경에 대해 암기해서 한자漢字로 칠판에 가득 쓰시면서 강의하시던 모습입니다. 필자는 언제 탄허 스님처럼 저렇게 멋있게 강의를 할 수 있을까 하고 꿈을 꿨습니다. 아직도 탄허 스님처럼 멋있게 강의를 할 수 없으니 부끄럽기만 합니다.

　필자가 탄허 스님이 강의하시던 모습과 함께 기억하는 것은 탄허 스님께서 늘 하시던 말씀입니다. 그 말씀은 방하착放下着하라는 말씀이었습니다. 필자는 20대 후반에 그 말씀을 들으면서 그 말의 뜻은 알았지만, 깊은 뜻은 몰랐습니다. 집착을 버려라. 모든 것에 대해 집착을 버려야 깨침의 경지에 들어가 분별심 없는 인간이 될 수 있다는 것이었습니다.

　'방하착放下着'이라는 단어와 함께 떠오르는 것은 스님들이 결혼하지 않는 것입니다. 물론 불교에는 결혼하는 종파도 있지만, 한국불교를 대표하는 조계종에서는 스님들이 결혼을 하지 못하도록 규정하고 있습니다. 현대 한국불교에서 크게 깨친 분들이 조계종 출신이라는 것과 예수님과 바울도 결혼하지 않았고, 가톨릭의 많은 성인들이 결혼하지 않았던 것을 생각하면, 결혼이 큰 깨침을 이루는 데 방해가 될 수 있다고 생각할 수 있습니다. 그러나 만해 한용운 스님 같은 분은 스님들이 신도들의 가정생활을 제대로 알고 지도하려면, 스님들이 결혼을 하는 것이 좋겠다고 말했습니다. 불교 신도들이 부담 없이 스님들을 만나기 위해서도 스님들이 결혼을 하는 좋겠다고 말하기도 했습니다. 불교의 목적을 무엇으로 보느냐 그리고 스님들의 역할이 무엇이냐를 보는 관점에 따라 의견이 달라질 수 있다고 생각합니다.

  결혼은 큰 깨침에 방해가 될까요? 진제 스님은 삶과 수행이 둘이 아니니 삶 속에서 수행하라고 말씀하신 것을 생각하면, 결혼은 수행에 방해가 안 된다고 생각할 수도 있습니다. 오히려 결혼이 우리에게 온갖 번뇌망상을 갖다 주니까, 수행하기에 더 좋은 것이라고 말할 수도 있습니다. 그러나 결혼은 아내와 자식과 손자와 손녀를 존재하게 하여 인생에 가장 큰 집착을 불러옵니다. 인간에게 있어서 가장 큰 집착은 가족과 자손에 대한 집착이라고 생각합니다. 가족이 생김으로 돈과 권력과 명예에 대한 욕심도 생기니, 결혼으로 인해 생기는 탐욕을 버리기는 너무나 힘든 것입니다. 스님들이 산 속에서 아무 유혹도 없이 평안히 도를 닦는 것보다 온갖 욕심이 넘치는 현실에서 도를 닦는 것이 더 힘들고 더 깊은 공부가 될 수도 있겠지만, 현실적으로 가족이 생기면 온갖 욕심이 생기고, 가족 간에 문제가 생겨 번뇌망상이 많아지는 것은 사실입니다. 많아진 욕심과 망상을 버리려면 더 힘이 드는 것이 아니겠습니까? 결혼은 많은 번뇌망상을 주는 것은 사실입니다. 그리고 가족이 있으면, 현실적으로 남을 자기 가족처럼 사랑한다는 것은 매우 힘든 일이라고 생각합니다. 이론적으로는 가능할 수 있으나 현실적으로는 매우 어려우리라 생각합니다.

  우리가 가족에 대한 집착 못지않게 버리기 힘든 집착은 돈에 대한 집착이라고 생각합니다. 인간들은 누구나 돈을 좋아합니다. 인간들은 누구나 부자가 되기를 원합니다. 그러나 "돈이 생기는 모퉁이가 죽는 모퉁이다"라는 말과 같이 돈을 벌기는 힘들기도 하고, 돈은 온갖 번뇌와 죄를 가져다주기도 합니다. 돈이 많으면 잃을까 걱정도 되고, 온갖 사람이 찾아 와 도움을 청하니 부자들은 괴롭기 끝이 없습니다. 물론 돈이 있어서 편리한 것도 있지만, 돈이 많아 비싼 것을 먹고 좋은 집에 살고, 좋은 옷을 입는다고 행복해지는 것은 아닙니다. 고기와 같은 것을 먹은 결과는 미국 사람들처럼 뚱뚱해져서 몸을 주체하기 힘들게 되는 것이고, 좋은 집에서 살아야 잠이 들면 꿈속에서 지내기 마찬가지이고, 좋은 옷을 입으면 멋이 있을지 모르나 대단히 불편합니다. 밥을 먹을 때도 국물이 튈까 걱정해야 되니까요. 자동차도 좋은 차를 사면 신경을 많이 써야 합니다. 필자는 폐차 직전에 있는 차를 타고 다니는데, 얼마나 편한지 모릅니다. 아무 곳에나 주차해도 훔쳐갈 리도 없고, 자동차의 네 모퉁이에 상처가 많은 차라 주차하면서 어떤 차나 벽에 부딪칠까 걱정하지 않아도 되어 너무 편합니다. 세차洗車도 일 년에 한 번 하면 되고, 좋은 차보다 편리한 것이 너무 많습니다.

　인간의 돈에 대한 집착은 버리기가 어렵습니다. 그러나 모든 위인은 다 돈이 없는 분이었습니다. 석가모니 부처님도 탁발을 해서 하루하루를 먹으며 살았고, 예수님도 공생활을 한 때에는 돈 한 푼 없었고, 한 평짜리 아파트도 없었습니다. 무함마드도 메디나에서 죽을 때, 조금밖에 없는 재산이었지만, 가난한 사람들에게 모두 나누어 주고 죽었습니다. 소크라테스도 평생 동안 한 번도 돈을 제대로 번 적이 없었고, 공자님도 제자들과 함께 동가식서가숙東家食西家宿하면서 지냈습니다. 그리고 예수님은 자기를 따르려는 젊은이에게 가지고 있는 재산을 모두 가난한 사람들에게 주고 따르라고 말했습니다. 그 외에 테레사 수녀도, 성철 스님도, 김수환 추기경도 돈 한 푼 없이 살다가 세상을 떠났습니다.

인간의 욕심은 끝이 없습니다. 인간은 권력에 대해서도 한없는 욕심을 갖습니다. 인간들의 권력에 대한 욕심을 보여주는 곳은 정치판이라고 말할 수 있습니다. 권력 싸움을 하다가 정적에게 비참한 죽임을 당한 사람은 역사 속에 무수히 많습니다. 권력도 음양의 원리에 따라 있다가 없기도 하고, 없다가 있기도 합니다. 대통령들이 한 때는 큰소리쳤지만, 우리는 대통령이 퇴임한 후에 대통령이나 그의 아들들이 교도소에 가는 모습을 여러 번 봤습니다.

어찌 정치판에서의 권력뿐이겠습니까? 관공서에서도 인간들은 출세에 대한 집착을 버리지 못해 높은 자리에 올라가기 위해 온갖 경쟁과 싸움을 하고 중상모략을 합니다. 회사원들이 직장에서 경쟁하고 다투고 싸우는 모습도 가관입니다. 더욱이 회사는 개인이나 몇 사람의 소유이기 때문에 불공정한 방법으로 싸우는 경우도 많습니다. 회사 사람들의 가족이 갑자기 높은 직위에 올라 사람들을 당황하게 만드는 경우도 있습니다. 심지어는 초등학교 교실에서 회장을 뽑을 때도 여러 가지 불상사가 있다니 인간들이 권력을 추구하고 집착하는 데서 오는 추태는 한도 끝도 없는 것 같습니다.

인간들의 욕심과 집착은 명예라는 면에서도 예외는 아닙니다. 인간들이 권력과 돈을 추구하는 것도 지위가 높아지고 부자가 되는 것이 명예로운 것이기 때문입니다. 아무래도 명예는 예술계와 연예계에서 중요한 목표가 되는 것 같습니다. 연예계에서 인기를 얻기 위하여 온갖 추한 행위들이 일어나는 것은 세상이 다 아는 사실입니다. 인간들은 명예를 얻기 위해 또한 수단과 방법을 가리지 않습니다. 명예를 얻는 것에 집착할 때, 많은 비극과 고통이 생깁니다.

분별심 없는 인간이 되기 위해서는 방하착放下着해야 합니다. 분별심 없는 지혜로운 사람이 되기 위해서는 앞에서 언급한 모든 것에 대한 집착을 버려야 합니다. 이 방법은 한 단어로 되어 있어서 간단합니다. 그러나 실행하기 쉬운 것은 아닙니다. 불교에서 하심下心의 경지에 제대로 도달하면, 도를 깨친 것이라고 말하는 스님이 있습니다. 도를 깨칠 정도로 하심을 한다면, 모든 것에 대한 집착을 버릴 수 있을 겁니다. 하심의 경지에 제대로 도달하는 것도 힘든 일이지만, 방하착을 제대로 한다는 것도 힘든 일입니다. 그러나 방하착放下着을 제대로 하면, 깨침의 경지에 들어가 분별심을 갖지 않아 정신적으로 완전한 자유인이 될 수 있다면, 실천해 볼 만한 일이라고 생각합니다.

6_중용中庸

      유가儒家나 노장철학老莊哲學의 입장에서 본 지혜는 결국 도道에 따라 사는 것입니다. 유가의 입장에서 보면, 도는 주역周易에 나오는 것처럼 한 번 음陰하고 한 번 양陽하는 것이라고 볼 수 있고, 노장철학의 입장에서 보면 『도덕경道德經』에 나오는 많은 도에 대한 설명에서 보는 바와 같이 "자연의 원리대로 사는 것(道法自然)"이라 볼 수 있습니다.

  『논어論語』에 보면, 지자이인知者利仁이라는 말이 있습니다. 직역하면 지혜로운 자는 인을 이롭게 한다는 말이니 필자가 3장에서 말하는 지혜로운 자는 사랑을 실천하는 사람이라는 말과 유사하다고 생각합니다. 그리고 선진先秦 유학이 궁극적으로 추구하는 것은 도道이고, 주자朱子의 신유학新儒學이 추구하는 것이 이기理氣이고, 한국의 성리학이 추구하는 것이 성性이라고 생각합니다. 성性의 의미가 본 저서가 추구하는 자아나 자아정체성과 유사한 개념이라면, 조선조 유학인 성리학이 추구하는 궁극적 목적은 쉽게 말해서 자기 자신이 누구인지 이해하는 것이라고 말할 수 있다고 생각합니다.

노장철학의 도道가 자연을 본받는 것이라면, 그것을 설명하는 대표적인 말이 『도덕경道德經』 8장에 나오는 상선약수上善若水입니다. 노자 『도덕경道德經』 8장에 보면, "물은 언제나 만물을 이롭게 하며, 남들이 싫어하는 곳에 거처한다. 고로 도에 가깝다."고 하였습니다. 물은 항상 남들이 거처하기 싫어하는 낮은 곳에 임합니다. 물은 낮은 곳에 임하면서 아래로 내려가지만, 아래로 내려가면서 빗줄기가 개울물이 되고, 개울물이 강물이 되고, 강물이 바닷물이 되어 큰 힘을 가진 물이 됩니다. 물은 장애물을 만나면 양보하고 피해 가면서, 아래로 내려갈 수록 큰 힘을 갖고 대상을 파괴하기도 합니다. 바닷물이 되었을 때는 큰 힘을 가질 뿐 아니라 커다란 포용력이 생겨 만물을 끌어안습니다. 그리고 바닷물은 자신의 몸을 돌보지 않고 모든 것을 받아들여 정화시킵니다.

유가철학이 말하는 지혜로운 삶이 도道에 따라 사는 것이라면, 『중용中庸』에 나오는 도에 대한 설명을 도외시 할 수 없습니다. 자사子思가 쓴 『중용中庸』은 "天命之謂性이요 率性之謂道요 修道之謂敎니라(성性은 하늘이 명命한 것이고, 도道는 타고난 성性에 따라 사는 것이고, 교육은 도에 따라 살아가도록 수련하는 것이다.)"로 시작됩니다. 그리고 『중용中庸』은 "성실이라는 것이 하늘의 도이고, 성실을 실천에 옮기는 것이 인간의 도이고, 지극한 성실이란 쉬지 않는 것이고, 지극히 성실하게 되면 저절로 이루어진다."라고 말합니다. 도란 우리가 타고난 성품대로 사는 것이고, 또한 우리가 타고 난 것들은 바꿀 수 없으니, 우리가 취할 수 있는 도란 성실하게 사는 것뿐이라는 것입니다.

유가철학에서 우주의 원리를 보여 주는 또 다른 것은 예禮와 중용中庸이라고 생각합니다. 예는 여러 가지 방법으로 정의할 수 있겠지만, 예는 우리가 경우와 질서에 맞게 행동하는 것이라고 말할 수 있습니다. 예를 들면, 우리가 결혼식장에 갈 때와 상가喪家에 갈 때 의상이나 마음의 태도가 달라야 하고, 웃어른이나 아랫사람을 혹은 사회적 지위가 높은 사람과 낮은 사람을 공적公的으로 대할 때 의식이 달라야 함을 말합니다. 우리가 결혼식장에 갈 때와 장례식장에 갈 때, 똑같은 옷을 입을 수 없고, 공적으로 대통령을 만날 때와 사적으로 대통령을 친구로 만날 때와 격식이 같을 수 없습니다. 모든 인간은 평등하고 모두가 다 귀중한 존재이지만, 공식적인 자리에서는 대통령이나 조직의 장에게는 격식에 맞는 예우를 하는 것이 맞는 행위라고 생각합니다.

우리는 흔히 세상을 살면서 중용을 취해야 한다는 말을 듣습니다. 한 쪽으로 치우치지 말라는 말입니다. 교만함도 경계해야 하지만, 지나친 겸손도 예의가 아니니 삼가라는 것입니다. 지나치게 사치하는 것도 나쁘나 상대편에게 불쾌감을 줄 정도로 옷을 남루하게 입는 것도 좋은 일은 아닙니다. 음식과 술도 과하게 먹거나 마시면 나쁘다는 것입니다. 음식을 과하게 먹는 것은 과음을 하는 것보다 더 나쁘다는 말도 있습니다. 음식이나 술은 자기 몸에 맞게 먹어야 합니다. 놀음을 과하게 해 집안을 망하게 하는 모습을 간혹 봅니다. 좋은 행위도 지나치게 하면 해로운 경우가 있습니다. 공부가 좋은 것이라고 지나치게 하여 건강을 해친다면, 그것 역시 바람직한 일이 아닙니다. 지나치지 않고 부족하지도 않게 중용을 취하면서 사는 것도 자연의 원리대로 사는 것이라고 생각합니다.

우리는 사람을 대할 때나 생물이나 무생물을 대할 때도 중용을 취해야 합니다. 지나치게 가까이 해도 좋지 않고, 지나치게 멀리 해도 좋지 않습니다. 사람도 지나치게 가까이 하다 보면, 실수를 할 수 있고, 너무 멀리 하면 잊을 수도 있습니다. 자연도 너무 가까이 하면 파괴할 수 있고, 너무 멀리 하면 또한 황폐하게 될 수도 있습니다. 우리는 사람과 자연을 좋아하거나 싫어하는 행위도 지나치거나 부족하지 않게 중용을 취하여, 한 쪽으로 치우치지 않도록 해야 합니다. 인간과 자연은 형평을 지켜서 서로가 상호보완하고 상호의존하여, 서로가 함께 사는 길을 살아가야 할 것입니다. 그런 의미에서 유가철학의 지혜는 중용中庸이라고 생각합니다.

　공자의 손자인 자사子思가 쓴 『중용中庸』은 소주역小周易이라고 일컬어지기도 합니다. 천도天道와 인도人道에 대한 기록이 많기 때문입니다. 앞에서 '성실'이라는 것이 천도라면, 성실을 실천하는 것은 인도라는 말에서 알 수 있듯이 『중용中庸』은 천인天人의 합일合—을 밝힌 책이라고 말할 수 있습니다. 『중용中庸』에는 중中과 화和에 대한 이야기도 있는데, "중中과 화和를 지극히 하면, 천지가 제자리를 편안히 하고, 만물이 잘 생육生育될 것이다."라고 말하고 있습니다.

　그리고 공자님은 군자는 중용을 행하고, 소인은 중용에 반대한다고 말씀하시면서, 군자君子가 중용을 취함은 시기, 즉 때에 맞게 행하기 때문이고, 소인小人이 중용에 반대함은 꺼리는 바가 없이 행하기 때문이라고 말씀하십니다. 공자님은 중용中庸은 지극한 것인데, 능한 자가 적은 지가 오래 되었다고 말씀하십니다. 공자님은 "세상 사람들이 공자님을 지혜롭다고 하지만, 중용을 택하여 기월期月 지키지 못한다."라고 말씀하신 것과 앞에서 "군자가 중용을 택함은 시기에 맞게 행하기 때문이라"고 말씀하신 것을 보면, 공자님이 중용을 행하는 데 있어서 중요하게 생각하신 것은 행함에 있어서 알맞은 시기를 정확히 택하는 것이었음을 알 수 있습니다.

7_중도 中道

성철 스님은 해인사 방장 스님으로 취임하면서 100일 동안 스님들을 위하여 법문을 하셨습니다. 성철 스님은 백일법문의 결론으로 석가모니 부처님의 도는 중도中道라고 말씀하셨습니다. 성철 스님의 말씀과 같이 중도는 중용과는 다른 것입니다. 중도는 연기론의 결과로서 나타나는 것입니다. 연기론의 다른 표현이기도 합니다. 내용상으로 보면, 연기론이나 공空이나 중도나 같은 말입니다.

석가모니 부처님이 깨달은 내용은 연기법입니다. 인과법이라고 말할 수도 있습니다. 이것이 있어 저것이 있고, 저것이 사라지면 이것이 사라진다는 것입니다. 지·수·화·풍으로 이루어진 삼라만상은 인연 따라 사람도 되고, 개도 되고, 산도 되고, 바다도 되는 것입니다. 우리 몸을 이루고 있는 것이나, 우리가 살고 있는 집은 인연이 다하면 사라져 없어지는 것입니다. 그런 논리로 해서 모든 것은 공空한 것입니다. 그리고 모든 것이 연기론적으로 인연 따라 만들어졌기 때문에 모두가 차별이 없이 존귀하고 가치 있는 존재라는 것입니다.

중도中道란 모든 것이 연기론적으로 인연 따라 만들어졌기 때문에 더 나은 것도 못한 것도 없다는 것입니다. 더 쉽게 말하면 이 세상에는 뚱뚱한 사람도 날씬한 사람도 없다는 것입니다. 각자가 가지고 있는 몸매가 모두 각인에게 알맞은 것이라는 말입니다. 이 세상에는 키가 큰 사람도 작은 사람도 없다는 것입니다. 모든 사람은 자기에게 알맞은 키를 가지고 살고 있다는 것입니다. 그리고 세상에는 신분이 높은 사람도 낮은 사람도 없다는 것입니다. 사회적으로 높은 지위는 그 나름대로의 가치가 있는 것이고, 사회적으로 낮은 자리는 그 나름대로의 가치를 갖고 있으니, 더 존귀한 자리나 귀하지 않은 자리나 직업이 있는 것이 아니라는 것입니다. 연기론적으로 자기의 분수대로 생겨 사회적으로나 인간적으로나 자기 나름대로의 가치를 가지고 더 낫고 못하고도 없이 존재하니 분별심을 갖지 말라는 것입니다.

사람을 차별하지 않는 것은 예수님도 마찬가지였습니다. 예수님은 공생활을 하신 3년 동안 사람을 차별하지 않았습니다. 예수님은 하나님 앞에서 모두가 평등하다고 생각했기 때문입니다. 예수님은 병을 고치는데, 사람을 차별하지 않았습니다. 문둥병자나 장님이나 앉은뱅이를 구분하지 않았습니다. 높은 지위에 있는 사람이나 가난한 사람이나 구분하지 않았습니다. 예수님은 함께 지내는데, 세리나 창녀도 구분하지 않으셨습니다. 예수님은 모두가 하나님의 자녀라고 생각하셨습니다. 예수님도 중도를 행하신 것입니다.

중도를 행한다는 것은 어떤 의미에서 보면 상대방의 존엄성을 인정해 주는 것입니다. 외국에는 짐승들을 훈련시키는 조련사가 많습니다. 태국에는 악어를 훈련시키는 조련사가 있습니다. 미국에는 늑대와 함께 사는 사람도 있습니다. 곰을 훈련시키는 조련사가 관객이 보는 앞에서 얼굴을 곰의 입에 넣는 경우가 있었습니다. 그때 한 관객이 곰 조련사에게 물었습니다. 어떻게 얼굴을 곰의 입에 넣을 수 있느냐고요. 그러자 조련사는 말했습니다. 곰의 존엄성을 인정해 주었기 때문에 가능했다는 것입니다. 곰을 대하면서 사람을 대하듯이 상대방의 곰격인지 웅격인지를 인정하면서 곰을 대했다는 것입니다. 곰은 곰대로의 가치와 존엄성이 있고, 인간은 인간대로의 가치와 존엄성이 있고, 개는 개대로의 가치와 존엄성을 인정하면서 대할 때 인간이 짐승과 하나가 될 수 있습니다. 각자의 가치와 존엄성을 인정하는 이러한 태도가 중도中道를 지키는 길이 될 것입니다. 짐승과 사람 사이에도 하나가 되는데, 사람과 사람 사이에는 더 잘 되리라 생각합니다.

8_올바른 언어생활

말을 가장 잘 하는 사람은 분별심이 없이 가장 쉬운 말로 가장 깊은 의미를 담은 말을 하는 사람이라고 생각합니다. 인류 역사상 말을 제일 잘 한 사람은 예수님과 석가모니 부처님이라고 생각합니다. 그들의 말씀은 분별심이 없는 쉬운 단어로 이루어져 있습니다. 그래서 우리가 알아듣기는 쉬운데, 깊은 뜻을 가진 말이기 때문에 잘 이해하지 못하는 경우가 많습니다. 말씀도 이해하기 어려운데, 수많은 사람들이 제각기 자기 나름대로 해석하여 더욱 혼란을 일으키기도 합니다. 여러 가지 해석이 나오는 것이 나쁜 것은 아니지만, 읽는 사람들은 큰 어려움을 겪을 수도 있습니다.

시인이나 소설가들이 글을 쓸 때도 가장 쉬운 말로 가장 깊이 있는 글을 쓰는 것이 글을 잘 쓰는 것이라고 생각합니다. 시인이나 소설가들도 젊었을 때는 어려운 단어들을 많이 사용하나 깊은 뜻을 담지 못하고, 늙어서 쓴 글은 쉬운 단어로 깊은 뜻을 담는 경우가 많습니다. 20세기 영미문학을 대표하는 시인이며 극작가이며 평론가였던 T. S. 엘리엇도 젊었을 때의 시나 비평문을 보면 어려운 단어로 글을 쓰고 있으나 나이가 많아질수록 쉬운 단어로 깊이 있는 뜻을 담은 글을 쓰고 있습니다. 어니스트 헤밍웨이 같은 경우에도, 젊었을 때 쓴 작품보다 나이를 먹어 늙었을 때 쓴 『노인과 바다』는 쉬운 말로 깊이 있는 내용을 담고 있습니다.

　작품이 이해하기에 난해해 유명한 작가도 있습니다. 20세기 가장 난해한 문학작품을 쓴 사람으로 알려진 작가는 아일랜드 사람인 제임스 죠이스입니다. 20세기의 셰익스피어 혹은 언어의 마술사로 불리는 제임스 죠이스는 『젊은 예술가의 초상』, 『더블린 사람들』, 『율리씨즈』, 『휘지간즈 웨이크』라는 작품과 시집이 있습니다. 이 중에서 가장 어려운 책은 『휘즈간즈 웨이크』입니다. 우리는 고등학교 때 교과서에서 의식의 흐름이라는 기법을 사용한 난해한 작품으로 『유리씨즈』를 배웠습니다. 『휘지간즈 웨이크』는 더 난해한 작품입니다. 여러 나라 말을 사용했을 뿐만 아니라 인간의 내면을 복잡하게 기술해 영어를 모국어로 사용하는 나라의 영문학과 대학원생들도 읽기 어려워하는 책입니다.

　『휘지간즈 웨이크』는 외국어로 번역하기 어려운 책으로도 유명합니다. 20가지가 넘는 여러 가지 언어를 사용하여 썼기 때문에 다른 나라 말로 번역하기가 불가능한 책이라고 말하기도 합니다. 우리나라에서는 평생 동안 제임스 죠이스에 대해 연구한 김종건 교수가 『피지간즈 웨이크』를 번역했습니다. 외국어로 번역된 것으로는 순서는 알지 못하지만 프랑스어, 독일어, 일본어에 이어 네 번째로 번역된 것입니다. 알더스 헉슬리와 D. H. 로렌스 같은 분들은 내용은 알려고 할 필요가 없고, 그저 소리를 내어 한번 읽어 볼 가치가 있는 책일 뿐이라고 말했습니다. 혹자는 50년 후에 학자들이 논문을 쓸 자료를 제공하기 위해 『피지간즈 웨이크』라는 작품을 썼다고 말할 정도입니다. 아마도 제임스 죠이스는 세상에 살고 있는 사람 중에 아무도 이해할 수 없는 책을 쓰려고 노력한 것이 아닌가 하는 생각이 듭니다. 그런데 재미있는 것은 영어판 『피지간즈 웨이크』가 서점에 진열되면, 사람들이 금방 사가서 한국에서는 구입하기가 힘들다는 것입니다. 필자는 일본에서 이 책을 구입했습니다. 이 책이 왜 그렇게 잘 팔리는지 알 수 없는 일입니다. 이 말은 15년 전의 일인데, 요사이는 어떤지 모르겠습니다.

1960년대 한국에서는 시詩의 난해성 문제를 가지고 논란이 된 적이 있습니다. 독자들은 시가 너무 난해하다는 것이고, 시인들은 시를 난해하게 쓸 수밖에 없다는 것이었습니다. 시인들은 현대와 같이 복잡한 세상을 제재로 시를 쓰는데 어떻게 쉽게 쓸 수 있느냐는 것이고, 독자들은 독자들이 이해할 수 있는 시가 아니면 무슨 의미가 있겠느냐는 것이었습니다. 시인들은 독자들에게 시를 이해할 수 있도록 공부하라고 촉구했습니다. 결국 이 논쟁은 시인들은 시를 쉽게 쓰도록 최대한도로 노력하고, 독자들은 현대시를 이해할 수 있도록 열심히 공부하면서 시를 읽는 것으로 매듭을 지었습니다.

다시 말하지만 가장 쉬운 말이나 글로 가장 깊이 있는 내용을 담는 말이나 글이 가장 좋은 말이며 훌륭한 글이라고 생각합니다. 어려운 단어를 사용하여 듣는 사람들이 무슨 말인지 이해할 수 없다면, 말을 하는 의미가 없다고 생각합니다. 교사는 학교에서, 목사는 교회에서, 스님은 절에서 학생들이나 대중들 앞에서 말을 하는데, 학생들이나 대중들이 알아듣지 못한다면 무슨 의미가 있겠습니까? 세상에 있는 어떤 것도 쉽게 말할 수 있다고 생각합니다. 그러나 철학이나 특수한 학문은 기술되는 형식이 있어서 그 형식에 익숙하지 않은 사람은 듣기 힘든 경우가 있습니다. 그래서 일반인들이 학술세미나에 가면 발표 내용을 이해하기 힘든 것입니다.

올바른 언어생활을 위해서 남을 칭찬하는 말을 하라는 말이 있습니다. 칭찬은 고래를 춤추게 한다는 말도 있습니다. 상관에게 아부하기 위해 칭찬하는 것은 바람직한 것이 아니겠지만, 회사나 학교에서 상대방을 칭찬하는 것은 좋은 효과를 낼 것입니다. 학생을 나무라는 것보다 칭찬하는 것이 더 좋은 교육적 효과를 낸다는 것은 누구나 다 아는 사실입니다. 칭찬하는 말을 듣고 싫어하는 사람은 없을 것입니다. 서로 칭찬한다면 우리 사회도 훨씬 밝아질 것입니다. 심리학자들은 칭찬하는 기법에 대해 다음과 같이 제안하고 있습니다.

① 즉시 칭찬하라
② 구체적으로 칭찬하라
③ 공개적으로 칭찬하라
④ 화끈하게 칭찬하라
⑤ 보상과 함께 칭찬하라

항상 감사하는 말을 하라는 말도 있습니다. 우리에게 일어나는 일은 생각하기에 따라 모든 것이 다 감사할 일입니다. 우리가 지금까지 살아오면서 큰 곤경에 빠지지 않고 살아 온 것이 고마운 일이고, 또는 큰 곤경을 극복하고 지금까지 생명을 유지하고 있는 것이 또한 고마운 일입니다. 밥을 얻어먹을 수 있는 힘이 있는 것만으로도 감사하라는 말이 있습니다. 우리가 몸을 움직일 수 있고, 말을 할 수 있는 것만으로도 감사해야 합니다. 세상에 빈손으로 태어나서 아내나 남편이 있고, 아들이나 딸이 있고, 손자나 손녀가 있고, 살고 있는 집이 있으니 얼마나 신나는 흑자 인생입니까? 감사해야 또 감사할 일이 생긴다는 말이 있습니다. 옳은 말인 것 같습니다. 감사하는 사람에게는 계속 감사할 일이 생기고, 교만하게 자기가 잘 나서 지금의 상황이 있다고 떠드는 인간의 가정에는 계속 불행한 일이 생기는 것을 보면 알 수 있을 것 같습니다.
 올바른 언어생활을 위해 정직한 말만 하라는 말도 있습니다. 우리는 어려서부터 정직한 인간이 되라는 말을 들어 왔습니다. 정직이 최선의 정책이라는 말을 듣기도 했습니다. 필자가 아는 사람 중에 한 사람은 '정직'을 생활신조로 삼고 살고 있는 사람이 있습니다. 그는 집안의 가훈도 정직으로 하고 있고, 잊을 만 하면 주위 사람들이나 자녀에게 정직의 중요성을 말하곤 합니다. 자녀들도 다른 잘못을 하는 것은 용서해도 거짓말을 하는 것은 절대로 용서하지 않고 매질을 합니다. 그래서 아이들이 아버지 앞에서 전전긍긍하는 경우가 많습니다. 사실상 젊은이들이 거짓말을 안 하고 세상을 산다는 것은 쉬운 일이 아니기 때문입니다. 그 사람은 본인도 절대로 거짓말을 안 합니다. 본인도 정직한 인간으로서의 모범을 보입니다. 사실은 거짓말을 하는지 몰라도 하도 정직을 강조하니까, 그 사람이 하는 말과 행동은 정직한 것으로 여겨집니다. 그 사람이 하는 말과 행동은 진실한 것으로 여겨집니다. 그 사람은 자연히 주위에서 정직한 사람이 되고, 그가 무슨 말을 하면, 세상 사람들이 그의 말을 믿습니다. 신용이 얼마나 큰 재산입니까? 앞에서도 말했지만, 현대그룹을 창업한 정주영 씨는 생전에 자기가 가지고 있는 큰 재산은 신용이라고 말한 적이 있습니다. 정주영 씨는 자기 이름 하나로 세계에 있는 어떤 은행에서도 돈을 빌릴 수 있다고 말했습니다. 정말로 정직은 최선의 정책으로 여겨집니다.

겸손하게 말을 하라는 말이 있습니다. 자기를 낮추면 올라가고, 올리면 내려간다는 말이 있습니다. 사람들은 남 앞에서 자기 자랑을 하고 싶어 합니다. 남들이 칭찬을 해주지 않기 때문입니다. 남들은 우리를 칭찬하지 않습니다. 그러나 세월이 흘러 훌륭한 업적을 남기면, 저절로 칭찬하게 됩니다. 남들이 칭찬해 주지 않는다고 자기 자랑을 하면, 모두가 싫어합니다. 공자님은 『논어論語』에서 군자는 남이 알아주지 않아도 흔들림이 없는 사람이 아니겠느냐고 말하고 있습니다. 남을 높이고 자기를 낮추어 겸손하게 말하면, 높임을 받게 됩니다. 오랜 동안 조용히 실력을 쌓고, 좋은 일을 하면 남들이 알아주는 날이 온다고 말씀하시던 옛 스승님의 말씀이 기억납니다. 서둘지 말고, 늘 겸손하게 남을 높이는 말을 하면, 높임을 받는 날이 올 것입니다.

　낭비적인 생각과 말을 하지 말라는 말이 있습니다. 말을 해야 아무 소용도 없는 말을 하지 말라는 것입니다. 지나간 것이나 돌이킬 수 없는 것은 말하지 말라는 것입니다. 다 끝난 일을 다시 되살려 그때 그렇게 했느냐고 따지는 것은 어리석은 일입니다. 심지어는 남과 관련된 부분을 들추어내면서 가족끼리 싸우는 것은 정말로 바보나 할 일입니다. 돌이킬 수 없는 일을 가지고 싸우기도 합니다. 교통사고를 냈는데, 빨리 일을 처리할 생각은 안 하고 교통사고를 낸 남편이나 아내를 나무라는 데 시간을 보내고 있다면, 지혜로운 일이라고 말할 수 없습니다.

　상대편의 약점을 가지고 말을 하지 말라는 말이 있습니다. 우리는 상대편의 약점을 가지고 말해서는 안 됩니다. 장애우에게 육체적 약점을 가지고 말한다면, 얼마나 큰 상처가 되겠습니까? 장님에게 눈의 결함을 가지고 말한다면, 얼마나 큰 상처가 되겠습니까? 상대편이 가난한 사람이라면 가난을 가지고 상대편을 폄하하는 말을 해서는 안 됩니다. 예전에 T.V.에서 여러 사람에게 부모님이 자신에게 한 말씀 가운데 지금까지 남는 말이 무엇이냐고 물었을 때, "이 공부 못하는 자식아"라는 말을 한 것이라는 대답을 듣고 놀란 적이 있습니다. 부모님은 별 생각 없이 공부를 잘 하게 되기를 기대하면서 한 말입니다. 그러나 자식들은 부모님이 하신 말씀인데도, 상처를 받고 기억하고 있었습니다. 부모님은 공부를 못하는 것이 사실이기 때문에 별 생각 없이 말했을 겁니다. 그러나 공부를 못하는 자식은 그 말에 상처를 받고 오랜 동안 기억하고 있는 것입니다.

　우리는 때때로 상대방의 약점을 가지고 말합니다. 물론 화가 나서 상대방을 폄하 하기 위하여 말을 하는 경우도 있습니다. 그러나 듣는 쪽에서 큰 상처가 됩니다. 듣는 사람에게 큰 상처가 될 뿐 아니라 죽는 날까지 잊지 못하는 경우도 있습니다. 그래서 상대방을 원수로 생각하게 됩니다. 말한 사람은 당연한 말을 했다고 생각하여 자기가 한 말을 잊어버리나, 상대방은 자기의 약점을 가지고 말했기 때문에 영원히 기억하는 것입니다. 우리에게는 모두 약점이 있습니다. 약점이 없는 사람은 없습니다. 우리가 상대편의 약점을 가지고 비난한다면, 누군가가 우리의 약점을 가지고 우리를 비난하는 일이 생길 것입니다.

말투는 내용을 담는 그릇이라는 말이 있습니다. 우리는 말을 할 때, 부드럽고 아름다운 말투로 말을 해야 합니다. 우리는 전화기를 통해 들리는 상대방의 말투를 통해, 그 사람이 오늘 어떤 기분이며 어떤 상태에 있는지를 알 수 있습니다. 시詩에 있어서 운율은 의미라는 말이 있습니다. 시의 의미는 시 속에 담긴 단어에 의해서만 결정되는 것이 아닙니다. 시의 운율에 큰 의미가 담겨 있는 것입니다. 우리가 외국노래를 들을 때, 그 의미를 알지 못해도 멜로디에 의해 감동을 받는 경우가 많습니다. 말투는 그만큼 중요한 것입니다. 똑같은 말도 어떤 말투로 하느냐에 따라 의미가 달라집니다. '사랑해'라는 말도 귀찮은 말투로 하면, '미워해'가 됩니다.

올바른 언어생활을 하려면, 말을 할 때 좋은 표정으로 해야 합니다. 똑같은 말도 어떤 표정으로 하느냐에 따라 의미가 달라집니다. 천소영 교수는 한국어의 특성을 ① 눈빛과 기침의 언어, ② 지극히 감성적 언어, ③ 동방예의지국의 언어, ④ 종교적 언어, ⑤ 서술어 중심의 언어라고 말하고 있습니다. 그리고 우리 언어의 특징인 눈빛과 기침의 언어란 제3의 언어(제1의 언어 : 음성언어, 제2의 언어 : 문자언어)인 몸짓, 기침, 눈치코치, 침묵의 언어를 말한다고 했습니다. 우리는 말을 할 때 표정과 몸짓 등으로 의미가 달라집니다.

자녀들은 부모님이 하시는 말씀의 뜻을 표정으로 이해하게 됩니다. 며느리는 시부모님이 하시는 말씀의 뜻을 눈치코치로 이해할 때도 있습니다. 젊은이들은 어른의 기침소리가 무엇을 의미하는지 알아야 합니다. 그리고 상대방에게 말을 할 때, 부드러운 몸짓을 사용하면서 말을 해야 합니다. 상대방에게 아름다운 눈빛을 가지고 말을 해야 합니다. 우리의 몸짓은 또 하나의 의미이기 때문입니다. 말에는 몸짓이 55%, 억양이 38%, 말은 7%의 의미를 표시한다고 합니다.

우리는 상대방에게 말을 할 때, 예의 있게 해야 합니다. 한국어의 특징 중에 하나는 존대법이 발달한 것입니다. 외국인이 존대법을 배우는 것은 어렵겠지만, 우리나라는 예의를 중시하는 나라이기 때문에 함부로 말을 해서는 안 됩니다. 윗사람에게 존대말을 사용해야 하지만, 아랫사람에게도 예의 바르게 이야기해야 합니다. 보통말을 사용하는 경우도 있겠지만 나이가 적은 사람도 처음 만났을 때는 존대말을 사용해야 합니다. 상대방에게 예의 있게 말하는 것 못지않게 중요한 것은 예의 있게 행동하는 것입니다. 상대방을 치거나 어깨 위에 손을 얹어 놓으면서 불쾌감을 주는 행동을 하면서 말을 해서는 안 됩니다.

상대방의 호칭에 대해서도 신경을 써야 합니다. 일반적으로 상대방을 높이는 호칭을 사용해야 합니다. 그리고 가급적이면 상대방이 듣기를 원하는 호칭을 사용하는 것이 좋습니다. 목사님이나 장로님, 혹은 회장님이나 사장님, 혹은 스님이나 신도회 회장님 등, 본인이 듣기를 원하는 칭호가 있습니다. 처음 보는 사람에게 이름을 부르는 것보다, 직함을 부르는 것이 좋습니다. 직함이 없는 분에게는 특히 조심해서 거부감을 느끼지 않을 수 있는 호칭을 사용하거나 성을 이용해서 말하면 될 것입니다.

우리는 상대방에게 해서는 안 되는 말이 있습니다. 우리는 처음 보는 사람에게 그 사람의 사생활에 대해 묻지 말아야 합니다. 처음 보는 여자에게 결혼은 했는가, 아이는 몇인가, 어디에 사는가, 남편은 무슨 직업을 가지고 있는가 등, 상대방의 사생활에 대해 물어서는 안 됩니다. 심지어는 신문기자나 T.V. 기자가 음악 공연을 끝낸 사람이나 그림전시회를 하고 있는 사람과 인터뷰를 하면서 사생활에 대해 묻기도 합니다. 그리고 상대방의 과거에 대해 자세히 묻지 말아야 합니다. 이혼한 경험이 있는 사람에게 과거의 부인이나 남편에 대해 묻는 것은 예의가 아닙니다. 상대방이 숨기고 싶어 하는 것을 끌어내려고 애쓰는 사람이 있는데, 상대방에게 실례가 되는 일입니다.

여러 사람이 함께 대화를 나눌 때는 대화를 독점하려고 해서도 안 됩니다. 사람들 가운데는 자기 자신을 과시하고 싶거나 말을 하는 것을 좋아해서 말을 독점하려는 사람이 있습니다. 누차 말하지만, 모든 사람은 다 똑똑하고 귀중하고 훌륭한 존재입니다. 다른 사람에게도 말할 기회를 주어야 합니다. 혼자 대화를 독점하면, 적이 많습니다. 그리고 혼자 많은 말을 하다 보면, 실수를 하는 말이 나오게 됩니다. 혼자 말을 독점하는 것 못지않게 실례가 되는 것은 남이 말을 하는데 끼어들어 말을 중단시키고, 자기 말을 하는 것입니다. 대화에서는 말을 하는 것 못지않게 듣는 것이 중요합니다. 남의 말을 가로막고 제멋대로 가위질을 하면, 상대편의 분노를 살 수 있습니다. 그리고 적만 많이 만듭니다.

우리가 말 한 마디를 잘 하거나 못해서 인간관계가 나빠지기도 하고 좋아지기도 합니다. 한번 뱉어 낸 말은 주어 담기 어렵다는 말이 있습니다. 말을 조심해서 하라는 말입니다. 정치가나 공직자는 특별히 말을 조심해야 합니다. 말 한마디를 잘못한 것으로 그의 인생이 바뀔 수 있기 때문입니다. 정치가나 공직자는 할 말과 하지 말아야 할 말을 구분해 할 수 있어야 합니다. 정치가뿐이 아닙니다. 성직자나 대학교 교단에 서는 교수나 초·중·고등학교 교사 등도 사람들 앞에서 말을 조심해야 합니다. 부모나 조부모도 자식이나 손자와 손녀 앞에서 말을 조심해야 합니다.

결론으로 말한다면, 올바른 언어생활의 핵심은 분별심이 없는 말을 하는 것입니다. 세상의 모든 사람을 동등한 존재로 보고 말을 하는 것입니다다. 우리는 상대방의 직업이나 직함을 기준으로 말을 하는 경우가 많습니다. 우리는 상대방을 그 사람의 직업이나 직함으로 상대방을 보는 경우가 있습니다. 똑같은 행위를 해도 그 사람의 직업이나 직함에 따라 평가하는 경우가 있습니다. 필자가 몇 해 전에 친구들과 주왕산에 간 일이 있었습니다. 필자가 주왕산 제2폭포 밑에서 노래를 불렀습니다. 지나가는 사람이 제 친구에게 저를 가리키면서 폭포 아래서 노래를 부르는 모습을 보고, 머리가 돈 사람이 아니냐고 묻더랍니다. 그래서 국문과 교수라고 하니, 칭찬을 하더랍니다. 사람들은 상대방이 똑같은 행위를 하는데도, 그 사람의 직업이나 직함에 따라 달리 말합니다. 우리는 상대방의 직업이나 직함에 대해 분별심을 가지고 말을 해서는 안 됩니다.

  우리는 상대편의 직업이나 직함을 가지고 말을 분별해서 말을 해도 안 되지만, 상대편을 옳고 그른 존재로 2분해서 말을 해도 좋은 것이 아닙니다. 내 직업은 좋고 상대방의 직업은 나쁘고, 내 나라는 좋고 상대방의 나라는 나쁘고, 내 학교는 좋고 상대방의 학교는 나쁘고, 내 종교는 좋고 상대방의 종교는 나쁘고 식으로 분별해서 말하면 안 됩니다. 우주의 삼라만상은 다 제 나름대로의 가치와 아름다움을 가지고 있습니다. 인간도 마찬가지입니다. 우리가 말을 할 때, 상대방이 부자나 권력이 있거나 배움이 많거나 명예가 많은 사람이라고, 그와 반대되는 사람과 분별해서 말해서는 안 됩니다. 우리는 모두가 평등한 존재입니다. 우리는 역사라는 드라마 속에서 역할이 다를 뿐입니다. 높은 역할이나 낮은 역할, 혹은 좋은 역할이나 나쁜 역할이 없습니다.

  예수님과 무함마드님 그리고 석가모니 부처님은 분별심을 갖지 않고 말했습니다. 예수님은 창녀나 세리를 구분하지 않고 말씀했으며, 장님이나 앉은뱅이나 문둥병자가 차별하지 않고 대화하고 병을 치료하셨습니다. 그리고 시간과 공간을 초월하는 분별심이 없는 말씀을 하셨기 때문에, 세상이 다 사라져 없어져도 말씀은 사라져 없어지지 않으리라고 말쏨하셨습니다. 무함마드님도 기존의 귀족이나 부자들이 노예나 여자들을 물건 취급을 할 때, 만민이 평등함을 선포하고, 자신에게 있는 노예를 해방시켜 주었습니다. 석가모니 부처님도 기존의 4계급제도의 사회를 비판하고 시간과 공간을 초월하는 진리를 말씀하셨기 때문에 보광명지普光明智라고 다시 말해서 세상에 태어나서 한 마디 말도 안 했다고 말씀하시고 저 세상으로 가셨습니다.

　마지막으로 올바른 언어생활에 대해 말한다면, 어법에 맞는 말을 하고 글을 쓰는 것입니다. 한국어의 국어정서법은 너무 어렵다고 합니다. 외국인은 말할 것도 없고, 한국인도 어려워합니다. 존대법도 어렵고, 문법도 어렵습니다. 그러나 교수나 목사나 스님들이 '가르치다'와 '가리키다'는 제대로 사용해야 합니다. 글로는 아는데, 말을 할 때는 틀립니다. 지방어마다 문제도 있습니다. 대구에서는 음악을 전공하는 대학원생들도 '음악'을 '엄악'이라고 발음합니다. 대구사람들은 '으' 발음을 제대로 못하기 때문입니다. 이러한 예는 너무 많을 것입니다. 다시 말하지만, 우리는 한국어를 어법에 맞게 사용해야 합니다.

지혜

9_침묵하는 사람

우리는 올바른 언어생활을 하려고 노력해야 합니다. 그러나 늘 실수를 합니다. 말을 잘못해서 곤욕을 치릅니다. 우리가 지혜롭지 못해 분별심을 가지고 말을 하기 때문입니다. 자기는 옳고 상대방은 틀리다고 말하는데, 좋아할 사람이 어디 있겠습니까? 자기는 훌륭하고 상대방은 훌륭하지 않다는데, 좋아할 사람이 어디 있겠습니까? 우리는 분별심 없는 말을 하는 것이 거의 불가능합니다. 언어 자체가 분별심을 가지고 있어서, 우리가 말을 하면 자연적으로 분별심이 나타나기 때문입니다. 분별심이 없는 말을 하기 어려울 때는 침묵하는 수밖에 없습니다.

남의 말을 경청하라는 이야기가 있습니다. 침묵도 일종의 언어이기 때문에, 침묵하고 경청하는 것도 분별심 없이 말하는 방법 중에 하나입니다. 남에게 말할 시간이 있으면, 그 시간에 남의 말을 경청하라는 것입니다. 내가 자기 자신을 보는 것보다 남이 나 자신을 더 잘 볼 수 있습니다. 남이 나 자신에 대해 하는 말이 모두 옳은 것은 아니지만, 나에 대해 어떤 말이 나온 데에는 분명히 이유가 있는 것입니다. 아니 땐 굴뚝에 연기가 날 리가 없습니다. 다른 사람이 나에 대해 말하는 것을 듣고 반성하는 것은 결코 쉬운 일이 아닙니다. 중요한 것을 결정할 때도 남의 말을 듣고 결정하는 것이 중요하다고 생각합니다. 남에게 두서없이 말할 시간이 있으면, 남의 말을 경청하는 시간을 갖는 것이 더 중요하다고 생각합니다.

기독교의 성경에는 "돼지에게 진주를 주지 말라"는 말이 있습니다. 그 뒤에 나오는 말이 더욱 중요합니다. 계속 돼지에게 진주를 주면, 물리고 뜯기리라고 말하고 있습니다. 좋은 말도 들을 만한 사람에게 해야 합니다. 좋은 말이라고 아무에게나 하면, 봉변을 당합니다. 종교들은 봉변을 당하더라도 전도를 하라고 말합니다만, 분별심을 가지고, 자기의 주장은 옳고 타인의 주장은 틀리다고 말한다면, 어떤 봉변을 당할지 모릅니다. 분별심을 나타내지 말고 전도하는 것이 중요하다고 생각합니다. 그냥 진리의 말씀을 전해야 한다고 생각합니다. 그리고 결과는 절대자에게 맡겨야 한다고 생각합니다.

그런 의미에서 침묵은 최고의 말이고 연설이고 노래로 볼 수 있습니다. 〈님의 침묵〉은 사랑하는 임의 노래일 수 있습니다. 침묵은 말보다 더 힘이 있고, 무지개보다 더 감동적일 수 있습니다. 침묵은 말보다 더 아름다운 곳에서 나오기 때문입니다. 침묵은 시간과 공간을 초월한 기호이고 은유이고 상징이고 원형이기 때문입니다.

태초에 침묵이 있었습니다. 세상의 모든 것이 침묵 속에 있으니, 조용하고 평안했습니다. 침묵은 하나의 외침입니다. 침묵은 소리가 없으나, 말보다 더 큰 소리를 냅니다. 소리는 목에서 나오지만 침묵의 소리는 더 깊은 곳에서 나옵니다. 침묵은 태고부터 시작하여 현재까지도 지속됩니다. 아니 미래까지도 지속할 것입니다. 침묵은 색깔이 없지만, 색깔이 있는 말보다 더 찬란합니다. 말은 누구나 들을 수 있으나, 침묵의 소리는 듣기가 어렵습니다. 그러나 침묵의 소리를 잘 듣는 사람은 지혜로운 사람이고,

침묵의 소리를 제대로 듣지 못하는 사람은 어리석은 사람입니다.

　침묵은 말보다 먼저 있었습니다. 말 가운데 침묵이 있었던 것이 아니고 침묵 가운데 말이 있었습니다. 침묵을 중단시키는 것이 말입니다. 우리에게 필요한 것은 말이 아니고 침묵입니다. 침묵이 말보다 담는 내용이 더 많은 것은 침묵의 세계가 말의 세계보다 더 넓고 깊이가 더하기 때문입니다. 침묵의 세계는 말의 세계보다 깊을 뿐 아니라 높이도 더 합니다.

　고우 스님의 『선요』에 보면 도를 깨치는 방법을 다섯 가지 말하면서 3년 동안 말을 하지 않고 침묵하라고 말씀하십니다. 도를 깨치기 위하여 잠을 3시간 이상 자지 말고, 적게 먹고, 책을 보지 말고, 선방 밖으로 출입을 하지 말고, 묵언하라고 말씀하셨습니다. 묵언을 하면 새로운 세계에 들어갈 수 있습니다. 묵언을 하면 말할 시간에 사색을 할 수 있어 우리는 더 깊은 세계에 들어갈 수 있습니다. 우주의 신비스러운 세계에 들어갈 수 있습니다.

　세상에는 말할 만한 가치가 있는 말도 없고, 들을 만한 말도 없는 것인지 모릅니다. 오직 침묵이 상징으로 존재할 뿐입니다. 그래서 임제 선사는 다른 사람들이 그에게 하는 모든 질문에 대해 할喝이라 대답했고, 덕산 스님은 '방'이라 소리치셨고, 구지 스님은 위로 향한 손가락의 모습을 보여주었고, 모든 질문에 대해 경산 스님은 '무'라고 말씀하셨고, 지장 스님은 '유'라고 대답했고, 성철 스님은 열반송에서 무간지옥에 갈 죄를 지었다고 말씀하셨고, 유마 거사는 문수보살의 물음에 묵연부답했으며, 석가모니 부처님은 45년 동안 설법을 했으면서도 한 마디 말도 안 했다고 말씀하시고 열반했으며, 많은 선지식들은 깨침은 가르칠 수도 배울 수도 없는 것이라고 말한 것이 아닌가 생각합니다. 모두가 침묵하고 있었습니다.

　그리고 산과 바다와 같은 자연도 침묵하고 있으며, 신들도 말을 안 하고 침묵하고 있었습니다. 이집트인이 숭상했던 태양신도, 페르시아인들이 찬양했던 불의 신도, 인도의 무수한 신들도, 이슬람교의 알라도, 유대교의 여호와도, 가톨릭의 하느님도, 개신교의 하나님도, 천도교의 한울님도, 일본의 무수한 신들도, 한국무당들의 무수한 신들도 침묵하고 있었습니다. 자연은 말이 없고 침묵합니다. 우리는 사람이 하는 말보다 자연의 침묵으로부터 더 많은 말을 듣습니다. 자연은 속삭이기도 하고 외치기도 하고, 노래하기도 합니다. 자연은 말이 없지만, 우리는 자연으로부터 더 많은 것을 배웁니다. 자연의 모습은 말이 없지만, 많은 것을 말합니다. 계절 마다 변하는 자연의 형상은 인간의 모습을 보여 주고, 인간의 어리석음을 말합니다.

침묵하는 것은 자연만이 아닙니다. 다시 말하지만, 신들도 마찬가지입니다. 그리스에는 제우스를 비롯하여 많은 신들이 있었습니다. 로마에도 쥬피터를 비롯한 많은 신들이 있었고, 미국에도 남아메리카에도 많은 신들이 있습니다. 많은 종교에는 각기 신자들이 모시는 신들이 있습니다. 인도에는 3억이 넘는 신들이 있다고 말합니다. 일본에도 무수히 많은 신들이 있습니다. 우리나라에도 많은 신들이 있습니다. 산에도 신이 있고, 바다에도 신이 있습니다. 부엌에도 신이 있고, 변소에도 신이 있습니다. 전 세계에 무수히 많은 신들이 있습니다. 그러나 어떠한 신도 말을 하지 않습니다. 신들은 늘 침묵합니다. 인간들이 들은 신의 소리는 침묵의 소리입니다. 인간들은 신이 내는 침묵의 소리를 듣습니다. 침묵은 암시적입니다. 그래서 인간이 들은 신의 소리는 가지각색입니다. 그리고 해석도 가지각색입니다.

아테네가 페르시아와 전쟁을 할 때, 델포이 신전에서 들은 신탁은 나무가 있는 곳으로 피하라는 것이었다고 합니다. 여러분은 이 신탁을 어떻게 해석하시겠습니까? 아테네 사람들은 이 신탁에서 나무를 배로 해석하여 해전을 준비했다고 합니다. 아테네는 아테네에서 사람들을 모두 격리시키고 해전을 해서 페르시아를 물리치고 승리했습니다. 그때 신탁을 잘못 해석했으면, 어떤 비극이 왔을지 모릅니다. 인간들은 신의 소리를 여러 가지로 해석합니다. 신의 소리는 모두가 진리라고 합니다. 어느 신의 소리가 진짜 진리인지는 인간의 몫입니다.

인간들은 자연의 흉내를 냅니다. 인간들은 신의 흉내를 냅니다. 그래서 인간들은 말을 하지 않고 하는 묵언참선默言參禪을 합니다. 어떤 사람은 1년을 하기도 하고, 더 오래 하기도 합니다. 필자는 3년 동안 묵언참선을 한 스님의 강연을 들은 일이 있습니다. 꼭 말을 해야 할 경우에는 종이 위에 글을 써서 보이기도 했다고 합니다.

사람들은 침묵이 좋은 것이라는 사실을 알아 명상합니다. 명상에는 여러 가지 방법이 있으나, 말없이 하는 명상이 유행하는 것 같습니다. 허기는 떠들면서 명상을 하기는 어려우리라 생각합니다. 요사이 명상이 유행이어서 절을 하면서 명상을 하기도 하고, 걸으면서 하거나 화두를 가지고 명상을 하기도 합니다. 명상이 아니더라도 우리는 어려서부터 걸으면서 어떤 문제에 대해 생각하는 것은 습관이 되어 있습니다. 많은 철학자들이 산책로를 걸으면서 사색하는 것과도 비슷한 것이라고 생각합니다.

성철 스님은 나서서 말하지 말고, 20년 동안 공부를 계속하라고 했습니다. 그 전에 나서서 난 척하지 말고, 계속 공부만 하라는 것입니다. 남들이 알아주지 않는다고 걱정하지 말고, 일념으로 20년 동안 공부를 하면, 모두 큰 깨달음을 얻게 될 것이라고 말했습니다. 묵묵히 20년 동안 공부하고도 큰 깨달음을 얻지 못하면 자기의 목을 자르라고 말했습니다. 조용히 묵묵히 공부하는 것이 얼마나 중요한 것인가를 말하고 있습니다.

석가모니 부처님은 보광명지普光明智라고, 밝은 지혜를 우주 속에 충만한 보편적인 빛과 같이 보였을 뿐, 말을 한 마디도 하지 않았다고 말했습니다. 석가모니 부처님의 말씀은 분별심을 갖지 않는 시공간을 초월하는 말씀이기 때문에 말을 하지 않고 진리를 보이기만 했다는 의미로 그렇게 말씀하신 것입니다. 중생들은 분별심이 없이 말을 할 수 없습니다. 중생들에게 있어 분별심이 없는 말은 침묵입니다. 석가모니 부처님은 35세에서 80세까지 법문을 하고도 침묵을 했다는 것입니다.

침묵에 대해 반대하는 주장도 있습니다. 사회가 민주화되지 않고, 사회에 부정부패가 만연하는 데도 침묵해야 되느냐 하는 것입니다. 불의를 보고도 침묵해야 하느냐 하는 것입니다. 사회정의를 위해 그리고 불의를 타도하기 위하여, 외치는 것은 좋은 일이라고 생각합니다. 그런데 문제는 누가 정의이고 누가 불의인지 아는 사람이 아무도 없다는 것입니다. 그렇게 정의를 부르짖던 사람들이 권력을 잡으면 마찬가지로 부정부패를 하고 나쁜 짓을 하니, 그들이 정의라고 떠드는 것이 무슨 의미가 있느냐 하는 것입니다. 그리고 대부분의 외침이 자기가 속해 있는 집단의 이익을 위한 것이니 또한 무슨 의미가 있느냐 하는 것입니다.

역사는 변증법적으로 흘러갑니다. 세상사람 중에는 떠드는 사람도 있고, 침묵하는 사람도 있습니다. 떠드는 사람의 주장과 침묵하는 사람들의 주장이 변증법적으로 어우러져 역사는 흘러간다고 생각합니다. 떠드는 사람들은 떠들지 말라고 해도 계속 떠들고, 침묵하는 사람은 떠들라고 해도 계속 조용할 것입니다. 길거리에서 사회정의를 외치는 사람이 있는 순간에도 산속에서 도를 닦는 사람은 있을 겁니다. 떠드는 사람 쪽에 서든지 침묵하는 사람의 쪽에 서든지 그것은 각자의 몫입니다.

그러나 침묵하라. 가급적이면 침묵하라. 세상에는 떠들 만한 가치가 있는 말도 없고, 세상에는 들을 만한 가치가 있는 말도 없습니다. 침묵하라. 세상에는 당신의 말을 듣고 고마워 할 사람은 하나도 없습니다. 칭찬하는 말을 하면, 좋아하지만 비난하는 말을 하면 좋아하거나 고마워 할 사람은 한 명도 없습니다. 침묵하세요. 말을 하는 것이 침묵보다 나은 경우는 거의 없습니다. 침묵하세요. 침묵보다 나은 웅변은 없습니다. 침묵하세요. 님의 침묵은 역설적으로 님의 외침입니다. 침묵하세요.

10_'화'를 내지 않는 사람

분별심이 없는 사람은 대하는 모든 사람이 좋은 사람이기 때문에 화를 낼 일이 없습니다. 분별심이 없는 사람은 모든 행위나 말이 모두 옳은 것이기 때문에 화를 낼 일이 없습니다. 분별심이 없는 사람은 주위에 존재하는 것이 모두 진리이고 스승이기 때문에 화를 낼 일이 없습니다. 아니 화를 내는 사람도 없고, '화'라는 것도 없습니다. 사실상 '화'라는 것은 세상에 존재하는 것이 아닙니다. 평상시와 조금 다른 감정의 표현이 있을 뿐입니다. 조금 다른 목소리가 있을 뿐입니다.

심리학자들은 '화'의 문제에 대해 많은 책을 내놓고 있습니다. '화'의 문제가 인간에게 중요하기 때문입니다. 우리가 화를 내면 스트레스를 받아 병에 걸릴 수도 있습니다. 한국 사람에게는 화병이라는 것도 있습니다. 화병은 한국 사람에게만 있는 병이라고 합니다. 한국 사람들이 화를 잘 내는 사람들임을 보여주는 것이라고 생각합니다. 우리는 모든 것이 빨리 되기를 바라는 사람들이라 화도 잘 내는 것 같습니다. 우리는 울화가 치미는 경우가 많아 화를 잘 내는 것 같습니다.

심리학자들은 '화'의 문제를 다루는 방법에 대해 일반적으로 두 가지를 말하고 있습니다. 첫째는 다른 사람들이 당신에게 좋지 않게 대하여 화가 나더라도, 수동적이고 비저항적인 태도를 취하라고 말합니다. 이것은 다른 사람들에게 자기에 대해 매우 통제를 잘 한다는 인상을 줄지 모르지만, 이때 느끼는 자기만족감도 실은 의미가 없으며 소득도 없습니다. 둘째로 당신이 느끼는 격한 감정을 있는 그대로 표현하도록 충고하는 것입니다. 이렇게 말하는 사람은 만일 당신이 이런 식으로 분노를 느끼게 되면 사람들을 대했을 때, 상대방들이 당신에게 분노를 느끼게 되며 원한을 가지고 반응하게 된다는 사실을 간과하는 것이 안 됩니다. 두 가지 방법이 모두 문제점을 가지고 있습니다. 본고는 지혜의 관점에서 해결점을 찾고 있기 때문에 심리학자들과는 다른 결론에 도달할 수 있습니다.

'대화'란 대놓고 화를 내는 것이라는 말이 있습니다. 우리나라 사람들이 대화를 하는 기술이 없어서 나온 말일 것입니다. 그리고 우리는 현실적으로 화를 자주 냅니다. 입장을 바꿔 생각하면, 상대편의 말이나 행동을 이해할 수 있을 텐데, 우리에겐 그럴 여유가 없는 것 같습니다. 그리고 인류의 역사상 훌륭했던 예수님이나 석가모니 부처님이나 소크라테스나 공자나 성철 스님, 테레사 수녀, 김수환 추기경 등 모두가 거지나 다름없었다는 것을 생각하면, 금전적인 문제로 화를 내지 않을 수도 있는데, 우리는 가정에서도 돈 때문에 부부싸움을 하고 화를 내는 경우가 많습니다.

연기론적으로 보면, 세상의 모든 일이 일어나야 할 것이 일어나고 있기 때문에 사실상 화를 낼 일이 하나도 없는 것입니다. 그리고 사실상 세상에는 화를 내는 사람도 없고, 조금 높은 언성으로 말을 하는 사람이 있을 뿐입니다. 사실은 화를 내는 사람이 없을 뿐 아니라 '화'라는 것도 없는 것입니다. '화'라는 단어도 없어야 되는 것입니다. 우리는 '화'

라는 것이 세상에 존재하지 않는다는 것을 알아야 합니다. 우주의 삼라만상이 진리이고 부처고 스승이라면 세상에 '화'라는 것이 어디 있겠습니까?

그러나 현실은 그렇지 않은 것 같습니다. 갑자기 화를 내고 순간적으로 칼을 휘둘러 사람을 죽이기도 합니다. 공중전화 박스에서 전화를 오래 한다고 급한 마음에 사람을 죽이는 사건이 신문에 난 적도 있습니다. 정말로 화火를 잘못내면 화禍가 됩니다. 화火를 다스리는 것이 화禍를 면하는 길입니다. 화火를 잘못내면 화禍를 자초하게 됩니다. 화를 낸다고, 잘못을 수긍하는 사람도 없는데, 화를 내서 무엇하겠습니까? 차라리 침묵하는 것이 문제를 해결하는 데 도움이 될 것입니다.

'화' 때문에 쏟아낸 말들이 상처를 줍니다. '화' 때문에 사랑스런 관계가 금이 가기도 합니다. '화' 때문에 던진 사표가 가족을 어렵게 하기도 합니다. '화' 때문에 폭력을 행함으로 결정적인 기회를 상실하게 되는 때도 있습니다. '화' 때문에 소중한 가정이 깨어집니다. 화를 내면 마음의 평화가 사라지고, 화를 자주 내면 건강에도 나쁩니다. 우리가 터득해야 할 기술 중에 하나는 '화'를 다스리는 기술입니다.

기독교의 하나님은 우리가 화를 내지 않고 살 수 없다는 인간의 실존을 이해하고 계십니다. 그래서 '노하지 말라'라고 말씀하시지 않고, '노하기를 더디하라'(잠언 16장 32절)고 말씀하십니다. '성내지 말라'고 말씀하신 것이 아니라 '성 내기를 더디 하라'(야고보서 1장 19절)고 말씀하십니다. 그러나 연기론적으로 상황을 해석하면 세상에는 화를 낼 일도 없고, 화라는 것도 없다고 말하니, 이것이 기독교와 불교의 차이입니다. 이 경우에도 어떤 것이 옳고 그른 것이 아니라 독자의 취향대로 선택하면 되리라 생각합니다.

11_분별심과 깨달음

다섯 분의 성인들이 모두 상대방에 대해 분별심을 갖지 말 것을 말합니다. 그러나 특별히 분별심을 갖지 말 것을 주장하는 종교는 불교입니다. 승찬 대사의 말과 같이 지극한 도는 어렵지 않은데, 그것은 분별심을 갖지 않는 것입니다. 다른 말로 표현하면, 자기 자신이 깨달았는지 깨닫지 못했는지를 판단하는 기준은 우리가 '대상에 대해 분별하는 마음을 갖느냐 안 갖느냐'라는 것으로 판단할 수 있다는 것입니다. 예를 들면 부자와 가난한 사람을 차별하느냐 차별하지 않느냐 혹은 목사님이나 스님 그리고 신부님을 차별하느냐 차별하지 않느냐 하는 것이, 그 사람이 깨달은 사람이냐 아니냐를 판단하는 기준이라는 것입니다.

분별심이 없는 경지를 한국불교를 대표하는 선불교禪佛教의 깨달음의 세계를 통해 알아보고자 합니다. 한국불교의 특징이라고 볼 수 있는 선불교禪佛教는 일반적으로 간화선과 묵조선으로 나누는데, 한국불교의 중심 종파인 조계종曹溪宗은 간화선看話禪을 정도正道로 택하고 있습니다. 간화선은 문자 그대로 공안公案 혹은 화두話頭를 보고 혹은 들고 하는 참선입니다. 그럼 화두란 무엇인가? 정성본鄭性本은 『선의 역사와 사상』에서 화두에 대해 다음과 같이 말하고 있습니다.

대혜의 간화선은 일체의 분별심과 차별심을 억누르고 그곳에서 조주의 '무無'자 화두話頭를 참구하도록 가르치고 있다. 따라서 공안은 일체의 분별심을 버리도록 하는 절대적인 참선의 방편이며, 이러한 공안 참구로써 무분별하고 근원적인 자기의 본래심을 깨닫도록 하고 있다. 말하자면 간화선에서의 공안公案은 자기의 근원적인 마음을 조고照顧해 보는 도구道具인 것이다.

화두는 1700여 종류가 있다고 하는데, 대표적인 화두로는 "이 뭣고", '무無', '평상심平常心', '끽다거喫茶去', "뜰 앞의 잣나무', '판치생모板齒生毛', '똥막대기', '호떡' 등이 있습니다. 어떤 스님은 1700여 공안公案은 중국의 것이니 우리에게 맞는 한국의 화두를 만들어 사용해야 한다고 주장하거나, 화두선話頭禪에 대해 회의감을 나타내는 분도 있으나, 그런 문제는 스님들이나 불교학자들에게 숙제로 돌리고 여기서는 기존의 주장을 바탕으로 계속 이론을 전개하고자 합니다.

그럼 한국의 간화선불교看話禪佛敎가 화두를 들고 참선하여 얻는 답은 무엇일까요? 사람마다 조금씩 다른 표현 방법으로 답을 말할 수 있겠지만, 무자화두無'字話頭를 비롯한 여러 화두를 통해 공통적이며 보편적인 것으로 얻을 수 있는 결론은 '무아無我'입니다. '나'라는 존재의 실체가 없다는 것입니다. 그것은 고타마 싯닷타가 깨달은 '제법무아諸法無我'와도 일맥상통하는 것이라 설득력이 있는 말이라고 생각합니다. 자아의 실체는 공성空性이라는 것입니다. 육체의 형태는 있으나, 실체는 연기론적으로 봤을 때, 공空이라는 것입니다. 그러나 연기론에 얽매이지 않고, 연기론의 공성도 깨쳐서 즉 공도 초월하여 공도 없다는 것을 깨달을 때, 진정한 깨침인 열반에 이를 수 있을 것이라고 말하기도 합니다.

그럼 '무아無我'의 뜻은 무엇일까요? '무아'의 의미는 여러 가지로 해석

될 수 있다고 생각합니다. 많은 불교학자들이나 야스퍼스가 말하는 것처럼 인간의 주체가 없는 것으로 해석하여, 자아가 설 자리에 대해 회의감을 나타내는 경우도 있습니다. 한국과 일본에 있는 많은 불교학자들이 무아설이 갖는 문제점을 지적하고 있습니다. 김진이 지은 『칸트와 불교』에서 다음의 예를 인용합니다.

어떤 형이상학적 주체 개념도 들어설 수 없는 이른바 주체 개념의 불가역성, 그것이 바로 무아설의 특징이다. 그러나 어떤 형태나 어떤 이름으로 부를 수 있는 그런 주체가 존재하지 않는다면 도대체 내가 없다고 생각하고 있는 나는 도대체 누구이며, 그런 연기적 인과관계 속에서 구원과 깨달음과 열반으로 인도되는 주체는 도대체 누구인가? 무아설이 절대적으로 해석되는 곳에서는 연기적 주체, 윤회적 주체, 현상적 주체, 형이상학적 주체, 이 모든 것들이 의미 없게 될 것이다. 그렇다면 이 세상에 태어나서 고통 속에 머물러 있다가 열반적정의 세계를 찾아들어가는 나의 존재는 도대체 무엇인가?

그러나 필자는 무아無我의 의미를 앞에 언급한 불교학자들과 달리 해석합니다. '무아' 즉 내가 없다는 것은 역설적으로 진짜 내가 있다는 뜻이라고 생각합니다. 무아의 자리는 우주운행의 원리인 역설의 원리로 보면 진아眞我 혹은 진여자성眞如自性의 자리입니다. 무아의 자리는 '진공묘유眞空妙有'의 자리이며, 자기 부정의 자리이며 동시에 역설적으로 자기 긍정의 자리입니다. 무아의 자리는 아집我執을 버리고 모든 것을 방하착放下着하여 도달하게 되는 하심下心의 자리이고, 겸손의 자리이며, 순수의 자리이며, 자기를 비운 자리이며 "나 없음"의 자리이며 진여자성眞如自性의 자리이며 연기론적으로 '공空'의 자리라고 생각합니다. 그 자리는 깨침의 자리이며 부처의 자리입니다. 무아의 자리는 "나 없음"의 자리이며 동시에 "나 있음"의 자리입니다. 무아의 자리는 천한 자리 같으나 가장 고귀한 자리입니다. 무아의 자리는 가장 낮은 자리로 보이나 실은 가장 높은 자리인 것입니다. 예수님도 "너희 중에 누구든지 으뜸이 되고자 하는 자는 너희 종이 되어야 하리라"(마태복음 20장 27절)고 말씀하셨습니다. 결국 쉽게 말하면, 무아의 경지란 아상我相이 없는 '공空'의 경지를 말하는 것입니다. 아상我相이 있을 때 번뇌망상이 생기고 아상이 없을 때 번뇌망상이 사라지는 것이니, 무아無我의 자리는 진아眞我의 자리며 반야般若의 자리고 부처의 자리입니다. 그런 의미에서 깨침의 자리는 번뇌망상의 자리를 연기론적으로 보아 보리와 중도中道의 자리로 만드는 지혜의 경지입니다.

어거스틴은 신앙생활의 핵심은 첫째도 겸손이고 둘째도 겸손이며 셋째도 겸손이라고 말했습니다. 이때 겸손은 불교의 하심下心과 통하는 말이며, 하심의 자리는 지혜의 자리며, 아상我相이 없는 자리를 말하는 것이라고 생각합니다. 그리고 종교학자 차옥승은 『증산교 원불교』에서 모든 종교가 갖는 최고 경지의 공통점은 "나 없음"이라고 볼 수 있다고 다음과 같이 말하고 있습니다.

그러나 많은 종교 전통에서 지향하는 궁극적인 종교 경험은 "나 없음"에서 일치하는 것 같다. 불교의 경우 불교인들은 해탈을 이루기 위해서 끊임없이 정진한다. 그러나 결국 해탈을 이루겠다는 생각마저도 완전히 놓아버릴 때 비로소 해탈에 이룰 수 있다. 도가에서도 마찬가지다. 나를 완전히 비웠을 때 우주의 신비인 '도'가 내 안에 깃들 수 있다.

그리스도 전통 또한 예외가 아니다. 13세기 독일에서 활동했던 신비주의자인 마이스터 에크하르트는 다음과 같이 이야기한다. "나를 하나하나 벗어버리고 '나 없음' 속에서 나는 가장 겸허해지고 영혼이 맑아져서 그 맑은 영혼을 통해 하느님을 제대로 볼 수 있다. 그리고 내가 하느님 안에 거할 수 있다." 이슬람 종교 전통에서도 마찬가지다. "당신 앞에서 마지막까지 내 의식의 찌꺼기가 남아 있는 것이 나를 괴롭힙니다"라고 이슬람 전통의 신비주의자인 수피들이 알라에게 고백하는 글들을 통해서 알 수 있다. 이와 같이 여러 종교 전통의 신비주의가들은 '나 없음' 속에서 여러 가지 신비 경험을 하고, 그 경험을 증언한다.

무아無我의 경지는 '나 없음'의 경지이며, 자기 부정의 경지이고, 자기 깨짐의 자리이며, 대사大死의 자리이고, 기독교적으로는 십자가에서 죽고 부활하는 경지이며, 인간이 도달할 수 있는 가장 낮은 곳에 임하는 최고의 경지라면, 동시에 간화선불교看話禪佛敎가 도달하게 되는 최고의 경지이며 불교의 입장에서 보았을 때, 가장 지혜로운 인간의 경지라고 생각합니다.

결국 무아無我의 경지는 무심無心과 무념無念과 아공我空과 법공法空의 경지이며, 무자성無自性의 경지이며 무애無涯의 경지입니다. 그러니까 분별심이 붙을 자리가 없는 경지이기도 합니다. 간화선불교의 입장에서 보면, 이 경지는 아我와 심心과 자성自性이 공空임을 깨쳐서 번뇌망상이 없어진 경지입니다. 그런 즉 무아無我의 경지는 깨침의 경지이며, 불이不二의 경지며, 불이不異의 경지이고, 불이일원론不二一元論의 경지이고, 삼매三昧의 경지이며 지혜의 경지인 것입니다. 다시 말해서 확고한 불이不二의 지혜가 보는 것은 모든 것의 공성空性, 나도 너도 나아가 모든 것이 연기론적으로 공空하다는 진상眞相입니다. 분별심이 붙을 여지가 없는 자리입니다. 그리고 그것은 또한 절에 가면, 일주문과 불이문 그리고 해탈문이 한 줄로 있는 이유입니다.

우리가 무아無我의 경지에 들어간 다음에 알게 되는 것은 '제법무아諸法無我'라는 말이 설명하듯 우주의 삼라만상의 본체가 모두가 실체가 없는 '무아無我'라는 것입니다. 다시 말해서 나의 진아眞我는 무아無我의 상태이므로 역설적으로 무소부재하고, 나와 삼라만상森羅萬象은 같은 차원의 존재라는 것입니다. 나와 삼라만상森羅萬象은 다를 것이 없습니다. 무아無我의 경지에 들어가게 되면, 나와 삼라만상森羅萬象은 하나라는 사실을 깨닫게 됩니다. 왜냐하면 나만이 무아無我가 아니고, 우주의 삼라만상 각자가 모두 무아無我이기 때문입니다. 이러한 사실을 예를 들어 설명하면, 나는 죽은 후에 식물의 비료가 될 수 있고, 그 식물은 소나 염소의 먹거리가 될 수 있고, 소나 염소는 다른 사람이나 짐승의 밥이 될 수 있습니다. 다시 말해서 짐승과 나는 같은 차원의 존재라는 것입니다. 아니면 내가 죽은 후의 시체가루는 흙에 묻어 흙이 되거나 바위에 붙어 무생물인 돌이 될 수도 있을 것입니다. 그러므로 연기론緣起論적으로 나와 돌은 같은 차원의 존재이니 우리 개인은 우주의 삼라만상과 같은 차원의 존재입니다. 그리고 연기론적으로 너도 나도 인연 따라 만나서 사람도 되고 돌이 되었을 뿐 실체가 없는 공空한 존재인 것입니다. 그러므로 우리 모두는 동일한 차원의 존재입니다. 모든 존재는 분리되어 있지 않고, 상호관계성이 있습니다. 그러므로 내가 무아無我임을 깨닫게 되면, 우리는 우리 자신이 삼라만상森羅萬象의 구성요소 중에 하나이며, 다른 구성요소와 같은 차원의 존재임을 알게 되어, 내가 우주이고 우주가 나와 하나임을 깨치게 됩니다. 우주의 삼라만상森羅萬象이 모두 하나임을 알게 되어 분별심을 갖지 않고 서로 사랑하게 되니, 이것을 불교에서 동체대비同體大悲라고 말하는 것입니다.

　우주의 삼라만상이 하나인 것은 환경론자들이 현대에 일어나는 자연재해는 인간들이 자기 자신과 자연이 하나임을 모르고 자연을 파괴함으로서 일어나는 것이라고 말하는 것을 보아도 알 수 있습니다. 중국으로부터 오는 황사가 심해지는 이유 중에 하나도 우리가 고기를 많이 먹기 때문이라고 합니다. 우리가 소고기와 양고기를 계속 먹기 위해서는 목축업자가 소와 양을 많이 키워야 합니다. 중국에 있는 소와 양들이 먹을 풀이 모자라 풀뿌리까지 먹기 때문에 황사가 더 심해지는 것이라고 합니다. 사회적 물의를 일으키는 범죄도 우리가 사회적 물의를 일으키는 사람과 하나임을 깨닫지 못하고 사랑을 베풀지 않았기 때문에 일어나는 것입니다. 우리는 사람이 많이 죽은 대구의 지하철 화재와 같은 큰 사건도 세상 사람들에 의해 버림받은 한 사람에 의해 일어났던 사실을 잘 알고 있습니다. 그런 의미에서 자연재해도 사회적 물의를 일으키는 범죄도 우리 모두가 하나라는 사실을 깨치고 동체대비同體大悲의 "사랑의 실천"을 실행에 옮기지 못한 우리 모두의 책임이라는 것이 불교의 입장입니다. 불교에서는 지하철 참사나 숭례문 화재 사건과 같은 사건은 우리 모두의 공동책임이라고 말합니다. 우리 각자 각자가 "내 탓이오"라고 말해야 한다는 것입니다.

우파니샤드는 범아일여梵我一如의 경지를 말하고 있습니다. 우주와 내가 하나라는 것입니다. 이런 불이不異의 경지는 중도中道의 경지이기 때문에 좋은 것이 있거나 나쁜 것이 있는 것이 아닙니다. 아름다운 것과 미운 것이 있는 것이 아니고 분별 없이 모두가 다 자기에게 알맞은 아름다움을 가지고 있는 것입니다. 큰 키와 작은 키가 있는 것이 아니라, 오직 알맞은 키가 있을 뿐입니다. 중도사상中道思想의 입장에서 보면 모두가 언제나 알맞고 훌륭한 존재이기 때문에 어떤 것에 대해서도 분별심을 가질 수 없다는 것입니다. 원불교圓佛敎에서 말하는 것처럼 '處處佛像(모든 곳에 있는 것이 부처님이며)'이며 '事事佛供(모든 존재들을 대하기를 부처님께 불공을 드리듯이 하라)'인 것입니다. 그리고 간화선불교에서 말하는 『열반경涅槃經』의 "一切衆生(우주의 삼라만상이)이 悉有佛性(모두가 부처님의 성품이 있다)"라는 입장에서 보아도 우주의 삼라만상은 모두 부처이며 훌륭한 존재이며 우리의 스승이라 무엇에 대해서도 분별심을 가질 수 없는 것입니다.

성철 스님도 깨침의 경지인 무아無我의 상태에 있는 사람에 대해 이와 유사한 말씀을 하신 적이 있습니다.

불교의 근본사상은 중생이 본래 부처라는 데에 있습니다. 현실 이대로가 극락세계이고 현실 이대로가 해탈입니다. 중생을 부처로 만든다고 하는 것은 방편설입니다. 부처 아닌 것을 갖다가 부처로 만든다는 것이 아니고 중생이 본래 부처고 현실 이대로가 절대요, 극락세계라고 하는 것입니다. (…중략…) 마음의 눈을 분명히 뜨면 광명을 따로 찾을 것 없고 부처를 따로 구할 것 없지요. 그러므로 모든 존재를 부처님으로 섬기자 이것입니다. 서로가 부처님이니까 부처님으로 섬기자는 것입니다. 구원이란 자기보다 못한 사람을 구한다는 말인데, 우리 불교에는 그런 말이 없어요. 부처가 다른 부처를 어떻게 구원한단 말입니까? 그러니 모든 존재를 부처님으로 모시고, 부모로 섬기고, 스승으로 받들자는 말이지요.

싯닷타도 35세에 깨달았을 때, 주위를 둘러보니, 모든 것이 아름답고 훌륭한 것으로 보였던 것입니다. 그가 의지하고 앉았던 나무는 깨달음의 나무인 보리수로 보였고, 그가 앉았던 먼지 투성이의 진흙으로 된 자리는 금강보좌로 보였고, 그가 앉았던 엉덩이 밑에 솟아있는 풀은 길상초로 보였던 것입니다. 깨침의 경지에 있는 사람의 눈에는 세상의 모든 것이 아름답게 보이고, 이곳이 바로 극락인 것입니다. 그래서 석가모니 부처님이 4법인法印에서 지혜로운 사람에게는 이 세상이 열반적정涅槃寂靜이고, 어리석은 사람에게는 이 세상이 일체개고一切皆苦라고 말씀하신 것입니다.

결국 간화선 불교에서는 자기 자신이 실체가 없는 무아無我임을 깨침으로 분별심을 갖지 않게 된다는 것입니다. 자기 자신의 실체가 없음으로 분별하는 마음이 붙을 자리가 없게 되는 것입니다. 그리고 그러한 분별심이 없는 마음자리가 깨달음의 자리이며 깨침의 자리입니다. 깨친 자는 그리고 깨달음을 얻은 자는 분별심을 갖지 않는다는 것입니다.

사랑을 실천하는 사람

1_도道란 무엇인가

2_사랑이란 무엇인가

3_바울의 사랑관

4_동체대비同體大悲와 무연대비無緣大悲

5_우정

6_효도

7_자기가 속해 있는 조직을 사랑하라

8_물질적 사랑

9_원수를 사랑하라

10_사랑은 모든 문제의 답

사랑을 실천하는 사람

탄생은 꿈입니다.

젊음은 성장입니다.

늙음은 성숙입니다.

어느덧 무수한 세월을 살아온 나에게 삶이 무엇인가를 묻는다면 사랑이라고 답할 것입니다.

사랑은 삶의 원인입니다.

사랑은 삶의 과정입니다.

사랑은 삶의 도착점입니다.

사랑을 받으며 성장했고 사랑을 하며 지금까지 살아오고 있습니다.

사랑은 소금입니다.

마음의 눈과 귀를 열면 사랑이 보이고 사랑이 들립니다.

사랑은 빛과 소리입니다.

사랑은 삶의 모두입니다.

사랑은 삶의 바탕입니다.

사랑은 우주의 정신입니다

사랑은 당신이고 나이고 우리 모두입니다.

사랑은 우주의 근원입니다.

사랑은 생명의 뿌리입니다.

사랑은 새로운 시작입니다.

1_도道란 무엇인가

        도道란 무엇입니까? 도에 대한 설명은 무수히 많습니다. 도는 사람이 살아가는 길이라고도 말하고, 있지도 않은 도를 왜 찾아 헤매느냐고 말하는 사람도 있습니다. 불교와 같은 종교는 도착점에 도달하는 길은 무수히 많다고 말하기도 하고, 기독교 같은 종교는 종착점에 도달하는 길은 하나밖에 없다고 말하기도 합니다. 길은 많은 사람들이 계속 걷다 보면 길이 되는 것이니, 처음 사람들이 걸어 만들어지는 새 길은, 후에 오는 사람들에게 이정표가 되니, 좋은 길이 되도록 잘 만들어야 된다고 말하기도 합니다.

  어떤 의미에서 보면, 도道가 무엇인지 깨닫는 것은 극동아시아의 동양학문과 동양철학의 최종 목표라고 말할 수 있습니다. 도道라는 말은 유가에서도 불교에서도 노장철학에서도 사용합니다. 물론 기독교에서도 사용합니다. 기독교의 4복음서에 보면, 때때로 도道라는 말이 보입니다. 요한복음 1장 1절을 보면, 한국어 성경에는 "태초에 말씀이 있었느니라"로 번역되어 있지만, 중국어로 된 성경에 보면, "태초에 도道가 있었느니라"로 번역되어 있습니다. 그리고 예수님도 "나는 진리요 길이니 나로 인하지 않고는 아버지 하나님께로 갈 자가 없나니라."라고 말하고 있습니다. 다시 말하지만 도道를 깨닫는다는 것은 동양학문과 동양철학의 목표라고 볼 수 있습니다. 그래서 동양철학과 동양종교의 여러 곳에 도道라는 단어가 나오고, 공자님도 "아침에 도를 깨치면 저녁에 죽어도 좋다(朝聞道 夕死可矣)"고 말씀하셨습니다.

그럼 우선 기존에 존재하는 도道에 대한 설명들을 인용해 봅니다. 도道는 진리라고 말하기도 합니다. 도는 사람이 사는 방식이라고 말하기도 합니다. 도는 우주의 궁극적 실체라고 말하기도 합니다. 노자『도덕경』 1장에 나오는 도에 대한 설명은 너무나 유명합니다. "도를 도라고 부르면 이미 도가 아니고, 어떤 존재에 이름을 붙이면 이미 이름이 아니(道可道는 非常道이고, 名可名은 非常名이라)"라는 것입니다. 그러니까 도는 뭐라고 정의할 수 없는 것이라는 말입니다. 우리가 어느 것을 도라고 말하여 규정해 버리면, 그것은 이미 도가 아니라는 것입니다. 받아들이고 안 받아들이고는 개인적인 문제지만, 무척 재미있고 의미 있는 설명이라고 생각합니다. 또 『도덕경』에는 "道生萬物(도가 만물을 낳는다)"라는 말도 있고, "道法自然(도는 자연을 모범으로 삼는다)"이라는 말도 있습니다. 그 외에도 몇 곳에 더 도에 대한 말이 있습니다.

앞에서 언급한 것과 같이 기독교의 성경에도 '도道'나 길이라는 단어가 여러 곳에서 사용되고 있습니다. 원효 스님은 『대방광불화엄경』에 나오는 말을 인용해 "一切唯心造(세상의 만물은 모두 마음에 의해 만들어지는 것이다)"라고 말씀하기도 했습니다. 옛날 인도에는 사람들이 못 찾게 신神이 숨어 있는 곳이 마음이라는 옛날이야기가 있습니다. 『주역周易』에는 "한 번 음하고 한 번 양하는 것이 도(一陰一陽之謂道)"라는 말도 있고, 유가儒家에서는 도道를 궁극적 실체로 보아 태극太極으로 보기도 합니다. 도道는 자연과학의 법칙과도 같은 것이고, 우주의 궁극적 원리라고 볼 수도 있습니다. 혹자는 "왕도王道는 없다"고 말하기도 하고, 또 다른 사람은 "도를 깨닫고 보니 아무것도 없더라."라고 말하기도 합니다. 어떤 분은 "도를 깨닫고 나니 하고 싶은 일도 없고, 말하고 싶은 것도 없더라."라고 말하기도 하고, 조주 스님은 우리가 평소에 늘 가지고 있는 평상심이도平常心是道라고 말씀하기도 합니다. 수덕사의 방장 스님인 원담圓潭 스님은 "도道를 깨친다는 것은 내가 누구인지 깨닫는 것이다. 나를 똑바로 알면, 그게 극락이지—이것이 바로 도를 깨치는 것이고 부처의 경지에 이르는 것이다. 나를 알면 불만과 걱정이 사라진다."라고 말씀하시기도 했습니다.

도道가 무엇인지 깨닫는 것은 결국 내가 누구인지 깨닫는 것입니다. 도가 인간이 걸어가는 길이라면, 결국 내가 누구인지 깨닫지 않고는 내가 걸어가야 할 길을 깨달을 수 없기 때문입니다. 그리고 내가 가야 할 길은 내가 타고난 성품에 따라 정해질 수밖에 없기 때문에 맹자의 제자이며, 공자의 손자인 자사子思가 쓴 『중용中庸』에 보면

천명자위성(天命之謂性 : 성품은 하늘로부터 타고 나는 것이고)
솔성지위도(率性之謂道 : 도란 타고난 성품대로 사는 것이고)
수도지위교(修道之謂敎 : 교육이란 도를 따라 살아가도록 이끌어 주는 것이다.)

라고 말했고, 내가 걸어갈 수 있는 길은 성실하게 살아가는 것에 의해 만들어질 수밖에 없기 때문에 자사子思는 "誠者는 天之道요, 誠之者는 人之道라. 至誠은 無息이요, 至誠은 自成이라(성실은 하늘의 도요, 성실을 행위로 옮기는 것은 인간의 도라, 지극히 성실하다는 것은 쉬지 않는 것이요, 지극히 성실하게 살면 일이 저절로 이루어지느니라)"라고 말하고 있습니다.

그리고 도道를 깨치는 방법으로 유가儒家에서는 경敬을 중요시 하여, 거경궁리居敬窮理를 말하고, 도가道家에서는 여러 가지 도술을 말하기도 하고, 한국 불교는 염불이나 간경看經(경전을 읽는 것) 그리고 화두 참선을

하라고 말하기도 합니다. 첨가해서 주문이나 기도를 말하기도 합니다. 또는 6바라밀六波羅蜜(보시布施, 지계持戒, 인욕忍辱, 정진精進, 선정禪定, 지혜知慧)을 행하라고 말하기도 하고, 10바라밀을 행하라고 말하기도 합니다. 혹자는 8정도八正道(正見 : 올바른 견해, 正思惟 : 올바른 사고, 正語 : 올바른 말, 正業 : 올바른 행위, 正命 : 올바른 생활, 正精進 : 올바른 노력, 正念 : 올바른 관찰, 正定 : 올바른 집중)를 행하라고 말하기도 하고, 탐내고 성을 내고 어리석음을 의미하는 탐진치(貪, 瞋, 癡(痴)) 삼독三毒을 제거하라고 말하기도 하고, 사성제(고, 집, 멸, 도)의 의미와 같이 우리가 집착을 버려야 도를 깨칠 수 있다고 하여, 방하착放下着하라고 말하기도 합니다. 종교에 따라 깨침의 경지에 있는 사람을 가리켜, "지인至人은 자기가 없고, 신인神人은 공적이 없고, 성인聖人은 명예가 없다."라고 말하기도 합니다.

도道란 무엇인가? 필자는 도道는 우리가 걸어가는 길과 같은 것이라고 생각합니다. 우리가 걸어가는 길을 도로라 하고, 도로 중에는 진흙길이나 자갈길도 있고, 시멘트로 된 길도 있고, 아스팔트로 된 길도 있고, 도로 중에는 교량도 있고, 터널도 있고, 일반도로와 고속도로도 있고, 국도도 있고, 지방도도 있습니다. 다시 말해서 길에는 양면성이 있습니다. 도로에는 형태와 재료라는 양면성이 있습니다. 도로에는 형태에 의한 분류와 재료에 의한 분류와 소유권에 의한 분류가 있습니다.

도로를 형태에 의해 분류하면, 평지도, 산도, 가로街路, 공원도公園道, 세로細路, 대로大路, 지방도地方道, 국도國道, 일반도로一般道路, 고속도로高速道路, 산업도로産業道路, 유람도로遊覽道路, 드라이브 웨이(관광·휴양을 위한), 전용도로專用道路(자전거), 군용도로軍用道路, 경작도耕作道, 산림도山林道(나무 운반용), 터널, 교량橋梁(단순교, 연속교, 트러스교, 아취교), 조교弔橋 등이 있습니다.

도로를 재료에 의해 분류해 보면, 천연토사도天然土砂道, 사점토도砂粘土道, 자갈도, 쇄석도碎石道, 벽돌포장도, 석괴포장도石塊鋪裝道, 목괴포장도木塊鋪裝道, 고무블럭포장도, 콩크리트도, 아스팔트도, 목교, 콩크리트교, 강철

교, 알미늄교, 화학섬유교 등이 있습니다.

소유권에 의한 분류로는 공도公道와 사도私道가 있습니다.

인간의 도道를 형태에 의해 분류하면, 직업에 따른 분류가 되어 정치가, 사업가, 예술가, 의사, 과학자, 교사, 종교가, 노동자, 농민 등의 길이 있고, 인간의 도道를 재료(정신, 사상)에 의해 분류하면, 보수주의자, 진보주의자, 자유주의자, 인도주의자, 고전주의자, 낭만주의자, 공산주의자, 사회주의자, 개인주의자, 한국인, 미국인 등의 길로 나눌 수 있고, 소유권에 의해 분류하면, 자기 자신을 하나님이나 부처님의 소유라고 생각하는 사람에 따라, 기독교인, 불교도, 이슬람교도, 무신론자 등의 길로 나눌 수 있다고 생각합니다.

그리고 도로의 재료와 인간도의 재료를 비교해 보면, 도로의 재료로는 흙, 자갈, 쇄석, 시멘트, 아스팔트, 철, 알미늄, 금속재료, 화학 재료 등이 있습니다.

인간도人間道의 재료로는 믿음, 소망, 사랑, 정의正義, 자유, 진리, 구원, 평등, 성실誠實, 정직, 예의禮義(경우와 질서), 덕德 등이 있습니다.

이 인간이 걸어가는 도로를 만드는 데는 여러 가지 재료가 필요하고, 항상 있어야 할 재료가 있고, 가장 중요한 재료가 있습니다. 우리가 우리의 인생길 즉 인간도人間道를 만드는 데는 앞에서 언급한 자유, 평등, 정의, 정직, 예의, 믿음, 소망, 사랑 등이 있어야 하는데, 제일 중요한 것은 사랑이라고 생각합니다. 사랑이 없으면, 나머지들이 제대로 작용을 하지 못하기 때문입니다. 그리고 이 도로를 만들고 사용하는 소프트 웨어 즉 기술은 지혜라고 생각합니다. 다시 말하지만 인간도人間道를 만드는데, 여러 가지 재료가 필요합니다. 그러나 있어야 되는 것이 있고, 제일 중요한 것이 있습니다.

바울 선생은 "믿음과 소망과 사랑은 항상 있을찌니 그 중에 제일은 사랑이니라."라고 말한 것처럼, 우리가 살아가는 데는 믿음과 소망과 사랑은 항상 있어야 되는 것입니다. 우리에게 자기 자신과 타인 그리고 미래에 대한 믿음이 없이는 살 수 없습니다. 뿐만 아니라 소망과 꿈이 없어도 살 수 없습니다. 꿈이 없는 사람들을 좌절하고 우울해져 심한 경우에는 자살하는 모습도 봅니다. 우리가 성취하고자 하는 소망이 없으면 살 수 없습니다. 그리고 사랑도 있어야 합니다. 우리 자신과 이웃에 대한 사랑, 우리가 하는 일에 대한 사랑, 우리 소망에 대한 사랑, 모든 것에 대한 사랑이 없으면, 살 수 없습니다. 그 외에 자유도 있어야 하고, 평등의식도 있어야 하고, 용기도, 성실도, 권력도 있어야 하지만 그 중에 제일 중요한 것은 사랑입니다. 만일 사랑이 없으면, 존재하는 것들이 행복의 원인이 되는 것이 아니라 불행의 원인이 되기 때문입니다. 그리고 우리가 소유하고 있는 것들을 잘 조화하고, 우리의 인생을 아름답게 다른 사람들에게 꿈과 희망을 주면서 인생을 성공적으로 이끌어 갈 수 있는 소프트 웨어 즉 기술이 지혜인 것입니다. 그런 의미에서 보면, 우리의 인생길인 인간도人間道를 이루는 핵심적인 재료는 사랑입니다. 모든 재료 중에 가장 근본이 되는 곳에 존재하는 것은 사랑입니다. 도의 본질에는 사랑이 있는 것입니다. 우리가 세상을 살아가는 데는 사랑이 있어야 합니다. 지혜는 사랑을 하는 방법입니다. 사랑이 없으면 우리가 갖고 있는 것들이 행복의 원천이 되는 것이 아니라 불행의 원천이 됩니다.

사랑은 음식의 양념과 같은 것입니다. 음식에는 여러 가지 양념이 들어가야 합니다. 양념이 들어가야 맛이 납니다. 양념이 들어가야 향기가 납니다. 음식에는 양념이 들어가야 생명을 갖게 됩니다. 음식에는 양념이 들어가야 빛이 납니다. 음식에는 양념이 들어가야 주위 사람들의 관심을 끌 수 있습니다. 음식에 양념이 들어가야 국제화 될 수 있습니다. 사랑은 음식의 양념과 같은 것입니다. 우리의 삶에는 여러자지 사랑이 있어야 합니다. 자기 자신과 가족 그리고 국가와 인류에 대한 사랑이 있어야 합니다. 사랑이 없는 인생은 죽은 인생입니다. 사랑은 우리의 인생을 무지개 빛깔로 만들어 줍니다.

人間道의 내용의 핵심은 사랑입니다.

2_사랑이란 무엇인가

앞에서 우리는 도道의 본질이 사랑임을 알았습니다. 우리가 걸어가고 살아가는 도道의 속에는 여러 가지가 있습니다. 고통도 있고, 즐거움도 있고, 보람도 있고, 슬픔도 있습니다. 그러나 본질적으로 우리가 살아가는 길의 가장 깊은 심연에 사랑이 있습니다. 우리는 우리 자신을 사랑하고, 우리 삶을 사랑하고, 우리가 하는 일을 사랑하면서 살아가는 것입니다. 우리가 살아가는데, 외적으로 필요한 것이 지혜라면, 내적으로 우리의 깊은 심연에 있는 것은 사랑입니다.

그럼 우리가 살아가는 길에는 고통도 있고, 기쁨도 있고, 자유도 있고, 용기도 있고, 믿음도 있는데, 왜 사랑을 가장 깊은 심연에 있는 것으로 생각하는 것일까요? 왜냐하면 위대한 사상과 대부분의 종교가 인간에 대해 논하면서, 사랑을 이야기하고 있고, 인간의 삶을 다루는 모든 문학작품이 사랑을 이야기하고 있기 때문입니다.

기독교는 사랑의 종교라는 이름답게, 경전의 여러 곳에서 사랑에 대한 이야기를 하고 있습니다. "하나님은 사랑이시다", "원수를 사랑하라", "친구를 위하여 목숨을 버리면, 그보다 큰 사랑이 없나니라" 등 ─ 사랑에 대한 말씀이 많습니다. 불교도 우리 모두가 한 몸이니 사랑을 해야 한다는 동체대비同體大悲와 무조건 사랑하라는 무연대비無緣大悲, 즉 대자대비大慈大悲를 말하고, 유가儒家에서도 군자를 말하면서, 군자가 갖추어야 할 덕목으로 인의예지仁義禮智를 말하면서 인仁을 강조하고 있습니다. 맹자는 장관이나 국회의원이 되는 것은 사람으로부터 받는 벼슬이라 하여 인작人爵이라 하였고, 사랑을 할 수 있는 능력은 하늘로부터 받는 벼슬이라 하여 천작天爵이라고 말했습니다. 노자도 『도덕경道德經』 67장에서 자기가 가지고 있는 세 가지 보물을 이야기하면서 첫째로 사랑慈 : 자을 이야기합니다.

그리스 철학자들은 플라토닉 러브(정신적인 사랑), 에로스(성적 사랑), 우정(펠로스적 사랑), 아가페적 사랑(조건 없는 사랑) 등으로 나누어 사랑에 대해 이야기하고 있습니다. 그리스와 로마의 신화에서는 신들이 어떻게 사랑하는가를 보여 주는 것을 통해서 인간들이 사는 모습을 상징적으로 보여주고 있습니다. 그리고 인간이 살아가는 모습을 보여 주는 문학 작품들은 모두 사랑을 이야기하고 있습니다. 순수한 사랑을 이야기하는 『테스』가 있는가 하면, 유부녀의 사랑을 이야기하는 『적과 흑』, 『안나카레리나』, 『차타레이 부인의 사랑』이 있는가 하면, 성적인 세계를 그린 『북회귀선』과 『로리타』 등이 있습니다. 소설 중에 전쟁소설이나 과학 소설이라고 해도 모두 사랑을 이야기하고 있습니다. 어린아이들이 보는 만화도 사랑을 이야기하고 있고, 우리들이 가정에서 아침과 저녁으로 보는 T.V.드라마도 불륜이기는 하지만, 모두 사랑에 대해 이야기하고 있습니다.

그리고 앞에서 언급한 다섯 분의 성인들도 모두 사랑을 실천한 분들입니다. 예수님과 석가모니 부처님 그리고 무함마드는 인류를 사랑한 분이시고, 소크라테스와 공자님도 당대에 함께 살던 모든 분들을 사랑한 분이었습니다. 그런 의미에서 필자는 우리 삶의 본질을 사랑으로 볼

뿐만 아니라 지혜로운 인간의 셋째 조건으로 사랑을 실천하는 인간이라고 말하는 것입니다.

혹자는 사랑을 수평적인 사랑과 수직적인 사랑으로 나누기도 합니다. 수평적인 사랑은 인간과 인간 사이에 수평적으로 주고받는 사랑이고, 수직적인 사랑은 부모와 자식 간이나 절대자와 인간이 주고받는 사랑입니다. 부모는 자식에게 사랑을 내려 보내고, 자식은 부모에게 효도하는 것입니다. 절대자는 아래로 인간에게 사랑을 내려 보내고, 인간은 절대자에게 위로 사랑과 존경심과 경외감을 보내는 것이 사랑이라는 것입니다.

그리고 권석만은 『인간관계의 심리학』에서 사랑에 대한 서양의 이론들을 소개하고 있습니다. 먼저 Lee(1977, 1988)라는 학자가 말하는 사랑의 여섯 가지 유형으로 "낭만적 사랑, 우애적 사랑, 유희적 사랑, 실용적 사랑, 이타적 사랑, 소유적 사랑" 등을 언급하고 있습니다.

그리고 Sternberg가 말하는 친밀감 Intimacy, 열정 Passion, 투신 Commitment이라는 사랑의 3가지 구성요소를 이용한 여덟 가지 사랑의 유형을 소개하고 있습니다. Sternberg는 사랑을 첫째로 친밀감, 열정, 투신이 모두 없는 비사랑 Nonlove, 둘째로 친밀감은 있으나 열정과 투신이 없는 우정 Liking, 셋째로 친밀감과 투신은 없고 열정만 있는 짝사랑 Infatuation, 넷째로 친밀감과 열정은 없고 투신만 있는 공허한 사랑 Empty Love, 다섯째로 친밀감과 열정만 있고 투신은 없는 낭만적 사랑 Romantic love, 여섯째로 친밀감은 없고 열정과 투신만 있어 만난지 며칠 만에 결혼하는 할리우드식 사랑이라고도 하는 허구적 사랑 Fatuous Love, 일곱째로 친밀감과 투신은 있으면서 열정은 없는 우애적 사랑 Companionate Love, 여덟째로 친밀감과 열정과 투신이 모두 있는 완전한 사랑 Consummate Love 등 여덟 가지로 나누어 소개하고 있습니다.

사랑이 무엇인지 말하기 위해 사랑에 대한 기존의 정의들을 소개하면 다음과 같습니다.

1) 사랑은 희생입니다.
2) 사랑은 주는 것입니다.
3) 사람의 모습은 무엇을 사랑하느냐에 따라 결정됩니다.
4) 사랑이 없으면 권력도 돈도 명예도 지식도 불행의 원인이 됩니다.
5) 사랑은 모든 창조의 원천입니다.
6) 사랑은 모든 문제의 해결책입니다.
7) 사랑하는 일을 직업으로 그리고 인생의 목표로 삼으십시오.
8) 사랑은 기적을 낳습니다.
9) 세상에서 가장 힘이 세고 지혜로운 사람은 사랑을 가장 많이 갖고 실천하는 사람입니다.
10) 가장 지혜롭고 훌륭한 처세술은 우리가 세상을 살아가면서 만나게 되는 모든 사람을 진실로 사랑하는 것입니다.
11) 사람은 자기 크기만큼의 사랑을 합니다.
12) 사랑하라 그러면 보일 것입니다.
13) 사랑할 수 있는 능력은 인간이 갖고 있는 어떤 능력보다도 위대하고 중요한 것입니다.
14) 가장 큰 용서는 잊는 것입니다.
15) 사랑은 실천이 중요합니다. 사랑은 명사가 아니라 동사입니다.
16) 행복의 조건은 사랑에 있습니다. 얼마나 사랑하느냐 또는 얼마나 사랑을 받느냐에 따라 행불행은 나뉘어집니다. 사랑이야말로 행불행을 판단하는 가장 정확한 기준입니다.
17) 사랑을 받는 사람, 사랑을 주는 사람 할 것 없이, 사랑은 사람들을 치료합니다.
18) 사랑이란 말이 의미하는 것은 젊은이에게는 성적 흥분이며, 중년에게는 습관이며, 노부부에게는 상호의존입니다.

19) 미숙한 사람은 말합니다.

"당신을 사랑해요. 왜냐하면 당신이 필요하기 때문에"

성숙한 사람은 말합니다.

"당신이 필요해요. 왜냐하면 당신을 사랑하기 때문에"

20) 사랑받지 못하는 것은 슬픕니다. 그러나 사랑할 수 없는 것은 훨씬 더 슬픕니다.

그리고 앞에서도 언급했지만, 세상의 종교들은 사랑을 이야기하고 있습니다. 자비의 종교라는 불교는 수백 개의 계율이 있지만, 가장 간단한 5계에서 첫째로 제일 불살생不殺生을 이야기하고 있습니다. 생명이 있는 것을 죽이지 말라는 것이지요. 모든 생명체에 대한 사랑을 말하는 것입니다. 그래서 스님들은 짐승의 고기를 먹지 않습니다. 옛날에 스님들은 차를 마시게 되면, 작은 생명체도 동시에 마시게 된다 하여 헝겊으로 걸러서 차를 마셨다고 합니다. 하수도에 물을 버릴 때도 뜨거운 물을 버리면 벌레들이 죽을까 봐 조심해서 물을 버렸다고 합니다. 자이나교의 성직자들이 길을 걸으면서 벌레들을 죽이게 될까 두려워, 빗자루로 자신의 앞을 쓸면서 걷는 것과 비슷합니다. 불교의 하안거도 여름에 돌아다니게 되면, 개미와 같은 벌레들을 밟아 죽이게 될 것을 두려워 100일 동안 방안에서 참선을 하게 되었다는 이야기도 있습니다.

한국의 불교와 같은 대승불교에서는 6바라밀을 행해야 부처가 될 수 있다고 말하는데, 그 중에서 첫째가 보시布施입니다. 쉽게 말하면 사랑의 실천입니다. 보시에는 물物보시와 법法보시와 외畏보시가 있는데, 물질을 어려운 사람들에게 주는 물보시와 깨달은 진리의 말씀을 다른 사람에게 전해 주는 법보시를 중요시 여깁니다. 대승불교는 보시 중에 법보시를 특별히 중요시 여겨, 자신이 깨친 내용을 혼자만 가지고 있지 않고, 다른 사람에게 가르쳐 주는 것을 중요시 합니다. 사랑의 실천이지요. 소위 "上求菩提 下化衆生(위로는 깨달음을 구하고, 아래로는 중생들을 변화시킨다)"이라는 것입니다.

그리고 불경에도 기독교의 성경에 있는 것처럼 원수를 부모님처럼 사랑하라는 말씀이 있고, 『부모은중경父母恩重經』이라는 경전에는 우리가 부모를 공경해야 하는 10가지 이유가 기록되어 있습니다. 불경에 나오는 인물 가운데는 지옥에 계신 어머님을 구하기 위해 노력하는 목련존자目蓮尊者에 대한 이야기도 있는데, 중국에는 목련존자를 기리는 '목련축제'라는 것이 있습니다. 그리고 한국에는 지장보살地藏菩薩을 모시고 있는 절이 많은데, 지장보살은 글자의 뜻 그대로 땅 속에 숨어서 세상 사람들이 모두 극락에 갈 때까지 인간들을 구원하려고 노력하는 보살입니다. 지장보살은 세상 사람들을 너무 사랑하여 모든 사람들이 극락에 간 다음에 극락에 가겠다고 마음을 먹은 보살입니다.

사랑의 종교라고 불리워지는 기독교의 성경에는 처음부터 끝까지 사랑에 대한 이야기로 가득 차 있습니다. 하나님은 우주만물을 사랑으로 창조하셨고, 그 중에서도 인간을 특별히 사랑하사 모든 육축과 새와 들의 짐승들을 다스리게 하셨습니다. 그리고 처음으로 창조하신 인간인 아담으로 하여금 모든 육축과 새와 짐승들의 이름을 짓게 하시고, 하와와 함께 천국과 같은 에덴동산에 살게 하시는 사랑을 베푸셨습니다. 하나님은 사랑으로 우주만물을 창조하시고, 사랑으로 오늘날까지 섭리해 오고 계십니다. 하나님께서 모세에게 주신 10계명도 요약하면, 인간의 하나님에 대한 사랑과 인간의 이웃에 대한 사랑으로 요약할 수 있습니다.

신약성경에도 사랑에 대한 말씀이 많습니다. 앞에서 기록한 "하나님은 사랑이심이니라", "원수를 사랑하라", "친구를 위하여 목숨을 버리면 그보다 더 큰 사랑이 없나니라"를 위시하여, "이웃사랑하기를 네 몸을 사랑하듯 하라", "오른 뺨을 치거든 왼 뺨도 돌려 대라, 속옷을 가지려 하거든 겉옷까지 내어주며, 억지로 오리를 가자 하거든 십리까지 가 주어라", "믿음·소망·사랑은 항상 있을지니, 그 중에 제일은 사랑이니라" 등의 말씀이 있습니다. 에베소서 6장에 보면, 부모에게 효도하라는 다음과 같은 내용도 있습니다. "네 아버지와 어머니를 공경하라. 이것은 약속 있는 첫 계명이니, 이는 네가 잘 되고 땅에서 장수하리라." 그리고 바울 선생이 말씀하신 사랑에 대한 정의는 뒤에서 설명하기로 합니다.

유가儒家에도 사랑에 대한 말씀이 많습니다. 우선 유가에서 이상적인 인간상으로 생각하는 군자君子가 갖추어야 할 덕목이 인의예지신용仁義禮智信勇이라면, 인仁을 제일 앞에 내세우고 있음을 볼 수 있습니다. 사랑과 인仁이 같은 것이냐고 물으면, 이야기가 길어질 것입니다. 그 문제만으로도 한 편의 논문이 될 테니까요. 주자朱子가 인仁에 대해 주석하면서, "인仁은 '愛人(사람을 사랑하는 것이다)'"이라고 말씀하셨으니, 인仁과 사랑은 같은 의미를 가진 단어로 보기로 합시다. 주자朱子는 "인仁은 인人이며, 인仁은 心之德(마음의 덕)이고 愛之理(사랑의 이치)니, 인仁은 인간이 인간다워지는 근본이며, 인仁은 인간의 본질"이라 말하고 있습니다. 인仁이 인간의 본질이라는 말은 필자가 도道의 본질은 사랑이라고 한 말과 상통한다고 생각합니다.

맹자孟子는 『맹자孟子』의 첫 장인 양혜왕 편에서, 양혜왕이 국가를 이롭게 하는 방법을 묻자, 맹자는 국가를 이롭게 하는 것보다는 인의仁義가 더 중요함을 말하고 있습니다. 당나라 때의 한퇴지韓退之는 「원도原道」에서 다음과 같이 말하고 있습니다.

> 博愛之謂仁이오 : 넓게 사랑하는 것이 인(仁)이고
> 行而宜之之謂義오 : 행해서 마땅한 것을 하는 것을 의(義)라 하고
> 由是而之焉之謂道오 : 인(仁)과 의(義)에 의해서 가는 것을 도(道)라 하고
> 足乎己無待於外之謂德이라 : 자기에게 만족하고 남에게 기대지 않는 것
> 이 덕(德)이니라.

 단군교에서는 단군왕검의 건국이념이라고 볼 수 있는 홍익인간弘益人間이라는 말을 중요시 합니다. 사람들을 넓게 유익하게 한다는 말이니, 인간에 대한 넓은 사랑을 말하고 있습니다. 홍익인간은 간단한 말 같지만 인간은 넓게 유익하게 한다는 것을 생각하니, 홍익정치·홍익경제·홍익교육·홍익문화 등이 떠올랐습니다. 지구인 전체에 대한 인류애를 표현하는 말이라는 생각을 했습니다. 우리는 일생을 살면서 홍익인간하는 존재가 될 수 있으면 좋을 것 같습니다.
 유대교를 믿는 이스라엘 사람들은 어려서부터 남을 사랑하는 가정교육을 받는다고 합니다. 이스라엘의 부모들은 아이들이 세 살만 되어도 집에 동전을 넣을 수 있는 통을 마련하여 동전을 모으게 한다고 합니다. 집에 동전 통이 여섯 개나 되는 집의 모습을 T.V에서 본 일이 있습니다. 식구마다 동전을 모아 여러 곳을 돕는다고 합니다. 자신보다 경제적으로 어려운 다른 사람을 돕는 것이 인간의 도리라는 것을 가르치기 위해서입니다. 어른들도 음식을 제대로 먹지 못하는 사람들을 위하여 조금씩 돈을 낸다고 합니다. 부자들이 남을 돕는 것이 아닙니다. 중산층의 사람들이 가난한 사람들을 돕는 것입니다. 가난한 사람을 돕는 것이 하나님의 사랑을 받는 길이라고 믿기 때문이라고 하는군요.
 이슬람교도 사랑을 말하고 있습니다. 이슬람교는 알라는 자비하시다. 알라는 위대하시고, 인간들을 사랑하신다고 말합니다. 알라는 이슬람

교도들에게 평등의식을 통한 이웃사랑과 형제애를 강조합니다. 이슬람 교도는 라마단의 단식을 통해 형제애를 강조합니다. 라마단의 단식을 통해 얻어진 돈이나 음식은 라마단 행사가 끝난 후에 가난한 사람들과 고아와 과부들에게 주어집니다. 연말에는 국가에서 불쌍한 사람을 돕는 세금을 걷어서 가난한 사람을 돕습니다.

 그리고 앞에서 언급한 것과 같이 세상의 모든 문학작품들은 사랑을 이야기합니다. 우리가 어렸을 때부터 읽은 「춘향전」도 춘향과 이 도령의 사랑을 이야기하고, 셰익스피어의 「로미오와 쥴리엣」도 사랑을 이야기하고 있습니다.『전쟁과 평화』와『부활』을 쓴 톨스토이는 「사람은 무엇으로 사는가」라는 작품에서 사람은 사랑으로 사는 사실을 이야기했고, 「사랑이 있는 곳에 신도 있다」에서 신이 있는 곳은 특별한 곳이 아니고 사랑이 있는 곳임을 말하고 있습니다.

 그럼 사랑이란 무엇일까요? 필자는 인문학도로서 이 문제에 대해 오랜 동안 사색했습니다. 누가 만일 나에게 "사랑이란 무엇입니까?"라고 묻는다면, 뭐라고 대답할 수 있을까? 만일 학생이 "교수님, 사랑이란 무엇입니까?"라고 묻는다면, 뭐라고 대답할 수 있을까? 다른 사람도 아니고 학생이 묻는다면, 분명하게 대답할 수 있어야 한다고 생각합니다. 학생이 교수에게 묻는데, '글쎄'라고 말하거나, '다 알잖아'라고 말하면서 앞에서 언급한 기존의 정의들을 말하면서 주저한다면, 보기가 나쁘리라고 생각합니다.

 앞에서 말한 것과 같이 필자는 오랜 기간 동안 대구 향교에서 사서삼경과 노자『도덕경』과『장자』를 공부했습니다. 그러던 어느 날『맹자집주孟子集註』를 공부하고 있을 때였습니다. 그 날 따라 이상하게『맹자집주』에 나오는 "仁은 推己及人(인은 나로 미루어 남에게 미치는 것이다)"이라는 말이 유별나게 크게 보였습니다. 이 말은 주자朱子가 주석한『중용中庸』이라는 책에도 나오는 말입니다. 그리고 여러분이 안동에 있는 국학

진흥원에 가면, 액자 전시장에 크게 쓰여진 추기급인이라는 글을 볼 수 있을 겁니다. 그 날 아침 필자에게 '추기급인'이라는 말이 머리를 때렸습니다. 바로 이것이다. '사랑의 본질은 바로 이것이다.'라는 생각이 번뜩 떠올랐습니다.

필자의 머리에 "推己及人"이라는 말 다음에 떠오른 말은 기독교의 성경 중에 나오는 마태복음 7장 12절의 말씀이었습니다. 기독교에서 소위 황금률이라고 부르는 이 구절은 "너희가 대접 받고 싶은 대로 대접하라. 이것이 율법이요 선지자니라."라는 말입니다. 이 말 중에 "이것이 율법이요 선지자니라"라는 말은 "구약을 요약하면"이라는 말입니다. 요사이 신학자들은 구약의 내용을 모세오경(율법서), 지혜서(잠언, 전도서, 시편, 욥기 등), 선지자서(여러 선지자에 대한 글)로 나누어 말하지만, 예수님은 잠언과 전도서와 시편은 결국 다윗과 솔로몬의 글이며, 다윗과 솔로몬도 넓은 의미로 보면 선지자로 볼 수 있기 때문에 구약을 "율법이요 선지자니라"라고 말씀하신 것입니다. 그것은 힐러리라는 유대교의 랍비가 탈무드의 내용을 간단히 요약하면, "너희가 대접 받고 싶은 대로 대접하라"라고 말한 것과 유사합니다.

그 다음에 떠오른 말은 『논어論語』에 있는 말이었습니다. 공자님이 제자들에게 박학다식博學多識하게 강의를 하자, 제자들이 공자님에게 "선생님의 도를 무엇입니까?" 하고 묻자, 공자님이 "一以貫之(하나로 통한다)"라 말하고 나갑니다. 그러자 제자들이 수제자인 증삼曾參에게 선생님의 도는 일이관지라고 했는데, 무슨 말씀이냐고 묻자, 증삼은 공자님의 도는 '충서忠恕'라고 말합니다. 충忠은 마음의 중심을 잡아 흔들리지 않는 것이고, 서恕는 같은 '여如' 자와 마음 '심心' 자가 어우러져 된 말로 서로 마음을 바꾸어 생각한다는 말입니다. 후에 공자의 제자인 자공子貢이 충서忠恕를 더 간단히 말할 수 없느냐고 묻자, 공자님은 서恕라고 대답합니다. 공자님이 계속해서 서恕의 의미를 "己所不欲을 勿施於人라(내가 원하지 않는 바를 남에게 하지 말라)"고 말씀하신 것이 떠올랐습니다. 그리고 「대학大學」 십장十章」에 나오는 "平天下之要道(천하를 평화롭게 하는 요긴한 도)는 仁之道(인의 도)이고, 恕之道(입장을 바꿔 생각하는 도)"라는 말이 생각났습니다. 결국 '推己及人'이나 '황금률'이나 '恕'나 "己所不欲을 勿施於人"이나 "平天下之要道(천하를 평화롭게 하는 요긴한 도)는 仁之道(인의 도)이고, 恕之道(입장을 바꿔 생각하는 도)"라는 말이나 모두가 대동소이한 말이라고 생각합니다.

그 다음으로 떠오른 말은 역할극과 싸이코드라마라는 단어였습니다. 아는 바와 같이 역할극은 부부나 부모와 자식, 선생님과 학생 사이에 문제가 생겼을 때, 역할을 바꿔서 부인이 남편이 되고 남편은 아내가 되고, 부모는 자식이 되고, 자식은 부모가 되고, 선생은 학생이 되고, 학생은 선생이 되고 학생은 선생이 되어 연극을 하여 상대방을 이해하고, 둘 사이에 있었던 문제들을 해결하는 것입니다. 싸이코드라마는 심리학에서 몇 가지 내용을 첨가하여 할 뿐 유사한 것입니다. 필자는 여러 해 전에 대전에 있는 유스호스텔에서 싸이코드라마 과정을 배우다가, 옆 책상에 근무하는 남자 직원과 역할을 바꾸어서 실습을 하던 도중에 자기를 괴롭히는 남자 직원을 생각하면서 대성통곡을 하는 젊은 여자를 본 일이 있습니다.

필자는 역할극과 싸이코드라마를 생각하고 나서, 사랑의 본질은 '易地思之(입장을 바꿔서 생각하는 것)'하는 것이라는 결론에 도달했습니다. 우리가 역지사지하여 서로 사랑하게 되어 도달하게 되는 것이 화和라는 생각을 했습니다. 화和는 조화를 이루어 화목하게 되는 것입니다. 『중용中庸』에는 "中也者(중이라는 것은)는 天下之大本(천하의 큰 근본)이고, 和也者(화라는 것)는 天下之達道(천하의 도에 달한 경지)"라고 했습니다. 『주역周易』의 계사편繫辭編에 보면 "致中和면 天地位焉이니라(중화의 경계에 있어야 만물이 보인다)"라는 말이 있습니다. 주자가 스승인 이언평 선생을 찾아갔을 때, 이언평은 중中은 희로애락喜怒哀樂의 미발지未發之 상태를 가리키는 것이라고 말했다고 합니다. 동시에 원효 스님의 화쟁사상和爭思想이 떠올랐고, 중국 북경에 있는 자금성의 황제가 정치를 하던 건물의 현관에 태화전太和殿이라는 글자가 눈에 보였습니다. 청나라 때, 임금이 중국과 같이 넓은 땅을 다스리려면, 각 지역이나 종족 간에 화和가 얼마나 중요했을까 하는 생각을 했습니다. 그리고 손자병법에 "知彼知己는 百戰不敗"라는 말이 떠올랐고, 물리학자인 닐스보아가 음과 양은 배타적인 관계가 아니고, 상보적인 관계라는 말이 떠올랐습니다. 마지막으로 주역의 "일음일양지위도一陰一陽之謂道"라는 말이 떠올랐습니다.

결론적으로 도道의 본질은 사랑이고, 사랑의 본질은 역지사지易地思之하는 것이라는 결론에 도달했습니다. '道不遠人(도는 사람과 멀리 떨어져 있지 않다)'이라고, 도는 사람과 멀리 있지 않았습니다. 입장을 바꿔 생각하라는 것은 우리가 초등학교 1학년 때 배운 것이었습니다. 『파랑새』라는 작품에서 주인공이 파랑새를 찾아 세상을 헤매고 다녔는데, 결국 파랑새는 자기 집에 있다는 사실을 알게 된 것과 흡사한 모습입니다. 그리고 도가 우리가 살아가는 길이라면, 역지사지는 우리가 아침에 눈을 떴을 때부터 잠을 잘 때까지 계속해서 우리와 함께 있어야 할 것입니다. 그리고 우정도, 남녀 간의 사랑도, 효도도 역지사지하는 것이 핵심입니다.

역지사지易地思之하는 것은 우리가 자기 신발을 벗고, 상대방의 신발을 신는 것입니다. 역지사지가 안 되는 것은 자기 신발을 신고 상대방의 신발을 신으려고 하기 때문입니다. 자기 신발을 신고, 상대방의 신을 신으려고 하면 상대방의 신발을 신을 수 있겠습니까? 우리는 역지사지하려면, 자기 신발을 벗어야 합니다. 자기 주장이나 생각만이 옳다는 생각을 버리고, 두 사람이 다 옳다는 생각을 가지고 접근해야 합니다. 상대편과 입장을 바꾸어 생각한다면, 나만이 옳은 것이 아니고 상대방도 옳다는 것을 이해하고 자기의 신발을 벗을 수 있게 될 것입니다.

이런 이야기가 있습니다. 기차를 타고 가던 한 노인이 실수로 구두를 문밖으로 떨어뜨렸습니다. 그러자 그 노인은 다른 쪽 발의 구두를 문밖으로 떨어뜨렸습니다. 주위에 있는 사람이 왜 그러느냐고 물으니, 이미 나는 이 구두를 신을 수 없으니 저 한 짝 구두를 줍는 사람이라도 신게 하기 위해서라고 답변했습니다. 이렇게 남의 입장을 생각할 줄 아는 사람은 지혜로운 사람이라고 쓰고 있습니다.

결국 사랑의 본질은 우리가 다른 사람에게 어떤 말이나 행동을 하기에 앞서 항상 처지를 바꿔서 생각하고 난 다음에 말하거나 행동하는 것 즉 역지사지易地思之라는 결론을 얻었습니다. '역지사지'가 사랑의 본질本質이며 크게는 사람이 살아가는 도道의 본질이라면 우리가 아침에 일어나서 잘 때까지, 봄부터 겨울까지, 태어나서 죽을 때까지 우리와 일 분 일 초도 떨어져서 지낼 수 없는 것이어야 합니다. 그리고 하나님이 사랑이라면 즉 사랑이 모든 문제를 해결하고 섭리하는 것이라면, '역지사지'는 우리에게 생기는 모든 문제를 해결하는 열쇠여야 합니다.

가정(부모와 자식, 부부간, 고부간)이나 학교나 직장에서의 어려움도 서로 역지사지함으로서 상대방을 이해하고 섭섭한 마음을 풀 수 있으리라 생각합니다. 밤에 늦게 귀가하는 것도 늦게 귀가한다고 화를 내는 것도 역지사지하면 서로 이해하고 오해를 풀 수 있으리라 생각합니다. 젊은 연인들, 친구들, 선생님과 학생, 교사와 교사, 교사와 교장, 여당과 야당, 국민과 국가, 국가와 국가, 북한과 남한 사이에 일어나는 문제도 역지사지로 풀 수 있으리라 생각합니다. 저녁에 같은 직장에 있는 사람들과 술을 마시며 대화하는 때나, 집에 돌아와 가족들과 대화할 때도 역지사지하며 대화하고 행동해야 합니다. 예수님이나 석가모니 부처님 그리고 공자님은 항상 상대방의 입장과 수준을 고려하면서 가르치거나 전도하셨습니다. 오늘날과 같이 경제적으로 어려운 때, 창업하여 성공하려면, 사업가는 소비자와 역지사지하여, 소비자의 입장에서 생산하고 판매해야 사업에 성공할 수 있다고 생각합니다. 요사이는 고객만족상이라는 제도도 있습니다. 이 상은 훌륭한 것이기 때문인지 미국과 한국에서 대통령이 직접 상을 주는 것을 보았습니다.

그럼 누가 먼저 역지사지하여야 하겠습니까? 권력, 돈, 지식, 명예, 경험 등을 더 많이 갖고 있는 사람이 먼저 역지사지하여야 합니다. 사장과 근로자의 사이에서는 권력과 돈이 더 많은 사장이 먼저 역지사지를 하여야 하며, 부모와 자식 사이에서는 인생의 경험이 더 많은 부모가 먼저 역지사지를 하여야 합니다.

2000년이 되었을 때, 지구에 사는 세상 사람들은 흥분했습니다. 새로운 100년을 사는 첫 해가 되었기 때문입니다. 세상 사람들은 뉴밀레니움 시대가 시작된다고 축제를 하고 야단이었습니다만, 유네스코에서는 수많은 철학자와 종교가와 인문학자들이 모여 새로운 100년 동안 우리 인류가 지켜야 윤리 강령을 만들었습니다. 1월 초에 신문에 발표되었습니다. 핵심적인 내용은 우리 인류는 다함께 서로 역지사지하며 살자는 것이었습니다. 필자는 이 글을 중앙일보에서 읽으며 매우 기뻐했습니다. 수많은 종교가와 철학자와 학자들이 모여서 뉴밀레니움 시대의 윤리의 본질로 결정한 것과 필자가 사랑의 본질이라고 생각한 것이 일치했기 때문입니다. 역지사지易地思之는 우리가 1분 1초도 떨어져 살아서는 안 되는 것이고, 동시에 지구인이 되는 기초적인 인성인 것입니다.

3_바울의 사랑관

바울은 소아시아의 키리키아 지방(현재의 터키)의 중심 도시 다소(타르소)에서 유대인으로 태어났습니다. 신학자들은 출생 연대를 A.D. 5년 경으로 추측하고 있습니다. 바울은 로마시민권을 가졌으며, 당시 최고의 율법학자로 알려져 있는 가말리엘에게서 율법을 배웠습니다. 가말리엘은 앞에서 언급한 유대의 대표적인 랍비, 힐러리의 손자라는 말이 있습니다. 바울은 초기에는 기독교인을 박해했는데, 그가 기독교인을 탄압하러 가다가 다메섹(다마스쿠스) 도상에서 예수님의 환상을 보고 그리고 그의 음성을 듣고 나서, 기독교인으로 회심하게 됩니다. 그 시기는 신학자에 따라 조금씩 차이가 나는데, 대개 A.D. 33년에서 A.D. 36년 경으로 보고 있습니다. 사울이었던 그는 그 후로 이름도 바울이라는 새로운 이름을 만들어 주로 바울이라는 이름을 사용합니다.

바울은 신약성경 27권 중 13권을 썼을 정도로 기독교에서 중요한 인물입니다. 바울은 13권의 서신을 통해서 기독교의 교리, 교회론, 성령론 등에 대한 이론들을 전개하는데, 사랑에 대한 이야기는 사랑 장章으로 알려진 고린도전서 13장과 사랑은 율법의 완성이라고 말한 로마서 13

장을 중요시해야 한다고 생각합니다.

사랑 장章이 있는 고린도전서는 바울이 제 3차 선교여행 때 즉 A.D. 57년 봄에 에베소에서 고린도교회의 교인들에게 쓴 편지입니다. 바울은 에베소에 머물러 있을 때, 고린도교회에 여러 가지 문제가 생겨 편지를 쓰게 되었습니다. 고린도교회는 초기 기독교교회 중에서 가장 문제가 많은 교회였습니다. 필자는 바울이 고린도전서 13장에서 사랑에 대해 언급한 것은 고린도교회가 가지고 있는 문제들 더 나아가서는 인간들이 가지고 있는 문제들의 해결책은 사랑이라는 것을 말하고자 한 것이라고 생각합니다.

고린도전서 13장은 첫 구절부터 사랑의 중요성을 강조하는 것으로 시작됩니다.

> 1절 : 내가 사람의 방언과 천사의 말을 할지라도 사랑이 없으면 소리 나는 구리와 울리는 꽹과리가 되고

우리에게 아무리 훌륭한 능력이 있다고 해도, 사랑이 없으면 아무 소용이 없는 것입니다. 기독교인들은 방언을 하거나 천사의 말을 할 수 있는 능력을 갖기를 원합니다. 어떤 의미에서 기독교인이 가질 수 있는 최고의 능력이기 때문입니다. 그러나 기독교인이 그러한 능력을 갖는다 해도, 사랑이 없으면 소리 나는 구리와 울리는 꽹과리 소리처럼 아무 의미가 없다는 것입니다. 우리는 백성들을 사랑하지 않는 독재자들의 말로가 어떠한지 여러 번 보았으며, 겉으로는 부자들이 화려해 보여도, 가정적으로 불행하여 자살하는 사람들을 여러 명 보았습니다. 어떤 사람이 얼마나 훌륭하냐 하는 것은 돈을 얼마나 가지고 있느냐에 따라 결정되는 것이 아니라 어떻게 쓰느냐에 따라 결정되는 것입니다.

2절 : 내가 예언하는 능력이 있어 모든 비밀과 모든 지식을 알고 또 산을 옮길 만한 모든 믿음이 있을지라도 사랑이 없으면 내가 아무것도 아니요

1절의 내용을 구체적으로 더 강조해서 말하고 있습니다. 옛날 선지자들처럼 예언하는 능력이 있고, 대학자들처럼 모든 비밀과 모든 지식이 있다고 해도 사랑이 없으면, 소용이 없다는 것입니다. 평생 동안 공부하여 모든 비밀을 알 수 있는 능력을 얻었고, 세상 모든 것에 대한 지식이 생겼다고 해도, 사랑이 없으면 그것은 불행의 원인이 될 뿐 행복의 원인이 되는 것이 아니라는 것입니다. 모든 종교는 믿음을 중요시 여깁니다. 그리고 예수님은 여러 곳에서 믿음의 중요성을 말씀하십니다. 그리고 한 겨자씨만한 믿음이 산을 옮길 수 있다고 말씀하십니다. 바울은 그러한 믿음이 있다고 해도, 사랑이 없으면 아무것도 아니라는 것입니다.

3절 : 내가 내게 있는 모든 것으로 구제하고 또 내 몸을 불사르게 내 줄지라도 사랑이 없으면 내게 아무 유익이 없느니라.

우리가 불쌍한 사람들을 물질적으로 구제하고 내 몸을 불사를 정도로 희생적으로 남을 위해도, 그러한 행위에 사랑이 없으면 아무 소용도 없는 일이라는 것입니다. 우리가 다른 사람을 구제하고, 자기 몸을 희생해 가며 남을 위해도 사랑이 없으면, 남에게 자랑하고 보이기 위해 하는 위선적인 행위에 불과한 것이 되고 만다는 것입니다.

4~7절 : 사랑은 오래 참고 사랑은 온유하며 시기하지 아니하며 사랑은 자랑하지 아니하며 교만하지 아니하며 / 무례히 행하지 아니하며 자기의 유익을 구하지 아니하며 성내지 아니하며

악한 것을 생각하지 아니하며 / 불의를 기뻐하지 아니하며
진리와 함께 기뻐하고 / 모든 것을 참으며 모든 것을 믿으며
모든 것을 바라며 모든 것을 견디느니라.

바울은 사랑의 특성을 설명하면서 사랑은 오래 참고, 온유하며 시기하지 않으며, 교만하지 않으며, 무례히 행치 아니하며 자기의 유익을 구하지 않으며, 성내지 않으며 악한 것을 생각지 아니하며 불의를 기뻐하지 아니하며 진리와 함께 기뻐하고, 모든 것을 참으며 모든 것을 믿으며, 모든 것을 바라며 모든 것을 견디느니라라고 말하고 있습니다.

바울은 사랑의 특징으로 15가지 덕목을 말합니다. 그러나 '오래 참고'와 '모든 것을 참으며' 그리고 '모든 것을 견디느니라'는 모두 인내를 말하고 있습니다. 참는 것의 중요성을 반복해서 말하고 있습니다. 사랑이 이루어지고, 이루어진 사랑이 오래 가려면 오래 참아야 합니다. 정말로 사랑은 오래 참는 자의 것입니다. 바울은 사랑에서 제일 중요한 것은 인내로 보는 듯 합니다. 부모님이 자식을 사랑할 때, 나이가 먹어 어른이 될 때까지 참고 견디며 뒷바라지를 하시는 한국의 부모님들의 모습이 떠오릅니다. 자식들이 인생을 시작할 때는 여러 면에서 부족하나 참고 견디면, 결국 훌륭하게 성장하는 자식들의 모습을 보게 됩니다. 그리고 앞에 언급한 13가지 덕목을 통해 우리가 타인에게 하는 사랑, 타인이 우리에게 하는 사랑을 점검해 보는 것은 유익한 것이 되리라 생각합니다.

8절 : 사랑은 언제까지나 떨어지지 아니하되 예언도 폐하고 방언도
그치고 지식도 폐하리라.

인간들이 하는 예언도 폐하게 되고, 방언도 그치게 되나 사랑은 영원

한 것이라는 것입니다. 세상에 훌륭하다고 하는 것이 모두 없어지나 사랑은 언제까지나 없어지지 아니하리라는 것입니다. 우리가 권력이나 돈 그리고 지식이나 명예라는 것도 사랑과 함께 있으면 영원하나 사랑이 없으면 없어지게 되는 것입니다.

백성을 사랑한 통치자는 역사 속에서 영원히 살아 있으나, 독재자들은 처형되거나 비명에 죽었거나 국외로 추방당했습니다. 돈이 많은 사람들이 사람들을 사랑하여 자선을 베풀지 않으면, 그 돈으로 인하여 불행하게 되었습니다. 한국전쟁 때 평소에 자선을 베풀던 지주들은 살아남았고, 소작인이나 노비들에게 잔인했던 지주들은 대부분 타살되어 죽었습니다. 지식이 많은 교수나 스님이나 기독교의 성직자들도 학생이나 신도나 성도를 진심으로 사랑하지 않은 경우에 어떤 불행한 일이 생겼는가를 보았습니다. 대중들에 의해 명예와 인기 속에 지내던 연예인들이 자신의 팬들을 진심으로 사랑하지 않는 경우에 어떤 결과가 오는지를 우리는 보았습니다. 권력과 돈과 지식과 명예를 가진 사람들이 세상 사람들을 진심으로 사랑하지 않으면, 그가 가지고 있는 것들이 행복의 원인이 아니고 불행의 원인이 되는 것입니다.

13절 : 그런 즉 믿음, 소망, 사랑, 이 세 가지는 항상 있을 것인데 그 중의 제일은 사랑이라

필자는 고린도 전서 13장 13절은 기독교의 존재론을 말하는 것이라고 생각합니다. 우리가 세상을 살아가는 길이 도_道라면, 그 길에는 믿음·소망·사랑은 항상 존재한다는 것입니다. 우리는 소망을 가지고 그리고 꿈을 가지고 삽니다. 그리고 그 소망이 이루어진다는 믿음을 가지고 삽니다. 그러나 우리가 사는 도중에 만나는 모든 것을 사랑하지 않으면, 어떤 것도 이루어지지 않으며, 이루어진다 해도 불행의 원인이 될 뿐입

니다. 그런 의미에서 우리의 삶 속에는 믿음·소망·사랑은 항상 있는데, 그 중에서 제일 중요한 것은 사랑입니다.

필자는 앞에서 도道의 본질은 사랑이라고 말했습니다. 다시 말해서 우리의 삶 자체가 바로 무엇인가를 사랑하는 것이라는 뜻입니다. 그리고 사랑과 함께 믿음과 소망이 존재한다는 것입니다. 믿음과 소망과 사랑은 세상 어느 곳에서도 항상 존재합니다. 한 걸음 더 나아가서 우리가 어떤 상황에 있을 때도 믿음·소망·사랑은 항상 함께 존재합니다. 그래야 우리의 인생에 희망이 있습니다. 우리가 행복할 때도 우리가 불행한 때도 믿음·소망·사랑은 항상 존재합니다. 그래서 필자는 우리가 부딪치는 모든 문제를 믿음과 소망과 사랑이라는 세 단어로 풉니다.

필자가 결혼식의 주례를 맡을 때는 믿음·소망·사랑이라는 단어로 주례사를 합니다. 필자는 주례로서 신랑과 신부에게 신혼여행을 하는 동안에 많은 대화를 통해 인생의 목표와 둘이 만들 가정의 목표를 세우고, 함께 살면서 신혼여행 때 세운 소망이 꼭 이루어진다는 믿음을 가지고 살라고 주례사를 합니다. 그리고 사랑의 본질은 역지사지易地思之하는 것인데, 세상을 살아가면서 부부가 서로 사랑하며, 그리고 만나는 모든 사람을 사랑하면서 살면, 각자 인생과 가정의 목표가 이루어지고, 국가와 사회의 발전에 기여하는 성공적인 삶을 살 수 있을 것이라고 말합니다.

예전에 사회의 문제 중에 하나로 부각되고 있는 청소년 문제에 대한 글을 써 달라고 부탁을 받은 적이 있었습니다. 그때도 믿음·소망·사랑이라는 세 단어로 청소년 문제에 대한 글을 썼습니다. 미래가 불투명하여 불안한 마음을 갖고 방황하는 청소년들에게 꿈을 갖도록 지도하고, 그 꿈인 소망이 꼭 이루어진다는 믿음과 신념을 가지고, 자기 자신을 사랑하고, 인생의 목표를 사랑하고, 만나는 사람들을 사랑하고, 세상을 사랑하는 청소년으로 지도하고 키운다면, 청소년 문제는 쉽게 해결 될 수 있으리라고 썼습니다. 꿈이 있고, 그 꿈이 이루어지리라는 믿음과 인류를 사랑하는 청소년들이 있을 때, 우리나라의 미래는 밝아질 것이라고 글을 써서 준 기억이 납니다. 이렇게 믿음과 소망과 사랑은 언제나 우리와 함께 존재하는 것입니다.

바울은 로마서 12장과 13장에서 예수님이 말씀하신 것과 비슷한 말을 합니다. 로마서 12장 14절에서 너희를 핍박하는 자를 축복하고 저주하지 말라고 말하며, 17절에서 아무에게도 악을 악으로 갚지 말고, 모든 사람들 앞에서 도모하라고 말합니다. 20절에서는 원수가 주리면 먹이고, 목마르면 마시게 하라고 말합니다. 예수님이 원수를 사랑하고, 오리를 가자면 십리를 가고, 겉옷을 벗어 달라면 속옷까지 벗어 주라는 말씀이 떠오릅니다.

바울이 가졌던 또 다른 사랑관은 로마서 13장 8~10절에 있는 사랑은 율법의 완성이라는 말씀에 나타납니다.

> 8절 : 피차 사랑의 빚 외에는 아무에게든지 아무 빚도 지지 말라 남을 사랑하는 자는 율법을 다 이루었느니라
> 9절 : 간음하지 말라, 살인하지 말라, 도둑질하지 말라, 탐내지 말라 한 것과 그 외에 다른 계명이 있을지라도 네 이웃을 네 자신과 같이 사랑하라 하신 그 말씀 가운데 다 들었느니라
> 10절 : 사랑은 이웃에게 악을 행하지 아니하나니 그러므로 사랑은 율법의 완성이니라

바울은 로마서 13장 8절에서 10절까지에서, 성도들에게 사랑의 빚 이외에는 아무 빚도 지지 말라고 말하면서, 남을 사랑하는 자는 율법을 다 이룬 것이라고 말합니다. 그리고 10계명에 나오는 것들을 언급하고, 사랑은 율법의 완성이라고 말합니다. 예수님이 마태복음 22장 37~40절

에서 다음과 같이 말씀하신 것을 떠오르게 합니다.

37절 : 예수께서 이르시되 네 마음을 다하고 목숨을 다하고 뜻을 다하여 주 너의 하나님을 사랑하라 하셨으니
38절 : 이것이 크고 첫째 되는 계명이요
39절 : 둘째도 그와 같으니 네 이웃을 네 자신과 같이 사랑하라 하셨으니
40절 : 이 두 계명이 온 율법과 선지자의 강령이니라

4_동체대비同體大悲와 무연대비無緣大悲

　　　　　　　　　불교는 지혜의 종교라 말하고, 기독교는 사랑의 종교라고 말합니다. 그러나 많은 스님들과 불교 신도들은 불교는 지혜의 종교이기도 하지만 자비의 종교라고 말합니다. 왜냐하면 불교에서도 사랑의 실천과 지혜로운 자 즉 자기 자신이 누구인지 아는 사람은 상대방이 곧 자기임을 알아 상대방을 사랑하게 된다고 말하고 있기 때문입니다.

　불교에서는 깨침(성철 스님은 깨달음과 깨침은 다른 단어라고 말씀하십니다. '깨달음'은 대상을 이해하는 것이지만, '깨침'은 자기 자신이 깨어져서 없어짐으로 진여의 경지에 들어가는 것임으로, '깨달음'이라는 단어와 '깨침'이라는 단어의 뜻은 다르다고 말씀하십니다)의 경지에 들어가기 위한 방편으로 여러 가지를 이야기하고 있지만, 그 중에 하나는 6바라밀과 10바라밀을 행하는 것입니다. 그 중에서 가장 먼저 언급하고 있는 것이 보시바라밀입니다. 물질이나 진리의 말씀을 전해 주어 사랑을 실천하라는 것입니다.

　그리고 불교에서 강조하는 자비에는 동체대비와 무연대비가 있습니다. 동체대비는 우주의 삼라만상과 내가 한 몸임을 깨달아 서로 사랑하게 된다는 것입니다. 우주의 모든 것이 한 몸이라면, 내가 내 자신을 사랑하는 것처럼 다른 사람을 사랑할 수 있다는 것입니다. 내가 다른 사람을 내 가족처럼 사랑할 수 있다는 것입니다.

불교적으로 보면, 우주의 삼라만상은 인연 따라 생겼다가 인연이 다하면 사라져 없어지는 것입니다. 고정된 실체가 없고, 제법무아諸法無我라고 모든 것이 실체가 없는 공空이라는 것입니다. 그러므로 우주의 삼라만상이 인연에 따라 어떤 다른 존재도 될 수 있기 때문에 우주의 삼라만상이 한 몸이라는 것입니다. 각자는 다른 사람과 짐승과 산과 바다와 부처와 한 몸이라는 것입니다. 불교의 동체대비는 우주의 삼라만상이 한 몸임을 깨달아, 다른 존재를 자기 몸을 사랑하듯이 사랑하라는 것입니다.

불교에도 기독교의 무조건적인 사랑 즉 아가페적인 사랑과 비슷한 개념의 사랑이 있습니다. 기독교의 사랑은 조건 없는 무조건적인 사랑이라고 말합니다. 이유를 따질 것이 없다는 것입니다. 대상이 누구이든지 간에 무조건 사랑하면 되는 것이지 이유를 논할 필요가 없다는 것입니다. 맞는 말이라고 생각합니다. 상대를 사랑하는데 이유를 따질 필요는 없을 것입니다. 불교에서 이와 같이 무조건적으로 사랑하는 것을 무연대비라고 합니다.

무연대비無緣大悲는 연기론적인 것을 따지지 말고 무조건적으로 하는 사랑하는 것을 말합니다. 원인이나 이유를 따지지 말고, 무조건 사랑하라는 것입니다. 이러한 조건 없는 사랑은 대상에게 분별심을 갖지 않는 것입니다. 상대방을 분별하지 않고, 모두를 사랑하는 것입니다. 또한 이러한 사랑은 자기 자신이 누구인지 진정으로 깨달을 때, 가능하다는 것입니다. 종교는 이처럼 자기 자신이 누구인지 알고, 분별심 없이 모두를 사랑하라고 말합니다. 사람들이 하심下心을 갖고 겸손해질 때, 자기 자신이 누구인지 알고 분별심 없이 조건 없이 다른 사람들을 사랑할 수 있으리라 생각합니다.

사랑이 넘치는 세상은 아름다운 세상입니다. 질투와 증오와 복수가 세상을 어지럽게 합니다. 싸움과 투쟁과 승리의 쟁취가 마음의 평강과 행복을 파괴합니다. 사랑은 마음의 평강과 세계의 평화를 가져다줍니다. 마음의 평강과 세계의 평화를 위해서도 조건 없는 사랑이 필요하다고 생각합니다. 세계 각처에서 자기 나름대로의 합리성을 내세워 전쟁을 하고 테러를 합니다. 이제 조건 없는 사랑으로 상대편을 이해하고, 자기 자신과 한 몸이며 한 가족이라는 생각을 갖고, 전쟁과 테러를 그쳤으면 좋겠습니다. 더 이상 사람을 죽이고, 또 자신을 죽이면서 주위 사람들을 슬프게 하고 고통스럽게 하는 전쟁을 그쳤으면 좋겠습니다. 무조건 사랑합시다. 역지사지하여 무조건 상대방을 이해합시다. 거시안적으로 보면 모두가 한 몸이며, 한 가족이라는 생각으로 사랑하고 끌어안아 한 몸이며 한 가족임을 확인합시다.

사랑은 모든 문제의 답입니다. 무조건적인 사랑은 삶과 우주의 새로운 길을 창조할 수 있습니다. 무조건적인 사랑은 만물을 살리고, 새로운 미래를 창조할 것입니다. 사랑은 힘입니다. 사랑은 에너지입니다. 사랑은 능력입니다. 사랑은 미래의 꿈입니다. 사랑이 우주의 주인이 되어 만물에 참신한 생명을 불어넣고, 모든 것을 창조하고 섭리하며 총괄할 때, 마음의 평강과 세계의 평화가 올 것입니다.

5_우정

　　　　　　사랑의 다른 면을 보여 주는 것이 우정입니다. 인생에서 좋은 친구만큼 소중한 것은 없습니다. 우리는 인생의 여정에서 수많은 사람을 만납니다. 한평생을 통해서 의미 있는 관계를 맺는 사람들은 과히 많지 않습니다. 그럼 친구란 무엇입니까? 또한 우정이란 무엇인가요? 우정과 친구를 정의하기란 쉽지 않습니다. 친구의 사전적 의미는 "오래 두고 정답게 사귀어 온 벗"입니다. 친구의 우리말인 '벗'은 "마음이 서로 통하여 친하게 사귄 사람"이나 "뜻을 같이 하는 사람"이라고 정의됩니다. 이러한 친구와 나누는 정다운 애정을 우정이라고 합니다.

　우리는 세상에 태어나서 죽을 때까지 친구를 사귑니다. 우리는 어려서부터 서로 믿고 사랑하며 대화를 나눌 수 있는 친구를 원합니다. 부모님을 따라 동네 놀이터에 갈 때는 같은 또래의 친구를 사귀고 가끔 친구의 집에 놀러가 함께 장난감을 갖고 놀기도 합니다. 때때로 싸우며 울기도 하지만, 그러한 과정을 통해서 우정이 깊어지기도 합니다. 친구의 집에 놀러 갔을 때 부모님이 때때로 간식을 준비해 주기도 하는데, 그런 일들은 오랜 동안 추억으로 기억에 남기도 합니다.

우리는 유치원에 가서도 친구를 사귑니다. 어린 아이는 5~6세가 되면 벌써 이성 친구를 동성 친구보다 더 좋아하기도 합니다. 초등학교 때에는 공부도 하지만 함께 소풍을 가거나 운동회를 했던 추억들이 남아 있습니다. 졸업식 때 졸업가를 부르며, 눈물을 흘리던 일이 생생합니다. 중고등학교 때에는 많은 친구를 사귑니다. 그러나 고등학교를 졸업하고도 계속 만나는 친구는 몇 명 되지 않습니다. 필자는 지금까지 일곱 명의 친구를 만나는데, 평생 동안 함께 지내는 친구라 친분이 더 한 것 같습니다. 그러나 그들에게 좀 더 잘 대해 주지 못 하는 것이 아쉽습니다.

우리는 대학에 다닐 때도 친구를 사귀고, 대학을 졸업하고 사회생활을 하면서도 친구를 사귑니다. 대학이나 직장에서 만나는 친구는 고등학교 때의 친구와는 다릅니다. 대학이나 직장에서 만나는 친구는 같은 분야에서 일하는 사이라 서로 도움이 되기도 하고, 때로는 서로 경쟁자가 되기도 합니다. 필자의 경우에는 대학원의 석사와 박사 과정을 다니면서도 친구를 사귀었으나, 별 친근감은 없는 것 같습니다. 우리가 평생 동안 사귄 사람을 헤아린다면, 무수히 많습니다. 그러나 그 중에서 진정한 친구라고 말할 수 있는 사람이 몇 명이나 되느냐고 묻는다면, 뭐라고 답변할 수 있겠습니까? 그 질문에 답변하기 위해서는 진정한 친구란 어떤 사람인지에 대해 생각해 봐야 할 것입니다.

데이비스와 토드(Davis & Todd, 1985)는 250여 명의 대학생과 일반인을 대상으로 우정의 가장 대표적 특징을 조사하였습니다. 그 결과 우정의 특징으로 "함께 있으면 즐겁다", "있는 그대로 받아들인다", "서로 깊게 신뢰한다", "서로 존중한다", "서로 도와주고 믿을 수 있다", "서로 비밀이 없다", "서로 이해할 수 있다", "있는 그대로 내보일 수 있다" 등이 나타났다고 합니다. 이러한 연구결과에 의하면, 친구는 수용, 신뢰, 존중의 바탕 위에서 인생의 즐거움을 공유하고 도움을 교환하는 동반자라고 정의할 수 있다고 생각합니다.

친구는 인생의 다른 동반자인 가족, 연인, 직장동료와 구분됩니다. 친구관계가 갖는 몇 가지 특성을 살펴보면 다음과 같습니다.

① 첫째로 친구관계는 대등한 위치의 인간관계입니다. 친구관계는 흔히 나이나 출신지역, 출신학교나 학력 그리고 사회적 신분 등에 있어서 비슷한 사람과 맺는 친밀한 관계입니다. 친구관계는 수직적 관계가 아니라 수평적 관계입니다. 인간관계에서 가장 민주적인 관계입니다.
② 둘째로 친구관계는 가장 순수한 인간지향적인 대인관계입니다. 즉 친구관계는 함께 추구해야 할 목표나 과업을 지니고 있는 업무 지향적 관계와는 구별됩니다. 친구관계는 우정과 친밀감을 지향하는 인간중심적 인간관계입니다.
③ 셋째로 친구관계는 인간관계 중 가장 자유롭고 편안한 관계입니다. 친구관계는 대등한 위치에서 맺는 관계이기 때문에 위계적 관계에서 지켜야 되는 심리적 부담과 제약이 적습니다. 윗사람에 대한 순종과 복종의 의무도 없으며, 아랫사람에 대한 보호와 인도의 책임도 없습니다. 가족이나 직장동료에게 할 수 없는 이야기를 가장 허심탄회하게 할 수 있는 것이 친구 사이입니다.
④ 넷째로 친구는 여러 측면에서 유사점을 지닌 사람들이기 때문에 서로 공유할 삶의 영역이 넓습니다. 친구관계는 나이, 학력, 지식수준, 사회적 신분 등에 있어서 비슷한 사람들끼리 형성되는 경향이 있습니다.
⑤ 다섯째로 친구관계는 구속력이 적기 때문에 해체되기 쉽습니다. 친구관계는 그 가입과 탈퇴가 다른 인간관계에 비해 자유롭습니다. 가족관계나 직장에서의 인간관계처럼 관계를 유지해야 하는 의무나 구속력이 적습니다.

우리는 어려서부터 진정한 친구에 대한 이야기를 많이 들었습니다. 그 중에 한 가지를 이야기하면, 사형선고를 받은 한 젊은이에 대한 이야기입니다. 옛날에 한 젊은이가 사형선고를 받고 형이 집행되는 날을 기다리고 있었는데, 형이 집행되기 며칠 전에 상喪을 당해 집에 다녀와야 할 상황에 처한 것입니다. 그 젊은이는 난처해졌습니다. 그 나라의 법에 의하면 사형집행을 기다리는 사람이 다른 곳에 갔다가 오기 위해서는 누가 대신 감옥에 들어가 있어야 하며, 사형을 집행할 때까지 돌아오지 않으면 감옥에 들어간 사람이 대신 죽어야 했습니다. 사형선고를 받은 젊은이에게는 좋은 친구가 있어서 그가 대신 감옥에 들어갔습니다. 상을 당한 사형수는 친구에게 고맙다는 말을 하고 집에 갔습니다. 여러 날이 지나 사형을 집행하는 날이 되었습니다. 사형수인 젊은이가 사형 집행을 해야 하는 시간까지 돌아오지 않아, 친구가 대신 사형대에 섰습니다. 임금님이 사형수인 친구 대신 사형대에 선 친구에게 후회하지 않느냐고 물으니 사형수인 친구는 꼭 돌아올 것이라고 말하면서 후회하는 낯빛을 보이지 않았습니다. 드디어 사형을 집행해야 하는 시간이 되었습니다. 사형을 집행하려는 순간 멀리서 사형수인 친구가 달려오고 있었습니다. 임금님은 두 사람의 우정에 감동되어 사형수를 풀어 주었다는 이야기입니다.

우리는 어렸을 때, 앞의 이야기를 여러 번 들었습니다. 그런데 이 이야기는 『탈무드』에 있는 이야기입니다. 우리가 이 이야기를 통해서 알 수 있는 것은 『탈무드』는 나에게 진정한 친구란 나를 위해 죽을 수 있는 사람이라고 말하고 있다는 사실입니다. 나에게는 나를 위해 죽을 수 있는 친구가 있는가, 그리고 나는 나의 친구를 위하여 목숨을 바칠 수 있는가? 이 질문에 '예'라고 대답할 수 없다면, 우리에게는 진정한 친구가 없는 것입니다. 새삼스럽게 예수님이 "친구를 위하여 목숨을 버리면, 그보다 더 큰 사랑이 없나니라."라고 말씀하신 것이 떠오릅니다. 기독교는 예수님이 인류의 죄를 속죄하기 위하여 속죄양으로 십자가에서 돌아가셨다고 말합니다. 그 이론에 의하면, 예수님은 인류라는 친구를 위하여 목숨을 바치신 것입니다. 얼마 전에 테이프로 들은 설교에서 이 모 목사님이 우리가 진정으로 믿고 우리와 우리 자식을 맡길 수 있는 친구는 예수님밖에 없다고 말씀하시던 것이 생각납니다. 다시 묻고 싶습니다. 우리는 친구를 위하여 죽을 수 있는지, 그리고 우리를 위하여 죽을 수 있는 친구가 우리에게 있는지를 묻고 싶습니다.

친구관계가 심화되는 데는 여러 가지 요인들이 중요한 영향을 미칩니다. 그러나 이러한 요인들이 교환되는 과정에서 몇 가지 필수적 요건이 충족되어야 친구관계가 더욱 심화됩니다. 넬슨Nelson과 죤스Jones는 인간관계를 심화시키는 세 가지 요인, 즉 보상성, 상호성, 규칙성을 제시하고 있습니다.

① 보상성 : 인간관계에서 얻게 되는 긍정적이고 보상적인 효과를 의미합니다. 인간관계에서 추구되는 보상은 정서적 지지와 공감, 즐거운 체험, 현실적 도움을 포함하여 따뜻한 보살핌, 친밀감, 신체적 접촉, 선물 등이 될 수 있습니다. 이러한 보상의 범위와 깊이가 확대될수록 인간관계는 점점 더 심화됩니다.

② 상호성 : 인간관계에 있어서 보상적 효과가 서로 균형 있게 교류됨을 의미합니다. 인간관계에 소속된 사람들 모두가 보상을 서로 균형 있고 공정하게 주고 받을 때, 그런 인간관계가 깊어집니다.

③ 규칙성 : 인간관계에서 서로의 역할과 행동을 수행하는 일관성을 의미합니다. 우리는 인간관계에서 각자의 역할과 행동방식에 대한 명시적 또는 암묵적 규칙을 따라 일관성 있게 행동합니다. 음식값을 지불할 때는 순서대로 이든, 각자 계산 방법이든, 서로 합의된 규칙이 없게 되면, 갈등이 초래될 수 있습니다.

친구관계는 좋아지기도 하지만, 구속력이 약하기 때문에 약화되고 해체될 수 있습니다. "한 친구를 얻는 데는 오래 걸리지만, 잃는 데는 잠시"라는 존 릴리John Lyly의 말이 있듯이, 친구관계는 쉽게 와해될 수 있습니다. 때로는 배신감을 느끼면서 서로 경원하는 사이가 되기도 합니다. 과연 어떤 요인들이 친구관계를 약화시키고 해체시키는 것일까요?

① **접촉과 관심의 감소** : 일반적으로 직장을 갖고 가족을 형성하게 되면, 친구에 대한 관심이 감소하게 됩니다. 뿐만 아니라 현대사회와 같이 바쁜 생활 속에서는 같은 도시에 사는 친구와도 자주 만나기가 쉽지 않습니다. "보지 않으면 마음도 멀어진다."는 말과 같이 절친했던 친구도 만남의 빈도가 뜸해지면서, 서로 소원해지고 서먹해 지는 경우가 많습니다. 이사, 전학, 전근과 같이 물리적 거리가 멀어지거나 바쁜 일이나 업무로 인해 시간적 여유를 갖지 못하여 서로에 대한 관심과 만남의 횟수가 감소하게 됩니다.

② **갈등 해결의 실패** : 원활한 교류가 이루어지는 친구 사이에는 크고 작은 갈등이 있기 마련입니다. 이러한 갈등을 효과적으로 해결하지 못하여 갈등과 불만이 증폭되면 친구관계는 와해됩니다. 친구관계를 와해시키는 것은 갈등 그 자체라기보다는 갈등을 해결하려는 노력이 실패하는 경우입니다.

③ **친구에 대한 실망** : 친구 사이의 우정과 의리를 오래도록 유지시키는 일은 결코 쉽지 않습니다. 친한 친구 사이에는 서로에 대한 기대와 믿음이 존재합니다. 이러한 기대를 서로 잘 충족시키는 것이 친구관계를 유지시키는 데 중요합니다. 친구에 대한 믿음과 기대가 깨지게 되면 친구관계에 위기가 발생합니다. 친구에 대한 기대와 신뢰가 깨졌을 때 느끼게 되는 실망과 배신감은 매우 고통스러운 것입니다.

④ **투자와 보상의 불균형** : 대부분의 인간관계는 거래적 교환 관계의 속성을 지닙니다. 즉 투자와 보상의 상대적 비교를 통해 이득을 얻는 관계는 지속되는 반면, 손해가 거듭되는 관계는 종결됩니다.

⑤ **이해관계의 대립** : "친구를 잃지 않는 최상의 길은 친구에게 아무 빚도 지지 않고, 아무것도 빌려주지 않는 것입니다."라는 말이 있듯이, 친구 사이에 이해관계가 개입되면, 친구관계에 갈등이 초래되기 쉽습니다. 아무리 친한 친구라도 함께 자취를 하거나 사업을 하게 되면, 원수가 되어 헤어진다는 말이 있습니다.

우리는 자주 상대방이 얼마나 상처를 받을지를 모르면서 말하고 행동합니다. 심지어 자기가 상대방에게 얼마나 상처를 주는 말을 하는지도 모르고, 상대방이 자기에게 상처를 주는 말을 한다고 화를 냅니다. 남의 모습은 앞에 놓고 보고, 자기의 모습은 등 뒤에 놓고 보기 때문에 남의 모습만 보이고, 자신의 모습은 보이지 않습니다. 우리는 상대방을 사랑하여 즉 역지사지易地思之하면서 상대방에 대해 말하고 행동한다면, 죽을 때까지 어렵고 힘든 순간에 함께 할 수 있는 친구를 사귈 수 있다고 생각합니다. 그리고 친구관계에 문제가 생기지 않게 하기 위해서는 친구 사이에 또한 역지사지함으로써 우정이 깨지는 것을 예방할 수 있습니다. 만일 앞에서 설명한 이유로 우정이 깨졌다면, 역지사지함으로써 회복할 수도 있습니다. 가장 좋은 것은 ①에서 ⑤까지의 문제가 생겼을 때, 역지사지함으로써 예방할 수 있을 것입니다. 멀리 떨어져 있어 보지 못하거나 경제적 손실을 주었을 때도 역지사지함으로써 상대방을 이해할 수 있을 것입니다. 실제적인 예를 중국인과 한국인이 목표로 하는 우정을 보여주는 관포지교管鮑之交에서 찾을 수 있습니다.

관중은 포숙아의 우정에 대해 훗날 다음과 같이 말했습니다.

"나는 전에 가난해서 포숙아와 함께 장사를 했는데 내 몫을 더 챙겼다. 그래도 그는 나를 욕심쟁이라고 하지 않았다. 내가 가난하다는 것을 알고 있었기 때문이다. 또 그를 위해 해 준 일이 실패로 돌아가 그를 더욱 궁지에 빠뜨린 적이 있었다. 그래도 그는 나를 어리석은 자라고 말하지 않았다. 일이란 성공할 때도 있고 실패할 때도 있다는 것을 알았기 때문이다. 또 나는 세 번이나 벼슬을 했지만, 그때 마다 쫓겨났다. 그때도 포숙아는 나를 무능하다고 말하지 않았다. 그는 내가 아직 때를 만나지 못했다는 것을 알았기 때문이다. 또 나는 세 번 싸우다 세 번 도망친 일이 있는데, 그는 나를 비겁하다고 말하지 않았다. 나에게 늙은 어머니가 계신 것을 알았기 때문이다. 또 규가 죽었을 때도 나는 사로잡히는 치욕을 당했다. 그런데도 그는 나를 부끄러움을 모르는 자라고 욕하지 않았다. 내가 작은 일에 구애받기보다는 천하에 공명을 떨치지 못하는 걸 부끄러워한다는 사실을 알고 있었기 때문이다. 나를 낳아 주신 분은 부모이지만 나를 알아준 사람은 포숙아이다." 그래서 후세 사람들은 관중과 포숙의 참된 우정을 두고 관포지교(管鮑之交)라고 하여 높이 칭송하고 있습니다.

포숙아가 관중을 그토록 이해하고 우정을 유지할 수 있었던 것은 포숙아가 역지사지하여 관중의 입장이 되어 그를 이해했기 때문에 가능했다고 생각합니다. 우리가 친구와 멀리 떨어져 있거나, 친구의 입장을 잘 몰라 오해가 생겨 친구관계가 멀어지거나 헤어질 수 있다고 생각합니다. 우리가 항상 사랑의 본질인 역지사지를 행하여 입장을 바꿔 생각하면, 이 세상에 서로 이해를 못할 일이 없다고 생각합니다.

6_효도

　　　　　　　　세상에 있는 모든 종교는 효孝의 중요성을 말하고 있습니다. 종교는 시간과 공간을 초월해서 모든 사람들이 공감하여 옳다고 생각되는 것들을 말하고 있습니다. 예를 들면, 모든 종교는 우리 자신이 어떤 존재인지 말하고 있으며, 인류 모두의 평등과 어려운 사람을 돕는 사랑을 말하고 있습니다. 그리고 모든 종교는 부모님에게 효도할 것을 말하고 있습니다.

　유가儒家에서는 살아계신 부모님께 효도하고, 돌아가신 조상님께 제사를 지내는 것을 중요시 합니다. 선진先秦 유학儒學의 13경 중에서『효경孝經』은 12번째 경전입니다. 유가는 선진 시대에 이미『효경孝經』을 경전 속에 넣을 정도로 '효' 사상을 중요시했습니다. 농본주의 국가의 특성이기도 합니다.

　『효경孝經』의 저자는 공자나 공자의 제자인 증자 혹은 공자와 증자의 문답식 대화를 기록한 사람이라고도 하는데, 누가『효경孝經』의 저자보다는『효경孝經』의 사상이 무엇인가를 아는 것이 더 중요합니다. 효는 손쉬운 것부터 시작해야 하는데, 자기 몸을 유지하고 보호하며, 건강을 유지하는 것이 첫째입니다. 둘째는 항상 자신의 지덕을 연마하는 것을 게을리 하지 않는 것입니다. 셋째는 사회생활에서 몸을 삼가고 행실을 바르게 하여 항상 정의의 편에 서서 내 몸과 부모의 이름을 더럽히지 않는 것입니다. 마지막으로 후세에 업적이 전해질 정도로 명예를 높여 부모의 이름을 나타내면, 효를 다 하는 것입니다. 입신출세立身出世가 효의 마지막입니다.

효는 백행지본百行之本이라는 말이 있습니다. 효는 모든 행위의 근본이라는 것입니다. 자기 부모를 잘 섬기지 않으면서 남을 섬긴다는 것은 근본을 버리고 지엽으로 가는 것입니다. 부모를 제대로 모시지 못하는 사람은 다른 일도 제대로 할 수 없다는 것입니다. 부모를 제대로 모시지 못 하는 사람이 직장에서 상관을 진심으로 모실 수 없고, 관리로서 국민을 제대로 모시고 봉사하는 마음으로 나라 일을 할 수 없다는 것입니다.

증자가 공자님에게 효孝보다 더 나은 덕은 없느냐고 물으니, 공자님께서 세상에 효보다 더 나은 덕은 없다고 말씀하십니다. 그리고 효자는 아버지가 살아 계실 때에는 아버지의 뜻을 쫓고, 아버지가 돌아가신 뒤에는 3년 동안 아버지의 뜻을 바꾸지 말아야 비로소 효자라고 할 수 있다고 말합니다. 부모님이 돌아가신 후에도 가급적 그 뜻을 오래 받드는 것이 좋은 일이라고 생각합니다.

공자님은 모든 덕德은 효를 근본으로 하여 생긴다고 말했습니다. 우리가 세상에서 선행을 하고, 노인과 과부와 홀아비와 고아를 돕는 행위도 모두 부모에게 효도를 하는 사람에게서 나온다는 것입니다. 부모를 공경하고 받들어 모시지 못하는 사람이 어떻게 남을 사랑하고, 모시고 봉사활동을 할 수 있겠습니까? 남을 사랑하는 것은 부모님에 대한 효에서 시작된다는 것입니다.

부모님에게 효도하는 것은 물질적인 것보다 부모님의 마음을 헤아리는 것이 더 중요하다는 말이 있습니다. 물론 물질적으로 부모님을 잘 모셔야겠지만, 정말로 중요한 것은 부모님의 뜻이 무엇인지를 알라는 것입니다. 부모님의 마음을 헤아려 부모님의 마음을 편안하게 해드리라는 것입니다. 공자님의 제자 민자건은 새어머니가 겨울에 솜옷을 주지 않고, 거푸집을 넣은 옷을 주었지만, 아버지가 걱정하실까봐 새어머니가 솜을 넣은 좋은 옷을 주셨다고 말했습니다.

부모님이 자식들에게 원하는 또 다른 것은 자식 간에 사이좋게 사는 것입니다. 부모님이 원하는 것은 형제와 남매 그리고 자매간에 화목하게 지내는 것입니다. 소위 효제사상孝悌思想입니다. 부모에게 효도하고, 형제 사이에 우애 있게 지내는 것입니다. 형제와 남매와 자매간에 잘 지내는 것이 부모님이 가장 기뻐하는 일이고, 형제와 남매와 자매간에 화목하지 못하면, 부모님의 마음을 가장 아프게 하는 것입니다. 자식간에 불화를 하는 것은 부모의 가슴에 못을 박는 것입니다.

불교佛敎도 효를 중요시하고 있습니다. 어머님을 지옥에서 건져내겠다는 목련존자의 효심에 대한 이야기도 재미있지만, 불경은 "불효한 사람은 몸이 무너지고 목숨이 끝나면 아비무간지옥에 떨어지느니라(不孝之人身壞命終 墮阿鼻無間地獄)"라고 말하고 있습니다. 그리고 불교에도 유교의 『효경孝經』과 같은 책이 있는데, 그것은 『부모은중경父母恩重經』입니다. 아난존자가 석가모니 부처님의 말씀을 정리한 것인데, 그 내용은 어머님께 효도를 해야 하는 열 가지 이유를 설명한 것인데, 요약하면 다음과 같습니다.

첫째는 잉태하고서 지켜준 은혜, 둘째는 해산할 때 고통을 받는 은혜, 셋째는 자식을 낳고서 근심을 잊는 은혜, 넷째는 쓴 것도 삼키고 단 것도 뱉어 먹여주신 은혜, 다섯째는 진자리 마른자리를 가려 뉘어주신 은혜, 여섯째는 젖을 먹여 주고 키워주신 은혜, 일곱째는 깨끗하지 않은 것을 씻어주신 은혜, 여덟째는 자식이 멀리 여행함을 걱정해 주시는 은혜, 아홉째는 자식을 위해 악업을 계속하시는 은혜, 열째는 끝까지 불쌍히 여기시는 은혜를 말합니다.

기독교에도 이슬람교에서도 '효'를 중요시 여깁니다. 이슬람교에서는 무함마드의 어록인 『하디스』에서 부모에게 효도할 것을 여러번 강조해서 말하고 있습니다. 기독교에서도 '효'를 강조하는데, 십계명 가운데 다섯 번째가 부모를 공경하는 것입니다. 신약성경에도 '효'를 강조해서 말하는 구절이 있는데, 에베소서 6장 2~3절에 있는 말씀입니다. 기독교인이면 누구나 알고 있는 이 말씀은 "네 아버지와 어머니를 공경하라. 이것이 약속 있는 첫 계명이니 이는 네가 잘 되고 땅에서 장수하리라"라는 것입니다. 모든 종교가 부모님을 공경하고 효도하라는 말을 하고 있지만, 에베소서에 있는 말씀처럼 실감나고 우리의 가슴에 와 닿는 말씀은 드뭅니다. 더욱이 세상 사람들은 기독교가 효 사상을 무시하고 있는 것으로 잘못 알고 있는 경우가 많기 때문에 필자는 종종 기독교인이 아닌 사람들에게 이 말씀을 소개하곤 합니다.

먼저 "네 아버지와 어머니를 공경하라"는 말의 뜻을 생각해 봅시다. 여기서 특히 중요한 말은 '공경하라'라는 말입니다. 이 말에는 부모님의 사상과 뜻을 공경하고, 육체적으로나 정신적으로 잘 모시라는 뜻이 담겨 있습니다. 필자는 이 말씀을 황금률로 알려져 있는 마태복음 7장 12절에 있는 예수님의 말씀을 인용하여 설명하고자 합니다. 마태복음 7장 12절의 말씀은 "그러므로 무엇이든지 남에게 대접을 받고자 하는 대로 너희도 남을 대접하라. 이것이 율법이요 선지자니라"라는 말씀입니다. "네 아버지와 어머니를 공경하라"라는 말씀을 황금률과 연결시키면, 우리가 부모님을 공경하는 것은 우리가 우리의 자식들이 우리에게 어떻게 대해 주었으면 좋겠다고 생각되는 방식으로, 우리도 부모님을 공경하고 효도하라는 말씀으로 바꿔 쓸 수 있다고 생각합니다. 부모님들은 자식들이 전화도 자주하고, 집도 자주 찾아오고, 하는 일을 제대로 하여 사회적으로 성공하고, 늘 건강하게 화목한 가정을 이루고 살기를 원할 것입니다. 부모님들이 자식들에게 그 이상 무엇을 더 원하겠습니까? 결국 "네 아버지와 어머니를 공경한다"는 것은 우리가 자식들에게 대접받고 싶은 대로, 부모님을 대접하는 것이라고 생각합니다.

다음으로 "약속 있는 첫 계명"이라는 말은 우리가 다 알고 있는 것처럼, 십계명을 염두에 두고 한 말씀입니다. "네 부모를 공경하라"라는 계명은 십계명 중에서 다섯 번째 계명입니다. 10계명 중에서 앞의 4계명은 하나님에 대해 인간이 지켜야 하는 계명이고, 뒤의 6가지 계명은 인간과 인간 사이에 지켜야 할 계명입니다. "약속 있는 첫 계명"이라는 말은 뒤의 6가지 계명 중에서 하나님께서 인간들이 지키면 그들에게 복을 주시리라고 약속하신 첫 번째 계명이라는 말입니다. 다른 말로 표현하면 부모를 공경하는 것은 인간과 인간 사이에 지켜야 하는 계명 중에서 제일 중요한 계명이라는 말씀입니다.

세 번째로 생각할 말씀은 "네가 잘 되고"라는 말씀입니다. 하나님은 우리에게 부모를 공경하고 효도하면 세상에서 잘 되게 해주겠다고 약속하신 것입니다. 세상 사람들은 사회적으로 출세하기 위하여 여러 가지 고생을 하고 힘든 일을 하는데, 하나님께서는 우리에게 "네가 부모님을 공경하고 효도하면 잘 되게 해주시겠다"는 말씀입니다. 이것보다 신 나고 쉬운 일이 어디 있겠습니까?

그럼 실제로 보모님을 공경하고 효도하면 잘 되는가에 대해 생각해 봅시다. 먼저 어렸을 때를 생각해 봅시다. 어린아이가 부모를 공경하여 부모님의 말씀을 잘 듣고 행하면, 부모님과 선생님 그리고 주위의 사람들로부터 많은 사랑을 받게 됩니다. 어린 시절에 부모님과 주위에 있는 사람들로부터 많은 사랑을 받는 것은 매우 중요한 일입니다. 어린 시절에 많은 사랑을 받는 것은 어른이 되어 훌륭한 사람이 되는 초석이 되는 것입니다. 어른이 되어 직장이나 사회에서 비정상적인 행동으로 지탄을 받거나 쫓겨나는 사람들은 대부분 어렸을 때 부모님과 주위의 사람들로부터 사랑을 받지 못하고 자란 사람들입니다. 부모님에게 야단만 들으며 자란 사람은 나중에 문제를 일으키는 인간이 됩니다. 사람은 어린 시절에 사랑이 풍성한 환경에서 자라나야 남을 사랑하는 사람이 되고, 나중에 사회적으로 성공하게 됩니다.

한국에서는 대학에 들어가는 것이 출세의 출발점이 되는 양 소란을 피우는데, 대학에 들어가는 것도 부모를 공경하고 효도하는 학생들에게 유리합니다. 대학은 소문난 효자나 효녀를 특별전형으로 뽑을 수 있습니다. 내 기억으로는 아버지에게 신장인가 간인가를 이식시켜 드린 학생을 대학이 특별전형으로 뽑은 경우가 있었던 것으로 기억합니다. 직장에 취직을 하거나 직장에서 승진을 할 때도 부모를 잘 공경하고 효도하는 사람이 유리합니다. 부모님과 함께 살아 직장 내에서 효자로 소문난 사람이 승진의 경우에 더 높은 평가 점수를 받는 것은 당연한 일입니다. 얼마 전에 신문을 보니 부모와 함께 사는 사람에게 신규 아파트의 추첨에 당첨될 수 있는 점수가 부가되고, 부모님과 함께 살면 연말정산을 비롯해 여러 가지 세금 혜택도 있습니다. 그뿐만이 아니라 우리가 인생의 경험이 많은 함께 사시는 부모님이 여러 가지 충고를 해주시면, 가정생활이나 직장생활을 성공적으로 하는데, 큰 도움이 되는 것은 지극히 당연한 일입니다.

젊은 여성의 경우에도 시부모님과 함께 살면 시부모님으로부터 도움을 받는 것이 너무 많습니다. 우선 요사이 젊은 여성들은 시부모님과 함께 살아도 시부모를 모시고 사는 사람은 거의 없고, 대부분 시부모님들이 며느리를 모시고 삽니다. 젊은 여성이 시부모님과 함께 살면, 경제적으로도 이득이고, 육아에 대한 지식이 부족해 자식을 키우는 데도 엄청 도움을 받을 수 있습니다. 그리고 젊은 여성들은 남편과 갈등이 생길 때도 시부모님과 시집식구들의 도움을 받게 됩니다. 남편과 갈등이 있을 때, 함께 사는 시부모님은 물론이려니와 시집 식구 모두가 무조건 며느리 편을 들게 됩니다. 시부모님과 함께 사는 한, 남편은 부부싸움에서 항상 패하는 사람이 됩니다. 젊은 여성이 시부모님과 함께 살게 되면 부부싸움에서 백전백승하게 됩니다. 그리고 젊은 여성들이여 압니까? 시집살이 중에서 가장 힘든 시집살이는 시부모 시집살이가 아니라 남편 시집살이라는 사실을 아십니까?

끝으로 "땅에서 장수하리라"라는 말씀을 생각해 봅시다. 부모님을 공경하고 효도하면 장수할 수 있다는 것입니다. 부모님을 제대로 공경하고 효도하지 못하면, 가족구성원과 일가친척 간에 힘들고 머리 아픈 일들이 많이 생깁니다. 현대인들이 걸리는 병의 원인은 스트레스라고 합니다. 세상에 부모님을 잘 공경하지 않고 살면서 마음이 편할 사람이 있겠습니까? 부모님의 속을 썩이고 기쁜 마음을 가질 수 있는 사람이 있습니까? 실패하는 삶을 살아 부모님의 마음을 아프게 하면서 심적 고통을 받지 않을 사람이 있겠습니까?

사람의 도리를 지키면서 떳떳한 삶을 살면, 정신적으로 건강하여 장수할 것은 당연한 일이라고 생각합니다. 필자도 65세가 되었습니다. 제가 장수할지 장수하지 못할지 모르겠습니다. 그러나 불로장생을 위해 그토록 노력했던 진시황도 52세를 넘기지 못했고, 좋은 음식과 좋은 약이라는 약은 다 먹은 조선조의 왕들의 평균수명도 50세를 넘기지 못했다는 사실을 생각하면, 필자같이 부모를 공경하지 못하고 불효한 사람도 65세를 넘겼는데, 부모를 공경하고 효도하는 사람이 장수하는 것은 당연한 일이 아니겠습니까?

'효孝'는 모범을 보이는 것이라는 말이 있습니다. 효는 입으로 가르쳐서 되는 것이 아닙니다. 효는 자식들에게 모범을 보여야 나중에 자식들에게 대접을 받을 수 있습니다. 필자가 아는 친구가 그의 아들에게 "너희는 내가 늙었을 때, 함께 살 수 있느냐?"라고 물었을 때, 아들이 "아버지와 어머니는 할아버지를 모시고 살지 않았는데, 우리가 부모님을 모시고 살 이유가 있겠습니까?"라고 말해서, 아무 말도 못했다는 이야기를 들었습니다. 자식들은 부모가 조부모에게 하는 모습을 보고 배우며, 그대로 따라서 합니다.

20세기를 대표하는 역사학자 아놀드 토인비는 한국의 대가족제도는 세계에 자랑스럽게 내놓을 수 있는 한국을 대표하는 문화라는 말을 한 적이 있습니다. 토인비 교수는 한국 사람들이 부모님을 모시고 대가족이 함께 사는 모습을 매우 아름답게 보았습니다. 삼대가 혹은 사대가 사는 대가족제도는 우리의 자랑이었습니다.

서양에는 오래 전부터 양로원을 비롯한 노인시설이 많았습니다. 우리나라에 양로원이 없는 것이 자랑이었습니다. 우리나라에는 '효' 사상이 살아있고, 대가족제도가 있어 양로원이 필요 없었기 때문입니다. 그러나 오늘날에는 우리나라에도 양로원을 비롯한 많은 노인시설이 생겼습니다. 정부에서는 많은 노인시설을 만들었다고 자랑하고 있습니다. 겉으로는 보기에는 노인을 위한 복지가 잘 되는 것으로 보입니다. 노인을 위한 시설들이 대가족제도가 사라진 결과라고 생각할 때, 별로 기분이 좋지 않습니다. 오히려 노인시설이 없이도 잘 지낼 수 있었던 옛날의 대가족제도가 그리워집니다.

7_자기가 속해 있는 조직을 사랑하라

대학교 1학년 학생들이 대학에 입학하면, 오리엔테이션이라는 행사를 갖습니다. 입학생들에게 대학에 대해 개괄적으로 소개하기 위해서입니다. 대학교는 고등학교와 다른 것이 몇 가지 있습니다. 대학에는 고등학교와 같이 친절하고 자상하신 담임선생님이 없으며, 아침에 갖는 조회가 없으며, 수업이 끝난 후에 갖는 종례가 없습니다. 학생들이 알아야 할 사항은 인터넷이나 학과사무실에 있는 게시판을 통해서 알아야 합니다. 수업도 고등학교에서는 일반적으로 학생들이 가만히 앉아 있고, 선생님들이 교실을 찾아다니며 수업을 하지만, 대학교에서는 학생들이 강의실을 찾아다니며 강의를 듣습니다. 대학생들은 새로운 환경에서 고등학교 시절보다 자유스럽지만, 모든 문제에 대해 개인이 책임을 져야 합니다. 그래서 대학생으로 생활하기 위한 여러 가지 정보를 얻고, 마음가짐도 새롭게 다지기 위하여 대학에서 1학년 학생들이 대학에 입학하기 전에 오리엔테이션이라는 행사를 갖습니다.

필자가 대학교 1학년 학생들이 갖는 오리엔테이션 기간 중에 갖는 교수님의 말씀 시간에 빼놓지 않고 하는 말은 "자기가 속해 있는 조직을 사랑하라"는 말입니다. 우리가 속해 있는 조직 즉 가정, 학교, 단체, 회사, 민족과 국가를 사랑하라는 것입니다. 내가 구성원으로 있는 조직을 사랑하라는 말입니다. 나와 내가 속해 있는 조직은 한 몸이며 공동운명체이니, 내 몸과 같이 사랑하라는 것입니다.

　대학에 입학하는 학생들은 대부분 자기가 입학하게 된 대학에 대해 만족하지 않습니다. 학생들은 그들이 중학교 때나 고등학교 1, 2학년 때 원했던 대학이 아니라 고등학교 3학년 때 학교성적과 수능시험의 성적을 감안하여 자기가 원했던 대학보다 커트라인이 조금 낮은 대학에 입학하게 되는 것이 일반적인 경향입니다. 입학시험의 커트라인이 조금 높거나 낮은 것이 그 대학의 가치나 수준을 말하는 기준이 아니지만, 대학에 입학하는 학생들은 나이가 어려서 그런 것을 모르고, 세상 사람들이 말하는 평가를 기준으로 삼아, 자기가 입학하게 되는 대학에 대해 불만스럽게 생각하는 경우가 많습니다. 대학에 입학하는 대부분의 학생들은 세상 사람들이 더 좋은 대학이라고 말하는 일류 대학에 들어가지 못해서 불만입니다. 또한 세칭 일류 대학에 입학한 학생들은 다른 인기 학과나 외국으로 유학을 못 가서 불만일 경우가 있습니다. 그렇다면 전국에 있는 대학교의 신입생의 대부분이 자기가 입학하는 대학교나 학과에 불만을 갖고 있을 수 있다는 이야기입니다. 이것은 국가적으로 큰 손실이며, 국가와 인류의 미래에 나쁜 영향을 미치는 심각한 문제가 아닐 수 없습니다.

　그래서 필자는 대학교에서 행하는 입학생들을 위한 오리엔테이션 기간 중에 학생들에게 학생들이 속해 있는 대학교와 학과를 사랑하라고 말합니다. 필자는 학생들에게 학생들이 속해 있는 대학교와 학과를 사랑하지 않으면, 대학생활을 하면서 아무것도 배울 수 없다는 것을 강조해서 말합니다. 자기가 다니는 대학을 사랑하지 않으면, 교수들과 선배들과 동료들에 대해 호감을 갖기 힘듭니다. 학생이 학교와 교수와 선배들과 동료들을 사랑하지 않는데, 그들로부터 무엇을 배울 수 있겠습니까? 대학교를 사랑하지 않으면, 대학에 있는 도서관이나 컴퓨터 센터, 여러 가지 동아리 같은 조직이나 시설을 좋아할 수 없는데, 어떻게 대학에서 성공적으로 공부할 수 있고 인간적으로 성장할 수 있겠습니까? 학생들이 가급적 빨리 대학교에 적응하고 대학교를 사랑할 수 있도록 도와야 합니다.

학생들이 대학교를 사랑하지 않으면, 학생들만이 손해를 보는 것이 아닙니다. 학생들이 자기가 다니는 대학교를 사랑하지 않으면, 그 대학교도 유지되고 성장할 수 없습니다. 대학교에서 가장 중요한 구성원인 학생들이 그 대학교를 사랑하지 않는데, 그 대학교가 어떻게 존속할 수 있겠습니까? 학생이 없는 대학교는 상상할 수 없습니다. 그러니까 학생들이 대학교를 사랑하지 않는 것은 개인뿐만이 아니고 대학교와 국가와 인류를 위해서도 불행한 일입니다.

대학생이 자신이 다니는 대학을 사랑하지 않으면, 우선 대학생 자신이 손해입니다. 대학에 다니면서 자기가 다니는 대학을 사랑하지 않으면, 교수들로부터 아무것도 배울 수 없습니다. 자기가 사랑하지도 존경하지도 않는 교수들의 가르침이 귀에 들어 올 수 없기 때문입니다. 실력이 없는 인간으로 사회에 진출하면, 성공적인 사회생활과 성공적인 삶을 살 수 없습니다. 성공적인 삶을 살 수 없으면, 성공적인 가정생활을 할 수 없으며, 사회의 구성단위인 가정이 불행해지면, 사회도 국가도 불행해질 수밖에 없습니다.

대학생이 대학교를 사랑하지 않을 때만 문제가 생기는 것이 아닙니다. 우리가 속해 있는 조직은 여러 가지가 있습니다. 우리는 가족이라는 조직에 속해 있으며, 우리는 어렸을 때는 학교라는 조직에, 어른이 되어서는 직장이라는 조직에 소속되어 있으며, 우리 모두는 국가라는 조직에 소속되어 있습니다. 더 넓게 우리는 인류라는 조직에 소속되어 있습니다.

우리는 우리가 소속되어 있는 조직을 사랑해야 합니다. 우리는 우리가 소속되어 있는 가정을 사랑해야 합니다. 가족의 구성원인 아버지나 어머니 혹은 아들이나 딸이 가정을 사랑하지 않는다면, 가정이 어떻게 되겠습니까? 가족끼리는 대화가 없고, 가정에는 사랑 대신에 싸늘함만이 넘쳐난다면, 가정이 어찌 되겠습니까? 우리는 가족을 사랑하고, 가정을 사랑해야 합니다. 우리는 가족과 가정에 대한 사랑을 통해 가정의 구성원들을 사랑해야 합니다. 부부가 서로 사랑해야 하고, 부모와 자녀 간에 사랑이 있어야 합니다. 형제간에 남매간에 자매간에 사랑이 있어야 하고, 조부모와 일가친척 간에도 사랑이 있어야 합니다. 그래야 가정이 온전해지고, 구성원들도 안정감을 찾아 행복해지고, 사회도 안정됩니다.

우리가 학교에 다니는 학생일 때는 우리가 다니는 학교를 사랑해야 합니다. 우리는 우리가 다니는 유치원도 초등학교도 중학교도 고등학교도 대학교도 사랑해야 합니다. 성현들의 말씀처럼 우리는 어린아이 같이 되어야 합니다. 유치원에 다니는 어린아이들은 늘 명랑하고 자신들이 다니는 유치원에 대해 긍지가 대단합니다. 필자의 손자들도 그들이 다니는 유치원이 세상에서 제일 좋은 유치원이라면서 유치원과 선생님에 대한 자랑이 대단합니다. 유치원도 어린아이들이 유치원과 선생님들에 대해 긍지를 갖고 늘 자랑할 수 있도록 가르쳐야 합니다. 어찌 유치원뿐이겠습니까? 초등학교도 중학교도 고등학교도 마찬가지라고 생각합니다. 학생들이 자기가 다니는 학교를 사랑하고 그 학교와 선생님에 대해 긍지를 가질 때, 개인도 학교도 국가도 세계도 발전할 수 있다고 생각합니다.

우리는 우리가 소속해 있는 조직을 사랑해야 합니다. 자기가 갖고 있는 직업도, 하는 일도 사랑해야 합니다. 그 직장에 다니는 사람이 자기 직장을 사랑하지 않는다면, 그 직장이 어떻게 발전하겠습니까? 현대와 같은 경쟁사회에서는 발전하지 못하면, 망하는 것입니다. 직장이 망하여 문을 닫는다면, 그 직장을 다니던 사람들은 실업자가 되는 것입니다. 우리와 우리가 소속해 있는 조직은 상호보완적이며 상호의존적인 관계를 갖고 있습니다. 우리가 자신이 속해 있는 직장이나 조직을 사랑하지 않으면, 우리는 직장과 함께 공멸하게 됩니다.

우리는 우리가 속해 있는 국가를 사랑해야 합니다. 우리는 우리나라를 사랑해야 합니다. 우리는 자기가 속해 있는 나라를 사랑하고, 나라를 위해 열심히 일해야 합니다. 우리가 조국을 위해 열심히 일하고 사랑하여 조국을 발전시키지 않으면, 조국은 망하게 됩니다. 우리는 조국을 잃었을 때의 슬픔과 고통이 얼마나 큰 것인가를 일제강점기에 경험했습니다. 우리는 이스라엘 사람들이 2000년 동안 나라를 잃고, 세계를 방황하면서 얼마나 고통을 당하는가를 보았습니다. 그들은 한꺼번에 600만 명이 죽는 비극도 경험했습니다. 이스라엘 사람들은 세계 어느 나라 사람들보다 조국을 사랑하며, 조국을 위해 목숨을 바칠 준비가 되어 있는 사람들입니다.

한국에는 한국을 떠나고 싶다는 사람들이 너무 많습니다. 한국인들이 살고 싶은 나라에서 우리나라는 좋은 등수를 차지하지 못했습니다. 여러 나라를 다녀 보고 살았던 노인들은 한국만큼 살기 좋은 곳이 없다고 말하기도 합니다. 젊은이들은 조국의 고마움을 모르는 듯 합니다. 우리는 우리가 소속되어 있는 조국을 사랑해야 합니다. 우리나라가 없어지면, 조국 없는 방랑객이 되어 세계를 헤매게 될 겁니다. 우리는 조국을 사랑해야 합니다. 조국을 위해 학생들은 열심히 공부하고, 공무원은 정직하게 일하고, 선생님은 열심히 학생들을 가르치고, 군인들은 조국을 지켜야 합니다. 그것이 국가의 구성원들이 자기가 속한 나라를 사랑하는 길입니다.

우리는 우리가 소속해 있는 인류라는 조직을 사랑해야 합니다. 우리가 살고 있는 지구를 사랑해야 합니다. 우리는 지구를 위해 녹색운동을 해야 하고, 이산화탄소의 발생량을 줄여야 합니다. 우리는 쓰레기를 함부로 버리지 말고, 산이나 바다가 오염되는 것을 막아야 합니다. 우리가 행하는 자연보호운동과 환경보호운동이 지구를 사랑하는 길이고, 인류와 세계를 사랑하는 길입니다. 우리가 지구를 위해 그러한 운동을 하지 않으면, 남북극의 빙하가 녹아 바닷물의 수위가 높아지고, 결과적으로 태풍과 비가 많아져 우리 인간들이 고통을 받습니다. 바닷물의 수위가 높아지면, 사라져 없어지는 나라도 있다고 합니다. 우리와 지구는 상호보완적이며 상호의존적인 관계에 있습니다.

8_물질적 사랑

요사이 미국에서 버핏과 빌 게이츠가 중심이 되어 자신들의 재산의 대부분을 사회에 환원하는 운동을 하고 있습니다. 그들이 소유하고 있는 재산의 90% 이상을 사회에 환원하겠다는 것입니다. 그들이 갖고 있는 재산의 90%를 환원하고, 10%만 갖는다고 해도 서민에게는 엄청난 재산일 것입니다. 그러나 부자가 자신이 가지고 있는 재산의 90%를 내놓는다는 것은 쉬운 일이 아닙니다. 또한 가족들의 동의도 얻어야 하기 때문에 쉬운 일이 아닐 것입니다.

얼마 전 신문을 보니, 버핏 씨가 중국에 가서 중국에 있는 부자들에게 불쌍한 사람들을 돕기 위해 재산의 일부를 내놓자고 제의하려고 모임을 주선했는데, 많은 사람들이 그 모임에 안 나왔다고 합니다. 사람들은 그 모습을 보고, 중국은 아직 부자들이 그들이 번 돈을 사회에 환원할 정도의 분위기가 조성된 국가가 아니라는 말을 했습니다. 중국의 부자들은 최근에 갑자기 부자가 된 사람들이 많고, 옛날부터 중국 사람들은 돈에 대한 집착이 강해서, 부자들이 재산을 사회에 환원하는 일은 쉽지 않으리라 생각합니다.

필자는 지혜로운 인간의 세 번째 조건으로 사랑을 실천하는 사람이라고 말했습니다. 물론 앞에서 언급한 다섯 분의 성현들이 갖고 있는 공통점이기 때문입니다. 사랑을 실천하는 방법은 자신이 갖고 있는 기술을 무료로 가르쳐 주는 방법도 있고, 설교나 법문을 통해서 하는 방법도 있고, 금전적으로 어려운 사람을 돕는 방법도 있습니다. 최근에는 사람들이 경제적으로 어려운 사람들을 여러 가지 방법으로 돕고 있는 모습을 봅니다. 그러나 가장 일반적인 방법은 돈으로 돕는 것입니다. 부모님이 어려서 돌아가셨거나 사업에 실패했거나 경제활동을 할 수 없게 아프거나 하여 경제적으로 어려운 사람들이 많습니다. 그리고 경제적으로 어려운 사람들은 국내뿐만이 아니고 북한에도, 동남아시아에도, 아프리카에도 많습니다.

우리는 그들이 경제적으로 독립할 수 있도록 기술이나 직장을 마련해 주는 것이 가장 좋은 방법이라고 생각합니다. 물고기를 주는 것보다 물고기를 잡는 방법을 가르쳐 주는 것이 더 좋은 방법이라고 생각합니다. 그래서 많은 사람들이 돈으로 돕기보다는 학교를 다니게 하거나 기술을 배우게 하는 방법으로 가난한 사람들을 돕습니다. 그러나 가난한 사람들이 기술을 배워 직장을 얻기까지는 시간과 돈이 필요하리라 생각합니다.

부자들이 돈을 번 것은 사실상 세상 사람들 덕택입니다. 대기업들은 모두 물건을 생산하여 팔아서 돈을 법니다. 물건을 구입하는 일반 대중이 없이는 기업가가 부를 축적할 수 없습니다. 요사이 대기업은 대규모 마켓이나 백화점을 장악하여 물건을 팔고 있습니다. 대규모 마켓이나 백화점을 이용하는 사람들도 일반대중입니다. 대기업이 요사이는 학원시장도 장악하려고 합니다. 대기업이 무엇을 하든지, 돈을 번 것은 일반 대중 덕택입니다. 일반 시민들이 물건을 사지 않는다면, 대기업의 회장이나 사장들이 부자가 될 수 없었을 것입니다.

대기업이나 중소기업을 운영하는 기업가들이 부자가 된 것은 물건을 구매하는 일반 대중들 덕택입니다. 그렇다면 부자들은 일반 대중들이 어렵고 힘든 일에 처하면, 그들을 도와야 한다고 생각합니다. 기업가들이 일반 대중의 어려움을 외면하면, 일반 대중들도 그 기업가가 운영하는 회사를 외면할 수 있습니다. 첫째는 돈이 없어서 이고, 둘째는 그 기업에 대한 증오심 때문입니다. 제2차 세계대전 후, 세계에 있는 대부분의 나라들이 구매력이 없어 미국의 상품들을 사들이지 못하자, 미국은 가난한 나라에 원조를 해서 그 돈으로 경제를 일으켜 자기 나라 물건을 사들일 수 있게 했습니다. 일반 대중이 가난해서 물건을 살 수 있는 경제력이 없으면 기업들도 망하는 것입니다. 기업가와 일반 대중은 경쟁관계나 배척관계에 있는 것이 아니라 상호보완적이고 상호의존적 관계에 있습니다. 시민들이 불매운동을 하여 망하는 회사를 본 일이 있습니다. 기업가는 대중들을 무시해서는 안 됩니다. 기업가들은 기업 이윤의 일부분을 장학금이나 불우이웃 돕기의 방식으로 구매자들에게 돌아갈 수 있도록 배려해야 합니다.

적선을 한 집안에 좋은 일이 생긴다는 말이 있습니다. 우리는 경주 최씨 집안과 제주도 만덕 할머니의 이야기를 잘 알고 있습니다. 경주 최씨 집안에서 서민들이 어려울 때, 곡식을 나누어 주어 적선한 이야기들은 잘 알려진 이야기입니다. 흉년에는 밭이나 논을 구입하지 않고, 백리 이내의 사람이 굶어 죽지 않게 하고, 객이 집에 들었을 때 융숭하게 대접하는 것이었습니다. 부자가 삼대를 넘기기가 어렵다는데, 경주 최씨 집안의 적선은 몇 대에 걸쳐 부를 유지하고 지주들이 많이 죽은 한국전쟁과 같은 변란도 무사히 넘길 수 있었던 이유라고 생각합니다.

우리가 죽을 때 함께 갈 수 있는 것은 가족도, 친구도, 돈도 아니라는 이야기가 있습니다. 우리가 죽어서 저 세상까지 가지고 갈 수 있는 것은 어려운 사람들을 위해 베푼 '덕德'뿐이라는 것입니다. 이 이야기는

『탈무드』에 있는 말입니다. 이스라엘 사람들은 어려서부터 남을 돕는 교육을 시킨다고 합니다. T.V.의 다큐멘타리 프로를 통하여 평범한 가정에 우리나라의 돼지저금통 같은 것이 여섯 개나 있는 것을 본 일이 있습니다. 그들은 아이들이 어렸을 때부터 남을 돕는 교육을 시킨다고 합니다.

남에게 일어난 일이 나에게도 일어날 수 있다는 이야기가 있습니다. 남에게 일어난 불행한 일은 우리에게도 일어날 수 있습니다. 서양 사람들이 조사한 여러 집안의 가계도를 보면, 집안의 자손들 중에는 성공한 사람도 있지만, 장애우도 있고, 자살한 사람도 있고, 창녀도 있는 것을 보았습니다. 우리에게도 언제 불행한 일이 생길지 모릅니다. 평소에 선행을 하면, 반드시 보답이 옵니다.

한국전쟁 때, 좌파와 우파의 싸움으로 많은 사람들이 죽었습니다. 악덕 지주들이 많이 죽었다고 합니다. 지주 중에는 소작인이나 노비들에게 잔인했던 사람들도 있었고, 사랑으로 선하게 대했던 지주들도 있었습니다. 공산군의 치하에서 악덕 지주들은 소작인이나 노비들의 고발로 인민군들에게 죽었고, 적선을 한 지주들은 소작인이나 노비들이 미리 정보를 주어 다른 지역으로 도망갈 수 있게 해주어 살았다고 합니다. 적선에도 시기가 있는 것 같습니다. 시기를 놓쳐서는 안 됩니다.

윈스턴 처칠과 페니실린을 발명한 플레밍과 이야기는 너무 유명합니다. 윈스턴 처칠이 어렸을 때 물놀이를 하다가 물에 빠져 생명이 위태로울 때가 있었다고 합니다. 그때 플레밍이 처칠의 생명을 구해 주었다고 합니다. 처칠의 부모가 그 사실을 알고, 플레밍에게 소원이 없느냐고 물으니 의과대학에 가고 싶다는 말을 했다고 전합니다. 처칠의 부모는 플레밍이 의과대학에 다닐 때 등록금을 모두 내주었다고 합니다. 플레밍은 의과대학을 졸업한 후에 계속 연구하여 페니실린을 만들었습니다. 처칠은 나중에 폐렴에 걸리게 되는데, 플레밍이 만든 페니실린 덕택에 폐렴에서 살아날 수 있었다고 합니다. 처칠과 플레밍은 서로 은혜에 보답하게 되었습니다.

아무리 부자라도 삼대를 넘기지 못한다는 말이 있습니다. 집안에 아무리 권력이 있고, 재산이 있다고 해도, 삼대를 걸쳐서 유능하고 똑똑한 자손이 이어지기는 어렵기 때문입니다. 할아버지가 부자라면, 아들이 그 권력이나 재산을 유지한다고 해도, 부자의 손자로서 나약하게 자라난 사람이 그 권력과 재산을 지키기는 어렵습니다.

우리는 빈손으로 왔다가 빈손으로 가는 존재입니다. 우리에게 돈이 있을 때 적선해야 합니다. 부자는 어려운 사람을 도와야 합니다. 그래야 돈도 유지되고, 자손들에게 불행한 일이 생기지 않습니다. 우리는 돈을 벌기 위하여 다른 사람에게 원한을 살 일을 하게 되는 경우가 많습니다. 이런 부자들이 살아 있을 때, 선한 행위를 하지 않으면, 자손 중에 누군가가 보복을 당할 수 있습니다. 부자가 어려운 사람을 돕지 않으면, 자손 중에 누군가가 화를 입을 수 있습니다. 자손들을 위해서도 좋은 일을 해야 합니다. 『주역周易』의 말과 같이 적선지가積善之家에는 반드시 경사스러운 일이 생깁니다.

9_원수를 사랑하라

종교의 경전에는 좋은 말씀이 많습니다. 기독교의 성서에도 불교의 경전에도 좋은 말씀이 많습니다. 그러나 필자의 좁은 소견으로는 제대로 이해할 수 없는 말씀이 너무 많습니다. 그리고 의아하게 생각되는 말씀도 많습니다. 그 중에 하나가 "원수를 사랑하라"라는 말입니다. 이 말씀은 기독교의 경전에도 불교의 경전에도 있습니다. 필자는 처음에 기독교의 경전에서 이 말씀을 보고 상당히 이상하게 생각했습니다. 원수를 사랑하다니, 이것이 가능한 일인가? 80세가 넘은 사람도 이런 말을 함부로 할 수 없을 것으로 생각합니다. 80세가 넘은 사람이 "원수를 사랑하라고 말한다면, 사람들은 물을 것입니다. 당신은 원수를 사랑할 수 있느냐"고 물을 것입니다.

유대나라의 율법에는 눈은 눈으로, 이는 이로 갚으라고 되어 있는데도, 예수님은 원수를 사랑하고, 핍박하는 자를 위해 기도하라고 말씀하셨습니다. 필자는 예수님은 민족종교인 유대교를 세계종교인 기독교로 확대발전시킨 사람이라고 생각합니다. 민족적 안목보다는 세계적 안목으로 보면, 원수를 증오하는 것보다는 원수를 사랑하는 것이 옳다고 봅니다. 세계 속의 구성원들은 서로 상보적 관계이지, 서로 원수로 보고 싸워야 하는 존재가 아니기 때문입니다. 그렇다고 해도 원수를 사랑하는 일은 쉽지 않을 것입니다. 필자는 원수를 사랑해야 하는 이유를 찾아 헤맸습니다. 필자 다음 세 가지 관점에서 원수를 사랑해야 한다고 생각합니다.

첫째로 원수를 사랑해야 하는 이유는 원수는 은인이기 때문입니다. 원수는 고마운 분입니다. 원수는 우리가 발전할 수 있는 계기를 마련해 준 사람입니다. 우리의 원수는 우리 주변에 있습니다. 우리와 멀리 있거나 우리와 관계가 없는 사람은 원수가 되지 않습니다. 우리의 원수는 주로 같은 분야나 같은 직장에서 경쟁 관계에 있는 사람입니다. 사실상 우리가 원수라고 부르는 사람은 우리의 경쟁자입니다. 경쟁자를 미워하면, 원수가 되지만 선의의 경쟁자라고 생각하면, 우리가 발전할 수 있는 계기를 마련해 준 고마운 은인입니다.

우리가 원수로 생각하는 사람에는 몇 가지 유형이 있습니다. 첫째로 우리의 가슴에 못을 박는 말을 한 사람을 꼽을 수 있습니다. 둘째로 우리의 인생길에서 성공을 방해한 사람을 들 수 있습니다. 다른 사람이 우리의 약점을 가지고 말을 하면, 우리의 가슴에 못이 박히게 됩니다. 우리에게 육체적 장애가 있을 때, 그것을 가지고 욕을 한다면, 우리의 가슴에 못이 박힐 것이고, 오랜 동안 원수로 생각할 것입니다. 다른 사람이 우리의 약점, 즉 공부를 못한다거나 가난하다거나 사회적으로 출세를 하지 못한 것을 가지고, 우리에게 심한 말을 한다면 그것은 마음의 상처가 되고 상대방을 원수로 생각할 것입니다. 그런데 문제는 우리가 원수로 생각하는 사람이 하는 말이 틀린 말이 아니라는 사실입니다. 그리고 우리의 가슴에 못을 박는 말은 사실이면서 동시에 우리의 약점입니다. 상대방이 우리의 약점을 가지고 말할 때, 우리에게 상처가 되고, 우리는 그 사람을 원수로 생각하는 것입니다. 역으로 말하면 우리는 상대방에게 원수가 되지 않으려면, 상대방의 약점을 가지고 말하지 말아야 합니다. 맞는 말이지만, 상대방에게 상처가 되기 때문입니다.

원수가 한 말은 맞는 말입니다. 우리가 원수로 생각하는 사람이 우리에게 능력이 없는 인간이라고 말했다면, 어느 정도는 맞는 말입니다. 아니 땐 굴뚝에서 연기가 날 까닭은 없는 것입니다. 우리가 비록 그 말을 그대로 수용할 수 없더라도, 그런 말을 듣고 분발해서 노력한다면, 원수는 좋은 충고를 해준 은인이 될 수 있다고 생각합니다. 심지어는 우리의 약점을 물고 늘어져서 중상모략을 하면서 공격을 하는 사람도 있습니다. "콤플렉스는 힘이다"라는 말이 있습니다. 우리가 우리의 콤플렉스를 극복하기 위해 노력하다가 오히려 그 분야에 전문가가 되는 사람이 많습니다. 장애우 가운데 유명한 사람이 많습니다. 그 중에 상당수는 육체적 장애를 극복하려고 노력하다가, '인간 승리'라는 측면에 매스컴을 타고, 책을 쓰고 하다가 유명해진 사람입니다. 육체적 장애가 그 사람을 유명한 사람으로 만든 계기가 된 경우입니다. 우리의 단점을 극복하기 위해 노력하다 보면, 오히려 그 분야에 더 성공한 전문가가 되는 것입니다.

우리에게 또 다른 면에서 원수가 되는 사람은 우리의 성공을 방해한 사람입니다. 우리가 정치적으로 경제적으로 학문적으로 성공하려는 것을 방해한 사람입니다. 그 사람들도 우리의 은인입니다. 그 사람들은 우리의 성공을 방해한 사람이기도 하지만, 다른 방향으로 보면 선의의 경쟁자이기 때문입니다. 그리고 그들이 방해를 했기 때문에 그들을 넘어서서 가려했기 때문에 그들의 방해는 오히려 성공에 도움이 되었다고 생각합니다. 그러니 방해자도 우리의 은인입니다. 우리는 혼자 하면 크게 성공할 수 없습니다. 서로 경쟁하는 경쟁자와 방해자가 있어야 크게 성공할 수 있고, 우리의 능력도 크게 향상될 수 있습니다. 그런 의미에서 원수는 또한 은인이기도 합니다.

둘째로 원수는 실체가 없는 것입니다. 원수는 존재하지 않는 것입니다. 우리는 실체도 없는 다시 말해서 존재하지도 않는 원수를 미워하는 것입니다. 우리는 우리에게 피해를 주거나 마음의 상처를 준 원수가 미워서 지금까지 기억하고 있지만, 정작 우리가 원수라고 생각하고 있는 사람은 자기의 입장에서는 맞는 말을 했고, 올바른 행동을 했다고 생각하기 때문에 우리에게 상처를 준 원수는 우리에게 상처와 괴로움을 준 사실을 모릅니다. 그런데 그가 우리가 그를 원수로 생각하고 있는 사실을 알겠습니까? 우리가 그에게 "이 원수야"라고 말한다면, 원수는 우리에게 좋은 충고를 해주었는데, 고마워하지 않고 원망을 하느냐고 화를 낼 것입니다.

우리는 우리에게 마음의 상처를 주었거나 피해를 준 사람을 원수라고 생각하고 있지만, 우리가 원수라고 생각하고 있는 그 사람은 우리가 그런 생각을 하고 있다는 사실을 모릅니다. 그러니까 짝사랑을 받는 사람이 누가 자기를 사랑하는지 모르듯이, 원수는 우리가 그를 원수로 생각한다는 사실을 모르는 것입니다. 우리만 혼자 그를 원수로 생각하고 있는 것입니다. 상대방은 우리가 그를 원수로 생각한다는 사실을 모르니, 원수의 실체는 없는 것입니다. 우리만 혼자 일방적으로 그를 미워하다가 마는 꼴이 되는 것입니다.

어떤 모임에서 남자 어른들에게 부모님에 대해 무엇을 가장 잘 기억하고 있는가를 물었는데, 어른들은 "이 공부 못하는 놈아"라고 야단치던 일이라고 말하는 것을 보았습니다. 부모님들은 당연히 맞는 말을 했다고 생각했기 때문에 모두 잊었을 겁니다. 더욱이 부모님들은 자식을 사랑해서 한 말이기 때문에 모두 잊었습니다. 그러나 야단을 맞을 때마다 상처를 받은 자식들은 기억하고 있는 것입니다. 우리에게 상처를 준 사람도, 우리의 자존심을 상하게 한 사람도, 그들은 우리에게 맞는 말을 했다고 생각하기 때문에 우리에게 그런 말을 했다는 사실조차 기억하지 못하는 것입니다. 다시 말하지만 우리는 원수를 미워하지만, 원수의 실체는 존재하지 않습니다. 원수는 우리에게 한 말이나 행동을 모두 잊고 삽니다. 원수가 우리에게 상처를 줄 때는 우리의 문제점을 지적

하는 고마운 일을 했다고 생각한 후에 모든 것을 잊는 것입니다. 다시 말하지만, 원수의 실체는 없는 겁니다.

셋째로 우리가 원수를 사랑해야 하는 것은 원수를 증오하는 것은 건강에 나쁘기 때문입니다. 원수를 미워하는 것이 내게 도움이 된다면, 미워할 수도 있겠지만, 상대방을 미워하는 것은 내게 손해가 됩니다. 상대방을 미워하면 스트레스를 받게 되고, 스트레스를 받으면 건강을 해치게 됩니다. 현대인의 병이나 암의 가장 큰 원인은 스트레스라고 합니다. 원수를 사랑한다는 것은 매우 어려운 일입니다. 그러나 원수를 증오하는 것보다 원수를 사랑하는 것이 내 몸에 좋다면, 할 수 있다고 생각합니다. 세상의 모든 사람을 사랑해야 합니다. 우리가 누구를 증오하면 우리의 건강에도 나쁘고, 인간관계를 맺거나 유지하는 데도 나쁩니다.

우리는 누군가를 미워하면 스트레스를 받습니다. 그리고 누군가를 미워하면 미움을 받는 사람이 고통을 받는 것이 아니라 미워하는 사람이 고통을 받습니다. 스트레스가 우리에게 얼마나 나쁜지는 누구나 알고 있는 사실입니다. 원수를 사랑해야 하는 셋째 이유는 우리를 위해서입니다. 우리의 건강을 위해서입니다. 건강을 잃으면 모든 것을 잃는 것입니다. 우리의 모든 것을 잃으면서 실체도 없는 원수를 미워할 필요는 없습니다. 우리는 우리 자신을 위해서 '원수'를 사랑해야 합니다.

결론적으로 말해서 우리는 원수를 사랑해야 합니다. 원수는 우리의 문제점을 지적해 준 은인입니다. 그리고 원수는 실체가 없는 것이기 때문에 미워해도 아무 소용이 없습니다. 실체가 없는 것을 미워해서 우리에게 무슨 이득이 돌아오겠습니까? 마지막으로 우리의 건강을 위해 원수를 사랑해야 합니다. 실체도 없는 원수를 미워하면, 우리의 건강만 해치고 수명만 단축시키는 것이 되리라 생각합니다.

실제로 원수를 사랑한 분이 있습니다. 기독교인이면 대부분이 아는 손양원 목사입니다. 손양원 목사님은 1902년에 태어나서 1950년에 49

세로 순교하신 분입니다. 손양원 목사님의 두 아들인 동인(25세), 동신(19세)은 1949년에 있었던 여순반란 때 공산주의자인 안재선 씨에 의해 총살당해 죽었습니다. 손양원 목사님은 재판정에서 자신의 두 아들을 죽인 안재선 씨를 선처해 줄 것을 청하여 살려내고, 양자로 삼았습니다. 그리고 손양원 목사는 아들 장례식에서 아들이 순교할 수 있게 해주신 것에 대해 하나님께 아홉 가지 이유를 들어 감사하고, 그 주일에 목회자로서 한달 생활비가 80원 정도였는데, 감사 헌금으로 1만원을 내셨다고 합니다. 아홉 가지 감사의 말씀을 소개하면 다음과 같습니다.

1) 첫째 나 같은 죄인의 혈통에서 순교의 자식들이 나오게 하셨으니 감사합니다.
2) 둘째 허다한 성도들 중에서 이런 보배를 나에게 주셨으니 감사합니다.
3) 셋째 3남 3녀 중에서도 가장 아름다운 두 아들 장자와 차자를 바치게 된 나의 축복을 감사합니다.
4) 넷째 한 아들의 순교도 귀한데 하물며 두 아들의 순교에 대해 감사합니다.
5) 다섯째 예수를 믿다 죽어도 복인데, 전도하다 총살 순교를 당함을 감사합니다.
6) 여섯째 미국 유학 가려 준비하던 아들이 미국보다 더 좋은 천국에 가게 하셔서 감사드립니다.
7) 일곱째 두 아들을 총살한 원수를 회개시켜 아들 삼고자 하는 마음을 주심을 감사합니다.
8) 여덟째 두 아들의 순교로 말미암아 무수한 천국의 아들들이 생겨질 것을 믿고 감사합니다.
9) 아홉째 이 같은 역경 속에서 감사와 여유 있는 믿음을 주심을 감사합니다.

10_사랑은 모든 문제의 답

필자는 때때로 예수님은 인간이 가지고 있는 모든 번뇌망상과 문제들을 단번에 해결할 수 있는 방편으로 사랑을 제시한 분이라고 생각하곤 합니다. 모든 문제의 답은 사랑이라는 것입니다. 우리는 생로병사를 겪으면서 많은 번뇌망상과 문제들을 만납니다. 우리가 만나는 문제들을 해결하려는 자세에는 여러 가지가 있습니다. 자기 자신만을 믿고 자신의 능력으로 해결하려는 사람도 있고, 하나님이나 부처님 같은 절대자에게 의존하려는 사람도 있는데, 예수님은 우리가 만나는 모든 문제를 해결할 수 있는 것은 사랑이라고 믿었던 분이라고 생각합니다. 무거운 짐진 자들아 내게로 오라고 말씀하신 예수님은 사랑으로 다른 사람들의 무거운 짐을 가볍게 한 분이라고 생각합니다.

예수님의 탁월한 안목은 자기 자신이 하나님의 아들이며, 동시에 하나님이라는 사실을 깨달은 것뿐이 아니고 세상의 문제를 해결하는 방법으로 '사랑'을 제시한 것이라고 생각합니다. 예수님은 구약이 가지고 있는 내용도 간단히 하나님 사랑과 이웃 사랑으로 요약하시고, 예수님은 산상수훈에서 그것을 더욱 간단히 줄여서 너희가 대접받고 싶은 대로 대접하는 것이라고 말했습니다. 그리고 요한 사도가 요한 1서에서 '하나님은 사랑이심이니라.'라고 말씀하신 것도 사랑이 모든 문제의 답임을 말하는 것이라고 생각합니다. 왜냐하면 하나님은 만물을 창조하고 섭리하시는 분이라 모든 문제의 답이 되기 때문이라고 생각합니다.

그럼 실제로 우리가 가지고 있는 문제들을 사랑으로 해결할 수 있는 것인가요? 앞에서 우리는 도道의 본질은 사랑이라는 말도 했고, 사랑의 본질은 역지사지易地思之하는 것이라는 말도 했고, 조건 없는 무조건적인 사랑의 귀중함을 이야기하기도 했습니다. 헬라 문화의 핵심을 알고 행하는 것이고, 히브리 문화의 핵심은 행하고 아는 것이라고 합니다. 우리가 가지고 있는 문제들을 사랑으로 해결할 수 있는지 알아 봅시다.

앞에서 우리는 인간들이 가지고 있는 문제들을 개인의 문제, 가정의 문제, 사회와 국가의 문제, 인류의 문제 등으로 나누어 생각했습니다. 첫째로 개인의 문제로 대두된 것은 자기 자신이 누구인지 모른다는 것과 인생의 목표가 없다는 것이었습니다. 사랑으로 이 두 가지 문제를 해결할 수 있는 것인가요? 우리가 어떤 대상을 알기 위해서는 대상을 사랑해야 합니다. 아는 만큼 보이고 사랑하는 만큼 보인다는 이야기가 있습니다. 우리 자신의 정체성을 알기 위해서는 우리 자신을 사랑해야 합니다. 사랑해야 자세한 부분까지 관심을 갖게 되고, 사랑해야 알고자 하는 의욕이 생깁니다. 예수님은 '네 자신을 사랑하라'라고 말하지는 않았지만, "이웃 사랑하기를 네 몸을 사랑하듯이 하라."라는 말씀에서 자기 자신을 사랑하라고 말씀하고 있습니다. 모든 사랑에 대한 출발점은 자기 자신에 대한 사랑입니다. 개인의 문제로 대학생들이 자기 자신이 누구인지 모른다는 말을 했는데, 우리가 자기 자신이 누구인지 아는 것은 자기 자신을 사랑하는 데서 출발해야 한다고 생각합니다. 자기 자신을 사랑해야 자기가 존귀하고 가치 있는 존재인지 알 수 있고, 자기 자신의 세밀한 부분까지 신경을 쓰게 되리라 생각합니다. 자기 자신을 사랑하지 않으면, 자기 자신에 대해 관심을 갖지 않아 자기의 정체성을 알 수 없을 뿐만 아니라 자포자기하여 자살을 하는 일도 생길 수 있습니다. 우리의 친구나 이성異性 친구와 직장 동료와의 문제도 사랑으로 해결할 수 있습니다.

자기 자신이 누구인지 아는 것도 자기 자신에 대한 사랑에서 시작하지만, 자기의 인생 목표를 세우는 것도 자기 자신에 대한 사랑에서 시작된다고 생각합니다. 자기 자신을 사랑하여 자기가 세상에서 유일한 존재이며, 훌륭한 존재라는 것을 알아야 거기에 걸 맞는 인생의 계획을 세울 수 있는 것이 아니겠습니까? 자기 자신을 사랑하여 자기 자신이 누구인지 알 때, 자기에게 맞는 인생계획을 세울 수 있습니다. 우리가 인생의 어떤 목표를 세웠다고 해도, 자기 자신과 그 목표를 사랑해야 목표를 달성하기 위해 열심히 노력할 수 있습니다. 자기 자신에 대한 사랑을 통해 자존감이 있어야 인생의 목표를 달성할 수 있다고 생각합니다.

둘째로 가정의 문제는 가정이 화목하지 못하고, 대화가 없다는 것입니다. 간단히 말해서 사랑이 없는 가정이라는 것입니다. 사랑이 넘치는 가정이 되기 위해서는 사랑으로 출발하는 가정이 되어야 합니다. 사랑이 사랑을 낳는다고 합니다. 어릴 때부터 사랑을 받아 본 사람이 사랑을 할 수 있습니다. 남녀가 만날 때, 사랑으로 만나야 그들이 만드는 가정도 사랑이 넘치게 될 것입니다. 남녀가 만나 결혼을 할 때, 사랑으로 시작하지 않고, 남자가 어떤 직업을 가졌으며, 여자네 집에 돈이 얼마나 있는 것을 기준으로 만났다면, 그 가정이 불행해지리라는 것은 뻔한 일입니다. 남녀가 사랑보다는 부모의 돈과 사회적 지위로 결혼한다면, 그 가정에 사랑이 넘칠 이유가 없습니다. 아버지와 어머니 사이에 사랑이 없는데, 부모와 자식 간에 화목하고 대화가 넘칠 수는 없습니다. 그들은 의무적으로 해야 하는 돈 이야기나 하고 늘 말이 없으리라고 생각합니다. 그렇게 되면 자식들의 눈에 화목하지 않고, 대화가 없는 가정으로 보이는 것은 당연하다고 생각합니다.

화목하고 대화가 있는 가정을 만들기 위해서는 가정의 구성원들이 서로 사랑하고 상대방에 대해 관심을 가져야 합니다. 가정의 구성원들이 서로 역지사지하여 상대방의 고민을 이해하고, 고민들을 털어놓고 대화하여야 합니다. 역지사지하며 서로 고민과 어려움을 털어놓고 대화하여 이해하게 된다면, 화목한 가정이 되고, 대화가 넘치는 가정이 될 수 있다고 생각합니다.

셋째로 사회와 국가의 문제로는 갈등을 들었습니다. 남한과 북한 간의 갈등, 좌파와 우파의 갈등, 부자와 가난한 자의 갈등, 지역갈등과 세대갈등이 있습니다. 우리 사회는 무수히 많은 갈등으로 이루어져 있습니다. 사회가 가지고 있는 갈등의 문제도 사랑으로 풀 수 있다고 생각합니다.

사랑은 세상을 새로운 존재료 만듭니다. 사랑은 사회가 가지고 있는 문제의 해답입니다. 사랑은 변화를 창조합니다. 사랑은 정직을 낳습니다. 정직은 사회를 개혁하고 업그레이드시킵니다. 사랑은 사람이나 세상의 모습을 바꿉니다. 사랑의 본질은 역지사지(易地思之)하는 것이라고 말했는데, 역지사지하면 상대방을 인정하고 상대방을 받아들이게 됩니다. 상대방을 인정하면, 갈등은 풀리고 양자의 관계는 새로운 경지로 가게 됩니다. 상대방을 인정하지 않을 때, 남북갈등도, 이념갈등도, 지역갈등도, 세대갈등도 지속됩니다.

넷째로 인류의 문제는 전쟁과 테러 그리고 기아와 질병 그 외에 환경 문제 등을 말했습니다. 전쟁과 테러를 해결하는 가장 좋은 방법은 역지사지하여 상대방의 입장을 고려하여 전쟁과 테러를 일으키지 않는 것이라고 생각합니다. 제1차 세계대전, 제2차 세계대전, 베트남 전쟁, 한국 전쟁, 아프카니스탄 전쟁, 이라크 전쟁 등 모든 전쟁이 상대방의 입장은 생각하지 않고, 자기 나라의 이익만을 위하여 전쟁을 일으켰다가 모두가 불행해진 전쟁이었습니다.

　기아와 질병의 문제도 마찬가지입니다. 기아와 질병의 문제는 대부분 가난한 나라에서 일어나고 있습니다. 선진국들이 전쟁이나 국방에 사용하는 경비를 절약하여, 사랑하는 마음으로 아프리카나 동남아시아나 북한의 기아와 질병의 문제를 해결하기 위해 돈을 사용한다면, 기아와 질병의 문제는 많이 해결될 것입니다. 세계 10대 국가의 국방예산이면, 가난한 나라의 기아와 질병의 문제를 해결하고도 남으리라고 생각합니다.

　환경의 문제도, 인간이 자연을 사랑할 때, 해결될 수 있다고 생각합니다. 인간들은 자연을 개발한다는 미명 하에 자연을 훼손하고 있습니다. 인간들이 자연을 훼손하여 짐승들이 살 수 없는 곳이 된다면, 인간도 살 수 없는 세상이 될 것입니다. 인간들은 물과 같은 자연자원을 절제 없이 사용하고 있으며, 산과 바다와 강 같은 자연을 오염시키고 있습니다. 우리가 자연을 사랑한다면, 자연을 함부로 오염시키지 않을 것입니다. 지구는 우리뿐이 아니라 자손들도 살아야 하는 사용해야 할, 삶의 터전임을 잊어서는 안 됩니다.

　결론적으로 사랑은 모든 문제의 답입니다. 단지 우리가 사랑으로 개인의 문제나, 집안의 문제나, 사회의 문제나, 인류의 문제를 해결하려고 노력하지 않기 때문에 문제들이 해결되지 않는 것입니다. 자기의 이익만을 생각하고 상대편의 입장을 생각하지 않기 때문에 문제들이 풀리지 않는 것입니다. 우리가 상대방과 입장을 바꿔 생각하여, 상대방을 사랑하고 생각하는 것이 모두가 함께 사는 길입니다. 우리는 함께 살아야 합니다. 우리는 상보적 관계에 있으며, 상호보완적 관계에 있습니다. 우리는 서로 사랑하여 공생하여야 합니다.

에필로그

1_정신적으로 완전한 자유인

2_행복한 사람

에필로그

필자는 이 책의 제목과 목차를 여러 번 바꿨지만 결론적으로 지혜로운 인간의 세가지 조건은 첫째로 자기 자신이 누구인지 아는 사람, 둘째로 분별심이 없는 사람, 셋째는 사랑을 실천하는 사람이라는 결론을 내렸습니다. 그리고 인생의 목표를 세우는 것은 자기 자신이 누구인지 제대로 아는 사람이 가질 수 있는 지혜의 열매이며, 정신적으로 자유로운 인간이 되는 것은 대상에 대해 분별심을 갖지 않고, 사랑을 실천하는 사람이 지혜의 열매로서 갖게 되는 결과라고 생각하게 되었습니다. 또 하나의 다섯 분의 성인들이 갖고 있는 공통점으로 자기 자신과 자기가 믿는 대상에 대한 굳센 믿음을 들 수 있겠으나, 종교적인 광신도 중에 지나친 믿음으로 주위에 피해를 주는 사람이 있어서 지혜로운 인간의 조건에서 제외했습니다.

결과적으로 보면 지혜로운 인간의 첫째 특징인 자기 자신이 누구인지 아는 인간은 철학과 문학과, 심리학이 주는 지혜이며, 둘째 특징인 분별심을 갖지 않는 인간과 셋째 특징인 사랑을 실천하는 인간은 종교가 주는 지혜라고 생각합니다. 특별히 구분하면, 분별심이 없는 인간은 불교가 주장하는 것이고, 사랑을 실천하는 것은 기독교와 이슬람교가 주장하는 것이라고 생각합니다. 그러나 기독교와 이슬람교도 분별심을 갖지 말 것을 주장하고, 불교도 사랑을 실천할 것을 주장합니다.

모든 학문은 인간이란 무엇인가에서 출발해서 인간이란 무엇인가로 끝나는 것이라고 생각합니다. 인간들은 수천 년 동안 인간이란 무엇인가에 대해 연구했지만 결론을 내리지 못했습니다. 석가모니 부처님은 6년 동안 수도하여 연기법을 깨달아 연기론적으로 볼 때, 우주의 삼라만상이 한 몸임을 알게 되어 분별심을 가져서는 안 된다는 것을 깨달았습니다. 그러나 이것을 제대로 실천하는 사람을 보기는 너무 힘듭니다. 자신이 하나님의 아들임을 깨달은 예수님은 하나님 안에서 우리 모두가 한 가족임으로 서로 사랑해야 함을 깨달았습니다. 자신이 진짜 선지자임을 깨달은 무함마드는 알라 안에서 모두가 한 형제와 자매이며 남매임으로 서로 사랑해야 함을 깨달았습니다.

지혜의 세 가지 조건은 모두가 실천하기 힘든 일입니다. 자기 자신이 누구인지 알기도 어렵고, 사람이나 상황을 분별심 없이 대한다는 것도 어려운 일입니다. 사랑을 말로는 하기 쉬우나 실천한다는 것도 어려운 일입니다. 그러나 오늘날 우리의 모습이 다른 사람과 관련 없이 된 것이 하나도 없다고 생각하면, 자기 자신에 대한 이해도, 분별심을 갖지 않는 일도, 사랑을 실천하는 일도 한결 쉬워지리라 생각합니다. 좀 더 쉽게 말해서 오늘날의 우리가 다른 사람의 덕택으로 된 것을 안다면, 자기 자신에 대한 이해도, 분별심을 갖지 않는 것도 사랑을 실천하는 것도 한결 쉬워지리라 생각합니다.

성공한 사람들이 갖고 있는 것은 돈이나 권력이나 지식이나 명예입니다. 이 네 가지 어느 것도 다른 사람의 도움 없이 갖게 된 것이 없습니다. 어떤 기업가가 돈을 많이 벌었다고 해도, 다른 사람들이 물건을 사주지 않았다면 부자가 될 수 없었을 것입니다. 혹자 권력을 갖게 되었다고 해도 국민이, 시민이, 도민이, 읍민이 뽑아 주지 않았다면 권력을 갖지 못했을 것입니다. 어떤 사람이 지식을 많이 갖게 되었다고 해도, 누군가가 학교를 세우고 지식을 전해 주는 체계와 선생님이 없었다면 지식이 많은 사람이 되지 못했을 것입니다. 인기와 명예를 가지고 있는 연예인이라고 해도, 그 연예인을 사랑하고 좋아하는 팬들이 없었다면 명예가 있는 인기인이 되지 못했을 것입니다. 결국 우리가 가진 자가 된 것은 이웃사람 덕택입니다. 그러므로 우리는 가진 자라고 교만하지 말고, 자기 자신이 누구인지 바로 알아 분별심을 갖지 말고 사랑을 실천해야 하는 것입니다.

결론적으로 지혜로운 인간으로서 모습을 갖추려면, 자기 자신이 누구인지 바로 알아야 하고, 어떤 사람을 대하거나 어떤 상황에 처하거나 차별심과 분별심을 가지 말아야 하며, 불쌍한 사람들을 위해 물질이나 기술이나 지식을 나누어 주는 사랑을 실천해야 합니다. 그러나 이 세 가지를 실천한다는 것은 너무나 어려운 일입니다. 인류 역사 속에서 이 세 가지를 실천한 사람은 극히 드뭅니다. 그러나 이 세 가지를 제대로 실천하게 되면 자기 인생의 목적을 바로 세울 수 있고, 정신적으로 자유로운 인간이 될 수 있습니다. 인생의 목적을 바로 세운다는 것은 다른 사람과 인류를 고려하여 목적을 세운다는 것이고, 성공적으로 목표를 달성할 수 있게 세운다는 것입니다. 정신적으로 자유로운 인간이 된다는 것은 종교의 최종 목표인 구원과 깨침을 이루어 정신적으로 자유로운 인간이 되어, 언제나 감사하고 기뻐하고 자족하는 행복한 인간이 된다는 것을 말하는 것입니다.

필자는 처음에 인간들이 가지고 있는 문제들을 제시하고, 이런 문제들을 해결하는 방법으로 '지혜'를 말했습니다. 그리고 '지혜'를 찾아 기나긴 여행을 했습니다. 그리고 지혜로운 인간의 세 가지 조건을 제시했습니다. 남은 문제는 지혜로운 인간의 세 가지 조건이 개인과 가정과 국가와 인류가 가지고 있는 문제를 해결할 수 있느냐 하는 것과 지혜로운 인간의 조건을 갖춘 사람이 결국 어떤 인간의 모습이 되느냐 하는 것입니다.

첫째로 현대인의 개인문제로 자기정체성을 모르는 것과 인생의 목적이 없는 것을 들었습니다. 젊은 사람들이 자기정체성에 대한 확신이 없다는 것입니다. 누가 한국의 젊은이에게 당신은 어떤 사람이냐고 물었을 때, 대답을 할 수가 없다는 것입니다. 이 문제는 제1장 자기 자신이 누구인지 아는 사람이라는 장章에서 해결할 수 있다고 생각합니다. 그리고 기독교와 이슬람교와 불교가 인간의 자기정체성에 대해 말하는 것에서도 답을 얻을 수 있다고 생각합니다. 목표가 없는 삶을 사는 문제도 제1장에 있는 '인생의 목적이 있는 사람'에서 해결할 수 있다고 생각합니다.

둘째로 가정의 문제를 봅시다. 가정의 가장 큰 문제는 화목하지 못한 것입니다. 사랑이 없는 가정이라는 것입니다. 그리고 가족 간에 대화가 없다는 문제였습니다. 가족 간에 사랑이 없으니까, 대화가 없는 것은 당연합니다. 제3장 사랑을 실천하는 사람에서 사랑은 역지사지易地思之하는 것이라고 말했습니다. 가족들이 서로 입장을 바꿔서 생각하면, 가족들이 상대방이 그럴 수밖에 없는 이유를 알 수 있을 것입니다. 서로 입장을 바꿔 생각하여 상대방이 하는 행동의 이유를 안다면, 화목한 가정이 될 수 있을 것입니다. 제2장의 '올바른 언어생활'에서 나오는 것처럼 서로 칭찬하고 감사하는 말로 대화를 나눈다면, 가정의 문제는 해결될 것입니다.

셋째로 사회와 국가의 문제를 봅시다. 사회와 국가의 가장 큰 문제는 갈등입니다. 우리나라에는 남북갈등, 이념갈등, 지역갈등, 세대갈등 등 많은 갈등이 있습니다. 갈등의 원인은 자기 집단의 이득만 추구하는 집단이기주의가 원인입니다. 집단이기주의는 사랑으로 풀어야 할 것입니다. 상대방을 생각하는 이타주의는 제3장 사랑을 실천하는 사람에서 보면 해답이 나올 수 있습니다. 특별히 세대 간의 갈등은 '효'의 의미를 생각하고, 모든 종교와 사상이 '효'를 중요시하고 있다는 사실을 알면, 달라지리라 생각합니다.

그리고 집단이기주의가 직접적으로 우리의 감정을 상하게 하고, 상대방에게 적대감을 갖게 하는 것은 분별심을 갖기 때문입니다. 자기나 자기가 속해 있는 집단은 우월하고, 상대방은 자기만 못하다는 생각에서 나오는 것입니다. 남북 간의 갈등도 북한은 북한대로 자기들의 체제가 우수하다고 주장하고, 남한은 남한대로 자기들의 체제가 우수하다고 주장하는 데서 옵니다. 세대갈등도, 이념갈등도, 지역갈등도 - 모두가 자기가 우수하고 상대방은 열등하다고 생각하는 데서 옵니다. 제2장

분별심이 없는 사람에서 나오는 것처럼, 이 세상에는 더 우수한 사람도 부족한 사람도 없습니다. 모두가 자기 나름대로의 가치를 지니고 있습니다. 그러한 사실을 깨닫고 상대방을 존중하는 마음으로 대한다면, 상당히 많은 갈등의 문제들이 해결되리라 생각합니다.

넷째로 세계 전체의 문제입니다. 세계 전체의 문제 중에 대표적인 것은 전쟁과 테러 그리고 기아와 질병의 문제였습니다. 그 외에 환경문제도 있었습니다. 이 모든 문제는 제3장 사랑을 실천하는 사람에서 말하는 것처럼 사랑으로 해결할 수 있다고 생각합니다. 세계 각국의 지도자들이 인류를 진심으로 사랑하는 마음이 있다면, 이렇게 전쟁과 테러를 계속하지는 않으리라고 생각합니다. 정치 지도자들이 전쟁과 테러에서 오는 개인과 그 가족의 슬픔을 조금이라도 생각한다면, 이렇게 전쟁과 테러를 많이 일으킬 수 없습니다. 전쟁에 들어가는 비용을 아껴 가난한 사람들에게 제공한다면, 기아와 질병의 문제는 많이 해결될 수 있을 것입니다.

그리고 환경문제도 인간과 자연에 대한 분별심을 갖지 말고, 자연을 사랑한다면, 환경문제도 많이 개선될 것입니다. 자연과 인간을 둘로 분별해서 보면 안 됩니다. 자연과 인간은 하나입니다. 자연이 죽으면 인간도 죽고, 자연이 살면 인간도 삽니다. 자연과 인간은 상호보완적 관계에 있는 것입니다. 우주만물은 한 몸이며, 한 가족입니다. 어느 한 가지가 살면, 다 함께 살고, 다른 한 가지가 죽으면 모두 함께 죽게 됩니다.

우리는 지금까지 지혜로운 인간의 세 가지 조건과 그 조건으로 개인과 가정과 국가와 인류가 가지고 있는 문제를 해결하는 방법에 대해 이야기했습니다. 우리가 지혜로운 인간의 세 가지 조건을 이용하여 인간이 가지고 있는 문제들을 해결할 때, 정신적으로 자유로운 인간이 되고, 행복한 인간이 되리라 생각합니다. 다시 말해서 에필로그로 '정신적으로 완전한 자유인'과 '행복한 인간'에 대해 생각하고자 합니다.

1_정신적으로 완전한 자유인

우리가 세상을 사는 목적은 정신적으로 완전한 자유인이 되는 것이라고 말할 수 있습니다. 정신적으로 완전한 자유인은 기독교적으로는 구원을 받은 인간의 모습이고, 불교적으로는 깨쳐서 번뇌망상에서 벗어난 인간의 모습이라고 볼 수 있습니다. 예수님은 진리가 너희를 자유케 하리라고 말씀하셨는데, 기독교적으로는 예수님을 믿고 구원을 받는 것이고, 불교적으로는 부처님의 말씀을 배우고 알아 실행함으로써 깨침의 경지에 들어가는 것입니다. 또 다른 방법으로 필자는 앞에서 언급한 세 가지, 즉 자기 자신이 누구인지 알고, 분별심을 갖지 않으며, 사랑을 실천함으로써 정신적으로 자유로운 경지에 도달할 수 있다고 말하고 싶습니다.

보통사람은 지혜로운 인간의 세 가지 조건을 만족시키기 어렵습니다. 어떤 의미에서 보통사람이 세 가지 조건을 만족시키기는 불가능하다고 말할 수 있습니다. 누가 자기 자신이 누구인지 제대로 알겠습니까? 나이가 70이나 80이 된 노인들도 자기 자신의 처지를 모르고 행동하는 경우가 흔합니다. 누가 부자나 가난한 사람이나 똑같이 대할 수 있겠습니까? 교회나 절의 성직자들도 제대로 못합니다. 누가 불행과 행복을 분별심 없이 대할 수 있겠습니까? 누구나 말은 쉽게 하지만, 행동으로 옮기는 사람은 보기 힘듭니다. 누가 예수님처럼 자기 몸을 희생의 제물로 바쳐 다른 사람을 사랑할 수 있겠습니까? 우리는 우리의 목숨은 고사하고 가지고 있는 재물도 다른 사람을 위해 제대로 내놓지 못합니다.

어떤 의미에서 지혜로운 인간의 세 가지 조건을 제대로 실천하는 사람은 없습니다. 예수님이나 석가모니 부처님이나 무함마드 같은 분이나 가능한 일입니다. 그래서 지혜는 인간의 속성이 아니라 신의 속성이라고 말했는지 모릅니다. 그리고 옛날부터 신만이 지혜롭다고 말했는지 모릅니다. 우리는 예수님이나 석가모니 부처님이나 무함마드가 만든 종교를 믿고 그들의 가르침을 따른다면, 지혜로운 인간에 가까이 갈 수 있다고 생각합니다. 우리 개인의 이성이나 능력으로는 거의 불가능한 일입니다.

우리가 지혜로운 인간의 세 가지 조건을 갖추어 지혜로운 인간이 된다면, 정신적으로 자유인이 될 수 있습니다. 우리는 복잡한 세상에 살면서 육체적으로 완전히 자유로운 인간이 되기는 힘들지만, 정신적으로는 완전히 자유로운 인간이 될 수 있습니다. 우리가 자기 자신이 누구인지 알게 되면, 우리 개인이 가지고 있는 많은 문제는 물질적으로 해결할 수는 없지만, 정신적으로는 해결할 수 있습니다. 우리가 하는 실수의 대부분은 우리가 자기 자신이 누구인지 모르는 데서 생기는 것입니다. 우리가 갖게 되는 정신적 고통의 또 다른 부분은 사람이나 상황에 대해 분별심을 갖기 때문에 생깁니다. 부자와 가난한자를 똑같이 대할 수 있고, 불행과 행복 그리고 삶과 죽음을 똑같이 대할 수 있다면, 고통의 상당 부분은 해결될 수 있을 것입니다. 두 가지를 행하고도 해결되지 않는 정신적 문제는 사랑을 실천함으로써, 완전히 해결될 수 있다고 생각합니다. 죄의식과 죽음의 공포로부터 자유로워질 수 있고, 다른 사람들의 시선이나 여론으로부터도 완전히 자유로워질 수 있다고 생각합니다.

2_행복한 사람

　　　　　　필자가 다섯 명의 성인들의 생애와 사상의 공통점을 찾아 지혜로운 인간이 갖추어야 할 조건을 찾아 노력한 최종적인 목적은 행복한 인간이 되기 위해서라고 말할 수 있습니다. 모든 사람은 행복하기를 원합니다. 모든 종교의 목표는 인류의 행복입니다. 모든 일의 목적은 행복을 얻는 것입니다. 정치·경제·교육이나 결혼도 행복을 위해서입니다. 심지어 전쟁이나 도박도 행복을 위해서 합니다. 많은 사람들은 행복한 사람이 되는 방법을 찾아 헤맸습니다. 미국에는 학문 중에 행복학도 있고, 대학에 행복학과도 있습니다.

　쇼펜하우어는 행복의 90%는 건강에 좌우된다고 말했습니다. 우리의 인생에서 건강이 제일 중요한 것이라고 생각합니다. 돈을 잃으면 인생의 일부분을 잃는 것이고, 명예를 잃으면 인생의 많은 것을 잃는 것이고, 건강을 잃으면 인생의 모든 것을 잃는 것이라는 말이 있습니다. 우리는 매일 매일 자신의 건강을 위해 여러 가지 운동이나 휴식을 충분히 취해야 합니다. 자신의 병이나 육체적 문제점을 알고 건강진단을 받는 일도 게을리 해서는 안 됩니다. 정신건강을 위해 생각도 늘 긍정적으로 하면서 살아야 합니다. 정말로 건강은 행복을 위한 필수조건이라고 생각합니다.

디오게네스는 자족自足과 무치無恥는 행복의 제일 조건이라고 말했습니다. 우리가 아무리 많이 가져도 만족하지 않고서는 행복할 수 없습니다. 행복하기 위해서는 부끄러움도 없어야 합니다. 옛 말에 임금님은 무치라고 했습니다. 그래서 부끄러움 없이 부인을 많이 두었습니다. 디오게네스는 거지이면서도 부끄러움 없이 긍지를 가지고 살았습니다. 남들이 '거지 주제에'라고 말할 때, 부끄러워하지 않은 것입니다. 알렉산더 대왕이 디오게네스에게 소원이 무엇이냐고 물었을 때, 디오게네스가 햇빛을 막지 말아 달라고 말했다는 것은 유명한 이야기입니다. 디오게네스는 지혜로운 사람이라 가난이 부끄러움이 아니라는 사실을 안 것입니다. 위대한 성인들은 대부분 거지들이었으니까요. 우리는 스스로 만족하며, 남들의 비웃음을 멀리 하고 부끄러움 없이 꿈을 펼쳐 나가야 행복해질 수 있습니다.

행복은 자기 자신의 노력에 의해 만들어지는 것입니다. 다른 사람이 우리에게 행복해지는 방법을 가르쳐 줄 수는 있지만, 우리에게 직접 행복을 가져다 줄 수는 없습니다. 신神이라도 우리에게 행복해지는 방법을 가르쳐 줄 수는 있지만, 행복을 직접 줄 수는 없습니다. 우리는 자기 인생에 알맞은 방법을 찾아야 합니다. 로마의 호라티우스는 오늘 속에서 만족하게 살면서, 오늘 속에서 행복을 찾으라고 했습니다. 우리는 어디서 행복을 찾아야 할까요?

세상 사람들은 행복해지는 방법에 대해 여러 가지를 말합니다. 종교를 갖는 방법, 모든 것에 대한 집착을 버리기, 좋아하는 일 하기, 좋아하는 취미 갖기, 정의로운 일 하기, 가난한 사람 돕기, 사랑하기, 사랑하는 사람과 함께 있기, 운동하기 행복한 부부 관계, 행복한 가정, 원만한 인간관계를 갖는 것 등을 말하기도 합니다. 또는 행복한 인간이 되기 위한 10칙이니 20칙이니 하고 말하기도 합니다. 예수님은 복된 인간이 되기 위한 8가지 길인 8복을 제시하고 있습니다.

러셀은 『행복론』에서 불행하게 되는 원인을 몇 가지 말하면서, 불행의 원인을 제거하면 행복해질 수 있다고 말합니다. 러셀은 불행의 원인으로 세상을 비관적으로 보는 염세주의적 사고, 경쟁, 권태와 자극, 피로, 질투, 죄의식, 피해망상, 여론에 대한 공포 등을 들었습니다. 염세주의적 사고를 버리고, 긍정적인 사고방식을 가져야 함은 당연한 일입니다. 우리는 여론의 공포에서 벗어나 자기 주관적인 사고思考를 가지고 살 수밖에 없습니다. 그리고 모든 종교가 말하듯이 '죄'의 문제를 해결하지 않고는 정신적으로 자유로운 인간이 될 수 없습니다.

러셀은 행복하게 되는 원인으로 열의, 사랑, 가족, 일, 취미, 노력과 체념을 들고 있습니다. 우리의 삶은 사랑을 의미하는 것이니, 사랑하는 대상이 없는 삶은 무의미한 것이 될 것입니다. 현실적인 행복은 일과 가족에서 온다고 볼 수 있습니다. 하는 일이 없는 사람이 행복할 수 없습니다. 가족은 짐이 아니라 행복의 원천입니다. 우리가 가장 힘들고 어려울 때, 위로가 되고 힘이 되는 것은 가족입니다. 그리고 우리가 열의를 가지고 노력할 때 행복해집니다. 우리가 정열을 쏟아 열심히 노력할 것이 없다면, 행복해지기 어려울 것입니다.

심리학자들은 행복에 대한 이론으로 욕망충족이론, 괴리이론, 목표이론, 적응과 대치이론 등을 말하고 있습니다. 욕망충족 이론은 욕망의 충족이 행복을 준다는 이론입니다. 괴리이론은 어떤 기준보다 나아졌다고 생각할 때, 행복을 느낀다는 이론입니다. 목표이론은 목표를 향해 진전되었다고 믿을 때, 행복을 느낀다는 것입니다. 이 이론에 의하면, 목표를 갖는 것이 중요합니다. 적응과 대치이론은 새로운 상황에 적응하고 대처했을 때, 행복감을 느낀다는 것입니다.

프롬은 성숙하고 생산적인 사람의 네 가지 특징으로 생산적 사랑과 생산적 사고와 행복과 양심을 말하고 있습니다. 성숙하고 생산적인 사람은 행복하다는 것입니다. 여기서 행복이라 함은 단순히 즐거운 감정

상태가 아니라 개인의 잠재력이 실현되어 생명력과 생동감이 흘러넘치고, 개인 전체가 고양되어 있는 상태를 의미합니다. 행복감은 삶이라는 예술에서 성공적이었음을 증명하는 것이며, 행복은 개인의 가장 위대한 업적이라고 프롬은 말합니다.

인간은 행복을 추구하는 존재입니다. 행복은 권력이나 물질로 얻어질 수는 없습니다. 행복은 정신적으로만 얻어질 수 있습니다. 2004년도 2월 신문에 의하면, 한국인의 80%가 자신이 불행하다고 생각한다고 합니다. 정치·경제·교육·종교·철학 등 모든 것이 추구하는 목적은 행복입니다. 그리고 목사님의 설교와 스님의 법문도 목적은 인간의 행복입니다.

필자는 이 책을 저술하면서, 행복의 상태는 정신적으로 완전한 자유인이 되어 있는 상태라는 결론을 얻었습니다. 우리가 양으로 계산할 수 있는 것으로는 행복해질 수 없습니다. 왜냐하면 우리가 권력이든 돈이든 지식이든 명예이든 아무리 많이 가져도 우리보다 더 많이 가지고 있는 사람이 있기 때문입니다. 비교는 불행의 시작입니다. 양적으로 계산할 수 있는 것으로 행복할 수 없다면, 정신적으로 행복해지는 방법을 찾을 수밖에 없다고 생각합니다. 앞에서 언급한 다섯 분의 성인들과 같이, 정신적으로 완전히 자유로운 사람이 되는 것이라고 생각합니다. 욕심을 버리고, 집착을 버리고, 정신적으로 완전히 자유롭게 된 상태가 행복한 상태라고 생각합니다.

그리고 행복은 자족하는 데서 옵니다. 심리학자들이 말하는 욕망충족이론, 괴리이론, 목표이론, 적응과 대치이론으로 행복에 대해 설명한다고 해도, 자족하지 않으면, 행복이 오지 않습니다. 만족하지 않고, 다른 사람들과 비교해서 상대적으로 부족하다고 생각하면 행복을 느끼지 못할 것입니다. 결론으로 행복한 상태는 지혜로운 인간이 되어 정신적으로 완전히 자유로운 상태이고, 그러한 행복은 지혜로운 인간이 되어 자족할 때 온다고 생각합니다.

원명수

1964년　배재고등학교 졸업
1969년　연세대학교 졸업
1985년　중앙대학교 대학원 졸업 문학박사
1979년~2010년 계명대학교 한국어문학과 교수

저서 〈수필선집〉, 〈문학정론〉, 〈모더니즘시 연구〉, 〈한국희곡의 희극성 연구〉 외 다수.

지혜 : 지혜로운 인간의 세 가지 조건

ⓒ 원명수, 2010

1판 1쇄 인쇄__2010년 12월 05일
1판 1쇄 발행__2010년 12월 10일.

지은이__원명수
펴낸이__양정섭
책임편집__노경민
디자인__김미미
기획·마케팅__주재명 김현아
경영지원__조기호 최정임

펴낸곳__도서출판 경진
등　록__제2010-000004호
주　소__경기도 광명시 소하동 1272번지 우림필유 101-212
블로그__http://kyungjinmunhwa.tistory.com
이메일__wekorea@paran.com

공급처__(주)글로벌콘텐츠출판그룹
대　표__홍정표
주　소__서울특별시 강동구 길동 349-6 정일빌딩 401호
전　화__02-488-3280
팩　스__02-488-3281
홈페이지__www.gcbook.co.kr

값 15,000원
ISBN 978-89-5996-100-9 03000

·이 책은 본사와 저자의 허락 없이는 내용의 일부 또는 전체를 무단 전재나 복제, 광전자 매체 수록 등을 금합니다.
·잘못된 책은 구입처에서 바꾸어 드립니다.